Was von Corona übrig bleibt

Prof. Dr. *Bettina Kohlrausch* ist Wissenschaftliche Direktorin des Wirtschafts- und Sozialwissenschaftlichen Instituts (WSI) der Hans-Böckler-Stiftung.

Dr. *Eileen Peters* ist Wissenschaftliche Referentin im Wirtschafts- und Sozialwissenschaftlichen Institut (WSI) der Hans-Böckler-Stiftung.

PD Dr. *Karin Schulze Buschoff* ist Leiterin des Referats Arbeitsmarktpolitik im Wirtschafts- und Sozialwissenschaftlichen Institut (WSI) der Hans-Böckler-Stiftung.

Bettina Kohlrausch, Eileen Peters, Karin Schulze Buschoff (Hg.)

Was von Corona übrig bleibt

Erwerbsarbeit, Sozialstruktur, gesellschaftliche Folgen

unter Mitarbeit von Gudrun Linne und Jutta Höhne

Campus Verlag
Frankfurt/New York

Die Veröffentlichung der Druckausgabe sowie die Open-Access-Veröffentlichung der elektronischen Fassung wurden ermöglicht mit Unterstützung durch die Hans-Böckler-Stiftung.

MIX
Papier | Fördert gute Waldnutzung
FSC® C089473

ISBN 978-3-593-51891-6 Print
ISBN 978-3-593-45755-0 E-Book (PDF)
DOI 10.12907/978-3-593-45755-0

Werderstr. 10, 69469 Weinheim, info@campus.de
Umschlaggestaltung: Verlagsgruppe Beltz
Satz: le-tex Xerif
Druck und Bindung: Beltz Grafische Betriebe GmbH, Bad Langensalza
Beltz Grafische Betriebe ist ein ein Unternehmen mit finanziellem Klimabeitrag (ID 15985-2104-1001).
Printed in Germany

www.campus.de

Inhalt

Was von Corona übrig bleibt – Eine Einführung 7
Bettina Kohlrausch, Eileen Peters, Karin Schulze Buschoff

Arbeiten im Homeoffice vor und nach Corona – Wer es kann, wer es möchte und wer es darf 21
Helge Emmler

Homeoffice: Gekommen, um zu bleiben – Der Trend zum orts- und zeitflexiblen Arbeiten und das Potenzial für eine gute Gestaltung 53
Elke Ahlers

Krise ohne Ende? – Die Folgen der Corona-Pandemie für die Selbstständigen 73
Eileen Peters, Karin Schulze Buschoff

Ausbildung während der Corona-Pandemie – Betriebliche Qualifizierungsstrategien, staatliche Unterstützungsangebote und die Rolle der Mitbestimmung 97
Wolfram Brehmer, Magdalena Polloczek

Mitbestimmung im Lockdown – Auswirkungen der Corona-Pandemie auf die Betriebs- und Personalratsarbeit 125
Martin Behrens, Wolfram Brehmer

Einkommensungleichheit und Armut seit der Corona-Pandemie 149
Jan Brülle, Dorothee Spannagel

Geschlechtsspezifische Arbeitszeiten während der Corona-Pandemie – Alles wie üblich oder Abbau von Geschlechterungleichheiten? 173
Eileen Peters, Bettina Kohlrausch

Von einer Krise in die nächste – Eltern und Geringverdienende als besonders belastete Gruppen in den Polykrisen ... 199
Andreas Hövermann

Sorgen als Ursache für die Entfremdung von demokratischen Parteien 223
Andreas Hövermann

WSI-Erhebungen zur Arbeitswelt in der Pandemie ... 249
Wolfram Brehmer, Helge Emmler

Autor*innen ... 277

Abstracts ... 279

Was von Corona übrig bleibt – Eine Einführung

Bettina Kohlrausch, Eileen Peters, Karin Schulze Buschoff

1. Die Pandemie als gesellschaftliche Zäsur

»Es ist ernst, also nehmen Sie es auch ernst.«[1] Mit diesen Worten schwor die damalige Kanzlerin Angela Merkel die Bevölkerung im März 2020 auf die Bedrohung durch ein bis dahin unbekanntes Virus ein. Der Ausbruch der Corona-Pandemie durch den SARS-CoV-2-Erreger hat weltweit das Leben der Menschen ebenso abrupt wie grundlegend verändert. Auch in Deutschland mussten wenige Tage nach Merkels Ansprache und infolge des ersten Lockdowns der Alltag und die Funktionsfähigkeit der Gesellschaft als Ganzes neu strukturiert werden. Von einem Tag auf den anderen schlossen Kitas und Grundschulen, Hotels und Restaurants und sogar einige Fabriken. Von der Bundesregierung wurden umfangreiche und bisher nie dagewesene Kontaktbeschränkungen eingeführt, um die weitere Ausbreitung des SARS-CoV-2-Virus zu verhindern. Damit wandelten sich auch die Muster der Erwerbsbeteiligung rasant: Es gab eine Gruppe von Beschäftigten, die in Kurzarbeit waren oder ihre Erwerbsarbeit gar nicht ausüben konnten, während sich für andere Gruppen, die in systemrelevanten Bereichen wie der Pflege und Gesundheitsversorgung tätig waren, die Erwerbsarbeitszeiten ausweiteten. Im Durchschnitt sank die Erwerbsarbeitszeit (siehe dazu unten), jedoch mit der Konsequenz, dass viele Erwerbstätige teilweise erhebliche Einkommensverluste hinnehmen mussten (siehe Brülle und Spannagel in diesem Band). Die Schließung von Kitas und Schulen, aber auch von Pflegeeinrichtungen zwangen Menschen mit Sorgeverantwortung, zusätzlich zu ihrer Erwerbsarbeit die Sorgearbeit selbst zu organisieren, was für sie mit erheblichen Belastungen einherging (vgl. hierzu Hövermann in diesem Band).

Zusätzlich zu den Belastungen, die durch Einkommenseinbußen, den Anstieg der Sorgearbeit und die vielen anderen Umstellungen verursacht waren, sahen

---

1 Fernsehansprache von Bundeskanzlerin Angela Merkel am 18. März 2020, vgl. auch Pressemitteilung 100 des Presse- und Informationsdienstes der Bundesregierung (BPA) vom 18. März 2020.

sich die Bürger*innen plötzlich mit einem neuen, unbekannten und beängstigenden Virus konfrontiert, dessen Gefahren zunächst schwer abzuschätzen waren. Mit dem Ziel, die Bevölkerung zu schützen und die Ausbreitung des Virus zu verhindern, wurden seitens der Bundes- und Länderregierungen sehr weitreichende Maßnahmen schnell angeordnet und umgesetzt, die teilweise erhebliche Einschränkungen der Grundrechte zur Folge hatten. So wurden beispielswiese Gottesdienste untersagt, Demonstrationen zeitweise verboten sowie Kontaktbeschränkungen verhängt. Die beschlossenen Maßnahmen hatten umfassende Konsequenzen für das alltägliche Leben. Menschen waren gezwungen, sich – vielfach in kleinen Wohnungen (mit Kindern) – in Quarantäne zu begeben, Spielplätze wurden gesperrt. Bisher selbstverständliche Freizeitaktivitäten, wie der Besuch eines Fitnessstudios oder Zoos, waren plötzlich untersagt. Die eingeübten und etablierten demokratischen Aushandlungsprozesse und Institutionen schienen dabei nur begrenzt geeignet, die politischen Entscheidungen, die immer rasch und notwendigerweise auf der Grundlage begrenzten Wissens getroffen werden mussten, zu legitimieren. So kritisierte der Journalist Heribert Prantl im Februar 2021, dass die Bund-Länder-Runde, die während der Pandemie regelmäßig über Maßnahmen zur Eindämmung der Pandemie entschied, keine von der Verfassung legitimierte Institution sei: »Im Grundgesetz steht eindeutig: Der Entscheider in einer rechtsstaatlichen Demokratie ist der Bundestag.«[2]

Sukzessiv formierte sich Widerstand, der sich teilweise nicht mehr nur gegen die Maßnahmen zur Eindämmung der Pandemie richtete, sondern die Gefährlichkeit des Virus an sich infrage stellte und offen für antidemokratische Bewegungen und Parteien am rechten Rand sowie Verschwörungserzählungen war. Zweifel und Protest adressierten nicht nur die Bundesregierung, sondern auch die beratenden Wissenschaftler*innen und deren Erkenntnisse, die den politischen Entscheidungen zugrunde lagen. Und wieder stellte sich die Frage der Legitimität politischen Handelns, aber auch des Protests in der Demokratie neu und dringend. Und in welchem Verhältnis stehen wissenschaftliche Expertise und öffentliche Meinung?

Am 7. April 2023 liefen die letzten Corona-Maßnahmen aus. Die Pandemie wurde ziemlich genau drei Jahre nach dem ersten Lockdown in Deutschland offiziell für beendet erklärt. Geblieben sind prägende Verlusterfahrungen. Am nachhaltigsten ist sicherlich der Verlust von geliebten Menschen, die am SARS-CoV-2-Virus gestorben sind, sowie der Verlust von Gesundheit derer, die immer noch unter den Folgen einer Corona-Infektion leiden. Doch auch all jenen, die mit unversehrter Gesundheit durch die Pandemie gekommen sind, mangelt es nicht an

2 Vgl. Heribert Prantl, in Deutschlandfunk (DLF), 10.2.2021 https://www.deutschlandfunk.de/publizist-prantl-zu-corona-massnahmen-nicht-die-100.html (letzter Zugriff: 14.06.2024).

Verlusterfahrungen: Verlust von Einkommen, Verlust von Bildungschancen, Verlust der Fähigkeit, sich nach anhaltender Zeit dauerhafter und pausenloser Sorge um andere Menschen zu erholen und zu regenerieren. Und nicht zuletzt ist der Verlust des Vertrauens in die Demokratie und ihre Institutionen zu nennen. Aber es gab auch positive Veränderungen. In Windeseile lernte die Gesellschaft neue soziale Praktiken wie das Arbeiten und Lernen im Homeoffice und Homeschooling. Aber nicht nur das – auch Elternabende, Betriebsversammlungen und selbst Streiks wurden plötzlich virtuell organisiert. Physische Distanz bedeutet eben nicht zwingend auch soziale Distanz.

2. Analyseperspektive und Erkenntnisinteresse

Wie haben diese grundlegenden und teilweise existenziellen Erfahrungen die Gesellschaft verändert? Ziel dieses Buches ist es, eine wissenschaftliche Bilanz der Corona-Pandemie zu ziehen. Wir wollen ausleuchten, wie die Maßnahmen zur Eindämmung der Pandemie die Ausgestaltung der Erwerbsarbeit, die Verteilung von Sorgearbeit, die Entwicklung sozialer Ungleichheit sowie die politische Stimmung hierzulande beeinflusst haben. Das Wirtschafts- und Sozialwissenschaftliche Institut (WSI) der Hans-Böckler-Stiftung hat die Auswirkungen der Pandemie auf Betriebe und die Erwerbsbevölkerung in vielen Erhebungen sehr umfassend dokumentiert (siehe Brehmer und Emmler in diesem Band). In insgesamt zwölf Wellen wurden zwischen April 2020, dem Zeitpunkt des ersten Lockdowns, und November 2023 zwischen 7.677 Erwerbspersonen (in der ersten Welle) und 4.405 Erwerbspersonen (in der zwölften Welle) regelmäßig befragt. Diese Daten sind Grundlage der meisten empirischen Analysen und Beiträge dieses Buches (für eine genaue Beschreibung der Datenquellen siehe den Beitrag von Brehmer und Emmler). Da es sich um eine Panelbefragung handelt, dieselben Personen also immer wieder befragt wurden, lässt sich gut nachzeichnen, welche Erfahrungen die befragten Erwerbspersonen während der Pandemie gemacht haben und welche Spuren diese Erfahrungen in ihren Erwerbsbiografien, aber auch politischen Einstellungen hinterlassen haben. Aufgrund der hohen Bedeutung, die Erwerbsarbeit für die Strukturierung von gesellschaftlicher Teilhabe hat, erscheint eine Analyseperspektive, die Veränderungen der Organisationsformen von Arbeit und Verschiebungen in der Teilhabe an Arbeit ins Zentrum stellt, besonders fruchtbar, um zu verstehen, wie die Pandemie die Gesellschaft verändert hat. Mit dem Schwerpunkt auf Erwerbspersonen besteht jedoch nicht der Anspruch, die Erfahrungen und Auswirkungen der Pandemie in allen Facetten abzubilden. Wichtige Aspekte wie die Zunahme von Einsamkeit oder von Gewalt insbesondere gegen Frauen und Kinder können auf Grundlage der WSI-Erwerbspersonenbefragung nicht abgebildet werden. Sie sind für Fragen des gesellschaftlichen Zusammenhalts und der gesellschaftlichen Teilhabe jedoch nicht minder wichtig.

Arbeit umfasst nach unserem Verständnis sowohl bezahlte Erwerbsarbeit als auch unbezahlte Sorgearbeit. Erwerbsarbeit ist ein zentraler Mechanismus sozialer Integration, der wesentliche gesellschaftliche Teilhabedimensionen strukturiert. So sichert Erwerbsarbeit über das Einkommen materielle Teilhabe an der Gesellschaft. Darüber hinaus sind viele soziale Sicherungssysteme als Lohnersatzleistungen konzipiert und somit unmittelbar an Erwerbsarbeit bzw. sozialversicherungspflichtige abhängige Beschäftigung gebunden. Soziale Ungleichheiten, insbesondere Einkommensungleichheiten, aber auch Geschlechterungleichheiten, sind unmittelbar mit der Organisation von Erwerbsarbeit verbunden. Die Frage, ob die Pandemie bestimmte Gruppen härter getroffen hat als andere, ob also neue Ungerechtigkeiten entstanden sind oder alte verschärft wurden, ist zentral, um die gesellschaftlichen Folgen der Pandemie zu verstehen. Der Fokus auf Erwerbsarbeit ist daher eine hilfreiche Analyseperspektive, um zu untersuchen, welche Veränderungen die Erwerbsarbeit und Erwerbsbiografien durchlaufen haben und welche gesellschaftlichen Spuren diese auch nach dem Auslaufen der letzten Schutzmaßnahmen hinterließen.

3. Erwerbsarbeit, Sozialstruktur, gesellschaftliche Folgen

Die eindrücklichste Veränderung der Erwerbsarbeit während der Pandemie war paradoxerweise der plötzliche Schwund verfügbarer Arbeitstätigkeiten. Die massive Reduktion von Erwerbsarbeitsstunden aufgrund der Schließung nicht systemrelevanter Geschäfte oder sozialer Distanzierungsmaßnahmen in Unternehmen war das Ergebnis der weltweit getroffenen Maßnahmen zur Eindämmung der Corona-Krise. Aufgrund unterbrochener Lieferketten und der Verringerungen von Produktion und Dienstleistungen ging der nationale und internationale Handel stark zurück. Abbildung 1 zeigt, dass die durchschnittliche tatsächlich geleistete Erwerbsarbeitszeit sowohl im Rahmen selbstständiger Arbeit als auch abhängiger Beschäftigung in den ersten Monaten der Pandemie enorm reduziert wurde und das Vorkrisenniveau auch im November 2023 noch nicht vollständig wieder erreicht hatte. Prozentual haben Frauen ihre Erwerbsarbeitszeit zu Beginn der Pandemie stärker verringert als Männer. Ab Mai 2020 stieg die Erwerbsarbeitszeit für alle Personengruppen langsam, aber kontinuierlich an, sodass Beschäftigte im Mai 2023 fast ihr Vorkrisenniveau erreicht haben.

Das wichtigste Instrument, um abhängig Beschäftigte in dieser Situation vor Einkommensverlusten zu schützen, war die Kurzarbeit. Kurzarbeit ist – analog

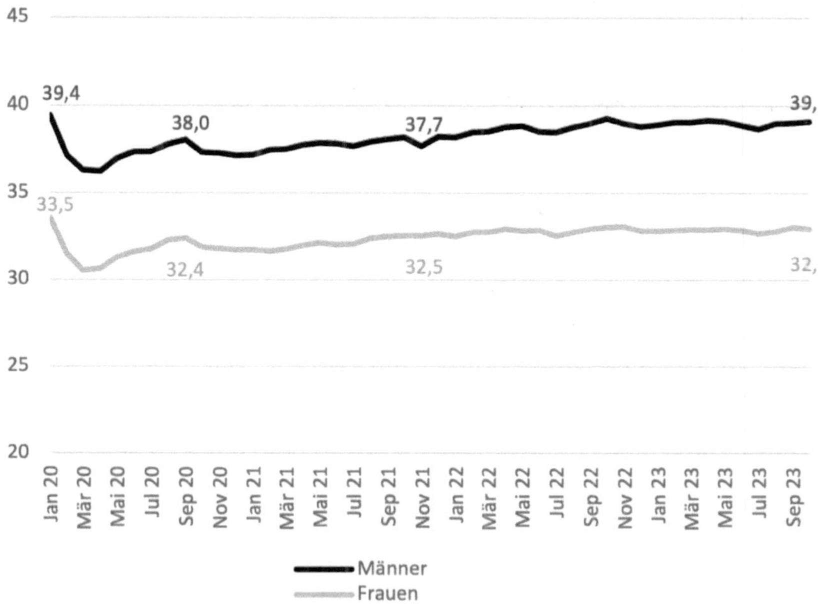

Abbildung 1: Entwicklung der durchschnittlichen Erwerbsarbeitszeit, 2020–2023; Angaben in Prozent
Quelle: WSI-Erwerbspersonenbefragung, Welle 1–12; eigene Berechnungen; gewichtete Werte

der Logik anderer sozialpolitischer Sicherungsinstrumente – als Lohnersatzleistung konzipiert (60 Prozent des letzten Nettolohns bzw. 67 Prozent für Beschäftigte mit Kindern). Im Verlauf der Pandemie wurde das Kurzarbeitergeld als befristete Maßnahme nach längerem Bezug nochmals gestaffelt erhöht (auf bis zu 80 Prozent des letzten Nettolohns bzw. 87 Prozent für Beschäftigte mit Kindern); und auch die maximale Bezugsdauer wurde bis zu 28 Monaten verlängert. Kurzarbeit sicherte somit nur *abhängige Beschäftigung* und war vor allem dann existenzsichernd, wenn der ursprüngliche Lohn entsprechend hoch war oder das Kurzarbeitergeld durch den Arbeitgeber aufgestockt wurde (vgl. Schulten/Müller 2020). So wichtig dieses Instrument zur Überbrückung des Rückgangs von Beschäftigung war, so wenig half es Selbstständigen (siehe Peters und Schulze Buschoff in diesem Band) oder geringfügig Beschäftigten.

Auch für die zweite wichtige Dimension von Arbeit, die vielen Stunden zusätzlicher Sorgearbeit, die mit den Schul- und Kitaschließungen, aber auch Einschränkungen des Pflegeangebots einhergingen, gab es kaum Entlastung. Die einzige und eher zögerlich beschlossene Maßnahme, um die Belastung von Sorgearbeitenden zu reduzieren, war eine Aufstockung der Kinderkrankentage.

Hiervon machten nach einer Erhebung des WSI im Sommer 2021 allerdings nur ca. 20 Prozent der Eltern Gebrauch (Kohlrausch 2022).

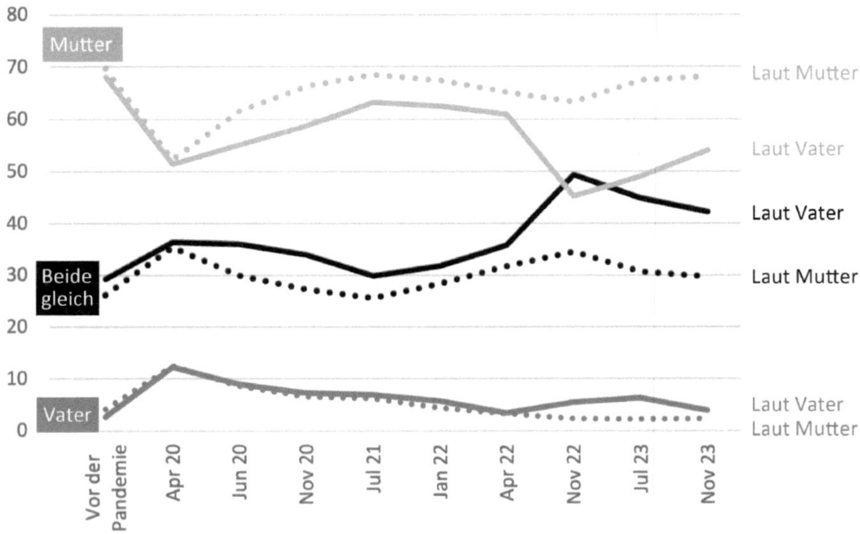

Abbildung 2: Entwicklung der Verteilung der Kinderbetreuung, vor der Pandemie bis Ende 2023; Angaben in Prozent
Quelle: WSI-Erwerbspersonenbefragung Welle 1–12; eigene Berechnungen; gewichtete Werte

Die Umbrüche in der Erwerbsarbeit haben das Verteilungsmuster der Kinderbetreuung, das ein wesentliches Element der Sorgearbeit ist, allerdings nicht grundlegend verändert. Wie Abbildung 2 zeigt, erhöhte sich zwar im ersten Lockdown im April 2020 der Umfang der väterlichen Kinderbetreuung; dies war allerdings ein einmaliger Trend, der sich im Verlauf der Pandemie nicht verfestigt hat. Im November 2023 ähnelte das Muster der Kinderbetreuungsverteilung im Wesentlichen dem, welches aus den Vor-Pandemie-Zeiten bekannt war. Einzige Ausnahme ist die zwischen Männern und Frauen sehr unterschiedliche Einschätzung zu der Frage, ob die Kinderbetreuung zu gleichen Teilen auf beide Partner*innen verteilt wird.

4. Ausblick auf die Befunde

Anhand der Beiträge dieses Buches lässt sich nachzeichnen, welche neuen Muster der Organisation und Regulation von Erwerbsarbeit durch die Pandemie entstanden sind und wie sich die Gesellschaft, nicht zuletzt im Hinblick auf soziale Ungleichheit, dadurch verändert hat.

Eine der offensichtlichsten Veränderungen war sicherlich die Zunahme des Homeoffice. Wie Emmler in seinem Beitrag zeigt, arbeitete während der Pandemie gut ein Drittel der in seiner Analyse befragten Erwerbstätigen überwiegend oder zumindest regelmäßig im Homeoffice. Das sind deutlich mehr als vor der Pandemie. Und auch wenn die Option der »mobilen Arbeit« mit Beendigung der Lockdowns und dem Auslaufen der Schutzmaßnahmen vielfach wieder zurückgeschraubt wurde, gibt es bis heute eine deutlich erhöhte Homeofficequote. Wie auch Ahlers in ihrem Beitrag feststellt, ist das Homeoffice gekommen, um zu bleiben. Auf Grundlage der WSI-Erwerbspersonenbefragung kommt Emmler zu dem Ergebnis, dass auch nach der Pandemie ungefähr ein Drittel der Beschäftigten regelmäßig zu Hause arbeitet. Die Anzahl von Tätigkeiten, die sich im Homeoffice ausführen ließen, liegt allerdings nach wie vor über dem Anteil der Tätigkeiten, die tatsächlich im Homeoffice erledigt werden. Das Potenzial des Homeoffice wird also immer noch nicht ausgeschöpft. Das läge allerdings auch nicht im Interesse der Beschäftigten, da knapp 20 Prozent der Beschäftigten sogar weniger im Homeoffice arbeiten möchten, als sie es im November 2023 taten. Die Option, die Erwerbstätigkeit – wenn grundsätzlich möglich – von zu Hause aus zu verrichten, die während der Pandemie Gesundheitsschutz garantierte, steht allerdings höher qualifizierten Menschen deutlich häufiger zur Verfügung als Erwerbstätigen mit geringer Qualifikation. Interessanterweise zeigt Emmler, dass Personen mit geringerer Qualifikation selbst dann seltener im Homeoffice arbeiten als Höherqualifizierte, wenn die Tätigkeiten für die mobile Arbeit geeignet wären. Ahlers weist zudem auch darauf hin, dass das Homeoffice mit neuen Risiken in Bezug auf den Arbeitsschutz, wie zum Beispiel im Fall entgrenzter Arbeit(szeiten), einhergeht. Diese Risiken resultieren unter anderem daraus, dass der klassische betriebliche Arbeitsschutz bei sogenannten orts- und zeitflexiblen Arbeitsformen, zu denen auch das Homeoffice zählt, aufgrund der fehlenden betrieblichen Einbettung weniger gegeben ist. Allerdings zeigt Ahlers auch, dass die Anzahl der Betriebsvereinbarungen, die die Arbeit im Homeoffice adressieren, nach Ausbruch der Pandemie zugenommen hat. Diese betreffen zum Beispiel Regularien in Bezug auf die Arbeitszeit, den Zugang zum Homeoffice und das Ausmaß seiner Nutzung. Sie konstatiert, dass sich die Gestaltungsfelder der betrieblichen Interessenvertretung und des betrieblichen Gesundheitsmanagements deutlich in Richtung orts- und zeitflexibler Arbeitsformen ausgeweitet haben.

Auch Behrens und Brehmer zeigen, dass die betriebliche Mitbestimmung in der Lage war, sich den veränderten Rahmenbedingungen anzupassen. Dies betraf zum einen die Reorganisation der betrieblichen Interessenvertretung, die unter Pandemiebedingungen kontaktlos organisiert werden musste. Dass dies offensichtlich weitestgehend gelang, verdeutlicht die hohe Beteiligung an den Betriebsratswahlen 2022. Zum anderem beteiligten sich Betriebsräte aktiv an der Neuorganisation und Regulierung der betrieblichen Praxis, indem sie verstärkt Themen wie Arbeitszeitflexibilität oder definierte Zeiträume für die Erreichbarkeit bearbeiteten.

Auch wenn die Öffentlichkeit wenig Notiz davon nahm, war neben dem Schulsystem auch das Ausbildungssystem massiv von den Auswirkungen der Pandemie betroffen. Brehmer und Polloczek zeigen, dass es während der Pandemie zu einem erheblichen Rückgang der Ausbildungsplätze gekommen ist. Dieser war in Betrieben, die weder über einen Betriebs- noch Personalrat verfügen, besonders stark ausgeprägt. Im Umkehrschluss verdeutlicht dies, dass sich die Instrumente der Mitbestimmung während der Pandemie auch im Hinblick auf die Ausbildungsplatzsicherung bewährt haben. Eine Auswertung der Betriebs- und Personalrätebefragung des WSI veranschaulicht zudem, dass die Ausbildungsprämien der Bundesregierung für Betriebe, die ihr Ausbildungsangebot während der Pandemie aufrechterhielten oder gar ausbauten, nur begrenzt zur Sicherung der Ausbildung beitrugen. Zwar wurden diese Prämien durchaus in Anspruch genommen – nach Einschätzung der befragten Betriebs- und Personalräte hätten die ausbildungsaktiven Betriebe ihr Ausbildungsangebot jedoch auch ohne diese Prämien nicht reduziert. Brehmer und Polloczek kritisieren, dass sich die Maßnahmen der Bundesregierung zur Sicherung der Ausbildung vor allem auf die Angebots- und nicht so sehr auf die Nachfrageseite konzentriert haben. Für die Jugendlichen, die pandemiebedingt keinen Ausbildungsplatz erhielten oder unter erschwerten Bedingungen an der sogenannten ersten Schwelle zwischen Schule und Ausbildung standen, gab es keine gesonderten Unterstützungsangebote. Es ist davon auszugehen, dass die fehlende Ausbildung bzw. ein verspäteter oder gescheiterter Berufseinstieg nachhaltige Spuren in ihren Bildungs- und Erwerbsbiografien hinterlassen wird. Insgesamt ist die Zahl der Menschen ohne formal qualifizierenden Abschluss, also ohne einen Berufsabschluss, während der Pandemie stark gestiegen und lag im Jahr 2021 bei 2,6 Millionen jungen Erwachsenen zwischen 20 und 34 Jahren (Bundesinstitut für berufliche Bildung 2023: 288).

Auch die Selbstständigen gehörten zu jener Personengruppe, für die es nicht ausreichend »passgenaue« soziale Sicherungsinstrumente gab. Den Analysen von Peters und Schulze Buschoff zufolge berichteten Selbstständige doppelt so häufig wie abhängige Beschäftigte, dass sich die Pandemie negativ auf ihr Einkommen ausgewirkt habe. Dies war für viele Selbstständige keine nur vorrübergehende Erfahrung, sondern hatte einen nachhaltigen Effekt. Im Oktober 2023 gaben 42 Prozent der Selbstständigen an, dass die Corona-Pandemie alles in allem negative Auswirkungen auf ihre wirtschaftliche Situation gehabt habe. Und mehr als die Hälfte von ihnen berichtet, dass sich ihre wirtschaftliche Situation auch nach Ausklingen der Pandemie noch nicht von diesen negativen Auswirkungen vollständig erholt habe. Die staatlichen Hilfen, die Selbstständigen zur Verfügung gestellt wurden, wirkten nur begrenzt und wurden auch nur eingeschränkt in Anspruch genommen. Die Autorinnen schlussfolgern, dass es eine aus den Pandemieerfahrungen zu ziehende Lehre sein muss, die Absicherung selbstständiger Arbeit anders, besser und umfänglicher zu organisieren. Hierzu gehört beispielsweise, die bestehende Arbeitslosenversicherung für Selbstständige zu reformieren und die Einbeziehung aller nicht anderweitig abgesicherten Selbstständigen in die gesetzliche Rentenversicherung (GRV). Damit wäre ein planbarer, verlässlicher Schutz von Selbstständigen gewährleistet, der – wie die Pandemie gezeigt hat – auch für diese Beschäftigtengruppe dringend benötigt wird.

Trotz der umfangreichen Anstrengungen des Staates, die sozialen Folgen der Erwerbsreduktion abzumildern, zeigen Brülle und Spannagel, dass Armut und Einkommensungleichheit während der Pandemie zugenommen haben. Armut war dabei für viele Menschen keine punktuelle, sondern dauerhafte Erfahrung. Offensichtlich haben sich hier bereits existierende Muster sozialer Ungleichheit durch die Pandemie verschärft. Das Risiko, in Armut abzurutschen, war besonders für die Gruppen groß, die schon vorher mit materiellen Einschränkungen zu kämpfen hatten. Menschen mit geringerer Bildung und auf niedrigeren Berufspositionen waren tendenziell häufiger von Armut betroffen. Sowohl Kurzarbeit als auch im deutlich stärkeren Maße Arbeitslosigkeit vergrößerten das Armutsrisiko, während die Möglichkeit, im Homeoffice zu arbeiten, – was ja letztlich heißt, die Erwerbstätigkeit aufrechterhalten zu können, – das Armutsrisiko, auch unter Kontrolle des Qualifikationsniveaus, verringerte.

Eine weitere, während der Pandemie viel diskutierte Dimension sozialer Ungleichheit ist die Geschlechterungleichheit. Wie in Abbildung 2 dargestellt, haben sich die Muster der Verteilung der Sorgearbeit mit einer kurzen Ausnahme im ersten Lockdown 2020 kaum verändert. Vor dem Hintergrund, dass das Volumen der Sorgearbeit durch Schul- und Kitaschließungen zugenommen hatte, kann somit davon ausgegangen werden, dass Frauen den ganz überwiegenden Teil der zusätzlich angefallenen Sorgearbeit übernommen haben. Wie Peters und Kohlrausch zeigen, sind die Auswirkungen dieser Entwicklung auf die Erwerbsverläufe von Frauen nicht eindeutig. Überraschenderweise scheint die starke Belastung durch zusätzliche, vor allem von Frauen erbrachter Sorgearbeit auf den ersten Blick keine nachhaltigen Folgen in ihren Erwerbsbiografien hinterlassen zu haben. Die multivariaten Analysen zeigen, dass Mütter im Durchschnitt sehr schnell und sogar früher als andere Gruppen das vor der Pandemie geleistete Arbeitszeitniveau wieder erreicht haben. Bei genauerem Hinsehen wird allerdings offensichtlich, dass die Arbeitszeiten von Müttern während der Pandemie auseinandergedriftet sind. Die konstatierte durchschnittliche Erhöhung der Arbeitszeit ist vor allem auf eine Gruppe von Müttern zurückzuführen, die ihre Arbeitszeit sehr schnell und umfangreicher als Männer wieder aufgestockt haben. Ungefähr ein Drittel der Mütter hat jedoch ihre Arbeitszeit sehr stark reduziert und das Vorpandemie-Niveau auch im November 2023 (also am aktuellen Rand der zugrunde liegenden Erhebung) noch nicht wieder erreicht. Die Pandemie hat die Erwerbsverläufe dieser Gruppe also dauerhaft negativ beeinflusst. Die innerfamiliären Muster der Verteilung der Sorgearbeit hatten dabei den größten Einfluss auf die veränderten weiblichen Erwerbsverläufe. Eine gleichberechtigte Verteilung der Sorgearbeit erwies sich vor allem für Mütter als wesentliche Voraussetzung, um die Erwerbsarbeitszeit nicht reduzieren zu müssen oder sie sogar erhöhen zu können.

Die von Brülle und Spannagel konstatierte Zunahme sozialer Ungleichheit und Armut spiegelt sich auch in den Sorgen und Belastungen von Erwerbspersonen. Hövermann stellt fest, dass vor allem die finanziellen Sorgen zu Beginn der Pandemie stark anstiegen. Zwar haben sie sich dann im Durchschnitt zunächst auf einem niedrigeren Niveau wieder eingependelt; jedoch mit dem Ausbruch des Ukraine-Krieges und den damit einhergehenden Teuerungen nahmen die Sorgen wieder deutlich zu. Gleichzeitig zeigt Hövermann allerdings auch, dass das Ausmaß der Sorgen stark nach Einkommen variiert und bei den unteren Einkommen besonders ausgeprägt war. Dies galt auch für die realen finanziellen Belastungen, denen sich die Menschen in der Pandemie ausgesetzt fühlten. Diese Muster sprechen einerseits dafür, dass die während der Pandemie geleisteten Unterstützungsmaßnahmen finanzielle Sorgen zwar mildern konnten; andererseits reflektieren sie die höhere Betroffenheit unterer Einkommensgruppen.

Die Pandemie brachte nicht nur finanzielle Sorgen mit sich, sondern auch vielfältige andere Belastungen, die auch die familiäre und die Situation am Arbeitsplatz betrafen. Die familiäre Situation war gerade für viele Eltern, insbesondere Mütter, während der Pandemie belastend. Insgesamt war der Anteil von Menschen, die in verschiedenen Dimensionen extrem belastet waren, unter Erwerbspersonen mit geringem Einkommen und Eltern, und hier nochmal stärker bei Müttern, besonders hoch. Die Pandemie markierte somit den Beginn einer Zeit der Polykrisen, die gerade für die unteren Einkommensgruppen anhaltende Belastungen mit sich brachten. Hövermann zeigt zudem, dass der skizzierte Anstieg von Sorgen und Belastungen zu politischer Entfremdung führte, also zu einem geringeren Vertrauen in die Bundesregierung und einer Unzufriedenheit mit den Maßnahmen zur Eindämmung der Pandemie. Diese Entfremdungsgefühle konnten wiederum erfolgreich von der AfD mobilisiert werden. Der Anteil von Menschen mit finanziellen Sorgen ist unter den AfD-Wähler*innen in allen Einkommensgruppen am höchsten.

5. Was von Corona übrig bleibt

Die Befunde dieses Buches zeigen, dass die Pandemie Deutschland in mehrfacher Hinsicht verändert hat. Diese Veränderungen wirken bis heute nach. Mit ihnen verbinden sich auch neue politische Herausforderungen.

Erstens haben sich die Struktur und Formen der Erwerbsarbeit verändert. Selbstständige Erwerbsarbeit ging zurück. Bemerkenswert ist zudem die Entwicklung des Homeoffice, das sich als neue ort- und zeitflexible Arbeitsform dauerhaft etabliert hat. Viele Beschäftigte betrachten dies als Gewinn. Allerdings zeigt sich hier möglicherweise ein neues Ungleichheitsmuster, weil die Möglichkeit, im Homeoffice zu arbeiten, eher ein Privileg der Höherqualifizierten ist und ohnehin nicht allen Beschäftigtengruppen zur Verfügung steht. Um neue Spaltungen in den Belegschaften zu vermeiden, stellen sich neue Anforderungen an die Arbeitszeitpolitik, damit Arbeitszeitsouveränität – wie auch die mit diesem Thema verbundene Nutzung mobiler Arbeit – kein Privileg der Höherqualifizierten wird bzw. bleibt. Doch auch andere Regulierungsbereiche sind betroffen. Dies betrifft gesetzliche Arbeitsschutzgesetze ebenso wie die im Rahmen des Betriebsverfassungsgesetzes geregelte betriebliche Mitbestimmung. Betriebsräte haben hier bereits während der Pandemie neue Schwerpunkte in ihrer Arbeit gesetzt.

Zweitens haben sich Ungleichheitsmuster, die bereits vor der Pandemie bestanden, tendenziell verschärft. Die materiellen Risiken, die mit der Pandemie einhergingen, trafen marginalisierte Gruppen, vor allem die unteren Einkommensgruppen, aber auch beispielsweise Alleinerziehende, härter. Das spiegelt sich auch in den finanziellen Belastungen wider, die bei den unteren Einkommensgruppen mit Abstand am höchsten waren. Und vor allem im Zuge der aufgrund des russischen Angriffskriegs auf die Ukraine bedingten Teuerung hatten diese Gruppen die stärksten Anstiege der finanziellen Belastungen zu verzeichnen. Auch im Hinblick auf andere Belastungen, wie beispielsweise in der Arbeitssituation, verzeichnen die unteren Einkommensgruppen dauerhaft höhere Belastungen. In Zeiten sich auftürmender und miteinander verwobener Krisen ist es schwer zu identifizieren, inwiefern die Belastungsgefühle auf die Pandemie zurückzuführen sind. Es ist aber plausibel davon auszugehen, dass die

Pandemieerfahrungen die Resilienz besonders stark belasteter Gruppen auch für kommende Krisen verringert haben.

Die Belastungen während der Pandemie resultierten nicht nur aus Einkommensverlusten, sondern zu einem sehr großen Teil auch aus dem enormen Aufwuchs an privat zu erledigender Sorgearbeit, die mit den Schul- und Kitaschließungen einherging. So waren Eltern deutlich stärker belastet als Personen ohne Kinder. In Bezug auf die Geschlechterungleichheit hat eine Polarisierung der Erwerbsarbeitszeit innerhalb der Gruppe der Frauen, vor allem der Mütter, stattgefunden. Während eine Gruppe von ihnen deutlich weniger Erwerbsarbeitet leistete als vor der Pandemie, hat die andere Gruppe ihr Erwerbsarbeitszeitpensum deutlich aufgestockt. Gleichzeit zeigte sich, dass Mütter einen größeren Teil der Kinderbetreuung als Väter und der damit einhergehenden Mehrarbeit gestemmt haben. Dies spiegelt sich in ihren enormen Belastungen, die in allen Dimensionen zu fast jedem Zeitpunkt der Pandemie über dem Belastungslevel anderer Gruppen lagen. Insgesamt scheinen sich im Zuge der Pandemie eher alte Ungleichheitsmuster verhärtet zu haben, als dass neue Ungleichheitsmuster entstanden sind. Eine weitere Belastung – und tendenzielle Zunahme sozialer Ungleichheit – ergab sich aus dem Rückgang an Ausbildungsplätzen.

Damit hat die Krise auch Schwächen des Erwerbssystems und des Sozialstaats offengelegt: schwächere Arbeitsmarktgruppen wurden unverhältnismäßig stark belastet. Vor allem wurde deutlich, dass sich die Absicherung von Beschäftigung noch zu stark an einem traditionellen Verständnis von abhängiger, männlicher Vollzeiterwerbstätigkeit orientiert. In der Krise sind jedoch auch viele Selbstständige auf den Schutz der Solidargemeinschaft angewiesen. Unbezahlte Sorgearbeit hat unter dem Gesichtspunkt der sozialstaatlichen Absicherung so gut wie keine Rolle gespielt. Es ist eine große Leerstelle der Pandemiepolitik, dass sie die Relevanz von Sorgearbeit – als gesellschaftliche Aufgabe wie auch als ein die Erwerbsfähigkeit bestimmender Faktor – ausgeblendet hat. Und es waren überwiegend die Frauen, die den Preis dafür gezahlt haben. Die Pandemie hat verdeutlicht, wie eng innerfamiliäre Muster der Verteilung von Sorgearbeit mit der Erwerbsbeteiligung von Müttern zusammenhängen. Um Geschlechtergerechtigkeit auf dem Arbeitsmarkt herzustellen, braucht es eine faire Verteilung der Sorgearbeit zwischen den Geschlechtern. Das kann nur gelingen, wenn Erwerbsarbeit so organisiert ist, dass sie Zeit und Raum für Sorgearbeit lässt. Folglich gilt es, bei der Organisation der Erwerbsarbeit die spezifischen Anforderungen gesellschaftlich notwendiger Sorgearbeit weit besser als bisher zu reflektieren. Arbeit hat sich verändert – der Sozialstaat hinkt hier immer noch hinterher.

Drittens führten die gestiegenen Sorgen und Belastungen bei vielen Menschen zu einer Distanz zum politischen System. Grundsätzlich zeigte sich eine große Verunsicherung innerhalb der Bevölkerung, die in Prozessen der politischen Entfremdung und der Ausweitung von Verschwörungserzählungen ihren Ausdruck fand und offensichtlich auch antidemokratischen Einstellungen Vorschub leistete. Damit produzieren die beobachteten Ungleichheitsmuster auch ungleiche Muster der Entfremdung, wobei mit den Müttern eine Gruppe, die sich eigentlich eher durch eine hohe Loyalität zum politischen System auszeichnet, deutlich an Institutionenvertrauen verloren hat. Diese Verunsicherung weiter Teile der Gesellschaft ist möglicherweise die schwerste und nachhaltigste gesellschaftliche Folge der Pandemie und im Hinblick auf unsere durch Polykrisen geprägte Zeit ein schweres Erbe.

Literatur

Bundesinstitut für Berufliche Bildung (2023), *Datenreport zum Berufsbildungsbericht 2023 Informationen und Analysen zur Entwicklung der beruflichen Bildung*, Bonn.

Kohlrausch, Bettina (2022), »Sorgearbeit. Die große Leerstelle in der Pandemie«, in: *Wirtschaftsdienst*, Jg. 102, H. 3, S. 158.

Schulten, Thorsten/Müller, Torsten (2020), *Kurzarbeitergeld in der Corona-Krise*, Wirtschafts- und Sozialwissenschaftliches Institut der Hans-Böckler-Stiftung: WSI Policy Brief Nr. 38, Düsseldorf.

Arbeiten im Homeoffice vor und nach Corona – Wer es kann, wer es möchte und wer es darf

Helge Emmler

1. Einleitung

Die Corona-Krise hat den Arbeitsalltag der Menschen nachhaltig verändert. An keinem Beispiel lässt sich diese Feststellung besser ablesen als am »Homeoffice«, also wenn die Erwerbstätigkeit von zu Hause geleistet wird. Im Frühjahr des Jahres 2020 hat die Corona-Krise Unternehmen und Beschäftigte gewissermaßen ins Homeoffice *gezwungen*: und zwar als Maßnahme des Infektionsschutzes (Lorberg/Janusch 2023: 53) – seitdem aber ist der Anteil der Beschäftigten, die »mobil« arbeiten, nicht auf das Vorkrisenniveau zurückgekehrt; war es vor Ausbruch der weltweiten Pandemie nur rund ein Sechstel der Beschäftigten, welches das Homeoffice zumindest zeitweise genutzt hatte, arbeitet nun etwa jede*r dritte Beschäftigte regelmäßig mobil.

Der vorliegende Beitrag zeichnet diese Entwicklung des Homeoffice vom Ausnahme- zum Normalzustand anhand des WSI-Erwerbspersonenpanels nach und beschreibt zudem, welche Beschäftigtengruppen zum aktuellen Zeitpunkt der zugrunde liegenden Daten (November 2023) überproportional im Homeoffice arbeiten und warum sie dies tun: eignen sich ihre Tätigkeiten besser dafür, wollen bestimmte Personen lieber zu Hause arbeiten, oder wird ihnen das Arbeiten von zu Hause sogar verwehrt?

Vergleichbare Analysen zum Thema sind schwierig, weil »Homeoffice« ein schwammiger und bisweilen umgangssprachlicher Begriff ist, der sowohl die in der Arbeitsstättenverordnung (ArbStättV) definierte »Telearbeit« als auch »mobiles Arbeiten« umfasst. Der Begriff der »mobilen« Arbeit indes entbehrt jedoch nicht einer gewissen Ironie, da auch dieser zumeist alles andere als mobiles Arbeiten in der eigenen oder gemieteten Immobilie beschreibt. Im vorliegenden Beitrag ist »Homeoffice« im Kern als »Arbeiten von zu Hause« definiert, wenngleich Ungenauigkeiten aufgrund unterschiedlicher Frageformulierungen in der WSI-Erwerbspersonenbefragung oder in den zum Vergleich genutzten Untersuchungen nicht immer ausgeschlossen werden können.

Die folgenden Ausführungen widmen sich der *Verbreitung* von Homeoffice. Für ausführliche Analysen zum erfolgreichen *Gelingen* von Homeoffice sei auf den Beitrag von Elke Ahlers in diesem Band verwiesen, aber auch auf ältere Studien, etwa zur Bedeutung von Arbeitszeiterfassungen bei der Arbeit zu Hause (Lott/Ahlers 2021) oder zu Betriebsvereinbarungen zur mobilen Arbeit (Ahlers u.a. 2021). Auch können die Motive von Beschäftigten und Betrieben, im Homeoffice zu arbeiten bzw. dieses anzubieten, nur kursorisch anhand von bestimmten Merkmalen erörtert werden. (Diese Fragen werden ebenfalls im Beitrag von Ahlers in diesem Band besprochen).

In einem ersten Schritt werden die Homeofficequoten im Zeitverlauf beschrieben sowie deren Vergleichbarkeit mit anderen Datenquellen erörtert (Abschnitt 2). Davon ausgehend widmet sich der Beitrag dem aktuellen Rand, d.h. im Wesentlichen der Verbreitung und Nutzung des Homeoffice Ende des Jahres 2023: Wer *ist* im Homeoffice (Abschnitt 3), wer *kann* (Abschnitt 4) und wer *möchte und darf* (Abschnitt 5) im Homeoffice beruflich tätig sein? Schließlich werden die Ergebnisse in einem abschließenden sechsten Abschnitt zusammengefasst und eingeordnet.

Die Analysen knüpfen an eine Untersuchung aus dem Jahr 2021 an (Emmler/Kohlrausch 2021). Als Datengrundlage dient das WSI-Erwerbspersonenpanel, eine Online-Erhebung, die sich seit Frühjahr 2020 im Abstand von vier bis sechs Monaten an ursprünglich 7.677 Erwerbstätige und Arbeitsuchende richtet, von denen nach nunmehr zwölf Erhebungsrunden im November 2023 noch rund 5.200 Personen erreicht werden konnten.[1] Zur Beschreibung der Datengrundlage sei auf den Beitrag von Brehmer und Emmler in diesem Band sowie die ausführlichen Methodenberichte (Emmler 2023; Sartorius/Spengler 2022; Sartorius/Scholz 2021) verwiesen.

2. Zeitreihe

Die Erfassung des aktuellen Arbeitsortes von Beschäftigten ist eines der meistzitierten Items der WSI-Erwerbspersonenbefragung, welches über mehr als drei Jahre hinweg in fast unveränderter Form erhoben wird.[2] Die Frage lautet »Und

1 Zu diesen 5.200 Befragten gehört eine Aufstockungsstichprobe von Selbstständigen in Welle 5 (Juli 2021), die rund 20 Prozent des in der zwölften Welle realisierten Samples ausmacht.

2 Abweichungen zwischen den Zeitpunkten: Beim Homeofficeniveau vor der Corona-Krise (Welle 1) wurde keine Option »trifft nicht auf mich zu« angeboten. In Welle 8 wurde die Antwortmöglichkeit Nr. 4 »Trifft auf mich nicht zu« zu »Trifft auf mich nicht zu/bin derzeit freigestellt« erweitert.

von wo aus arbeiten Sie derzeit?« und wird nur an Erwerbstätige gestellt. Die Antwortoptionen lauten:

- »Ich arbeite ausschließlich/überwiegend in meinem Betrieb.«
- »Ich arbeite ausschließlich/überwiegend von zu Hause aus.«
- »Ich arbeite an wechselnden Arbeitsorten (Betrieb, zu Hause, mobil von unterwegs).«
- »Trifft auf mich nicht zu/bin derzeit freigestellt.«

2.1 Entwicklung in den Daten der Erwerbspersonenbefragung

Abbildung 1 beschreibt die Homeofficequoten vor, während und nach der Corona-Krise.[3] Als »Corona-Pandemie« wird in diesem Beitrag der Zeitraum vom ersten Lockdown (22.03.2020) bis zum Auslaufen der SARS-CoV-2-Arbeitsschutzverordnung (02.02.2023[4]) datiert. Diese Zeitreihe eignet sich speziell, um allgemeine Trends zu erfassen, da stets die gleichen Personen befragt werden. Es lassen sich vier Phasen identifizieren:

1. Vor[5] der Corona-Krise – retrospektiv im April 2020 erfragt und zu illustrativen Zwecken dargestellt am Datenpunkt »01.01.2020« – beobachten wir den geringsten Anteil von Homeoffice in unserer Zeitreihe.
2. Der erste Corona-Lockdown, beginnend mit dem 22. März 2020, verursachte eine schlagartige und in dieser Größenordnung auch seither nicht wieder beobachtete Ausbreitung von mobiler Arbeit.
3. Nachdem die Covid-19-Inzidenzen[6] zum Sommer des Jahres 2020 merklich gesunken waren, kam es zu einer Rückkehr in die Betriebe – in diese Zeit fiel auch erstmals der Terminus des seitdem in unterschiedlichen Kontexten verwendeten »New Normal«. Die Homeoffice-Fallzahlen pendelten sich auf halber Strecke zwischen Vorkrisenniveau und erstem Lockdown ein und vereinzelte anekdotische Evidenz versicherte, dass Arbeitgeber bisweilen manche

3 Die Frage nach der aktuellen Verteilung des Homeoffice wurde in zehn von zwölf Wellen gestellt. Darüber hinaus wurden in zwei Fällen die Homeofficequoten zwischen den Wellen erfasst und einmal retrospektiv die Homeofficequote vor der Krise. Da die retrospektive Abfrage ohne die Antwortkategorie »trifft nicht zu« erfolgte, verbleiben 51 Datenpunkte.

4 Siehe https://www.bmas.de/DE/Service/Gesetze-und-Gesetzesvorhaben/sars-cov-2-arbeitsschutzverordnung.html (letzter Zugriff: 20.03.2024).

5 Die Frage wurde ohne festen Referenzpunkt gestellt: »Und von wo aus haben Sie zuletzt vor der Corona-Krise gearbeitet?«

6 Für einen Übersichtsverlauf sogenannter »Sieben-Tages-Inzidenzen« sowie weiterer Kennzahlen siehe https://corona-pandemieradar.de/de/inzidenz, letzter Zugriff: 29.01.2024.

Anstrengung in Kauf nahmen, um Beschäftigte zurück in die Betriebe zu holen. Erstaunlich war im weiteren Verlauf des Jahres 2020, dass der Beschluss des »Lockdown light« vom 2. November 2022 trotz eindeutigen Appells der Bundesregierung keineswegs unmittelbar zu vergleichbaren Homeofficequoten wie während des ersten Lockdowns führte. Erst nachdem die geringe Quote vom November 2020 infolge einer Pressemitteilung der Hans-Böckler-Stiftung vom Dezember 2020 publik wurde (Hans-Böckler-Stiftung 2020) und kurz darauf eine befristete Arbeitsschutzverordnung in Kraft trat, der zufolge Betriebe mobile Arbeit anbieten mussten, wenn keine zwingenden betrieblichen Gründe dagegensprechen (vgl. BMAS 2021), stieg der Anteil der Beschäftigten, die überwiegend im Homeoffice arbeiteten, wieder auf ein knappes Viertel.

4. Seit etwa Mitte des Jahres 2021 arbeiten, von geringen Schwankungen abgesehen, etwa zwei von drei Beschäftigten weitgehend oder überwiegend im Betrieb. Der Anteil von Erwerbstätigen, die an »wechselnden Arbeitsorten« arbeiten, hat sich seitdem leicht erhöht. Die Problematik der Begrifflichkeit »wechselnde Arbeitsorte« wird im weiteren Verlauf des Textes diskutiert, jedoch lässt sich annehmen, dass sich in diesem Trend eine neue Normalität von etwa zwei bis drei Tagen im Homeoffice offenbart – unter Vollzeitbeschäftigten, deren Tätigkeit sich dafür eignet.

2.2 Vergleich mit anderen Daten

2.2.1 Vor der Krise

Vor dem Jahr 2020 wurde der Frage, wie viele Beschäftigte zu Hause arbeiten, nur vereinzelt nachgegangen. Ein überblicksartiger Aufsatz von Brenke (2016) vergleicht die Daten des Mikrozensus und des Sozio-oekonomischen Panels (SOEP) des Jahres 2014 miteinander. Laut Mikrozensus arbeiteten nur 1,5 Prozent der Beschäftigten »in der Mehrzahl der Arbeitstage« und weitere 5,9 Prozent »in weniger als der Hälfte der Arbeitstage« von zu Hause. Laut SOEP waren es 8,5 Prozent, die zumindest mehrmals die Woche zu Hause arbeiteten (3,9 Prozent täglich) und weitere 9,4 Prozent, die seltener (aber häufiger als nicht) im Homeoffice waren (ebd.: 96). Zudem veröffentlichte das Statistische Bundesamt die Angabe, dass im Mikrozensus 2019 etwa 13 Prozent »angaben, zum Zeitpunkt der Befragung in den vergangenen vier Wochen mindestens einmal oder häufiger von zu Hause aus gearbeitet zu haben« (Destatis 2022). Beim Vergleich mit den Daten der WSI-Erwerbspersonenbefragung muss festgestellt werden, dass die »wechselnden Arbeitsorte« nicht in die zitierten Kategorien des SOEP und Mikrozensus

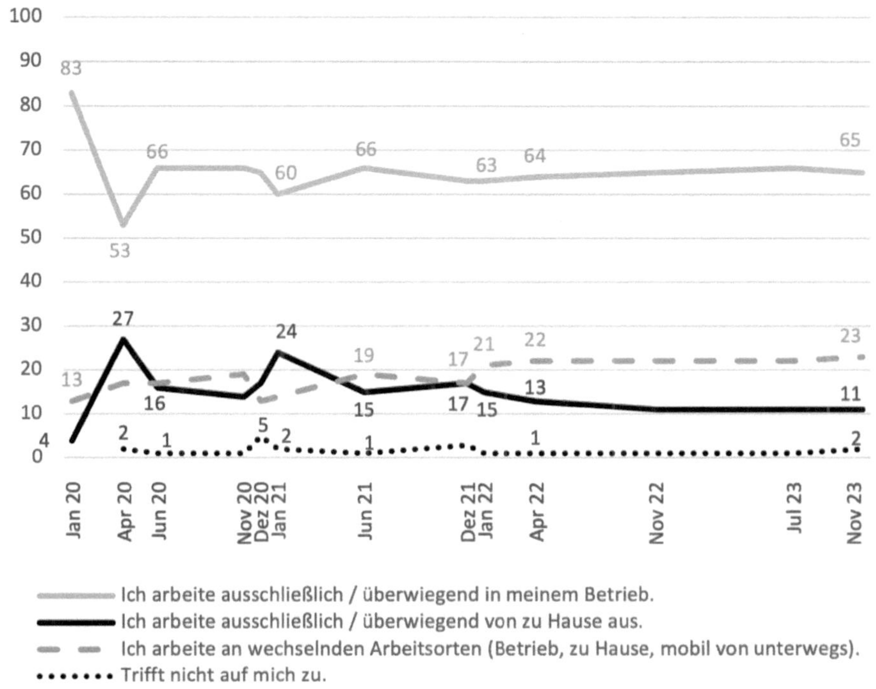

Abbildung 1: Homeofficequoten laut WSI-Erwerbspersonenpanel; gewichtete Angaben in Prozent
Quelle: WSI-Erwerbspersonenbefragung, Basisstichprobe, Wellen 1–5, 7–10 und 12; eigene Berechnungen

zu überführen sind, dass sich aber die Größenordnung des »überwiegenden oder ausschließlichen« Homeoffice (4 Prozent) in die Angaben aus dem Mikrozensus und dem SOEP einreiht.

2.2.2 Während und nach der Krise

Zahlreiche Institutionen haben sich während der Corona-Pandemie an der Quantifizierung von Homeoffice versucht. Dennoch sind aufgrund verschiedener Fragestellungen, aber vor allem abweichender Zeitpunkte der Erhebungen, Vergleiche nur mit Vorsicht zu interpretieren. Eine zusammenfassende Übersicht lässt sich der »Corona-Datenplattform« entnehmen, auf der Homeofficequoten u.a. der WSI-Erwerbspersonenbefragung, des Instituts für angewandte Sozialwissenschaft (infas) und des Instituts Zukunft der Arbeit (IZA) gegenübergestellt werden (Corona-Datenplattform 2021: 5 f.). Aus diesem Bericht ergeben sich besondere Vergleichspunkte mit anderen Studien, da zu identischen Zeitpunkten gefragt wurde. So ermittelte infas im Januar und Februar 2021 eine Homeofficequote von 26 Prozent bzw. 22 Prozent (»ganz oder überwiegend im Homeoffice«), während das ifo im Februar auf etwa 30 Prozent kam (»teilweise und ganz im Homeoffice«) – das ist der Zeitpunkt, zu dem das WSI 24 Prozent »überwiegendes« Homeoffice und weitere 14 Prozent »wechselnde Arbeitsorte« erfasste.

Der Mikrozensus ermittelt für die Krisenjahre Homeofficequoten von knapp einem Viertel, wählt aber in der Frageformulierung einen anderen Zugang (siehe Abschnitt 2.2.1). Im Jahr 2021 waren 24,2 Prozent aller Erwerbstätigen in Deutschland im Homeoffice, im Jahr zuvor waren dies noch 21,0 Prozent (Destatis 2022).[7] Die Daten der WSI-Erwerbspersonenbefragung resultieren aus einer anderen Fragestellung, es lässt sich jedoch annehmen, dass die WSI-Zahlen im Vergleich zum Mikrozensus eine leicht überschätzte Homeofficequote widerspiegeln.

Für das Jahr 2022 gibt das Statistische Bundesamt an, dass 24,2 Prozent aller Erwerbstätigen laut Mikrozensus in den vergangenen vier Wochen mindestens einmal zu Hause gearbeitet hätten (Destatis 2023) – auch hier wird eine Konstanz über die Entwicklung der Homeofficequoten im Zeitverlauf festgestellt. Zudem berichtet das ifo, dass im Jahr 2023 17 Prozent aller Arbeitsstunden im Homeoffice verbracht wurden (ifo Institut 2023) – legten wir diesen Maßstab an die Daten der WSI-Erwerbspersonenbefragung im Dezember 2023 an, kämen wir auf etwa 23 Prozent. Auch hier kann also von einer leichten Überschätzung des Homeoffice in den WSI-Daten ausgegangen werden.

2.2.3 Woher kommen die Unterschiede?

Homeofficequoten sind aufgrund unterschiedlicher Erhebungszeitpunkte, -räume und Fragestellungen nur schwer zu vergleichen. Es zeigt sich jedoch, dass sich die Daten der WSI-Erwerbspersonenbefragung in die Größenordnung anderer Studien einordnen lassen, wenngleich sie in der Tendenz etwas höhere Homeofficequoten ausweisen als der Mikrozensus.

Die Suche nach den Ursachen für diesen Befund ist schwierig, aber es gibt gewisse Anhaltspunkte. So ist das Erwerbspersonenpanel eine Online-Befragung

7 Es überrascht zunächst, dass die Homeofficequote im Jahr des striktesten Lockdowns geringer war als 2021. Der Mikrozensus wird jedoch von Januar bis Dezember eines Jahres durchgeführt (Destatis 2020) und der Berichtszeitraum umfasst (nur) die zurückliegenden vier Wochen. Es ist deshalb von erheblichen Schwankungen innerhalb des Jahres 2020 auszugehen. Die Fragebögen sind öffentlich abrufbar unter https://www.gesis.org/missy/materials/MZ/documents/frageboegen (letzter Zugriff: 19.03.2024).

und daher ist zu vermuten, dass sie trotz größter Bemühungen, zu einer ausgewogenen Stichprobenziehung zu gelangen, tendenziell eher computeraffine Berufe erfasst, die ihrerseits eine bessere Eignung zum Homeoffice aufweisen könnten. Zudem ist die Antwortkategorie der »wechselnden Arbeitsorte« nicht ohne Tücken; so weist zum Beispiel das für hohe Homeofficequoten unverdächtige Baugewerbe einen hohen Anteil »wechselnder Arbeitsorte« auf – vermutlich ist damit eher die Arbeit auf wechselnden Baustellen anstatt Arbeit in den eigenen vier Wänden gemeint.

Es ist deshalb anzunehmen, dass die Erwerbspersonenbefragung die Homeofficequote leicht überschätzt. Ihre Stärke spielt die Datenquelle jedoch ohnehin an anderer Stelle aus: Zum einen werden immer wieder die gleichen Personen befragt, sodass die Daten eine hohe Zuverlässigkeit bei der Darstellung der Entwicklung (Abbildung 1) garantieren; zum anderen eignet sich die Befragung hervorragend für die Analyse von Zusammenhängen zwischen Homeoffice einerseits und einer Reihe von Merkmalen andererseits: Wer ist im Homeoffice, wer kann es sein und wer möchte es sein? Diesen Fragen wollen wir in den folgenden Abschnitten nachgehen.

3. Homeoffice: Aktuelle Verteilung

3.1 Abgrenzung

Ab diesem Abschnitt wird im Wesentlichen der Querschnitt der zwölften Welle der Erwerbspersonenbefragung (November 2023) betrachtet. Diese Welle erlaubt besonders tiefe Analysen von Homeoffice, da einerseits gefragt wird, wie viele *Stunden* zu Hause gearbeitet wird – und so auch Teilzeit- mit Vollzeiterwerbstätigen verglichen werden können – und wie viele Stunden Beschäftigte bevorzugt im Homeoffice zu arbeiten *wünschen*. Es werden für die folgenden Analysen lediglich diejenigen Erwerbstätigen betrachtet, die für den November 2023 eine durchschnittliche wöchentliche Arbeitszeit von mindestens einer Stunde angaben.

Bereits im vorigen Abschnitt wurden die Probleme der »ursprünglichen« Homeoffice-Frage in der WSI-Erwerbspersonenbefragung erörtert. Nicht ganz klar ist, was Befragte im Einzelnen unter der Kategorie der »wechselnden Arbeitsorte« verstehen. Da bei den folgenden Analysen jedoch auf die verengte Definition des Homeoffice als »Arbeit zu Hause« rekurriert werden soll, werden drei Typen von Beschäftigen gebildet: erstens diejenigen Beschäftigten, die weniger als 10 Prozent ihrer Arbeitszeit zu Hause arbeiten (61 Prozent), d.h. eine Gruppe, die im Wesentlichen gar nicht zu Hause arbeitet. Der zweite Typ umfasst Beschäftigte, die von zehn bis einschließlich 60 Prozent ihrer Arbeitszeit zu Hause arbeiten (22 Prozent) – zu dieser Kategorie gehören also diejenigen, die zwei bis drei Tage (im Falle von Vollzeittätigkeit) im Homeoffice tätig sind und damit den inzwischen vermutlich »normalen« Umfang des Homeoffice abbilden. Und die dritte Kategorie besteht aus Beschäftigten, die mehr als 60 Prozent zu Hause arbeiten (17 Prozent) – viele davon ausschließlich.[8]

3.2 Bivariate Strukturen

Tabelle 1 zeigt die Verteilung ausgewählter Merkmale auf die soeben definierten Kategorien zum Ende des Jahres 2023. Bei der Interpretation dieser Deskription muss berücksichtigt werden, dass Gruppenunterschiede in den Homeofficequoten im wahrscheinlichsten Fall auf unterschiedliche Eignungen der Tätigkeit für Homeoffice zurückzuführen sind. Als plakatives Beispiel sei hier das Gastgewerbe angeführt: Nur 12 Prozent der dort Beschäftigten verbringen ihre Arbeitszeit zu mehr als einem Zehntel im Homeoffice. Es ist anzunehmen, dass sich viele Tätigkeiten in dieser Branche nicht für eine Ausweitung von Homeoffice eignen. Für eine Analyse, die nach Eignung der Tätigkeit differenziert, sei auf Abschnitt 4 verwiesen.

Mit dieser Vorbemerkung werden jetzt zunächst die soziodemografischen Merkmale betrachtet. Gerade in den östlichen Bundesländern (ohne Berlin) zeigen die Ergebnisse deutlich weniger Homeoffice. Das Geschlecht zeigt keinen Einfluss, während ältere Beschäftigte häufiger nicht im Homeoffice arbeiten.

Bei der Haushaltssituation sind die wesentlichen Unterschiede auf das Haushaltseinkommen zurückzuführen. Keine andere Variable – nicht einmal die Selbstständigkeit – lässt solche Divergenzen zutage treten. Dabei zeigt sich, dass höhere Einkommen vor allem in der »mittleren« Homeofficekategorie zu finden sind, während Beschäftigte mit geringen Einkommen in vier von fünf Fällen nicht einmal ein Zehntel ihrer Arbeitszeit im Homeoffice verbringen. Es wird im weiteren Verlauf zu ergründen sein, ob diese Unterschiede ausschließlich auf die Eignungen der Tätigkeiten zurückzuführen sind – wie der Blick auf die berufliche Qualifikation vermuten lässt –, oder ob es darüber hinaus Unterschiede beim Zugang zum Homeoffice gibt. Beschäftigte mit minderjährigen Kindern im Haushalt arbeiten häufiger im Homeoffice. Personen, die einen hohen »Mental Load« verspüren – die sich also für die Planung und Erledigung

8 Zur Einordnung: Die Kategorie »weniger als 10 Prozent« umfasst zum Großteil Beschäftigte ohne Homeoffice (Durchschnitt 0,4 Prozent) und die Kategorie »mehr als 60 Prozent« viele Beschäftigte, die ausschließlich von zu Hause aus arbeiten (Durchschnitt 90,6 Prozent).

von Alltagsaufgaben im Haushalt verantwortlich sehen –, arbeiten häufiger im Homeoffice.

Regelmäßiges und mehrheitliches Homeoffice findet sich gleichfalls deutlich häufiger bei Beschäftigten mit akademischem Abschluss (siehe dazu auch die Befunde zum orts- und zeitflexiblen Arbeiten bei höher qualifizierten Beschäftigten von Ahlers in diesem Band). Wenig überraschend arbeiten vor allem solche Beschäftigte häufiger zu Hause, die bereits vor und während der Pandemie Homeofficeerfahrungen sammeln konnten. Besonders gilt dies für Beschäftigte, die bereits mehrfach angaben, zu Hause zu arbeiten – während Beschäftigte mit »nur« einmaliger Homeofficeerfahrung vermutlich diejenigen sind, die während des ersten Lockdowns trotz mangelnder Eignung ihrer Tätigkeit im Homeoffice arbeiteten.

Bemerkenswerterweise ist es nicht bedeutsam, wer die Deutungshoheit über die Homeofficezeiten hat – ob also Arbeitgeber oder Arbeitnehmer*in über die Zeiten bestimmt, zu denen zu Hause gearbeitet wird.[9]

		Anteil im Homeoffice in Prozent		
	N	**Bis zehn**	**Mehr als zehn bis 60**	**Mehr als 60**
Gesamt	4.658	62	21	17
Persönliche Angaben				
Region				
Ost	709	69	16	15
West inkl. Berlin	3.949	61	21	18
Geschlecht				
Männlich	2.608	62	21	17
Weiblich	2.049	62	20	18
Alter				
Bis 35 Jahre	832	60	24	16
36 bis 50	1.649	61	21	18
51 und älter	2.177	65	17	18
Nettoäquivalenzeinkommen				
Unter 1.500 Euro	489	80	7	13
1.500 bis 2.500	1.444	70	16	14
2.500 bis 3.500	1.100	56	25	19
3.500 und mehr	963	46	32	22
Kinder im Haushalt				
Ja	1.187	59	22	19
Nein	3.454	63	20	16

9 Es muss jedoch bedacht werden, dass diese Frage nur denjenigen gestellt wurde, die auch mindestens eine Stunde in der Woche zu Hause arbeiten.

	N	Anteil im Homeoffice in Prozent		
		Bis zehn	Mehr als zehn bis 60	Mehr als 60
Mental Load				
Ich	1.174	56	23	20
Egalitär	1.551	62	21	17
Partner	329	62	25	14
Beruflicher Hintergrund				
Qualifikation				
Kein oder sonstiger Abschluss	530	59	21	19
Berufsausbildung	3.367	66	18	16
Akademischer Abschluss	636	37	36	27
Homeofficeerfahrung				
Keine Homeofficeerfahrung	1.725	92	4	4
Einmalige Homeofficeerfahrung	501	78	13	8
Mehrfache Homeofficeerfahrung	2.432	33	36	30
Homeoffice Deutungshoheit				
(Weitgehend) der Arbeitgeber	256	5	51	43
Paritätisch	705	6	55	39
(Weitgehend) der oder die Arbeitnehmer*in	552	7	52	41
Selbstständig				
Abhängig beschäftigt	3.884	65	20	15
Selbstständig	764	29	31	40
Wochenarbeitszeit				
1 bis 29 Stunden	748	75	10	15
30 bis 35	625	63	17	20
36 bis 40	2.053	62	21	17
41 und mehr	1.232	53	29	18
Informationen über den Betrieb				
Branche				
Baugewerbe	182	62	23	15
Energie, Wasserversorgung, Bergbau	192	39	32	28
Erziehung & Unterricht	161	77	14	9
Finanz- und Versicherungsdienstleistungen	239	23	41	36
Gastgewerbe	197	87	6	7
Gesundheits- und Sozialwesen	598	80	11	9
Handel, Kfz-Gewerbe	465	73	15	12
Medien, Information, Kommunikation, Kunst	274	24	30	46
Sonstige Dienstleistungen (auch von freien Berufen erbracht)	682	52	23	25
Sonstiges produzierendes Gewerbe / Verarbeitendes Gewerbe	724	60	23	16
Verkehr und Logistik	320	75	12	14
Öffentliche Verwaltung (Bund, Länder und Kommunen)	536	44	37	19

	N	Anteil im Homeoffice in Prozent		
		Bis zehn	Mehr als zehn bis 60	Mehr als 60
Betriebsgröße				
Bis einschließlich 5 Beschäftigte	776	52	19	29
6 bis 19	698	79	12	9
20 bis 199	1.340	69	18	13
200 und mehr	1.739	50	29	21
Betriebsrat				
Nein	1.334	74	13	12
Ja	2.435	58	25	17
Tarifbindung				
Nein	1.370	66	18	16
Ja	2.350	63	22	15

Tabelle 1: Verteilung des Homeoffice nach ausgewählten Merkmalen; gewichtete Angaben in Prozent
Anmerkung: Stand November/Dezember 2023
Quelle: WSI-Erwerbspersonenbefragung, Wellen 1–12, eigene Berechnungen

Selbstständige arbeiten erwartungsgemäß häufiger im Homeoffice. Auch steigt mit der wöchentlichen Arbeitszeit der Anteil der von zu Hause aus geleisteten Stunden. In den Branchen der Energieversorgung, der Medien, der Finanzen und in der Öffentlichen Verwaltung wird relativ viel zu Hause gearbeitet. Wenig Homeoffice gibt es in den Bereichen Baugewerbe, Erziehung, Gastgewerbe, Gesundheit, Handel sowie Verkehr und Logistik.

Dass Kleinstbetriebe (bis einschließlich fünf Beschäftigte) mehr Homeoffice aufweisen als Betriebe mit bis zu 20 Beschäftigten, liegt vermutlich an den (Solo-)Selbstständigen. Gerade in der Betriebsgröße (sechs bis 19 Beschäftigte) gibt es wenig mobile Arbeit, während die mittleren und besonders die großen Betriebe sehr deutlich häufiger (mittlere) Homeofficeanteile aufweisen. Beschäftigte in Betrieben mit Betriebsrat arbeiten häufig zu Hause – vermutlich ein Betriebsgrößeneffekt –, und Beschäftigte mit Tarifbindung unterscheiden sich nicht von Beschäftigten ohne Tarifbindung.

4. Homeoffice: Potenziale und Ausschöpfung

In diesem Abschnitt wird in einem ersten Schritt betrachtet, welcher Anteil an Tätigkeiten sich für das Homeoffice eignet (»Potenzial«), und in einem zweiten Schritt, welcher Anteil der Personen, deren Tätigkeit für überwiegendes Homeoffice geeignet wäre, auch tatsächlich überwiegend im Homeoffice arbeitet (»Ausschöpfung«).

Viele Studien kommen zu dem übereinstimmenden Ergebnis, dass sich etwa 40 Prozent aller Tätigkeiten für regelmäßiges Homeoffice eignen. Dieser potenzielle Anteil wurde sowohl vor der Pandemie festgestellt (Brenke 2016: 98) als auch während der Pandemie, in deren Verlauf er sich nicht nennenswert verändert hat (Frodermann u.a. 2021: 2). Auch in internationalen Studien, beispielsweise für die USA, konnte diese Größenordnung bestätigt werden (Dingel/Neiman 2020: 2). Nur vereinzelt werden höhere Werte genannt: Laut der Corona-Datenplattform (2021: 4) könnten 56 Prozent aller Jobs »zumindest teilweise« im Homeoffice ausgeführt werden, und das ifo-Institut sieht etwa die Hälfte aller Tätigkeiten als im Homeoffice leistbar an (ifo Institut 2023).

Mit den Daten der WSI-Erwerbspersonenbefragung können diese Zahlen bestätigt werden: 39 Prozent der befragten Erwerbstätigen verteilen sich bei der Frage »Inwieweit eignet sich Ihre berufliche Tätigkeit grundsätzlich für das Homeoffice?« auf die Antwortkategorien »Im Grunde lässt sich meine Tätigkeit uneingeschränkt von zu Hause ausführen.« sowie »Ich kann den Großteil meiner Tätigkeit von zu Hause aus ausführen, muss aber für bestimmte Arbeitsprozesse auch in den Betrieb.«, während sich die verbleibenden 61 Prozent auf die übrigen beiden Antwortkategorien verteilen: »Ich kann den Großteil meiner Tätigkeit nur im Betrieb ausführen, einzelne Arbeitsprozesse lassen sich aber auch von zu Hause aus ausführen.« und »Meine Tätigkeit eignet sich nicht für das Homeoffice.« Im Zeitverlauf der Erwerbspersonenbefragung (2020 bis 2023) gibt es dabei keine Variation.

Damit stellt dich die Frage, inwieweit der Anteil der für das Homeoffice geeigneten Tätigkeiten auch tatsächlich im Homeoffice ausgeübt wird. Laut des hochfrequenten »Online Personen-Panels« (IAB-HOPP) des Instituts für Arbeitsmarkt- und Berufsforschung haben vor der Corona-Krise 44 Prozent derjenigen Beschäftigten, deren Tätigkeit sich für das Homeoffice eignet, zumindest gelegentlich zu Hause gearbeitet (Frodermann u.a. 2021: 2). Mit den Daten der WSI-Erwerbspersonenbefragung lassen sich solche Ausschöpfungsquoten vor der Krise nicht berechnen.

Für den hier betrachteten Zeitpunkt (November 2023) liegen jedoch detaillierte Angaben vor. Für diese Zeitspanne wird »Ausschöpfung« definiert als der Anteil der Erwerbstätigen mit mindestens 50 Prozent Arbeit im Homeoffice *unter denjenigen*, deren Tätigkeit sich für mehrheitliches Homeoffice eignet:

$$\text{Ausschöpfung} = \frac{\text{Anzahl Personen mit Homeoffice} \geq 50 \text{ Prozent}}{\text{Anzahl Personen mit homeofficetauglicher Tätigkeit(Potenzial)}}$$

Der Hintergrund dieser Berechnung liegt in der Formulierung der Frage begründet; es wird angenommen, dass Personen, die angeben, sie könnten ihre Tätigkeit »uneingeschränkt« zu Hause oder »den Großteil« ihrer Tätigkeit zu Hause ausführen, tatsächlich mehr als 50 Prozent ihrer Arbeitszeit zu Hause leisten könnten. Wenn dies dann auch der Fall ist, gilt ihr Homeofficepotenzial als »ausgeschöpft«. Nach dieser Maßgabe liegen wir bei einer Ausschöpfung von etwa 48 Prozent, also jede zweite Tätigkeit, die sich für *überwiegendes* Homeoffice eignet, wird auch *überwiegend* im Homeoffice ausgeführt.[10]

Tabelle 2 zeigt – nach ausgewählten Kriterien – die Anteile der Tätigkeiten, die sich für das Homeoffice eignen (»Potenzial«) sowie unter diesen den Anteil derjenigen, die aktuell mindestens 50 Prozent ihrer Arbeitszeit zu Hause arbeiten (»Ausschöpfung«). Es zeigen sich große Variationen sowohl bei den Potenzialen als auch bei der Ausschöpfung.

	N	**Anteile in Prozent**	
		Potenzial	**Ausschöpfung**
Gesamt	1.847	39	48
Persönliche Angaben			
Region			
Ost	225	32	47
West inkl. Berlin	1.622	40	48
Geschlecht			
Männlich	1.022	37	50
Weiblich	825	42	45
Alter			
Bis 35 Jahre	403	45	41
36 bis 50	715	42	47
51 und älter	729	31	58
Nettoäquivalenzeinkommen			
Unter 1.500 Euro	110	25	46
1.500 bis 2.500	475	32	45
2.500 bis 3.500	477	44	48
3.500 und mehr	539	53	48
Kinder im Haushalt			
Ja	513	43	50
Nein	1.328	38	47
Mental Load			
Ich	510	46	49
Egalitär	598	39	51
Partner	138	40	45
Beruflicher Hintergrund			
Qualifikation			
Kein oder sonstiger Abschluss	228	43	43
Berufsausbildung	1.175	35	46
Akademischer Abschluss	421	64	57

10 Am Rande sei bemerkt: Eine kleine Menge von 3 Prozent arbeitet überwiegend zu Hause, obwohl sich ihre Tätigkeit nicht dafür eignet. Darunter sind überproportional viele Selbstständige.

	N	Anteile in Prozent	
		Potenzial	Ausschöpfung
Homeofficeerfahrung			
Keine Homeofficeerfahrung	201	13	14
Einmalige Homeofficeerfahrung	108	22	26
Mehrfache Homeofficeerfahrung	1.538	65	55
Homeoffice Deutungshoheit			
(Weitgehend) der Arbeitgeber	187	77	58
Paritätisch	563	82	54
(Weitgehend) der oder die Arbeitnehmer*in	440	82	57
Selbstständig			
Abhängig beschäftigt	1.444	39	45
Selbstständig	400	44	72
Wochenarbeitszeit			
1 bis 29 Stunden	165	33	54
30 bis 35	264	36	54
36 bis 40	850	39	48
41 und mehr	568	43	43
Informationen über den Betrieb			
Branche			
Baugewerbe	68	42	32
Energie, Wasserversorgung, Bergbau	103	56	61
Erziehung & Unterricht	34	12	56
Finanz- und Versicherungsdienstleistungen	188	80	55
Gastgewerbe	19	11	43
Gesundheits- und Sozialwesen	101	18	45
Handel, Kfz-Gewerbe	121	27	45
Medien, Information, Kommunikation, Kunst	207	83	65
Sonstige Dienstleistungen (auch von freien Berufen erbracht)	347	55	52
Sonstiges produzierendes Gewerbe / Verarbeitendes Gewerbe	287	44	44
Verkehr und Logistik	72	27	53
Öffentliche Verwaltung (Bund, Länder und Kommunen)	271	54	39
Betriebsgröße			
Bis einschließlich 5 Beschäftigte	350	36	73
6 bis 19	150	22	36
20 bis 199	467	37	39
200 und mehr	851	50	50
Betriebsrat			
Nein	399	35	39
Ja	1.026	42	49

	N	Anteile in Prozent	
		Potenzial	Ausschöpfung
Tarifbindung			
Nein	543	44	43
Ja	863	36	47

Tabelle 2: Homeoffice: Potenziale und Ausschöpfung nach ausgewählten Merkmalen; Gewichtete Angaben zu Potenzial und Ausschöpfung in Prozent
Anmerkung: Stand November/Dezember 2023
Quelle: WSI-Erwerbspersonenbefragung, Wellen 1–12; eigene Berechnungen

Die Unterschiede zwischen den östlichen und westlichen Bundesländern bei der Verteilung des Homeoffice scheinen im Wesentlichen auf die unterschiedliche Eignung der Tätigkeiten zurückzuführen zu sein, denn deren Ausschöpfung ist weitgehend identisch. Die Tätigkeiten von Frauen eignen sich häufiger für Homeoffice, jedoch wird diese Eignung seltener ausgeschöpft (sodass Männer und Frauen, in der Summe, ähnlich häufig im Homeoffice arbeiten, siehe zuvor in Abschnitt 3). Die Tätigkeit von älteren Beschäftigten eignet sich zwar seltener für mobile Arbeit, jedoch werden die Potenziale deutlich häufiger ausgeschöpft. Es ist denkbar, dass einige ältere Arbeitnehmer*innen aus gesundheitlichen Gründen zu Hause arbeiten.

Bei den Haushaltseinkommen lässt sich feststellen, dass die in Abschnitt 3 beobachteten Unterschiede (je höher das Einkommen, desto wahrscheinlicher die mobile Arbeit) hauptsächlich – wenn auch nicht ausschließlich – auf die unterschiedliche Eignung der jeweiligen Tätigkeiten zurückgehen. Bei der beruflichen Qualifikation jedoch ist zu bemerken, dass Beschäftigte mit akademischem Abschluss nicht nur häufiger homeofficetaugliche Tätigkeiten ausführen, sondern auch tatsächlich häufiger zu Hause arbeiten. Wer Kinder hat, hat eher eine für das Homeoffice geeignete Tätigkeit und ist auch häufiger dann überwiegend im Homeoffice, wenn sich die eigene Tätigkeit dafür eignet. Wenn die Verantwortung für Alltagsaufgaben ganz oder zu gleichen Teilen bei der befragten Person liegt, wird das Homeoffice eher ausgeschöpft, als wenn die Verantwortung beim Partner liegt – doch auch die umgekehrte Kausalrichtung ist denkbar; wenn im Homeoffice gearbeitet werden kann und wird, kann die Arbeit zu Hause besser aufgeteilt werden.

Auch bei der Homeofficeerfahrung ist die Kausalrichtung nicht eindeutig. In vielen Fällen wird die mehrfache Homeofficeerfahrung darin begründet liegen, dass sich die Tätigkeit auch für das Homeoffice eignet, und natürlich ist diese Eignung bei mehrfacher Homeofficeerfahrung auch bereits in der Vergangenheit ausgeschöpft worden. Denkbar ist jedoch auch, dass die mehrfache Erfahrung sowohl die Wahrnehmung der Eignung der Tätigkeit für das Homeoffice positiv beeinflusst als auch zu stärkerer Ausschöpfung führt.

Die Tätigkeit von Selbstständigen eignet sich geringfügig eher für das Homeoffice, jedoch wird dieses Potenzial viel häufiger ausgeschöpft. Vollzeittätigkeiten eignen sich häufiger für Homeoffice, dieses Potenzial wird jedoch seltener ausgeschöpft. Bei den Branchen zeigt sich, dass diejenigen Bereiche, in denen sich viele Tätigkeiten für mobile Arbeit eignen, auch eine hohe Ausschöpfung aufweisen. Möglicherweise spielt hier auch die Unternehmenskultur eine Rolle: Wo nur wenige Beschäftigte aufgrund ihrer Tätigkeit zu Hause arbeiten können, wird auch von denjenigen, die theoretisch zu Hause arbeiten könnten, eine höhere Präsenz im Betrieb erwartet. Eine Ausnahme stellt hier die »Öffentliche Verwaltung« dar, in der sich mehr als die Hälfte der Tätigkeiten für überwiegendes Homeoffice eignet, jedoch nur 39 Prozent davon ausgeschöpft werden.

In kleinen Betrieben sind die Tätigkeiten zwar nicht häufiger für Homeoffice geeignet, jedoch ist die Ausschöpfung viel höher. Vermutlich spielen (Solo-)Selbstständige hier eine Rolle. In großen Betrieben ab 200 Beschäftigten eignen sich die dortigen Tätigkeiten eher für Homeoffice, während die Ausschöpfung eher durchschnittlich ist – allerdings deutlich höher als in kleinen und mittleren Betrieben von sechs bis 199 Beschäftigten.

5. Homeoffice: Wünsche der Beschäftigten

Im Folgenden betrachten wir, ob Beschäftigte den Anteil ihrer Arbeitszeit, den Sie zu Hause arbeiten, für angemessen halten. Wir bilden für diesen Zweck drei Kategorien von Erwerbstätigen:

1. Beschäftigte*r möchte gerne mindestens 10 Prozent weniger im Homeoffice arbeiten, als dies der Fall ist.
2. Für die Beschäftigten stimmen Wunsch und Realität in Bezug auf die Homeofficezeit überein.
3. Beschäftigte*r möchte gerne mindestens 10 Prozent mehr im Homeoffice arbeiten, als dies der Fall ist.

Betrachtet werden lediglich Beschäftigte, deren Tätigkeit sich für die Arbeit im Homeoffice eignet (siehe Abschnitt 4). Eine solche Kategorisierung erlaubt es zum Beispiel zu untersuchen, welche Beschäftigtengruppen trotz Eignung für das Homeoffice ihrer Meinung nach in nicht ausreichendem Umfang zu Hause arbeiten. Bei der Betrachtung der Daten ist Folgendes zu beachten: Der Wunsch, mehr oder weniger im Homeoffice zu arbeiten, hängt stark vom Ausgangsniveau ab. Grundsätzlich gilt: Wer wenig im Homeoffice arbeitet, möchte gerne mehr im Homeoffice arbeiten, und wer sehr viel im Homeoffice arbeitet, möchte tendenziell etwas weniger im Homeoffice arbeiten. Die in Abbildung 2 dargestellte Trendlinie deutet an, dass ab etwa zwei Dritteln der Arbeitszeit im Homeoffice das Bedürfnis steigt, zumindest teilweise mehr im Betrieb zu arbeiten.

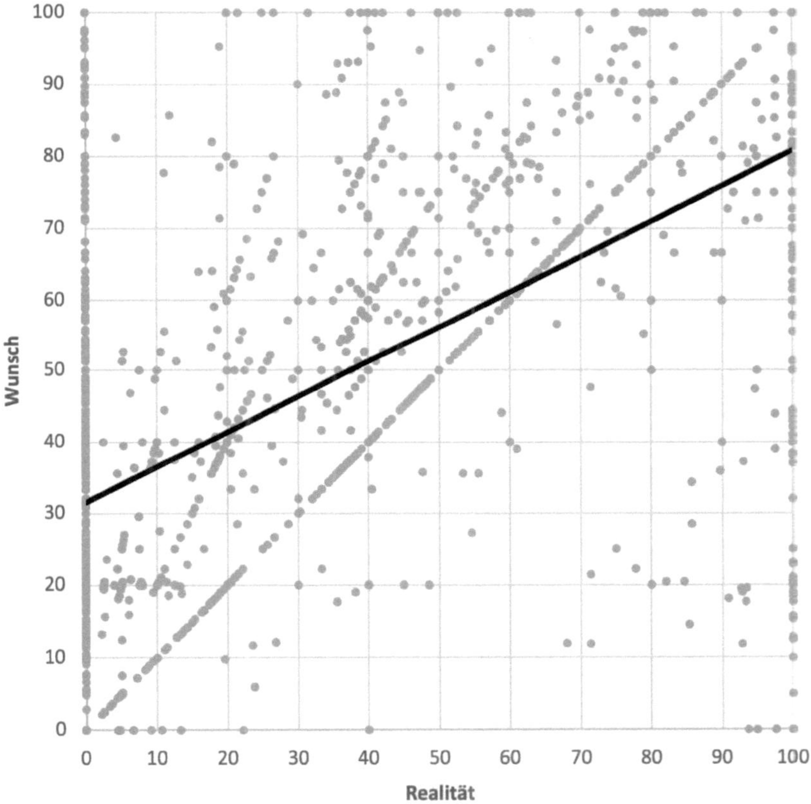

Abbildung 2: Arbeit im Homeoffice: Verteilung von Wunsch und Wirklichkeit; gewichtete Angaben in Prozent, nur abhängig Beschäftigte
Quelle: WSI-Erwerbspersonenbefragung, Welle 12; eigene Berechnungen

Insgesamt möchten etwa 16 Prozent weniger im Homeoffice arbeiten, 37 Prozent sind mit ihrem Arrangement weitgehend zufrieden und 47 Prozent würden gerne mehr zu Hause arbeiten. Diese Zahlen bestätigen frühere Analysen des WSI: Sie zeigen, dass der überwiegende Teil der Beschäftigten zwar gern einen *Teil* der Arbeitszeit im Betrieb, jedoch keinesfalls alles im Homeoffice erledigen möchte (Emmler/Kohlrausch 2021: 18).

5.1 Wunsch und Wirklichkeit: Verteilungen

Tabelle 3 zeigt die Verteilung der Wünsche von Beschäftigten nach mehr oder weniger Homeofficezeit. Es wird zudem in einer Spalte ausgewiesen, welchem Anteil der abhängig Beschäftigten, deren Tätigkeit homeofficetauglich ist, ein entsprechendes arbeitgeberseitiges Angebot gemacht wurde.

Die regionale Unterscheidung zeigt ein leicht erhöhtes Bedürfnis in den östlichen Bundesländern, mehr im Homeoffice zu arbeiten. Gleiches gilt für Frauen. Besonders stark macht sich jedoch das Alter der Beschäftigten bemerkbar: Während jüngere Beschäftigte gerne deutlich häufiger im Homeoffice arbeiten möchten, gibt es einen relativ großen Anteil älterer Beschäftigter, die seltener zu Hause arbeiten möchten, und nur einen geringen Anteil älterer Beschäftigter, die häufiger im Homeoffice arbeiten möchten. Möglicherweise spielen hier auch gesundheitliche Gründe eine Rolle: Wer zu Hause arbeiten muss, weil er sich das Pendeln nicht zumuten kann, wünscht sich, wieder häufiger an den sozialen Kontakten im Betrieb teilhaben zu können.

Bezüglich der Haushaltseinkommen wurde bereits in Abschnitt 4 gezeigt, dass Unterschiede in der Verteilung der mobilen Arbeit zum großen Teil auf die unterschiedliche Eignung der Tätigkeiten zurückgehen. Doch selbst wenn nur Tätigkeiten berücksichtigt werden, die eine solche Eignung aufweisen, verbleiben deutliche Unterschiede zwischen den Einkommensgruppen: So sind Beschäftigte aus Haushalten mit hohen Nettoäquivalenzeinkommen deutlich häufiger mit ihrem Arrangement zufrieden, während gerade Beschäftigte aus der Einkommenskategorie »1.500 bis 2.500 Euro« gerne deutlich mehr im Homeoffice arbeiten möchten. Diese Beobachtung wird auch durch den Blick auf die berufliche Qualifikation untermauert: Wer einen akademischen Abschluss aufweist, ist häufiger mit seinem Arrangement zufrieden. Beschäftigte ohne solche Abschlüsse wollen häufig mehr im Homeoffice arbeiten. Dabei fällt auf, dass unteren Qualifikations-, vor allem aber Einkommensgruppen auch vielfach gar kein arbeitgeberseitiges Angebot unterbreitet wird, selbst wenn sich ihre Tätigkeit für das Homeoffice eignet.

Kinder im Haushalt spielen – etwas überraschend – bei den Präferenzen der Beschäftigten nach Homeoffice nur eine untergeordnete Rolle. Überraschend ist auch der Befund, dass der Wunsch nach Homeoffice steigt, wenn der »Mental Load« beim Partner liegt – diese Kategorie ist allerdings nur mit einer schwachen Fallzahl besetzt. Nachvollziehbar ist jedoch die Beobachtung, dass eine egalitäre Aufteilung der organisatorischen Lasten im Haushalt mit einem verminderten Wunsch nach mehr Homeoffice einhergeht. Wenn Homeoffice seitens der Befragten zumindest teilweise als Instrument zur Vereinbarkeit von Familie und Beruf gesehen wird, sinkt der Bedarf zumindest ein wenig, wenn man sich in Paarhaushalten die häusliche Arbeit gut aufteilt.

Deutlich und erwartbar war der Befund, dass es eine Rolle spielt, wer definiert, ob und wann zu Hause gearbeitet wird: Je stärker der Arbeitgeber diese Zeiten vorgibt, umso größer ist die Unzufriedenheit über den Anteil der Homeofficezeit. Andererseits ist auffällig, dass »nur« 53 Prozent der Arbeitnehmer*innen, die weitgehend selbst über ihre Homeofficezeiten bestimmen dürfen, auch mit deren Umfang zufrieden sind, und dass sogar 12 Prozent gerne deutlich weniger im Homeoffice arbeiten würden. Dies belegt, dass Abweichungen zwischen Wunsch und Realität beim Homeoffice nicht zwingend durch den Arbeitgeber verursacht werden – auch wenn angenommen wird, dass geringe Homeofficequoten in den meisten Fällen nicht auf Beschäftigtenwünsche zurückgehen (Brenke 2016: 103). Es mag jedoch auch sein, dass einige Arbeitnehmer*innen ins Homeoffice »fliehen«, weil sie es zur Vereinbarkeit von Privatleben und Beruf benötigen – aber insgeheim zufriedener wären, wenn sie wieder mehr im Betrieb arbeiten könnten.

Selbstständige würden gerne weniger im Homeoffice arbeiten – ein Befund, der sich bereits bei der Betrachtung der Ausschöpfung (Abschnitt 4) angedeutet hatte. Darunter sind viele Solo-Selbstständige, die vermutlich gezwungen sind, in den eigenen vier Wänden zu arbeiten. Teilzeitbeschäftigte mit 20 bis 29 Wochenstunden sowie Vollzeitbeschäftigte ab 36 Stunden würden gerne mehr im Homeoffice arbeiten. Bei den Teilzeitbeschäftigten mit 20 bis 29 Stunden ist nicht auszuschließen, dass von ihnen Präsenz*tage* erwartet werden, die den (in Stunden gemessenen) Anteil der Präsenzarbeit erhöhen, während Vollzeitbeschäftigte vermutlich häufig, zum Beispiel zwei Tage, im Homeoffice arbeiten, aber lieber drei Tage zu Hause arbeiten würden. Beachtlich ist dabei, dass Vollzeitbeschäftigten mit mehr als 36 Wochenarbeitsstunden und für das Homeoffice geeigneter Tätigkeit auch fast immer ein solches Angebot unterbreitet wird.

		Wunsch-Anteil im Homeoffice im Vergleich zum Status quo in Prozent			
	N	**Mindestens 10 % weniger**	**Genauso wie jetzt**	**Mindestens 10 % mehr**	**Arbeitgeber-Angebot**
Gesamt	1.803	16	37	47	89
Persönliche Angaben					
Region					
Ost	218	15	35	50	87
West inkl. Berlin	1.585	16	37	46	90

	N	Wunsch-Anteil im Homeoffice im Vergleich zum Status quo in Prozent			Arbeitgeber-Angebot
		Mindestens 10 % weniger	Genauso wie jetzt	Mindestens 10 % mehr	
Geschlecht					
Männlich	987	17	37	46	89
Weiblich	816	16	37	48	90
Alter					
Bis 35 Jahre	394	13	32	55	88
36 bis 50	688	17	37	46	89
51 und älter	721	21	44	35	92
Nettoäquivalenz-einkommen					
Unter 1.500 Euro	117	17	38	45	70
1.500 bis 2.500	465	14	33	53	86
2.500 bis 3.500	465	17	34	49	90
3.500 und mehr	524	16	41	42	94
Kinder im Haushalt					
Ja	502	16	38	46	89
Nein	1.295	17	37	47	89
Mental Load					
Ich	583	18	38	43	89
Egalitär	514	14	38	48	90
Partner	132	16	36	49	86
Beruflicher Hintergrund					
Qualifikation					
Kein oder sonstiger Abschluss	222	19	31	51	85
Berufsausbildung	1.144	16	36	49	88
Akademischer Abschluss	414	17	44	38	96
Homeofficeerfahrung					
Keine Homeofficeerfahrung	190	22	12	66	60
Einmalige Homeoffice-erfahrung	102	17	20	63	78
Mehrfache Homeoffice-erfahrung	1.511	15	42	42	95
Aktueller Homeoffice-Anteil					
Bis zu 30 Prozent	512	13	15	72	69
30 bis 60 Prozent	480	3	35	62	100
60 und mehr Prozent	811	29	57	14	100
Homeoffice Deutungs-hoheit					
(Weitgehend) der Arbeit-geber	188	19	28	53	100
Paritätisch	547	13	41	46	100
(Weitgehend) der oder die Arbeitnehmer*in	425	12	54	34	100

	N	Wunsch-Anteil im Homeoffice im Vergleich zum Status quo in Prozent			Arbeitgeber-Angebot
		Mindestens 10 % weniger	Genauso wie jetzt	Mindestens 10 % mehr	
Selbstständig					
Abhängig beschäftigt	394	27	58	15	
Selbstständig	1.404	15	35	50	89
Wochenarbeitszeit					
1 bis 29 Stunden	64	16	49	35	86
30 bis 35	154	13	40	47	88
36 bis 40	246	19	42	38	88
41 und mehr	1.339	16	35	49	94
Informationen über den Betrieb					
Branche					
Baugewerbe	64	15	25	60	78
Energie, Wasserversorgung, Bergbau	100	18	39	43	95
Erziehung & Unterricht	35	26	32	42	90
Finanz- und Versicherungsdienstleistungen	183	13	44	43	97
Gastgewerbe	18	24	29	48	86
Gesundheits- und Sozialwesen	109	21	33	47	86
Handel, Kfz-Gewerbe	116	13	42	45	90
Medien, Information, Kommunikation, Kunst	205	21	48	32	96
Sonstige Dienstleistungen (auch von freien Berufen erbracht)	336	18	46	36	89
Sonstiges produzierendes Gewerbe / Verarbeitendes Gewerbe	281	15	32	54	86
Verkehr und Logistik	70	13	34	53	87
Öffentliche Verwaltung (Bund, Länder und Kommunen)	257	15	27	58	94
Betriebsgröße					
Bis einschließlich 5 Beschäftigte	354	24	59	17	75
6 bis 19	146	13	34	53	77
20 bis 199	456	14	31	55	85
200 und mehr	821	17	37	46	95
Betriebsrat					
Nein	393	15	35	50	79
Ja	995	15	35	49	95

	N	Wunsch-Anteil im Homeoffice im Vergleich zum Status quo in Prozent			Arbeitgeber-Angebot
		Mindestens 10 % weniger	Genauso wie jetzt	Mindestens 10 % mehr	
Tarifbindung					
Nein	532	14	37	49	84
Ja	838	17	34	49	94

Tabelle 3: Homeoffice: Wunsch, Wirklichkeit und arbeitgeberseitiges Angebot nach ausgewählten Merkmalen; gewichtete Angaben zu Wünschen und Angeboten in Prozent
Anmerkung: Nur Beschäftigte mit homeofficetauglicher Tätigkeit; Stand November/Dezember 2023
Quelle: WSI-Erwerbspersonenbefragung, Wellen 1–12; eigene Berechnungen

Bei Betrachtung der Branchen fällt zunächst auf, dass es Bereiche gibt, in denen zwar anteilig wenig im Homeoffice gearbeitet wird (Baugewerbe, Gesundheits- und Sozialwesen, Verkehr und Logistik), in denen jedoch der Wunsch nach mehr Homeoffice *unter denjenigen*, deren Tätigkeit sich durchaus für das Homeoffice eignet, sehr ausgeprägt ist. Es ist davon auszugehen, dass gerade in diesen Bereichen – möglicherweise auch aus Solidarität gegenüber den Kolleg*innen, die das Privileg des Homeoffice aufgrund ihrer Tätigkeit nicht wahrnehmen können – eine starke Präsenzkultur gepflegt wird. Möglich ist auch, dass die Arbeit im Homeoffice arbeitgeberseitig gar nicht angeboten wird bzw. angeboten werden kann, wie es im Baugewerbe der Fall zu sein scheint. Im Bereich der Medien herrscht hingegen häufig der Wunsch vor, weniger im Homeoffice zu arbeiten. Und in der Öffentlichen Verwaltung schließlich – in der sich viele Tätigkeiten für überwiegendes Homeoffice eignen, aber die Ausschöpfung gering ist – würde deutlich mehr als die Hälfte der Beschäftigten gerne mehr von zu Hause arbeiten. Das ist insofern beachtlich, als hier in den meisten Fällen ein arbeitgeberseitiges Angebot besteht – nur offenbar nicht in ausreichendem Umfang. Schon vor der Pandemie stellte Brenke (2016: 103) fest: »[…] in der öffentlichen Verwaltung klaffen die Wünsche der Arbeitnehmer nach Homeoffice und die von den Arbeitgebern angebotenen Möglichkeiten am weitesten auseinander.«

In Betrieben mit sechs bis 199 Beschäftigten besteht der deutliche Wunsch nach mehr Arbeit von zu Hause, während in größeren Betrieben zumeist ein arbeitgeberseitiges Angebot vorliegt und tendenziell etwas weniger Personen ihre Homeofficezeit für zu gering halten. Beschäftigte in Betrieben mit Betriebsrat und Tarifbindung weisen hingegen keine nennenswerten Unterschiede auf, obwohl ihnen meist ein Angebot zum Homeoffice vorliegt.

5.2 Wenn Wunsch und Wirklichkeit nicht zusammenpassen – Folgen für die Arbeitszufriedenheit

»Beschäftigte, die zu Hause arbeiten wollen, aber nicht können, sind mit ihrer Arbeit unzufriedener.« (Brenke 2016: 103). Zudem wechseln Beschäftigte seltener freiwillig den Arbeitgeber, wenn flexible Orts- und Zeitarrangements bestehen (Marx u.a. 2021). Diese Feststellungen lassen sich auch mit Daten der Erwerbspersonenbefragung eindrucksvoll demonstrieren.

In Abbildung 3 wird für die Beschäftigten der zuvor gebildeten Kategorien dargestellt, wie belastend ihre Arbeits- bzw. familiäre Situation ist, ob sie darüber nachdenken, ihren Job zu wechseln, und ob sie mit ihrem Job (sehr) unzufrieden sind.

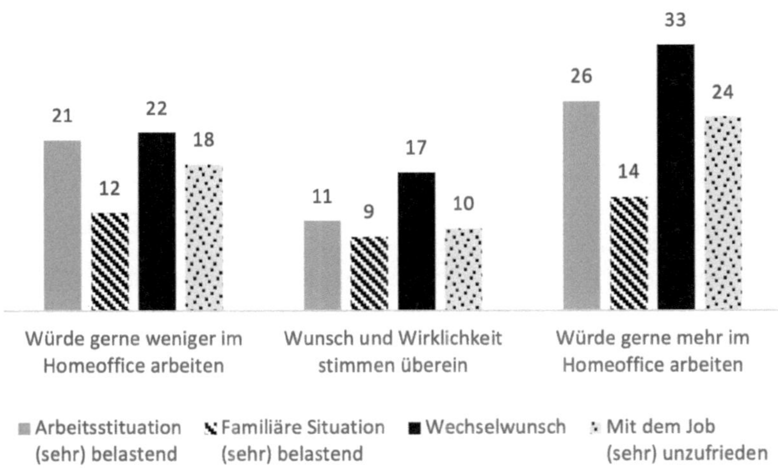

Abbildung 3: Folgen von Abweichungen zwischen Wünschen der Beschäftigten und der betrieblichen Realität bei Homeofficearrangements; gewichtete Angaben in Prozent
Anmerkung: Es wurden nur Personen mit homeofficetauglicher Tätigkeit berücksichtigt.
Quelle: WSI-Erwerbspersonenbefragung, Welle 12; eigene Berechnungen

Beschäftigte, bei denen Wunsch und Wirklichkeit übereinstimmen, fühlen sich in allen betrachteten Kategorien am wenigsten belastet. Stärker als bei der familiären Situation zeigt sich dies an der Belastung der Arbeitssituation. Vor allem der Wechselwunsch ist bei Beschäftigten mit erfüllten Homeofficewünschen selten vorhanden, und sie sind sehr selten mit ihrem Job unzufrieden (zehn gegenüber 24 Prozent bei denjenigen, die mehr im Homeoffice arbeiten möchten).

Es zeigt sich jedoch auch, dass Abweichungen von Wunsch und Realität in beide Richtungen Probleme verursachen: Sowohl wenn weniger als auch wenn mehr als gewünscht im Homeoffice gearbeitet wird, ist die Zufriedenheit geringer und der Wechselwunsch ist ausgeprägter. Besonders die Arbeitssituation ist auch bei denjenigen Beschäftigten angespannt, die weniger im Homeoffice arbeiten möchten (21 Prozent gegenüber 11 Prozent bei den Zufriedenen). Erwerbstätige wünschen sich also nicht einfach pauschal mehr Homeoffice; dessen Anteil muss vielmehr ihren Bedürfnissen entsprechen.

Dennoch ist offensichtlich, dass das Szenario »ich arbeite weniger im Homeoffice als ich möchte« die größte Unzufriedenheit verursacht – es erhöht familiäre Belastungen (vermutlich durch erschwerte Work-Life-Balance), verringert die Zufriedenheit mit dem Job und verdoppelt gar den Anteil von Beschäftigten mit belastender Arbeitssituation (26 Prozent gegenüber 11 Prozent) und Wechselwunsch (33 Prozent gegenüber 17 Prozent).

5.3 Multivariate Analyse: Wann passen Wunsch und Wirklichkeit zusammen?

Im vorigen Abschnitt wurde gezeigt, dass es der (Arbeits-)Zufriedenheit zuträglich ist, wenn der Wunsch über den Umfang des Homeoffice der Realität entspricht – und dass es der Zufriedenheit besonders unzuträglich ist, wenn *weniger* Homeoffice als gewünscht stattfindet. In Abschnitt 5.1 wurden bereits einige Einflussfaktoren für die Zusammenhänge zwischen Wünschen und Arbeitsrealität in bivariater Manier gezeigt – an dieser Stelle sollen diese Befunde in einem multivariaten Modell getestet werden.

Tabelle 4 zeigt die Ergebnisse einer multinomialen logistischen Regression: Dargestellt sind die marginalen Effekte[11] für die Gegenüberstellungen »Ich würde gerne weniger im Homeoffice arbeiten« (1) vs. »Wunsch und Realität stimmen überein« (0)[12] in der zweiten Spalte sowie »Ich würde gerne mehr im Homeoffice arbeiten« (1) vs. »Wunsch und Realität stimmen überein« (0) in der dritten Spalte der Tabelle.

11 Average Marginal Effects (AMEs, siehe Mood 2010).

12 In logistischen Regressionen werden Wahrscheinlichkeiten für das Zutreffen der Kategorie »1« im Vergleich zur Kategorie »0« geschätzt. Die in Tabelle 4 dargestellten Koeffizienten deuten also für die jeweilige Zeile an, um welche Wahrscheinlichkeit das Zutreffen der Kategorie »Ich würde gerne weniger im Homeoffice arbeiten« (zweite Spalte) bzw. »Ich würde gerne mehr im Homeoffice arbeiten« (dritte Spalte) erhöht wird – im Vergleich zur Referenz »Wunsch und Realität stimmen überein«.

	Möchte weniger im Homeoffice arbeiten AME		Möchte mehr im Homeoffice arbeiten AME	
Region				
Referenz: West				
Ost (ohne Berlin)	-4,7	+	8,6	*
Geschlecht				
Referenz: männlich				
Weiblich	-0,3		1,2	
Alter				
Referenz: unter 36 Jahren				
36 bis 50	3,0		-8,0	*
51 und älter	7,2	***	-15,9	***
Qualifikation				
Referenz: kein oder sonstiger Abschluss				
Berufliche Ausbildung	1,5		-3,3	
Akademischer Abschluss	3,0		-13,8	***
Wochenarbeitszeit				
Referenz: unter 30 Stunden				
30 bis 35	4,6		-5,3	
36 bis 40	0,2		5,3	
41 und mehr	1,9		0,5	
Betriebsgröße				
Referenz: bis 5 Beschäftigte				
6 bis 19	5,1		17,9	+
20 bis 199	5,2		16,1	+
200 und mehr	9,1	+	4,5	
Betriebsrat				
Vorhanden	-3,5		-1,2	
Tarifbindung				
Ja	0,4		3,1	
Branche				
Referenz: Finanz- und Versicherungsdienstleistungen				
Gesundheits- und Sozialwesen	3,2		3,9	
Handel, Kfz-Gewerbe	-2,9		6,4	
Medien, Information, Kommunikation, Kunst	5,1		-9,9	

	Möchte weniger im Homeoffice arbeiten AME		**Möchte mehr im Homeoffice arbeiten AME**	
Sonstige	5,6		0,6	
Sonstige Dienstleistungen (auch von freien Berufen erbracht)	3,4		-8,3	
Sonstiges produzierendes Gewerbe / Verarbeitendes Gewerbe	0,6		10,0	+
Verkehr und Logistik	2,1		8,9	
Öffentliche Verwaltung (Bund, Länder und Kommunen)	4,4		10,8	+

Tabelle 4: Homeoffice: Wunsch und Wirklichkeit, multinomiale logistische Regression: marginale Effekte (AME) in Prozent; + = p < 0.1; * = p < 0.05; ** = p < 0.01; *** = p < 0.001
Anmerkungen und Erläuterungen: Abhängig Beschäftigte, deren Tätigkeit sich für das Homeoffice eignet; N = 1.273. Das Lesebeispiel für die erste dargestellte Kategorie lautet: »In den neuen Bundesländern ist die Wahrscheinlichkeit, dass ich gerne weniger im Homeoffice arbeiten würde, als ich es gegenwärtig tue, im Vergleich zur Referenzkategorie (alte Bundesländer) um 4,7 Prozentpunkte verringert. Die Wahrscheinlichkeit, dass ich gerne mehr im Homeoffice arbeiten würde, als ich es gegenwärtig tue, ist im Vergleich zur Referenzkategorie um 8,6 Prozentpunkte erhöht.«
Quelle: WSI-Erwerbspersonenbefragung, Basisstichprobe, Welle 12; eigene Berechnungen

Betrachtet werden lediglich abhängig Beschäftigte, um auch Effekte der betrieblichen Mitbestimmung zu berücksichtigen, die für Selbstständige nicht erhoben werden. Ganz bewusst werden die Variablen »Homeofficeerfahrung« und die »Deutungshoheit der Arbeitszeiten im Homeoffice« nicht berücksichtigt, weil diese bereits ein *Ergebnis* der Aushandlungsprozesse zwischen Arbeitgeber und Arbeitnehmer*innen darstellen. Hier soll jedoch untersucht werden, wann Beschäftigte mit ihren Arrangements zufrieden bzw. unzufrieden sind. Gleiches gilt für den bereits faktisch geleisteten Anteil im Homeoffice: Diesen Anteil zu kontrollieren würde bedeuten, bestehende strukturelle Unterschiede, zum Beispiel zwischen Geschlechtern, im bereits geleisteten Anteil des Homeoffice zu nivellieren und Abweichungen zwischen Wunsch und Wirklichkeit *über den faktischen Anteil hinaus* zu untersuchen. Das wäre hier jedoch nicht zielführend, denn ob Beschäftigte bisher einen Tag im Homeoffice arbeiten (und damit nicht zufrieden sind) oder drei Tage (und damit nicht zufrieden sind), ist für diese Untersuchung irrelevant – wichtig ist nur, ob für sie Wunsch und Wirklichkeit zusammenpassen oder nicht.

Im Wesentlichen bleiben die Vorzeichen und nennenswerten Einflussstärken aus den bivariaten Analysen erhalten, wenngleich viele Effekte bei Kontrolle weiterer Faktoren als »nicht signifikant« entfallen. Bei Betrachtung der Einflussfaktoren für Beschäftigte, die gerne weniger im Homeoffice arbeiten möchten, gibt es nur wenige deutliche Faktoren (wobei dieser Fall auch seltener vorkommt als der Wunsch, mehr im Homeoffice zu arbeiten).

In den neuen Bundesländern wünschen sich Beschäftigte seltener, »weniger zu Hause zu arbeiten« und ebenso deutlich mehr Arbeitszeit zu Hause. Das spricht dafür, dass die Möglichkeit zum Homeoffice in den neuen Bundesländern stärker ermöglicht werden sollte.

Umgekehrt – und das in deutlichem Ausmaß – zeigen sich die Befunde beim Alter der Beschäftigten. Ältere Beschäftigte über 50 Jahren wünschen sich vielfach, eher weniger im Homeoffice zu arbeiten, und nur sehr selten äußern sie das Bedürfnis, mehr im Homeoffice zu arbeiten. Es spricht einiges dafür, dass der Umfang ihrer Tätigkeit im Homeoffice oftmals nicht ihren Wünschen entspricht. Das muss keineswegs immer arbeitgeberseitig bedingt sein; auch gesundheitliche Gründe können für den Umstand, ungewollt im Homeoffice zu arbeiten, ursächlich sein.

Wer einen akademischen Abschluss hat, ist eher mit seinem bestehenden Homeofficearrangement zufrieden. Diese Beschäftigten kommen vor allem sehr viel seltener in die Situation, mehr im Homeoffice arbeiten zu wollen. Wie in den vorangegangenen Abschnitten gezeigt, eignen sich die höher qualifizierten Tätigkeiten nicht nur häufiger für orts- und zeitflexibles Arbeiten (vgl. dazu auch den Beitrag von Elke Ahlers in diesem Band), sondern ihnen wird auch vermehrt das arbeitgeberseitige Angebot zum Homeoffice gemacht.

Die Befunde zu Betriebsgrößen erweisen sich zwar als unsicher, bestätigen jedoch die zuvor untersuchten Muster. Gerade ein Teil der Beschäftigten in Betrieben zwischen sechs und 199 Mitarbeiter*innen möchte sehr viel mehr im Homeoffice arbeiten. Ein anderer Teil wünscht sich, die Arbeit im Homeoffice reduzieren zu können. Dies zeigt, dass es in kleineren und mittleren Betrieben in beiden Richtungen eine Kluft zwischen Wunsch und Wirklichkeit gibt.

Die Branchen zeigen nur geringe Effekte. Tendenziell wird in den Dienstleistungsberufen eher zu viel als zu wenig zu Hause gearbeitet, was vor allem im Bereich »Medien, Information, Kommunikation, Kunst« deutlich wird. Ganz anders in der Öffentlichen Verwaltung: Hier ist der Wunsch, das Homeoffice mehr nutzen zu können, besonders ausgeprägt. Da in den meisten Fällen ein arbeitgeberseitiges Angebot vorliegt (siehe Tabelle 3), handelt es sich hier offenbar um Abweichungen beim *Umfang* des Homeoffice. Rund ein Viertel aller Beschäftigten im Öffentlichen Dienst würde gerne in einem Umfang von sechs bis zehn Stunden mehr pro Woche im Homeoffice arbeiten[13] – was rechnerisch dafür spricht, dass sie letztlich nur einen Tag mehr im Homeoffice zu arbeiten wünschen, als sie es derzeit tun.

13 Nicht ausgewiesen.

6. Schlussbemerkungen

6.1 Zusammenfassung

Der vorliegende Beitrag befasste sich mit der Verbreitung des »Homeoffice« vor, während und nach der Corona-Krise (zum Ende des Jahres 2023). Als Datengrundlage diente die WSI-Erwerbspersonenbefragung.

In einem ersten Abschnitt wurde die Entwicklung des Homeoffice gezeigt: Von einem Ausnahmephänomen vor der Pandemie wurde es als Instrument des Infektionsschutzes während der Pandemie ausgeweitet und pendelte sich nach der Pandemie auf einen Beschäftigtenanteil von etwa einem Drittel ein, der regelmäßig zu Hause arbeitet. Der Vergleich mit anderen Datenquellen zeigte, dass die Erwerbspersonenbefragung ähnliche Ergebnisse zutage bringt, die Homeofficequote jedoch gegebenenfalls leicht überschätzt. Insgesamt arbeiten Beschäftigte in den neuen Bundesländern seltener im Homeoffice und Selbstständige und Beschäftigte in Großbetrieben häufiger. Besonders aber die berufliche Qualifikation ist entscheidend: Wer über einen akademischen Abschluss verfügt, arbeitet häufiger zu Hause.

Bei Betrachtung der Potenziale (Abschnitt 4) zeigte sich: Zwei von fünf Tätigkeiten eignen sich für regelmäßiges Homeoffice. Zu diesem Befund gelangt die Erwerbspersonenbefragung des WSI übereinstimmend mit anderen Datenquellen. Von diesen Tätigkeiten wird rund die Hälfte auch tatsächlich überwiegend zu Hause ausgeführt. Dabei zeigt sich, dass besonders Beschäftigte aus Haushalten mit hohen Nettoäquivalenzeinkommen überwiegend Tätigkeiten ausüben, die sich für das Homeoffice eignen (vgl. auch Lorberg/Janusch 2023: 53). Zudem wird das Homeofficepotenzial bei Höherqualifizierten auch stärker ausgeschöpft. Es gibt Branchen, in denen sich nicht nur wenige Tätigkeiten für das Homeoffice eignen, sondern in denen auch diejenigen seltener im Homeoffice arbeiten, deren Tätigkeit sich dafür eignet – dabei ist sowohl denkbar, dass in diesen Branchen Beschäftigte aus Solidarität mit ihren Kolleg*innen häufiger in den Betrieb kommen, als auch, dass es ihnen arbeitgeberseitig gar nicht angeboten wird, ihre beruflichen Arbeitsaufgaben im Homeoffice zu erfüllen.

Abschnitt 5 bildete den Kern der vorliegenden Untersuchung: Dort wurde analysiert, welche Faktoren über die Eignung der Tätigkeit hinaus verantwortlich dafür sind, ob ein*e Beschäftigte*r mehr oder weniger im Homeoffice arbeitet, als er oder sie es sich wünscht. Dabei zeigte sich zunächst, dass keineswegs alle Beschäftigten ausschließlich im Homeoffice arbeiten möchten. Mehr als die Hälfte ist mit ihrer Arbeitszeit im Homeoffice zufrieden, knapp 20 Prozent der Beschäftigten möchten sogar weniger im Homeoffice arbeiten. Es zeigte sich zudem, dass die Arbeitszufriedenheit nicht nur dann leidet, wenn zu wenig, sondern auch, wenn zu viel Arbeitszeit im Homeoffice geleistet wird.

Doch welche Beschäftigten sind es nun, die mehr oder weniger im Homeoffice arbeiten, als sie es sich wünschen? Nicht die Eignung der Tätigkeit allein entscheidet darüber, wer das Homeoffice häufiger oder seltener nutzen kann, um die berufliche Tätigkeit auszuüben. Am deutlichsten zeigt sich dies an der Qualifikation. Höher qualifizierte Beschäftigte sind häufiger mit ihrem Arrangement zufrieden und zudem wird ihnen das Homeoffice auch häufiger angeboten, wenn sich ihre Tätigkeit dafür eignet. Im Öffentlichen Dienst hingegen scheitert ein »Mehr« an Homeoffice nicht daran, dass ein arbeitgeberseitiges Angebot an sich fehlen würde; vielmehr geht es offensichtlich um dessen Umfang: Viele Beschäftigte der Öffentlichen Verwaltung können zwar im Homeoffice arbeiten, würden dies aber gerne etwas häufiger tun. In den Dienstleistungsbereichen der Medien und Kommunikation würden einige Beschäftigte hingegen auch gerne etwas seltener zu Hause arbeiten.

Bemerkenswert ist, dass ältere Beschäftigte gerne weniger im Homeoffice arbeiten möchten. Und selbst Beschäftigte, die über ihre Arbeitszeit im Homeoffice (im Wesentlichen) selbst bestimmen können, äußern zum Teil das Bedürfnis, wieder mehr Arbeitszeit in betrieblichen Strukturen absolvieren zu können. Dies belegt eindrucksvoll, dass das Arbeiten zu Hause keineswegs immer den eigenen Wunschvorstellungen entspricht, sondern manchmal auch eine Notlösung ist.

6.2 Fazit

Der Titel dieses Sammelbands lautet: »Was von Corona übrig bleibt«. Offensichtlich ist: Das Arbeiten im Homeoffice bleibt. Zwar liegen die Homeofficequoten nunmehr unterhalb der Spitzenwerte zu Lockdownzeiten – in denen auch Beschäftigte zu Hause blieben, deren Tätigkeiten sich dafür keineswegs eigneten –, aber nichts deutet auf eine Rückkehr auf das frühere (»vor Corona«), geringere Niveau der Arbeit im Homeoffice hin.

Das ist zunächst erfreulich, denn mobile Arbeit hat sich nicht nur als probate Maßnahme des Infektionsschutzes, sondern auch als arbeitnehmerfreundliche Unterstützung der Work-Life-Balance und arbeitgeberseitiges Instrument zur Fachkräftesuche erwiesen. Dennoch wurden in diesem Beitrag Konfliktlinien identifiziert, für die arbeitspolitische Lösungen gefunden werden müssen.

1. Es zeigt sich, dass es auch bei Beschäftigtenwünschen nicht nur um ein »Mehr« an Homeoffice geht, sondern darum, dass Beschäftigten bei geeigneter Tätigkeit Homeoffice in einem Umfang angeboten wird, der ihren

Bedürfnissen entspricht. Dies scheint bei höher qualifizierten Beschäftigten ohnehin gewährleistet zu sein. In vielen anderen Fällen jedoch arbeiten Beschäftigte in geringerem Umfang im Homeoffice als gewünscht (wie in der Öffentlichen Verwaltung), oder diese Option wird ihnen trotz dafür geeigneter Tätigkeit gar nicht erst angeboten (wie in Kleinbetrieben und/oder bei gering qualifizierten Beschäftigten). Da gezeigt wurde, dass vor allem zu wenig Homeoffice mit steigender Arbeitsbelastung und erhöhtem Wechselwunsch einhergeht, sollten Arbeitgeber die Wünsche der Beschäftigten ermöglichen, sofern keine betrieblichen Belange dagegensprechen. Ein gesetzlicher »Erörterungsanspruch«, wie im Koalitionsvertrag der Bundesregierung vorgesehen (SPD u.a. 2021: 54), kann dafür hilfreich sein – gerade für Beschäftigte in Betrieben, in denen noch keine Homeofficekultur etabliert ist. Und manchmal, auch das zeigen die Befunde, würde bereits nur ein zusätzlicher Homeofficetag pro Woche aus Beschäftigtensicht Abhilfe schaffen.

2. Andererseits gibt es Fälle, in denen es zwar ein Angebot zum Homeoffice gibt und Arbeitnehmer*innen selbst über ihre Zeiten im Homeoffice bestimmen dürfen, in denen Beschäftigte dennoch gerne weniger zu Hause arbeiten würden. Daran zeigt sich, dass Homeoffice nicht immer die gewünschte Option ist, sondern manchmal auch eine den persönlichen Umständen der betreffenden Beschäftigten geschuldete Notlösung darstellt. Gerade in diesen Fällen ist es wichtig, dass die technische Ausstattung für das Arbeiten zu Hause gewährleistet ist und dass diese Beschäftigten nicht den sozialen Kontakt zu den Kolleg*innen verlieren.
3. Schließlich gibt es – auch bei allem guten Willen aller Beteiligten – Beschäftigte, deren Tätigkeiten sich nicht für das Homeoffice eignen. Und weil sich diese Tätigkeiten entlang gewisser Strukturen verteilen (beispielsweise geringe Haushaltseinkommen), kann dies zu (gefühlten) Ungerechtigkeiten führen, die auch Belegschaftsspaltungen zur Folge haben können. Ein Rechtsanspruch für »geeignete Tätigkeiten« verschafft hier keine Abhilfe. Unterschiede zwischen Beschäftigtengruppen hinsichtlich ihres Zugangs zum Homeoffice bleiben auch mit einem Rechtsanspruch bestehen und so werden sich speziell Gewerkschaften mit dem Problem konfrontiert sehen, »dass eine für einen Großteil der Beschäftigten wünschenswerte Entwicklung zur sozialen Spannung beiträgt, was die Solidarität zwischen den Arbeitnehmer*innen weiter unter Druck setzt.« (Lorberg/Janusch 2023: 53). Die Abwägung aller Interessen bleibt in jedem Fall ein Balanceakt.

Literatur

Ahlers, Elke/Mierich, Sandra/Zucco, Aline (2021), *Homeoffice. Was wir aus der Zeit der Pandemie für die zukünftige Gestaltung von Homeoffice lernen können*, Wirtschafts- und Sozialwissenschaftliches Institut der Hans-Böckler-Stiftung: WSI Report Nr. 65, Düsseldorf, letzter Zugriff: 10.04.2024, https://www.boeckler.de/fpdf/HBS-007997/p_wsi_report_65_2021.pdf

Brenke, Karl (2016), »Home Office: Möglichkeiten werden bei weitem nicht ausgeschöpft«, in: *DIW Wochenbericht* 5/2016, S. 95–105, letzter Zugriff: 10.04.2024, https://www.diw.de/documents/publikationen/73/diw_01.c.526038.de/16-5-1.pdf

BMAS (Bundesministerium für Arbeit und Soziales) (Hg.) (2021), *SARS-CoV-2-Arbeitsschutzverordnung (Corona-ArbSchV)* vom 21. Januar 2021, Bonn, letzter Zugriff: 10.04.2024, https://www.bundesanzeiger.de/pub/publication/5QH1uegEXs2GTWXKeln/content/5QH1uegEXs2GTWXKeln/BAnz%20AT%2022.01.2021%20V1.pdf?inline

Corona Datenplattform (2021), *Homeoffice im Verlauf der Corona-Pandemie*, Themenreport Corona-Datenplattform 02, Ausgabe Juli 2021, Bonn, letzter Zugriff: 10.04.2024, https://www.healthcare-datenplattform.de//uploads/admin/Themenreport02.pdf

Destatis (2023), *Knapp ein Viertel aller Erwerbstätigen arbeitete 2022 im Homeoffice*, Zahl der Woche Nr. 28 vom 11. Juli 2023, Wiesbaden, letzter Zugriff: 10.04.2024, https://www.destatis.de/DE/Presse/Pressemitteilungen/Zahl-der-Woche/2023/PD23_28_p002.html

Destatis (2022), *Ein Viertel aller Erwerbstätigen arbeitete 2021 im Homeoffice*, Zahl der Woche Nr. 24 vom 14. Juni 2022, Wiesbaden, letzter Zugriff: 16.04.2024, https://www.destatis.de/DE/Presse/Pressemitteilungen/Zahl-der-Woche/2022/PD22_24_p002.html

Destatis (2020), *Mikrozensus 2020 gestartet: Amtliche Befragung bei 1 Prozent der Bevölkerung*, Pressemitteilung Nr. 027 vom 23. Januar 2020, Wiesbaden, letzter Zugriff: 10.04.2024, https://www.destatis.de/DE/Presse/Pressemitteilungen/2020/01/PD20_027_122.html#:~:text=WIESBADEN%20%E2%80%93%20Der%20Mikrozensus%202020%20hat,ausgew%C3%A4hlten%20Haushalte%20um%20ihre%20Unterst%C3%BCtzung

Dingel, Jonathan I./Neiman, Brent (2020), »How many jobs can be done at home?«, in: *Journal of Public Economics*, Jg. 189, S. 1–8.

Emmler, Helge (2023), »Das WSI-Erwerbspersonenpanel. Hintergründe, Befunde, Ausblick«, in: *WSI-Mitteilungen, Jg. 76, H. 6*, S. 452–459.

Emmler, Helge/Kohlrausch, Bettina (2021), *Homeoffice. Potenziale und Nutzung, Aktuelle Zahlen aus der HBS-Erwerbspersonenbefragung, Welle 1 bis 4*, Wirtschafts- und Sozialwissenschaftliches Institut der Hans-Böckler-Stiftung: WSI Policy Brief Nr. 52, Düsseldorf, letzter Zugriff: 10.04.2024, https://www.boeckler.de/fpdf/HBS-007979/p_wsi_pb_52_2021.pdf

Frodermann, Corinna/Grunau, Philipp/Haas, Georg-Christoph/Müller, Dana (2021), *Homeoffice in Zeiten von Corona. Nutzung, Hindernisse und Zukunftswünsche*, IAB Kurzbericht 5/2021, Nürnberg, letzter Zugriff: 10.04.2024, https://doku.iab.de/kurzber/2021/kb2021-05.pdf

Hans-Böckler-Stiftung (2020), *Corona und Arbeitszeit: Lücke zwischen den Geschlechtern bleibt. Frauen erhalten seltener Aufstockung bei Kurzarbeit*, Pressemitteilung vom 29.12.2020, Düsseldorf, letzter Zugriff: 10.04.2024, https://www.boeckler.de/de/pressemitteilungen-2675-corona-und-arbeitszeit-lucke-zwischen-den-geschlechtern-bleibt-29563.htm

Ifo Institut (2023), *Deutsche verbringen 17 Prozent ihrer Arbeitsstunden im Homeoffice*, ifo Konjunkturumfrage vom 8. September 2023, München, letzter Zugriff: 10.04.2024, https://www.ifo.de/fakten/2023-09-08/deutsche-verbringen-17-ihrer-arbeitsstunden-im-homeoffice#:~:text=

Die%20Deutschen%20verbringen%2017%25%20ihrer,%2DExperte%20Jean%2DVictor%20Alipour

Lorberg, Daniel/Janusch, Holger (2023), »Pfadbruch? Internationale Entwicklungen der räumlichen Dimension der Arbeitswelt nach Corona«, in: *WSI-Mitteilungen*, Jg. 76, H. 1, S. 46–54.

Lott, Yvonne/Ahlers, Elke (2021), *Flexibilisierung der Arbeitszeit. Warum das bestehende Arbeitszeitgesetz und eine gesetzliche Arbeitszeiterfassung wichtig sind*, Wirtschafts- und Sozialwissenschaftliches Institut der Hans-Böckler-Stiftung: WSI Report Nr. 68, Düsseldorf, letzter Zugriff: 10.04.2024, https://www.boeckler.de/fpdf/HBS-008176/p_wsi_report_68_2021.pdf

Marx, Charlotte K./Reimann, Mareike/Diewald, Martin (2021), »Do Work-Life Measures Really Matter? The Impact of Flexible Working Hours and Home-Based Teleworking in Preventing Voluntary Employee Exits«, in: *Social Sciences*, Jg. 10, H. 1, S. 1–22.

Mood, Carina (2010), »Logistic Regression: Why We Cannot Do What We Think We Can Do, and What We Can Do About It«, in: *European Sociological Review*, Jg. 26, H. 1, S. 67–82.

Sartorius, Oliver/Scholz, Christiane (2021), *Corona und Erwerbssituation, Welle 5*, Methodenbericht, Berlin, letzter Zugriff: 10.04.2024, https://www.wsi.de/data/wsi_methodenbericht_1_2021_epb_welle_5.pdf

Sartorius, Oliver/Spengler, Thorsten (2022), *WSI-Erwerbspersonenbefragung, Welle 9*, Methodenbericht, Berlin, letzter Zugriff: 10.04.2024, https://www.wsi.de/data/wsi_methodenbericht_1_2022_epb_welle_9.pdf

SPD, Bündnis 90/Die Grünen/FDP (2021), *Mehr Fortschritt wagen: Bündnis für Freiheit, Gerechtigkeit und Nachhaltigkeit*, Koalitionsvertrag, Berlin, letzter Zugriff: 10.04.2024, https://www.spd.de/fileadmin/Dokumente/Koalitionsvertrag/Koalitionsvertrag_2021-2025.pdf

Homeoffice: Gekommen, um zu bleiben – Der Trend zum orts- und zeitflexiblen Arbeiten und das Potenzial für eine gute Gestaltung

Elke Ahlers

1. Einleitung

Der schon seit vielen Jahren diskutierte Trend hin zu einer flexiblen und digitalen Arbeitswelt (Eichhorst u.a. 2016; Rothe u.a. 2019) ist durch die Corona-Pandemie ein beachtliches Stück forciert worden. Digitale und vernetzte Arbeitsprozesse wurden krisenbedingt schneller als geplant umgesetzt. Dass der »Betrieb« für die deutliche Mehrheit der Beschäftigten der reguläre Arbeitsort ist, wurde mit der breiten Ermöglichung von Homeoffice[1] infrage gestellt – wenn auch vielerorts nur vorübergehend (Carstensen 2023: 5).

Natürlich waren im Homeoffice so manche Arbeitsschritte, vor allem die digitalen Prozesse, für viele Beschäftigte zunächst ungewohnt und mussten mit allerlei anfänglichen Schwierigkeiten erlernt und – im wahrsten Sinne des Wortes – vielfach am heimischen Küchentisch ausgeübt werden. Zwar wurde schon früh vor den auftretenden Risiken und Schattenseiten des Homeoffice gewarnt, etwa vor den ergonomisch schlecht ausgestatteten heimischen Arbeitsplätzen sowie den vielfach »entgrenzten« Arbeitszeiten, die mit der Gefahr übermäßiger Belastung der Beschäftigten verbunden waren (Urban 2021; DGB-Index Gute Arbeit 2021). Umso mehr ist im Nachhinein überraschend, dass die Erfahrungen mit dem Homeoffice in dieser pandemiebedingten Ausnahmezeit überwiegend positiv ausfielen, sowohl bei Beschäftigten als auch bei Arbeitgebern (Ahlers u.a. 2021; Hofmann u.a. 2021a). Schon bald wurde in den Unternehmen vom »New Normal« gesprochen, um zu verdeutlichen, wie offen dort mit der Etablierung neuer flexiblerer Arbeitskonzepte umgegangen wurde (Hofmann u.a. 2022). Und tatsächlich setzen sich orts- und zeitflexible Arbeitsformen auf breiter Fläche durch (ZEW 2023; vgl. auch Emmler in diesem Band). Unter »Homeoffice« wird

1 »Homeoffice« ist eine eher informelle Bezeichnung, wenn die berufliche Erwerbstätigkeit zu Hause geleistet wird. Dennoch wurde dieser Begriff während der Corona-Pandemie auch in verschiedenen Erlassen und Verordnungen auf Bundes- und Länderebene verwendet.

hier der konkrete heimische Arbeitsplatz verstanden, der besonders zu Zeiten der Corona-Pandemie zur Distanzwahrung, und somit zum Infektionsschutz, genutzt wurde. Der Sammelbegriff »orts- und zeitflexibles Arbeitsarrangements« umfasst dagegen sowohl das Homeoffice als auch alle weiteren flexiblen Arbeitsarrangements, die auf starre Arbeitszeiten verzichten und den Betrieb nicht als alleinigen Ort der Arbeitserbringung begreifen (vgl. Tabelle 1).

Homeoffice	... ist eine Form des mobilen Arbeitens und umfasst eine zeitweilige Tätigkeit im Privatbereich des Beschäftigten nach vorheriger Abstimmung mit dem Arbeitgeber/der Arbeitgeberin, zum Beispiel unter Nutzung tragbarer IT-Systeme.
Mobiles Arbeiten	... beschreibt eine sporadische, nicht unbedingt ganztägige Arbeit mit PC oder tragbaren Bildschirmgeräten (zum Beispiel Laptop, Tablet), die weder an das Büro im Betrieb noch an den häuslichen Arbeitsplatz gebunden ist. Sie kann mit elektronischen oder nichtelektronischen Arbeitsmitteln ausgeführt werden (vgl. Wissenschaftliche Dienste des Deutschen Bundestags 2017: 5).
Telearbeit	... umfasst einen dauerhaften vom Arbeitgeber bereitgestellten Bildschirmarbeitsplatz im Privatbereich der/des Beschäftigten, wobei die wöchentliche Arbeitszeit und Dauer der Einrichtung des Telearbeitsplatzes vertraglich festgelegt sind. Bei der Teleheimarbeit befindet sich der Bildschirmarbeitsplatz ausschließlich im Privatbereich des Beschäftigten. (vgl. Wissenschaftliche Dienste des Deutschen Bundestags 2017: 4).
Zeit- und ortsflexibles Arbeiten	... umreißt als Sammelbegriff flexible, von den Beschäftigten wählbare Arbeitszeiten und Arbeitsorte: etwa mobiles Arbeiten und Homeoffice. Dazu gehört die Flexibilität bei Arbeitsbeginn und -ende sowie die freie Wahl des Pausenzeitpunkts, bestimmter Schichten oder freier Tage. Bei ortsflexiblen Arbeitsformen muss im Vorfeld unterschieden werden, an welchen Orten gearbeitet wird: im Betrieb, zu Hause oder praktisch »überall« und in welchem Ausmaß die Beschäftigten flexibel entscheiden können.

Tabelle 1: Begrifflichkeiten und Definitionen
Quelle: eigene Darstellung, in Anlehnung an Backhaus u.a. (2021: 2)

Und doch warf das pandemiebedingte flächendeckende Großexperiment Homeoffice damals vielfältige Fragen auf, die zum Teil bis heute nicht abschließend beantwortet sind und auch in diesem Beitrag nicht im Vordergrund stehen können. Beispielsweise ist bis dato ungeklärt, ob das Homeoffice oder der Zugang zu orts- und zeitflexiblen Arbeitsformen zu weiteren sozialen Ungleichheiten und Spannungen führt. Warum wird auch bei passenden Tätigkeiten einigen Beschäftigten Homeoffice ermöglicht, anderen aber nicht (siehe dazu den Beitrag von Emmler in diesem Band)? Kontrovers ist auch die Frage, warum sich auf politischer Ebene kein flächendeckendes Recht auf Homeoffice durchsetzen konnte, obwohl die Erfahrungen überwiegend positiv waren.

Das Erkenntnisinteresse dieses Beitrags ist, wie örtlich und zeitlich flexibles Arbeiten gestaltet werden kann. Hier zu tragfähigen Antworten zu gelangen, ist auch nach der Corona-Pandemie relevant. Denn selbst wenn diese Krise zeit- und ortsflexibles Arbeiten in zuvor ungeahntem Tempo auf die Tagesordnung gesetzt hat, so schreitet auch die Verbreitung neuer Arbeitsformen infolge der Digitalisierung und der mit ihr verbundenen Flexibilisierung voran. Auch Betriebs- und Personalräte sowie Akteure des betrieblichen Gesundheitsmanagements sind mit den Herausforderungen der Arbeitsplatz- und Arbeitszeitgestaltung konfrontiert. Genauer: Sie sind wichtige Gestaltungsakteure für diesen Prozess, da sie sowohl den betriebsspezifischen Digitalisierungsstand und die damit verbunden Anforderungen kennen als auch den Unterstützungsbedarf der Beschäftigten, deren Bedürfnisse und Gestaltungswünsche. Sie treten mit dem Ziel an, auftretende Konflikte zu reduzieren und die Arbeitsbedingungen so zu gestalten, dass auch die Interessen der Beschäftigten berücksichtigt werden. Mit Blick auf eine zukunftsfähige Arbeitspolitik stellt sich die Frage, was uns die Corona-Pandemie in Bezug auf das Arbeiten im Homeoffice gelehrt hat: gerade mit Blick auf digitales, orts- und zeitflexibles Arbeiten und auf veränderte Führungsanforderungen. Der Beitrag geht dieser Fragestellung wie folgt nach: Abschnitt 2 rekapituliert die Ursachen dafür, dass sich das Homeoffice – und zwar nicht erst seit Beginn der Pandemie, aber zweifelsfrei durch sie beschleunigt – in der Arbeitswelt verbreitet hat. Abschnitt 3 beleuchtet anhand empirischer Befunde die offenen Fragen und Konflikte, die damit einhergegangen sind. Die Abschnitte 4 und 5 widmen sich, gleichfalls empiriebasiert, den sowohl bereits erfolgten als auch künftigen Gestaltungsaufgaben, die dann nochmals für die Akteure der betrieblichen Interessenvertretung (5.1) und des betrieblichen Gesundheitsschutzes (5.2) spezifiziert betrachtet werden. Abschnitt 6 zieht ein Fazit, welche arbeitspolitischen Lehren aus der Corona-Pandemie zu ziehen sind und was dies für die künftige Gestaltung zeit- und ortsflexiblen Arbeitens bedeutet.

2. Entwicklung des zeit- und ortsflexiblen Arbeitens

2.1 Schubwirkung infolge der Corona-Pandemie

Homeoffice ist nicht neu. Auch vor der Pandemie gab es für einige wenige Beschäftigte die Möglichkeit, im Homeoffice zu arbeiten. Für das Jahr 2014 betraf dies 12 Prozent der Beschäftigten, die ihre Erwerbstätigkeiten auch von zu Hause ausüben konnten (Brenke 2016: 99). Besonders Hochqualifizierte und Personen in leitenden Positionen hatten dieses Privileg (Arnold u.a. 2015: 10). Mit der Pandemie und den damit verbundenen Einschränkungen des sozialen Lebens verlor das Homeoffice die Zuschreibung einer privilegierten, nur wenigen Beschäftigtengruppen vorbehaltenen Arbeitsform (siehe dazu auch den Beitrag von Emmler in diesem Band).

Mit Ausbruch der Pandemie ab März 2020 erging ein Beschluss der Bundesregierung, »die Kontakte zu anderen Menschen [...] auf ein absolut nötiges Minimum zu reduzieren« (Bundesregierung 2020). Damit waren Unternehmen in kurzer Frist gezwungen – soweit es in ihren Tätigkeitsbereichen möglich war –, es ihren Beschäftigten zu ermöglichen, ihre Tätigkeiten »in den eigenen vier Wänden« auszuüben. Das Arbeiten im Homeoffice war den meisten Menschen jedoch nicht vertraut und aufgrund der pandemiebedingten abrupten Umstellung hatten Betriebe und Beschäftigte keinen zeitlichen Vorlauf, um sich auf die neue Situation vorzubereiten. Auch die WSI-Betriebsrätebefragung zeigt im Erhebungsjahr 2021, dass Homeoffice vor der Corona-Krise in über der Hälfte der Betriebe und Dienststellen mit betrieblicher Interessenvertretung gar nicht möglich war (55 Prozent, ohne Abbildung; Ahlers u.a. 2023: 5). Dies änderte sich in Zeiten des Lockdowns derart, dass es umgekehrt nur noch wenige Betriebe gab, die ihren Beschäftigten keine Homeoffice-Option angeboten haben (13 Prozent, ohne Abbildung). Mit den Erfahrungen des Lockdowns haben sich auch die Einstellungen der Arbeitgeber und der Beschäftigten deutlich verändert und offenbaren eine stärkere Aufgeschlossenheit gegenüber dem Homeoffice.

2.2 Der Einfluss der Digitalisierung und veränderter Organisationsformen der Arbeit

Aber nicht allein durch die Corona-Pandemie erlebten orts- und zeitflexible Arbeitsformen einen Aufschwung. Es gibt weitere technologische und sozioökonomische Gründe, die für einen dauerhaften Ausbau des orts- und zeitflexiblen Arbeitens sprechen. Dazu gehören der digitale Wandel der Arbeitswelt, der Fachkräftemangel und die sich verändernden Bedürfnisse der Beschäftigten.

Digitalisierungsprozesse schreiten seit Corona zwar nicht in allen, aber in vielen Betrieben voran und sind ein wichtiger Treiber für flexiblere Arbeitsprozesse: 66 Prozent der Betriebs- und Personalräte geben an, dass sich die Digitalisierung durch die Corona-Krise beschleunigt hat. Hatte sich noch im Jahr 2015 nur jeder zweite Betriebsrat mit der Einführung neuer (digitaler) Techniken beschäftigt, waren es im Jahr 2021 bereits 74 Prozent (Ahlers u.a. 2023: 5). Die digitale Transformation führt zu einem dynamischen Wandel der Arbeitswelt, der gekennzeichnet ist durch eine hohe Variabilität der Arbeitsbedingungen und eine rasche Veränderungsfrequenz (Rothe u.a. 2019).

Unter anderem erweitern sich die Möglichkeiten der vernetzten und flexiblen Kommunikation mit Kund*innen, Patient*innen oder Behörden (Boes u.a. 2018).

Durch den Einsatz neuer Technologien und neuer Software sowie mittels des Internets wird die Organisation der Arbeit zunehmend vernetzt und erlaubt eine virtuelle Kommunikation wie auch einen virtuellen Datenzugang in Echtzeit. Damit können Beschäftigte von jedem Ort und zu jeder Zeit auf ihre Daten zugreifen und arbeiten. Diese Entwicklung begünstigt veränderte Formen der Arbeits- und Leistungssteuerung, die den Unternehmen (und im Idealfall auch den Beschäftigten) mehr Flexibilität zubilligen.

Zu diesen flexiblen und ergebnisorientierten Arbeitsarrangements gehören Team- und Projektarbeit, agiles Arbeiten, Scrum, Sprints, VUCA (siehe Tabelle 2), die allesamt den Anspruch haben, mit größtmöglicher organisatorischer Flexibilität und Effizienz auf dynamische Marktereignisse reagieren zu können (Lenz 2020; Neumer/Nicklich 2021; Nicklich u.a. 2021).

Team- und Projektarbeit	Teamarbeit beschreibt die arbeitsteilige und selbst organisierte Bewältigung von Aufgaben durch ein Team. Ein Team besteht aus mehreren interagierenden Personen mit unterschiedliche Rollen (Becker 2016). Ein Projektteam dagegen arbeitet gemeinsam an einer zeitlich befristeten Arbeitsaufgabe.
VUCA	... beschreibt eine Führungs- und Arbeitslogik, in der Visionen und Agilität eine zentrale Rolle spielen. Grundgedanke ist eine sich schnell ändernde und auch unsichere Geschäftswelt mit hohem Flexibilitätsanspruch. VUCA ist ein Akronym der englischen Begriffe *volatility*, *uncertainty*, *complexity* und *ambiguity*.
Agiles Arbeiten	... ist ein sehr flexibles und teambezogenes Arbeitskonzept, bei dem Eigenverantwortung und Selbstorganisation der Beteiligten im Vordergrund stehen. Im Kontrast zu einer starren Arbeitsorganisation werden Arbeitsaufgaben und -tätigkeiten im Zuge des Arbeitsprozesses laufend neu hinterfragt und optimiert (Boes u.a. 2021).
Scrum	... ist eine Methode aus dem agilen Projektmanagement und ist geprägt von selbst organisierten Teams, dem Streben nach ständiger Verbesserung und intensiver Kommunikation. Mithilfe festgelegter Ereignisse und einer Produktvision erarbeitet das Scrum-Team schrittweise und sehr flexibel eine Lösung. Folglich bedarf es flexibler Arbeitsstrukturen bzw. einer flexiblen Arbeitsorganisation.
Sprint	... beschreibt eine Zeiteinheit im Scrum, in der das Team einen zuvor besprochenen Plan zur Erreichung eines Zwischenziels umsetzt.

Tabelle 2: Definition von Arbeitsformen (Beispiele)
Quelle: eigene Darstellung, zum Teil in Anlehnung an Seibold/Mugler (2022a)

Orts- und zeitflexibles Arbeiten ist in diesen Arbeitsformen, die vielfach auch als »New Work« bezeichnet werden, selbstverständlich: Von den Beschäftigten wird erwartet, an jedem Ort hoch flexibel auf betriebliche Belange reagieren zu können. Tendenziell setzen sich derlei selbst organisierte Arbeitsarrangements bei wissensintensiven, aber auch kundenorientierten Tätigkeiten wegen der höheren Flexibilitätsansprüche der Unternehmen an die Beschäftigten branchenübergreifend durch (Boes u.a. 2018; Hofmann 2020). Und obwohl die hier übliche eigenverantwortliche und selbst organisierte Form des Arbeitens den Beschäftigten sehr entgegenkommt, sind die Entgrenzungsphänomene, also das Arbeiten am späten Abend, das Nicht-abschalten-Können und die Gefahr der Selbstausbeutung und des Burnouts, keine Seltenheit (Boes/Kämpf 2019; Schermuly/Koch 2019).

Damit liegt die große Herausforderung darin, die betrieblichen Bedürfnisse an Flexibilität mit den zum Teil gegenläufigen Bedürfnissen der Beschäftigten abzustimmen und klare Grenzen in Bezug auf Arbeits- und Erreichbarkeitszeiten zu ziehen. Erreichbarkeiten und Arbeitszeiten sinnvoll zu regulieren, ist eine wesentliche Grundvoraussetzung, um in der digitalen Transformation faire Arbeitsbedingungen zu schaffen.

2.3 Fachkräftemangel und Mitarbeiterbindung als Treiber

Als weiterer Beschleuniger für zeit- und ortsflexibles Arbeiten kommt der Fachkräftemangel hinzu. Viele Unternehmen haben Schwierigkeiten, ihre offenen Stellen zu besetzen (Ahlers u.a. 2022: 5). Diverse Befragungen unterschiedlicher Verbände und Organisationen verdeutlichen bestehende und zukünftige Engpässe an Arbeitskräften (Deutsche Industrie- und Handelskammer 2023; Fuchs u.a. 2021; Quispe 2023). In diesem Kontext wird auch die Bindung vorhandener gut ausgebildeter Mitarbeiter an das Unternehmen zentral. Wie die WSI-Erwerbspersonenbefragung 2023 zeigt, denken derzeit 20 Prozent der abhängig Beschäftigten darüber nach, für bessere Konditionen und ein besseres Gehalt ihren Arbeitgeber zu wechseln (Ahlers 2025 im Erscheinen; siehe auch den Beitrag von Emmler in diesem Band). Für die Arbeitgeber kann die fehlende Mitarbeiterbindung und eine erhöhte Fluktuation ein zusätzliches wirtschaftliches Risiko darstellen. Im Zuge der Konkurrenz um gut ausgebildete Fachkräfte sollten (und müssen) Unternehmen auf die Bedürfnisse der Beschäftigten und Bewerber eingehen. Attraktive Angebote für flexiblere Arbeitszeiten sowie Homeoffice gehören dazu und werden mittlerweile, wie die Befunde der WSI-Betriebsrätebefragung 2023 gleichfalls zeigen, von den Unternehmen zwecks Mitarbeiterbindung oder zur Gewinnung von Arbeitskräften genutzt: Von den Betrieben, die Probleme bei der Besetzung offener Stellen haben, sind 60 Prozent aktiv geworden, um für Bewerber attraktiver zu werden. 70 Prozent davon bieten mehr Homeoffice und 63 Prozent flexiblere Arbeitszeiten an (Abbildung 1; siehe auch Ahlers 2025 im Erscheinen).

Für Beschäftigte sind flexiblere Arbeitszeiten relevant, um Beruf und Privatleben besser vereinbaren zu können (BAuA 2022: 79; Lott 2017). Damit kommt das breitere Angebot an Homeoffice den Wünschen der Beschäftigten nach flexibleren Arbeitszeiten und einer besseren Vereinbarkeit zunächst entgegen. Allerdings

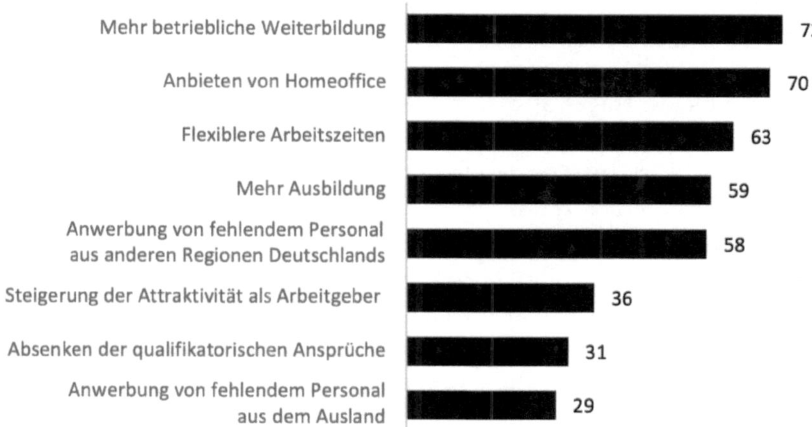

Abbildung 1: Maßnahmen der Betriebe gegen den Fachkräftemangel, 2023; Angaben der befragten Betriebsräte in Prozent
Anmerkung: Betriebe, die angeben, bereits Maßnahmen gegen den Fachkräftemangel anzubieten; N = 1.129
Quelle: WSI-Betriebsrätebefragung 2023

erweisen sich verlässlich planbare und von den Beschäftigten mitgestaltete Arbeitszeiten als unabdingbare Voraussetzung für die in Aussicht gestellte bessere »Work-Life-Balance«. Können Beschäftigte im Sinne individueller Arbeitszeitsouveränität selbst Einfluss auf die Gestaltung ihrer Arbeitszeiten nehmen, gewinnen sie an Handlungsspielraum, um private und berufliche Belange in Einklang zu bringen Dieses Anliegen spiegelt sich auch in der Arbeit der betrieblichen Interessenvertretung wider. Der Anteil der Betriebsräte, die sich mit Beschäftigtenwünschen nach flexibleren Arbeitszeiten beschäftigen, steigt seit dem Jahr 2015 kontinuierlich an (Ahlers u.a. 2023: 4). Im Jahr 2023 haben sich 64 Prozent der Betriebsräte mit den Wünschen der Beschäftigten nach flexibleren Arbeitszeiten auseinandergesetzt.

Dass aber trotz der neu hinzugewonnenen Freiheiten die Umstellung auf Homeoffice nicht ohne betriebliche Konflikte ablief, zeigen die folgenden Befunde.

3. Probleme und Konflikte des Homeoffice während der Corona-Pandemie

Unmut und offene Fragen gab es aufseiten der im Homeoffice arbeitenden Beschäftigten vor allem bezüglich einer teilweise unzulänglichen technischen und ergonomischen Ausstattung des heimischen Arbeitsplatzes. Zudem bestand Rechtsunsicherheit mit Blick auf den Arbeitsschutz, die Arbeitszeit und Erreichbarkeit (DGUV forum 2020). Aber auch der Zugang einzelner Beschäftigtengruppen zum Homeoffice blieb in vielen Unternehmen nicht konfliktfrei und wurde mitunter als Gefahr für eine Spaltung der Belegschaft angesehen (Deutscher Bundestag 2024). So manche Beschäftigte sahen darin eine Ungleichbehandlung von Beschäftigten der Produktion, die naturgemäß nicht im Homeoffice arbeiten können, gegenüber jenen in Büroberufen. Dabei ging es – gerade zu den Hochzeiten der Pandemie – auch um den Infektionsschutz, der im Homeoffice weit eher gewährleistet war als im Betrieb oder auf Wegestrecken mit öffentlichen Verkehrsmitteln (Backhaus u.a. 2020; Behrens/Bellmann 2021).

Führungskräfte wiederum befürchteten eine weniger effiziente Zusammenarbeit zwischen Mitarbeiter*innen und Vorgesetzten (Hofmann u.a. 2021b). Kritisiert wurden auch der fehlende soziale Austausch, die dadurch entstehende Isolation einzelner Beschäftigter sowie die Gefahr von Überforderung, Unklarheit der Leistungsanforderungen und einer dadurch entstehenden Entgrenzung der Arbeitszeiten bis in die Abendstunden oder ins Wochenende hinein (DGB-Index Gute Arbeit 2022; Urban 2021). Gerade bei kundenorientierten Tätigkeiten mit hoher Eigenverantwortung können die Beschäftigten im Homeoffice stärker unter Druck geraten, ständig erreichbar sein zu müssen (Kratzer 2020: 7) – zum einen mit der Folge, dass sie häufig unbezahlte Mehrarbeit leisten und weniger Zeit zur Erholung haben; zum anderen steigt damit auch das Risiko sozialer und familiärer Konflikte sowie gesundheitlicher Beeinträchtigungen.

Diese hier nur skizzierten ungelösten Probleme und betrieblichen Konflikte wurden zu einem zentralen Thema der Arbeitnehmervertretungen. Im Jahr 2021 war mobile Arbeit für 77 Prozent der Betriebsräte und 90 Prozent der Personalräte ein dominantes Thema, da sowohl Fragen der Arbeitsorganisation als auch der Arbeitszeit zu regulieren waren (Behrens/Brehmer 2022: 6). Auch im Jahr 2023 waren noch 75 Prozent der Betriebs- und Personalräte mit Problemen rund um die Gestaltung des Homeoffice beschäftigt (Ahlers 2025 im Erscheinen). Dieser vielfältige Gestaltungsbedarf des Homeoffice, aber auch einer flexibleren Arbeitswelt generell, zeigte sich zwar besonders während der Corona-Pandemie, hat aber an Aktualität nicht eingebüßt. In mitbestimmten Betrieben haben Arbeitgeber und Arbeitnehmervertretungen bereits auf die zutage getretenen Anforderungen reagiert, nach organisatorischen Lösungen für flexible Arbeitsarrangements zu suchen. Seit der Pandemie wurden viele Betriebs- und Dienstvereinbarungen ausgehandelt, um die Risiken des Homeoffice zu minimieren und dessen Chancen zu stärken (Mierich 2020).

4. Lehren aus der Pandemie

Im Nachgang der Pandemieerfahrungen kann als Erkenntnis zur Gestaltung des Homeoffice Folgendes festgehalten werden:

- Das Arbeiten im Homeoffice kommt den Wünschen und Bedürfnissen vieler Beschäftigter nach einer besseren Vereinbarung von Arbeit und Privatleben entgegen und wird deswegen von ihnen begrüßt (Lott 2020). Und dennoch ist das Homeoffice nicht für jede und jeden die geeignete Arbeitsform: Wenn die private Wohnsituation einem ungestörten Arbeiten zu Hause im Wege steht oder eine klare räumliche Trennung zwischen Privatleben und Beruf gewünscht ist, sind dies vom Unternehmen zu respektierende Gründe. Daher sollte Homeoffice immer ein freiwilliges Angebot sein.
- Um von den Vorteilen des Homeoffice – bessere Vereinbarkeit von Familie und Beruf oder kürzere Pendelzeiten – zu profitieren und zugleich die Nachteile – u.a. soziale Isolation – zu minimieren, sollten beide Arbeitsstätten (Homeoffice und Betrieb) idealerweise in einem sogenannten hybriden Arbeitsmodell kombiniert werden. Das könnte beispielsweise umgesetzt werden, indem Beschäftigte zwei Tage pro Woche im Homeoffice arbeiten und drei Tage im Betrieb (Fraunhofer-Institut für Arbeitswirtschaft und Organisation 2021).
- Aber auch die Arbeitsanforderungen und zeitlichen Erreichbarkeitserwartungen sollten, um Überstunden und Überlastung zu verhindern, klar kommuniziert und vereinbart werden. Ist das Homeoffice verbunden mit hoher Kundenorientierung, Eigenverantwortung und Selbstorganisation, dann ist bei defizitärer Arbeitsgestaltung die Gefahr der Entgrenzung und Überforderung hoch (Ahlers u.a. 2023; Lott 2020; Lott/Ahlers 2021; Rau/Göllner 2019). Die Chancen des Homeoffice können sich am besten dann entfalten, wenn bestimmte kritische Punkte, wie Präsenztage, Zeiten der Erreichbarkeit oder feste Termine für Teambesprechungen, im Vorfeld verbindlich vereinbart werden (etwa über Betriebsvereinbarungen). Gibt es solche Vereinbarungen, so kann man den Rückschluss ziehen, dass sich die Akteure in den Unternehmen Gedanken über »Gute Arbeit« auch im Homeoffice gemacht haben.
- Für ein »gelingendes« Arbeiten im Homeoffice spielt die Unternehmenskultur und das soziale Miteinander zwischen Vorgesetzten und Kollegen eine wich-

tige Rolle. Dazu gehört eine vertrauensorientierte Führungskultur, in der die Beschäftigten auch auf soziale Unterstützung im Kollegenkreis bauen können. Gute Führung zielt auf gute Arbeitsbedingungen, reduziert Belastungen am Arbeitsplatz und fördert die Ressourcen der Mitarbeitenden, sodass sich ein evidenter Einfluss auf die Gesundheit der Mitarbeitenden zeigt (Sonntag 2022). Dazu gehört auch, die Mitarbeitenden in Veränderungsprozesse einzubinden, ihre Anregungen und Bedürfnisse anzuhören, sie fair zu behandeln und wertzuschätzen (Seibold/Mugler 2022b: 14).

- Solche »weichen« Faktoren am Arbeitsplatz, wie das Führungsverhalten und das betriebliche Miteinander, lassen sich über die Instrumente des betrieblichen Gesundheitsmanagements thematisieren und bearbeiten. Daher ist es wichtig, die ganzheitliche Arbeitssituation im Homeoffice explizit auch im betrieblichen Arbeits- und Gesundheitsschutz aufzugreifen. Gefährdungsbeurteilungen nach dem Arbeitsschutzgesetz eignen sich dafür und haben das Potenzial, in der digitalen, flexiblen Arbeitswelt das gesamte Belastungsgeschehen zu ermitteln, zu bewerten und mit Maßnahmen zu verbessern (Ahlers u.a. 2023).
- Homeoffice darf nicht als Lösung für fehlende institutionelle Kinderbetreuung eingesetzt werden: Zu Beginn der Pandemie waren viele Eltern auch deshalb im Homeoffice, weil sie sich angesichts der Schließungen von Kitas und Schulen um ihre Kinder kümmern mussten. Diese Doppelbelastung – Homeoffice und erzwungene Kinderbetreuung bzw. erzwungenes Homeschooling – hat bei vielen Beschäftigten, insbesondere Müttern, zu starkem Stress geführt (siehe dazu auch die Beiträge von Hövermann in diesem Band). Das heißt, der Ausbau der Homeoffice-Möglichkeiten darf nicht mit dem Ziel einhergehen, beim Angebot an Kinderbetreuungsplätzen zu sparen (Kohlrausch/Zucco 2020). Homeoffice kann nur dann gelingen, wenn institutionelle Betreuungsstrukturen hinreichend gegeben sind und die Versorgung von Kindern und Angehörigen gewährleistet ist.

5. Gestaltungsansätze

Wie gezeigt wurde, treffen orts- und zeitflexible Arbeitsformen den Nerv der Zeit. Sie werden trotz Verlautbarungen einzelner Unternehmer, ihre Beschäftigten wieder in den Betrieb zurückholen zu wollen (Süddeutsche Zeitung 2024), ihren Platz in der vielfältigen digitalen und flexiblen Arbeitswelt behalten. Zu beobachten sind unterschiedliche Arrangements des orts- und zeitflexiblen Arbeitens, je nach Tätigkeit, nach Unternehmensorganisation oder auch Form der Leistungssteuerung. Damit ist Homeoffice nicht gleich Homeoffice. Für die

Gestaltung der Arbeitsbedingungen gilt es, auch die Rahmenbedingungen, wie die Arbeitsorganisation, die Leistungserwartungen und die mögliche Eigenverantwortung der Beschäftigten, im Blick zu haben. Für höher qualifizierte und besser verdienende Beschäftigte ist die Möglichkeit zum orts- und zeitflexiblen Arbeiten oft Bestandteil eines Arbeitsarrangements, das beinhaltet, jederzeit für betriebliche Belange ansprechbar zu sein. Das heißt, dass Homeoffice in Verbindung mit solch selbst gesteuerten, subjektivierten Arbeitsformen (Friemer 2023) anders zu bewerten ist als jene Homeofficeform, bei der lediglich die sonst im Betrieb verrichtete Tätigkeit am heimischen Arbeitsplatz ausgeübt wird. Und damit sind auch die potenziellen Belastungen des orts- und zeitflexiblen Arbeitens – wozu die Entgrenzung der Arbeitszeiten, die ständige Erreichbarkeit (Ahlers u.a. 2021) sowie die Arbeitsverdichtung, Individualisierung und die mangelnde Sichtbarkeit von Belastungen gehören (Carstensen 2023) – abhängig von der Arbeitsorganisation, Führungskultur und der Form der Leistungssteuerung.

Weil der klassische betriebliche Arbeitsschutz bei orts- und zeitflexiblen Arbeitsformen aufgrund der fehlenden betrieblichen Eingebundenheit nur begrenzt greift (Donath/Engelmann 2023), müssen breitere Ansatzpunkte gefunden werden: Rahmenbedingungen der Arbeit, wie fehlende Personalressourcen oder mangelnde soziale Unterstützung, müssen thematisiert werden. Neue Arbeitsschutzkonzepte können zum einen mithilfe erweiterter Mitbestimmung und entsprechenden Betriebsvereinbarungen (etwa zur mobilen Arbeit) realisiert werden. Zum anderen aber spielt auch das betriebliche Gesundheitsmanagement eine zentrale Rolle für die Gestaltung guter Arbeitsbedingungen. Dass es bereits erprobte Gestaltungsansätze seitens der Mitbestimmungsakteure wie auch der für den betrieblichen Gesundheitsschutz Verantwortlichen gibt, zeigt der folgende Überblick.

5.1 Mitbestimmung

Die betriebliche Mitbestimmung in Form von Betriebs- und Dienstvereinbarungen sorgt für einen geregelten Rahmen, an dem sich Beschäftigte orientieren können. Dazu gehören insbesondere verbindliche Regelungen zur (begrenzten) Erreichbarkeit im Homeoffice, zum Verhalten bei Störungen der technischen Arbeitsmittel und zur Aufrechterhaltung des Kontakts zwischen den Beschäftigten (Mierich 2020). Betriebs- und Dienstvereinbarungen sind ein adäquates Instrument, flexibilisierte Arbeitsbedingungen zu regulieren: auch, um den Beschäftigten Unsicherheiten oder individuelle Aushandlungsprozesse zu ersparen.

Dass die betriebliche Mitbestimmung ihre Potenziale nutzt, zeigt die deutliche Zunahme an Betriebsvereinbarungen zur mobilen Arbeit. Gab es laut WSI-Betriebsrätebefragung 2023 im Jahre 2015 nur in 13 Prozent der mitbestimmten Betriebe Betriebsvereinbarungen zur mobilen Arbeit bzw. zu Telearbeit, so waren es im Jahr 2023 schon 65 Prozent. Und auch mit Blick auf Gesundheitsprävention tut sich in den Betrieben einiges. Da jedoch der klassische betriebliche Arbeitsschutz, der sich per Definition auf den Betrieb als Arbeitsort konzentriert, beim orts- und zeitflexiblen Arbeiten an seine Grenzen stößt, nehmen die weitaus breiter konzipierten (und gesetzlich vorgeschriebenen) Gefährdungsbeurteilungen an Bedeutung zu. Denn diese umfassen auch den kritischen Blick auf das Arbeitsvolumen, die Arbeitsinhalte und deren mögliche Organisation. Tatsächlich können mitbestimmte Betriebe hier sichtbare Erfolge aufweisen. Der Anteil der Betriebe mit Betriebsvereinbarungen zu »Gefährdungsbeurteilungen Psyche« hat laut WSI-Betriebsrätebefragung von 2015 bis 2023 von 12 Prozent auf 41 Prozent zugenommen. Auch die Anzahl der abgeschlossenen Betriebsvereinbarungen zum Arbeitsschutz und zur betrieblichen Gesundheitsförderung ist seit 2015 deutlich angestiegen (Abbildung 2).

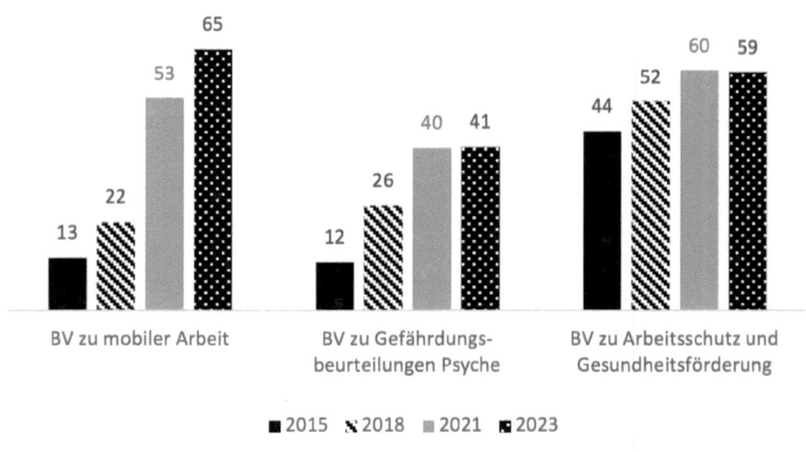

Abbildung 2: Betriebsvereinbarungen (BV) zur Gestaltung der Arbeitsbedingungen in der flexiblen, digitalen Arbeitswelt, 2015–2023; Antworten der Betriebsräte in Prozent
Quelle: WSI-Betriebsrätebefragungen 2015, 2018, 2021 und 2023, eigene Berechnungen

5.2 Betriebliches Gesundheitsmanagement

Aber auch im betrieblichen Gesundheitsmanagement nehmen Fragen rund um die Themen mobile Arbeit sowie orts- und zeitflexibles Arbeiten seit Corona einen zentralen Raum ein. Es kann davon ausgegangen werden, dass die Corona-Arbeitsschutzverordnung, welche die Betriebe explizit zu Gefährdungsbeurteilungen verpflichtet hat (Bundesministerium für Arbeit und Soziales 2022), hierfür ein wesentlicher Treiber war. Solche Gefährdungsbeurteilungen umfassen coronabedingte Ängste vor Ansteckung, eine veränderte Belastungssituation infolge des Homeoffice, mangelnde Kommunikation mit Kolleg*innen oder Vorgesetzten sowie Schwierigkeiten in Bezug auf die Nutzung neuer Technologien und Software, wie zum Beispiel bei Zoom-Konferenzen. Damit hatte die Corona-Pandemie den Nebeneffekt, dass Gefährdungsbeurteilungen und der Umgang mit psychischen Belastungen wieder ins Blickfeld der Unternehmen gerückt und auch langfristig besser reguliert sind. Dies ist insofern bedeutsam und als positive Entwicklung zu werten, da gerade dieses Instrument als geeignet gilt, um die komplexen und auch psychischen Belastungen einer modernen, flexiblen Arbeitswelt zu reflektieren, zu thematisieren und letztlich auch Abhilfe zu schaffen. Damit sind gerade die »weichen« Belastungsfaktoren angesprochen, die oft individuell und verdeckt liegen – und die bei einer Arbeitsplatzbegehung durch den Arbeitsschutz nicht auffallen würden.

Zwar ist die Erfassung psychischer Arbeitsbelastungen auch in mitbestimmten Betrieben noch kein selbstverständlicher Umsetzungsbereich des Arbeitsschutzes. Dennoch scheint das Bewusstsein für psychische Belastungen zu steigen. Auffällig ist im Zeitvergleich der gestiegene Anteil an Betrieben mit Gefährdungsbeurteilungen psychischer Belastungen. In der Befragung aus dem Jahre 2015 lag der Anteil noch bei 44 Prozent (vollständige Durchführung 31 Prozent und teilweise Berücksichtigung 11 Prozent). Drei Jahre später (2018) hatten bereits 52 Prozent der Betriebe psychische Belastungen berücksichtigt und 27 Prozent zumindest teilweise. Im Jahr 2021 stieg der Anteil der Betriebe mit ganzheitlicher Erfassung der Belastungen auf 65 Prozent (Ahlers u.a. 2023) und dann weiter auf 70 Prozent im Jahr 2023 (Abbildung 3).

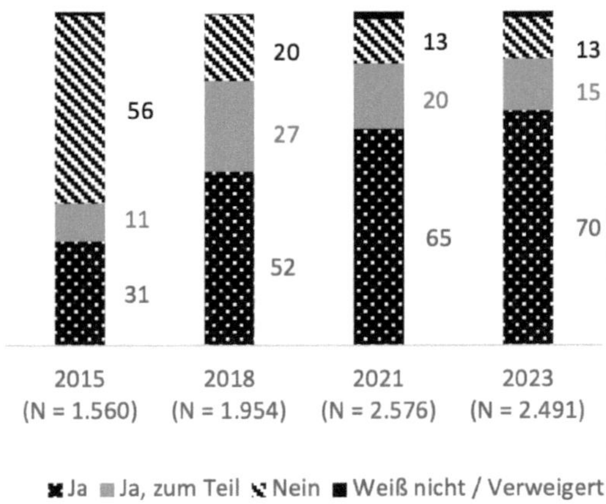

Abbildung 3: Gefährdungsbeurteilungen psychischer Belastungen, 2015–2023; Antworten der Betriebsräte in Prozent
Quelle: WSI-Betriebsrätebefragungen 2015, 2018, 2021 und 2023, eigene Berechnungen

6. Fazit – Lehren aus der Pandemie und künftige Gestaltungsaufgaben

Wie gezeigt wurde, hat sich im Zuge der Corona-Pandemie das »Homeoffice« einen festen Platz als mögliche Arbeitsform gesichert, aber auch organisatorisch weiterentwickelt. Dies hat im Wesentlichen zwei Gründe: Zum einen geht es (anders als zu Pandemiezeiten) nicht einzig darum, dieselbe berufliche Tätigkeit anstatt in betrieblichen Strukturen am heimischen Arbeitsplatz zu verrichten. Stattdessen haben sich durch fortschreitende Digitalisierungsprozesse, veränderte Unternehmenskonzepte und flache Hierarchien auch solche Arbeits- und Organisationsformen ausgebreitet, die auf mehr Eigenverantwortung und Selbstorganisation der Beschäftigten setzen. Auch sind infolge des Fachkräftemangels viele Arbeitgeber eher bereit, bei der oftmals schwierigen Stellenbesetzung orts- und zeitflexible Arbeitsformen anzubieten und damit Zugeständnisse an individuelle Bedürfnisse der Bewerber zu machen.

Die Befunde verdeutlichen, dass die Corona-Pandemie das Homeoffice aus seiner vorherigen, nicht regulierten Grauzone betrieblicher Arbeitsarrangements förmlich herauskatapultiert hat. Mittlerweile liegen in erheblichem Maße Betriebsvereinbarungen vor, in denen Fragen des Zugangs zum Homeoffice, des möglichen Anteils der im Homeoffice geleisteten Arbeitstage und der Arbeitszeitgestaltung verhandelt wurden. Auch im Rahmen des betrieblichen Gesundheitsmanagements sind Regelungen zur Ausgestaltung des orts- und zeitflexiblen Arbeitens zentral geworden. Zudem wurden die Arbeitgeber über die Corona-Arbeitsschutzverordnung in die Pflicht genommen, auch die veränderten Arbeitsbedingungen der Beschäftigten im Homeoffice in den regelmäßigen Gefährdungsbeurteilungen des Arbeitsschutzgesetzes zu berücksichtigen und Abhilfe für spezifische Belastungsfaktoren des Homeoffice zu schaffen. Die Gestaltungsfelder der betrieblichen Interessenvertretung und des betrieblichen Gesundheitsmanagements haben sich also deutlich in Richtung orts- und zeitflexibler Arbeitsformen ausgeweitet.

Doch auch über bereits bestehende Ansätze hinaus erfordert eine flexiblere Arbeitswelt mit vielfältigen und zum Teil individualisierten Arbeitsbedingungen veränderte Gestaltungskonzepte. Gerade orts- und zeitflexible Arbeitsformen sind mit Blick auf eine gute Ausgestaltung anspruchsvoller, weil darin die Arbeitsorganisation, die Verantwortlichkeiten und die Führungskonzepte eine größere Rolle spielen. Daher muss auf mehreren Ebenen zugleich angesetzt werden: erstens über betriebliche Regulierung, zweitens über das Arbeitszeit- und Arbeitsschutzgesetz und drittens über eine gestärkte Mitbestimmung und verbindliche Partizipationsmöglichkeiten der Beschäftigten, damit auch deren individuelle Interessen mehr Berücksichtigung finden.

Eine Stärkung des Partizipationsgedankens ist auch deswegen zentral, weil im Zuge selbst organisierter Arbeitsformen oder orts- und zeitflexibler Arbeit zunehmend auf die Eigenverantwortung der Beschäftigten gesetzt wird. Das aber setzt einerseits voraus, sie hierfür zu sensibilisieren. Dies gilt besonders mit Blick auf Überlastung, Entgrenzung und damit verbundene Erholungsunfähigkeit (Lott/Ahlers 2021). Andererseits bedarf es klarer betrieblicher Regelungen, beispielsweise zur Arbeitszeiterfassung, die die Beschäftigten schützen, ihnen aber gleichzeitig individuellen Spielraum geben. Kurzum: Eine zukunftsfähige Arbeitspolitik sollte – anstatt restriktiven Verbotslogiken zu folgen – bei der Gestaltung orts- und zeitflexibler Arbeitsformen mehr Partizipationsrechte gewährleisten: für die betrieblichen Interessenvertretungen wie auch für die Beschäftigten.

Literatur

Ahlers, Elke (2025 im Erscheinen), *Betriebliche Maßnahmen gegen den Fachkräftemangel*, Wirtschafts- und Sozialwissenschaftliches Institut der Hans-Böckler-Stiftung: WSI Report, Düsseldorf.

Ahlers, Elke/Mierich, Sandra/Zucco, Aline (2021), *Homeoffice. Was wir aus der Zeit der Pandemie für die zukünftige Gestaltung von Homeoffice lernen können*, Wirtschafts- und Sozialwissenschaftliches Institut der Hans-Böckler-Stiftung: WSI Report Nr. 65, Düsseldorf.

Ahlers, Elke/Quispe Villalobos, Valeria (2023), *Betriebliche Arbeitswelt und Potenziale des Gesundheitsschutzes*, Wirtschafts- und Sozialwissenschaftliches Institut der Hans-Böckler-Stiftung: WSI Report Nr. 89, Düsseldorf.

Ahlers, Elke/Quispe Villalobos, Valeria (2022), *Fachkräftemangel in Deutschland?*, Wirtschafts- und Sozialwissenschaftliches Institut der Hans-Böckler-Stiftung: WSI Report Nr. 76, Düsseldorf.

Arnold, Daniel/Steffes, Susanne/Wolter, Stefanie (2015), *Bericht zum Monitor Mobiles und entgrenztes Arbeiten*, Bundesministerium für Arbeit und Soziales, Forschungsbericht Nr. 460, Berlin.

BAuA (Bundesanstalt für Arbeitsschutz und Arbeitsmedizin) (Hg.) (2022), *Arbeitszeitreport Deutschland: Ergebnisse der BAuA-Arbeitszeitbefragung 2021*, 1. Auflage, Dortmund.

Backhaus, Nils/Tisch, Anita/Beermann, Beate (2021), *Telearbeit, Homeoffice und Mobiles Arbeiten: Chancen, Herausforderungen und Gestaltungsaspekte aus Sicht des Arbeitsschutzes*, Dortmund.

Backhaus, Nils/Tisch, Anita/Kagerl, Christian/Pohlan, Laura (2020), *Arbeit von zuhause in der Corona-Krise: Wie geht es weiter?*, baua: Bericht kompakt, Projektnummer: F 2514, Dortmund.

Becker, Florian (2016), »Einleitung: Teams im Trend«, in: Florian Becker (Hg.), *Teamarbeit, Teampsychologie, Teamentwicklung. So führen Sie Teams!*, 1. Auflage, Berlin/Heidelberg, S. 1–4.

Behrens, Beatrix/Bellmann, Lutz (2021), *Homeoffice: Worin die Vor- und Nachteile bestehen*, letzter Zugriff: 03.04.2024, https://www.vdz.org/personalmanagement-new-work/homeoffice-worin-die-vor-und-nachteile-bestehen

Behrens, Martin/Brehmer, Wolfram (2022), *Betriebs- und Personalratsarbeit in Zeiten der Covid-Pandemie*, Wirtschafts- und Sozialwissenschaftliches Institut der Hans-Böckler-Stiftung: WSI Report Nr. 75, Düsseldorf.

Boes, Andreas/Gül, Katrin/Kämpf, Tobias/Lühr, Thomas (2021), »Empowerment in der agilen Arbeitswelt«, in: Wilhelm Bauer/Susanne Mütze-Niewöhner/Sascha Stowasser u.a. (Hg.), *Arbeit in der digitalisierten Welt: Praxisbeispiele und Gestaltungslösungen aus dem BMBF-Förderschwerpunkt*, Berlin/Heidelberg, S. 307–319.

Boes, Andreas/Kämpf, Tobias (2019), »Wie nachhaltig sind agile Arbeitsformen?«, in: Bernhard Badura/Antje Ducki/Helmut Schröder u.a. (Hg.), *Fehlzeiten-Report 2019, Digitalisierung – gesundes Arbeiten ermöglichen*, Berlin, S. 193–204.

Boes, Andreas/Kämpf, Tobias/Langes, Barbara/Lühr, Thomas (2018), *Lean und agil im Büro – Neue Organisationskonzepte in der digitalen Transformation und ihre Folgen für die Angestellten*, Forschung aus der Hans-Böckler-Stiftung 193, Bielefeld.

Brenke, Karl (2016), »Home Office: Möglichkeiten werden bei weitem nicht ausgeschöpft«, in: *DIW Wochenbericht* 5/2016, S. 95–105.

Bundesministerium für Arbeit und Soziales (2022), *SARS-CoV-2-Arbeitsschutzverordnung (Corona-ArbSchV)*, letzter Zugriff: 11.06.2024, https://www.bundesanzeiger.de/pub/publication/

bq1LW6ThhoX92kKSbKq/content/bq1LW6ThhoX92kKSbKq/BAnz%20AT%2028.09.2022%20V1.pdf?inline

Bundesregierung (2020), *Besprechung der Bundeskanzlerin mit den Regierungschefinnen und Regierungschefs der Länder*, letzter Zugriff: 21.03.2024, https://www.bundesregierung.de/resource/blob/975226/1733246/e6d6ae0e89a7ffea1ebf6f32cf472736/2020-03-22-mpk-data.pdf?download=1

Carstensen, Tanja (2023), »Zwischen Homeoffice, neuer Präsenz und Care. Die räumliche und digitale Neuordnung von Arbeit«, in: *WSI-Mitteilungen*, Jg. 76, H. 1, S. 3–9.

Deutsche Industrie- und Handelskammer (2023), *DIHK-Report Fachkräfte 2023/24*, Berlin.

Deutscher Bundestag (2024), *Schriftliche Stellungnahme der Bundesvereinigung der Arbeitgeber*, letzter Zugriff: 03.04.2024, https://www.bundestag.de/dokumente/textarchiv/2021/kw18-pa-arbeit-homeoffice-837534

DGB-Index Gute Arbeit (2022), *Report 2022. Digitale Transformation – Veränderungen der Arbeit aus Sicht der Beschäftigten*, Institut DGB-Index Gute Arbeit, Berlin.

DGB-Index Gute Arbeit (2021), *Arbeiten im Homeoffice. Zwischen Gestaltungsspielraum und Mehrbelastung*, Institut DGB-Index Gute Arbeit: Kompakt 01/2021, Berlin.

DGUV forum (2020), *Rechtliche Grundlagen zum Homeoffice und der Telearbeit*, letzter Zugriff: 03.04.2024, https://forum.dguv.de/ausgabe/8-2020/artikel/rechtliche-grundlagen-zum-homeoffice-und-der-telearbeit

Donath, Philipp B./Engelmann, Andreas (2023), »Arbeitsschutz und Mitbestimmung für die digitale Arbeitswelt. Regelungsmöglichkeiten und Regelungsbedarfe einer dezentraleren Arbeit«, in: *WSI-Mitteilungen*, Jg. 76, H. 1, S. 27–37.

Eichhorst, Werner/Hinte, Holger/Rinne, Ulf/Tobsch, Verena (2016), *Digitalisierung und Arbeitsmarkt: Aktuelle Entwicklungen und sozialpolitische Herausforderungen*, Forschungsinstitut zur Zukunft der Arbeit: IZA Standpunkte Nr. 85, Bonn.

Fraunhofer-Institut für Arbeitswirtschaft und Organisation IAO (2021), *Hybrid und selbstorganisiert – die Arbeitswelt von morgen*, Presseinformation, letzter Zugriff: 05.04.2024, https://www.iao.fraunhofer.de/de/presse-und-medien/aktuelles/hybrid-und-selbstorganisiert-die-arbeitswelt-von-morgen.html

Friemer, Andreas (2023), »Kompetenzentwicklung für selbstgesteuertes Arbeiten im Homeoffice«, in: Guido Becke (Hg.), *Flexible Dienstleistungsarbeit gesundheitsförderlich gestalten. Herausforderung für ambulante soziale Dienste und agile IT-Services*, Wiesbaden, S. 231–247.

Fuchs, Johann/Söhnlein, Doris/Weber, Brigitte (2021), *Projektion des Erwerbspersonenpotenzials bis 2060 – Demografische Entwicklung lässt das Arbeitskräfteangebot stark schrumpfen*, Institut für Arbeitsmarkt und Berufsforschung: IAB-Kurzbericht Nr. 25/2021, Nürnberg.

Hofmann, Josephine (2020), »New Work – Praktische Relevanz des Konzepts in Deutschland«, in: *Personal quarterly*, Jg. 72, H. 2, S. 22–26.

Hofmann, Josephine/Piele, Alexander/Piele, Christian (2022), *Arbeiten in der Corona-Pandemie – das Unternehmen als sozialer Ort*, Fraunhofer-Institut für Arbeitswirtschaft und Organisation IAO, Stuttgart.

Hofmann, Josephine/Piele, Alexander/Piele, Christian (2021a), *Arbeiten in der Corona-Pandemie – Potenziale zeitlicher Flexibilität in Büro- und Schichtarbeit*, Fraunhofer-Institut für Arbeitswirtschaft und Organisation IAO, Stuttgart.

Hofmann, Josephine/Piele, Alexander/Piele, Christian (2021b), *Arbeiten in der Corona-Pandemie. Führung im neuen Normal*, Fraunhofer-Institut für Arbeitswirtschaft und Organisation IAO, Stuttgart.

Kohlrausch, Bettina/Zucco, Aline (2020), »Die Coronakrise trifft Frauen doppelt – Die Folge der Re-Traditionalisierung für den Gender Care Gap und Gender Pay Gap«, in: *Feministische Studien*, Jg. 38, H. 2, S. 322–336.

Kratzer, Nick (2020), »Arbeitsintensität und Arbeitsintensivierung«, in: *WSI-Mitteilungen*, Jg. 73, H. 1, S. 3–10.

Lenz, Ulrich (2020), »Digitalisierung erfordert neues Organisationsdesign – Herausforderungen und Lösungen«, in: Mark Harwardt/Peter F.-J. Niermann/Andre M. Schmutte u.a. (Hg.), *Führen und Managen in der digitalen Transformation. Trends, Best Practices und Herausforderungen*, Wiesbaden/Heidelberg, S. 333–350.

Lott, Yvonne (2020), *Work-Life Balance im Homeoffice: Was kann der Betrieb tun?*, Wirtschafts- und Sozialwissenschaftliches Institut der Hans-Böckler-Stiftung: WSI Report Nr. 54, Düsseldorf.

Lott, Yvonne (2017), *Flexible Arbeitszeiten: Eine Gerechtigkeitsfrage?*, Hans-Böckler-Stiftung: Forschungsförderung-Report Nr. 1, Düsseldorf.

Lott, Yvonne/Ahlers, Elke (2021), *Flexibilisierung der Arbeitszeit: Warum das bestehende Arbeitszeitgesetz und eine gesetzliche Arbeitszeiterfassung wichtig sind*, Wirtschafts- und Sozialwissenschaftliches Institut der Hans-Böckler-Stiftung: WSI Report Nr. 68, Düsseldorf.

Mierich, Sandra (2020), *Orts- und zeitflexibles Arbeiten. Praxiswissen Betriebsvereinbarungen*, Institut für Mitbestimmung und Unternehmensführung der Hans-Böckler-Stiftung: IMU Study Nr. 446, Düsseldorf.

Neumer, Judith/Nicklich, Manuel (2021), »Fluide Teams in agilen Kontexten – Grenzziehung und innere Strukturierung als Herausforderung für Selbstorganisation«, in: Susanne Mütze-Niewöhner/Winfried Hacker/Thomas Hardwig u.a. (Hg.), *Projekt- und Teamarbeit in der digitalisierten Arbeitswelt. Herausforderungen, Strategien und Empfehlungen*, 1. Auflage 2021, Berlin/Heidelberg, S. 31–53.

Nicklich, Manuel/Sauer, Stefan/Pfeiffer, Sabine (2021), »Antecedents and Consequences of Agility – On the Ongoing Invocation of Self-Organization«, in: Sabine Pfeiffer/Manuel Nicklich/Stefan Sauer (Hg.), *The Agile Imperative. Teams, Organizations and Society under Reconstruction?*, 1. Auflage 2021, Cham, S. 19–38.

Quispe, Valeria (2023), *Fachkräftereport September 2023 – Trotz Stellenrückgang bleibt die Fachkräftesituation angespannt*, Kompetenzzentrum Fachkräftesicherung: KOFA Kompakt Nr. 9/2023, Köln.

Rau, Renate/Göllner, Melanie (2019), »Erreichbarkeit gestalten, oder doch besser die Arbeit?«, in: *Zeitschrift für Arbeits- und Organisationspsychologie*, Jg. 63, H. 1, S. 1–14.

Rothe, Isabel/Wischniewski, Sascha/Tegtmeier, Patricia/Tisch, Anita (2019), »Arbeiten in der digitalen Transformation – Chancen und Risiken für die menschengerechte Arbeitsgestaltung«, in: *Zeitschrift für Arbeitswissenschaft*, Jg. 73, H. 3, S. 246–251.

Schermuly, Carsten C./Koch, Jan (2019), »New Work und psychische Gesundheit«, in: Bernhard Badura/Antje Ducki/Helmut Schröder u.a. (Hg.), *Fehlzeiten-Report 2019. Digitalisierung – gesundes Arbeiten ermöglichen*, Berlin, S. 127–139.

Seibold, Bettina/Mugler, Walter (2022a), *New Work gestalten*, Institut für Mitbestimmung und Unternehmensführung der Hans-Böckler-Stiftung: Wissen kompakt vom 24.11.2022, Düsseldorf.

Seibold, Bettina/Mugler, Walter (2022b), *New Work: Neue Arbeitswelten, neue Chancen? Beschäftigteninteressen mit zukunftsorientierten Arbeitsformen verbinden*, Institut für Mitbestimmung und Unternehmensführung der Hans-Böckler-Stiftung: Mitbestimmungspraxis Nr. 50, Düsseldorf.

Sonntag, Karlheinz (2022), »Gesundheit im Wertekanon verantwortungsvoller Unternehmensführung – auch in der digitalen Transformation«, in: Bernhard Badura/Antje Ducki/Markus Meyer u.a. (Hg.), *Fehlzeiten-Report 2022. Verantwortung und Gesundheit*, Berlin/Heidelberg, S. 124–133.

Süddeutsche Zeitung (2024), *Homeoffice: Stirbt das Home-Office 2024 aus?*, letzter Zugriff: 23.05.2024, https://www.sueddeutsche.de/wirtschaft/homeoffice-studien-produktivitaet-anwesenheitspflicht-1.6326830?reduced=true

Urban, Hans-Jürgen (2021), »Heilsversprechen Homeoffice«, in: *Blätter für deutsche und internationale Politik*, Nr. 2/2021, letzter Zugriff: 10.06.2024, https://www.blaetter.de/ausgabe/2021/februar/heilsversprechen-homeoffice

Wissenschaftliche Dienste des Deutschen Bundestags (2017), *Sachstand: Telearbeit und Mobiles Arbeiten. Voraussetzungen, Merkmale und rechtliche Rahmenbedingungen (WD 6 – 3000 – 149/16)*, Deutscher Bundestag, letzter Zugriff: 21.03.2024, https://www.bundestag.de/resource/blob/516470/3a2134679f90bd45dc12dbef26049977/wd-6-149-16-pdf-data.pdf

ZEW Branchenreport Informationswirtschaft (2023), *Verbreitung von Homeoffice im New Normal*, S. 3, letzter Zugriff: 02.04.2024, https://ftp.zew.de/pub/zew-docs/brepikt/202302BrepIKT.pdf?v=1692348282&_gl=1*ca7h07*_ga*Mzc2MDg3MDQ5LjE3MTIwNTkxNjc.*_ga_KFD4G5CY27*MTcxMjA1OTE2Ni4xLjAuMTcxMjA1OTE2Ni4wLjAuMA

Krise ohne Ende? – Die Folgen der Corona-Pandemie für die Selbstständigen

Eileen Peters, Karin Schulze Buschoff

1. Einleitung

Die Selbstständigkeit in Deutschland ist in einem ständigen Wandel begriffen und von einer hohen Dynamik gekennzeichnet. Das betrifft sowohl die Zahl der Menschen, die selbstständig erwerbstätig sind, als auch die Struktur und Zusammensetzung der Selbstständigkeit. Steigenden Anteilen in bestimmten Bereichen, zum Beispiel dem Dienstleistungsbereich, stehen rückläufige Anteile in anderen Bereichen, zum Beispiel der Landwirtschaft, gegenüber (Eurofound 2017). In den letzten Dekaden hat insbesondere der Anteil der Solo-Selbstständigen zugenommen, d.h. der Personen, die ihr eigenes Unternehmen führen bzw. ihre Profession selbstständig ausüben, ohne weitere Personen regulär zu beschäftigen. Ab dem Jahr 2002 bestand die Gruppe der Selbstständigen erstmals aus mehr Solo-Selbstständigen als aus Selbstständigen mit Mitarbeiter*innen. Dieser Trend endete im Jahr 2012: Seitdem ist die Zahl der Selbstständigen insgesamt rückläufig, wobei die Zahl der Solo-Selbstständigen stärker abnimmt als die Zahl der Selbstständigen mit Mitarbeiter*innen. Im Jahr 2020 waren ca. 10 Prozent der Erwerbstätigen selbstständig (4,2 Prozent Solo-Selbstständige und 5,8 Prozent mit Mitarbeiter*innen); das entspricht einer Summe von ca. vier Millionen. Im Jahr 2023 waren nur noch etwa 3,8 Millionen Erwerbstätige selbstständig (Destatis 2022).

Die Selbstständigkeit hat sich in den letzten Jahren als heterogene Beschäftigungskategorie mit einer weiten Spannbreite von Branchen und Berufsfeldern konstituiert. Mit zunehmender Heterogenität entsteht ein wachsender Grenzbereich zwischen abhängiger und selbstständiger Erwerbsarbeit. Damit wird es zunehmend schwieriger, die unterschiedlichen real existierenden Erwerbsformen der rechtlichen Kategorisierung Selbstständige versus abhängige Beschäftigung zuzuordnen. Zum einen gibt es bei der Abgrenzung von Arbeits-, Dienst- und Werkverträgen eine Grenz- bzw. Grauzone, zum anderen bedürfen Selbstständige des Sozialschutzes (Schulze Buschoff/Emmler 2021; Schulze Buschoff 2023).

Nicht nur das Sozialversicherungsrecht weist erhebliche Lücken hinsichtlich der Absicherung von Selbstständigen auf. Auch durch das Arbeitsrecht werden Selbstständige bislang nur fragmentarisch geschützt. So gilt etwa der gesetzliche Mindestlohn nicht für Selbstständige, es fehlen weitgehend »Haltelinien nach unten«. Aufgrund der fehlenden Mindestentgelte und der gleichfalls fehlenden Pflicht, Sozialversicherungsbeiträge zu entrichten, verschärft sich das Problem von missbräuchlicher Selbstständigkeit bzw. von Scheinselbstständigkeit. Diese Problematik besteht insbesondere im Bereich der Plattformökonomie: Auf digitalen Plattformen werden Aufträge bzw. Arbeitseinheiten online weitgehend unabhängig von Ort und Zeit an Internetnutzer*innen vergeben, die häufig formal als Selbstständige gelten (Schulze Buschoff 2018).

Neben der Heterogenität und Diversifizierung ist die Selbstständigkeit in Deutschland geprägt von einer Polarisierung der sozialen Lagen und Einkommen. Die Einkommen der Selbstständigen sind deutlich stärker gestreut als die Einkommen der abhängig Beschäftigten (Bonin u.a. 2022). Problematisch sind dabei vor allem die Einkommen eines großen Teils der Solo-Selbstständigen. Trotz in der Regel längerer Arbeitszeiten ist das Nettoeinkommen der Solo-Selbstständigen – bei erheblicher Spreizung – durchschnittlich geringer als das Nettoeinkommen von abhängig Beschäftigten. Der Median des monatlichen Nettoeinkommens lag 2020 für Solo-Selbstständige bei 1.255 Euro und bei abhängig Beschäftigten bei 1.800 Euro (Bonin u.a. 2022: 47). Insgesamt geht die Entwicklung der letzten Jahre einher mit einer Diversifizierung der Selbstständigkeit, wobei vergleichsweise hohe Anteile der Selbstständigen prekäre Arbeitsbedingungen haben. Hierzu zählen unregelmäßige und/oder niedrige Einkommen wie auch mangelnde soziale Absicherung (Brenke/Beznoska 2016; Conen u.a. 2016; Eurofound 2017).

Die unzureichende sozialrechtliche Absicherung ist ein typisch deutsches Phänomen: Während in der Mehrzahl der EU-Länder die Selbstständigen durch die staatlichen Pflichtversicherungssysteme systematisch erfasst werden, ist die Pflichtversicherung in Deutschland entsprechend der Tradition der »Bismarck'schen Sozialversicherung« auf wenige Sondergruppen Selbstständiger (bzw. Scheinselbstständiger) begrenzt. Dahinter steht die Vorstellung, dass die Selbstständigen für sich selbst vorsorgen könnten und nicht des kollektiven Schutzes der Solidargemeinschaft der Versicherten bedürften (Schulze Buschoff 2016: 59). Vor dem Hintergrund, dass die Annahme fehlender Schutzbedürftigkeit nicht der Realität entspricht, wird eine Erweiterung der staatlichen Systeme der sozialen Sicherung um den Versichertenkreis der Selbstständigen aller Berufsgruppen schon seit vielen Jahren gefordert (Fachinger/Oelschläger 2000; Fachinger/Frankus 2011; Schulze Buschoff 2007; Schoukens/Weber 2020).

Die Corona-Pandemie, die in Deutschland im März 2020 einsetzte, hatte umfassende Auswirkungen auf die gesamte Gesellschaft. Allerdings wurde schnell deutlich, dass Selbstständige von den (negativen) Folgen der Pandemie und den mit ihr verbundenen Einschränkungen besonders stark betroffen waren (Kritikos u.a. 2020 und 2021; Seebauer u.a. 2021; Schulze Buschoff/Emmler 2021). Die unzureichende Absicherung der Selbstständigen wurde schon vor der Pandemie vielfach beklagt. Die Pandemie hat dann gezeigt, wie verwundbar diese Gruppe gerade in Krisenzeiten ist. Zwar trat Ende 2020 vor dem Hintergrund der Pandemie das »Sozialschutz-Paket I« in Kraft, das einen erleichterten Zugang zur Grundsicherung unter anderem auch für Selbstständige vorsah. Allerdings konnten Selbstständige – anders als abhängig Beschäftigte – nicht vom Kurzarbeitergeld profitieren und waren mehr schlecht als recht gegen soziale Risiken wie Arbeits- bzw. Auftragslosigkeit und Einkommensausfälle abgesichert. Viele Selbstständige mussten in Zeiten von Kontakteinschränkungen, Verboten, Quarantänen und eingeschränkten Ladenöffnungszeiten um ihre Existenz bangen; viele haben ihre Selbstständigkeit aufgegeben (Kritikos u.a. 2021; Hanschke/Strauß 2021). Das gilt sowohl für Selbstständige mit Mitarbeiter*innen als auch für Solo-Selbstständige. Mit der Corona-Pandemie ist die Situation der Selbstständigen, und insbesondere deren unzureichende soziale Absicherung, dann auch stärker in den Fokus öffentlicher Debatten gerückt.

Doch was bleibt davon nach der Pandemie? Ob sich die während der Pandemie zutage getretenen problembehafteten Arbeitssituationen, wirtschaftlichen und sozialen Lagen der Selbstständigen nach der Pandemie gelöst haben oder ob sie andauern, ist die zentrale Fragestellung dieses Beitrags.

Nach einer kurzen Einführung in die Datengrundlage und Methoden unserer Untersuchung (Abschnitt 2) fokussiert sich die empirische Analyse zunächst auf die Einkommenssituation sowie die Belastungen und Sorgen der Selbstständigen im Zeitverlauf (Zeitraum von April 2020 bis Juli 2023). Hierbei wird die Situation der Selbstständigen mit der Lage der abhängig Beschäftigten verglichen (Abschnitt 3). Wie hat sich die Pandemie auf die persönlichen Einkommen ausgewirkt? Wie entwickeln sich die Belastungen und Sorgen der Selbstständigen im Vergleich zu den abhängig Beschäftigten im Laufe der Pandemie? Bleiben die Unterschiede auch nach der Pandemie bestehen? Aus den vergleichenden Analysen kann abgeleitet werden, inwieweit die Krisenerfahrung von der jeweiligen Form der Erwerbstätigkeit abhängt. Der nachfolgende Abschnitt (4) widmet sich ausschließlich der Situation der Selbstständigen. Das gibt Raum, um die Krisenerfahrungen und Einschätzungen zweier Gruppen – Solo-Selbstständige und Selbstständige mit Mitarbeiter*innen – differenziert zu betrachten. Im Mittelpunkt der Analysen steht, wie die Selbstständigen die Situation der Corona-Krise und ihre Folgen für ihre derzeitige Situation einschätzen. Hat sich aus ihrer Sicht ihr Unternehmen bzw. ihre selbstständige Tätigkeit von den (möglicherweise negativen) Folgen der Pandemie erholt? Wie schätzen sie ihre eigene soziale Absicherung ein – denken sie zum Beispiel, dass sie selbst ausreichend für das Alter vorgesorgt haben? Nutzen sie die freiwillige Arbeitslosenversicherung? Und wie sind die Erwartungen an die Politik: Wie sollte zum Beispiel eine Reform der Altersvorsorge für Selbstständige aus ihrer Sicht ausgestaltet sein? Abschnitt 5 zieht ein Fazit mit weiterführenden Handlungsempfehlungen.

2. Datengrundlage

Als Datengrundlage wird in diesem Beitrag das WSI-Erwerbspersonenpanel verwendet (siehe dazu ausführlich Brehmer und Emmler in diesem Band). Für die Untersuchung der Entwicklung der Einkommenssituation wie auch der Belastungen und Sorgen von Selbstständigen und abhängig Beschäftigten im Zeitverlauf werden die Daten von April 2020 (»Welle 1«) bis Juli 2023 (»Welle 10«) in Abschnitt 3 ausgewertet.[1] Im Zeitraum von April 2020 (»Welle 1«) bis Januar 2021 (»Welle 4«) basieren die Ergebnisse auf einem Sample von durchschnittlich 257 Selbstständigen. Ab Juli 2021 erhöht sich das Sample, da aufgrund der vorherigen Unterrepräsentation von Selbstständigen eine Zusatzstichprobe gezogen wurde (Schulze Buschoff/Emmler 2021). Tabelle 1 zeigt die Fallzahlen für die jeweilige Gruppe der (Solo-)Selbstständigen und abhängig Beschäftigten ab April 2020 bis Oktober 2023.[2] Selbstständige unterscheiden sich in ihren soziodemografischen Merkmalen von abhängig Beschäftigten, was auch die Daten der WSI-Erwerbspersonenbefragung bestätigen: Sie sind älter (im Durchschnitt 52 Jahre vs. 44 Jahre), häufiger männlich (67 gegenüber 53 Prozent), und sie haben häufiger Abitur (54 gegenüber 41 Prozent).

Für die im Abschnitt 4 dargestellten Auswertungen wird die Zusatzbefragung der Selbstständigen im Oktober 2023 (»Welle 11« des WSI-Erwerbspersonenpanels) genutzt, um der Frage nachzugehen, ob sich Selbstständige mit und ohne Mitarbeiter*innen hinsichtlich ihrer Krisenerfahrungen und Einschätzungen der Pandemie sowie der sozialen Absicherungssysteme unterscheiden. Insbesondere wird hier ein Vergleich zwischen Solo-Selbstständigen und Selbstständigen mit Mitarbeiter*innen vorgenommen, da diese Gruppen in ihren Ressourcen sehr

1 Als abhängig beschäftigte Personen werden Arbeiter*innen, Angestellte und Beamt*innen gezählt (siehe Schulze Buschoff/Emmler 2021: 6).

2 In Abschnitt 4 können die Fallzahlen abweichen, da auch die Angaben von Personen ausgewertet werden, die im Oktober 2023 nicht mehr selbstständig waren. Grund dafür ist, dass sich einige der Fragen retrospektiv auf den Zeitraum beziehen, in dem sie zuvor eine selbstständige Tätigkeit ausgeübt hatten.

	Apr 2020 W1	Jun 2020 W2	Nov 2020 W3	Jan 2021 W4	Jul 2021 W5	Jan 2022 W7	Apr 2022 W8	Nov 2022 W9	Jul 2023 W10	Okt 2023 W11
Selbstständige mit max. 10 MA										278
Solo-Selbstständige										535
Selbstständige (mit und ohne MA)	321	226	240	242	1.348	1.116	1.063	936	978	813
Abhängig Beschäftigte	7.074	5.844	5.645	5.767	4.675	5.110	5.020	4.069	3.936	/

Tabelle 1: Stichprobe der (Solo-)Selbstständigen und abhängig Beschäftigten in der WSI-Erwerbspersonenbefragung, Welle 1 bis Welle 11; Angaben in absoluten Zahlen
Quelle: WSI-Erwerbspersonenbefragung, Basisstichprobe, Wellen 1–5, 7–11; eigene Berechnungen

heterogen sind, was zu unterschiedlichen Auswirkungen der Corona-Pandemie führen kann. Die Grundgesamtheit für die Zusatzbefragung haben alle Personen gebildet, die mindestens einmal in der Erwerbspersonenbefragung angegeben haben, dass sie selbstständig waren. Insgesamt traf dies auf 1.400 Personen zu, die somit für die Teilnahme an der Befragung kontaktiert wurden. Die Teilnahmequote lag bei 76 Prozent, womit das Sample in »Welle 11« 1.064 Personen umfasst. Allerdings reduziert sich das Analysesample auf 813 Personen, da nur Personen betrachtet wurden, die im Oktober 2023 weiterhin selbstständig waren, eine Angabe darüber gegeben haben, ob sie Mitarbeiter*innen haben und die – falls dies zutrifft – nicht mehr als zehn Mitarbeiter*innen beschäftigten.[3]

Von den in »Welle 11« (Oktober 2023) befragten 813 Selbstständigen geben 535 an, dass sie »keine weiteren Mitarbeiter bzw. Mitarbeiterinnen« beschäftigen, was 66 Prozent der Befragten entspricht. Diese Solo-Selbstständigen ähneln in einer Reihe von Merkmalen den Selbstständigen mit Mitarbeiter*innen, in anderen unterscheiden sie sich deutlich. Sie sind im Schnitt genauso alt wie andere Selbstständige, etwas häufiger weiblich (36 gegenüber 28 Prozent) und geben auch etwas häufiger Abitur/Hochschulreife als Schulabschluss an als Selbstständige mit Mitarbeiter*innen.

3 Allein durch die Einschränkung auf maximal zehn Mitarbeiter*innen entfallen 51 Personen der Grundgesamtheit für das Analysesample.

3. Folgen der Pandemie: Selbstständige und abhängig Beschäftigte im Vergleich

In diesem Abschnitt werden die Ergebnisse der empirischen Analysen in Bezug auf die Folgen der Corona-Pandemie im Vergleich zwischen Selbstständigen und abhängig Beschäftigten für das Einkommen, für die aufgrund der Arbeitssituation und der finanziellen Situation empfundenen Belastungen sowie für die Sorgen um die berufliche Zukunft aufgezeigt.

3.1 Auswirkungen auf das Einkommen

Im Rahmen der WSI-Erwerbspersonenbefragung wurde vom Beginn der Befragung im April 2020 bis Januar 2022 (»Welle 7«) erhoben, inwieweit die Corona-Pandemie das persönliche Einkommen der Befragten beeinflusst hat. Abbildung 1 zeigt, dass zu jedem Beobachtungszeitpunkt der Anteil der Selbstständigen, die negative Auswirkungen auf ihr Einkommen verzeichnen, fast doppelt so hoch ist wie der der abhängig Beschäftigten. Bereits im April 2020 geben mehr als die Hälfte der Selbstständigen (52 Prozent), jedoch nur 18 Prozent der abhängig Beschäftigten an, dass die Pandemie negative Auswirkungen auf ihr Einkommen habe.

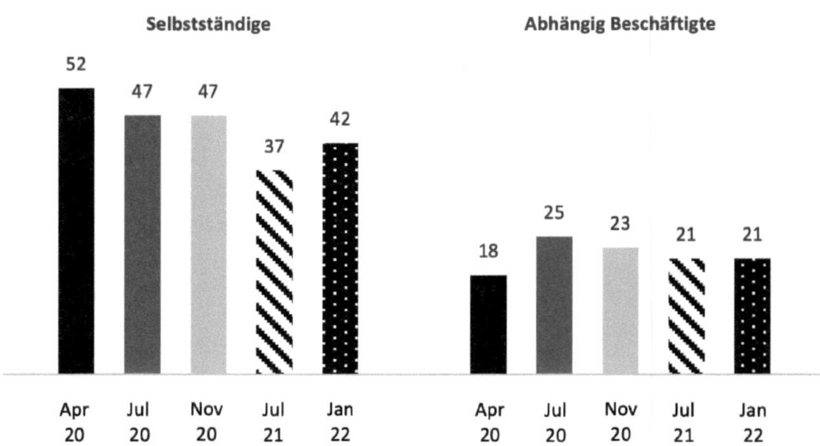

Abbildung 1: Negative Auswirkungen der Corona-Pandemie auf das persönliche Einkommen, 2020–2022: Vergleich Selbstständige und abhängig Beschäftigte; gewichtete Angaben in Prozent
Anmerkung: Zustimmungswerte zu der Frage, ob die Corona-Pandemie negative Auswirkungen auf das persönliche Einkommen hatte; abhängig Beschäftigte N = 5.516, Selbstständige N = 641
Quelle: WSI-Erwerbspersonenbefragung, Basisstichprobe, Wellen 1–3, 5 und 7; eigene Berechnungen

Selbstständige waren somit unmittelbar seit Anbeginn der Pandemie von Einkommenseinbußen betroffen. Und selbst im Januar 2022, fast zwei Jahre später (und nach erfolgten Hilfsmaßnahmen), berichten immer noch 42 Prozent der Selbstständigen von Einkommensverlusten. Abhängig Beschäftigte vermelden seit April 2020 zwar auch Einkommenseinbußen; allerdings liegt der Anteil der Betroffenen zu allen Erhebungszeitpunkten nie über einem Viertel. Dies veranschaulicht die enorm unterschiedliche Absicherung der Einkommen von Selbstständigen und abhängig Beschäftigten, die oftmals durch das Kurzarbeitergeld und gegebenenfalls dessen zusätzliche Aufstockungen seitens der Arbeitgeber besser gegen Einkommenseinbußen abgesichert waren. Es schließt sich die Frage an, ob sich dementsprechend auch Unterschiede zwischen Selbstständigen und abhängig Beschäftigten hinsichtlich der Arbeits- und finanziellen Belastungen vorfinden lassen.

3.2 Belastungen aufgrund der Arbeits- und finanziellen Situation

In der WSI-Erwerbspersonenbefragung wurde auch danach gefragt, ob die Pandemie zu belastenden Arbeitssituationen, Sorgen um die berufliche Zukunft oder finanziellen Engpässen insgesamt geführt hat. Abbildung 2 zeigt, dass sich Selbstständige im Vergleich zu abhängig Beschäftigten zwischen April 2020 bis einschließlich Januar 2022 häufiger »äußerst« oder »stark« durch die Arbeitssituation belastet gefühlt haben. Im April 2020 trifft dies auf die Hälfte (51 Prozent) der Selbstständigen und auf über ein Drittel (38 Prozent) der abhängig Beschäftigten zu. Für beide Gruppen stellt der April 2020 und somit der Beginn der Corona-Pandemie den Zeitpunkt mit den höchsten Belastungen dar.

Nach April 2020 nehmen die hohen Belastungsgefühle durch die Arbeitssituation sowohl bei Selbstständigen als auch bei abhängig Beschäftigten bis Juli 2023 mit kleineren Ausschlägen kontinuierlich ab. Allerdings fühlt sich immerhin weiterhin mindestens ein Drittel der Selbstständigen im Zeitraum von Juni 2020 bis Januar 2022 »äußerst« oder »stark« durch die Arbeitssituation belastet. Im Vergleich dazu sinkt der Anteil der abhängig Beschäftigten mit hohen Belastungsgefühlen in diesem Zeitraum auf unter ein Drittel. Ab April 2022 jedoch sind kaum noch Unterschiede in den Belastungsgefühlen zwischen Selbstständigen und abhängig Beschäftigten erkennbar. Über den gesamten Zeitraum betrachtet fühlen sich Selbstständige während der Pandemie hinsichtlich ihrer Arbeitssituation stärker belastet als dies abhängig Beschäftigte berichten. Vergleichbar höhere negative Pandemieauswirkungen, vor allem in der ersten Phase der Pandemie, hatten sich auch bereits mit Blick auf die Einkommenssituation gezeigt (siehe Abbildung 1; vgl. dazu auch Schulze Buschoff/Emmler 2021).

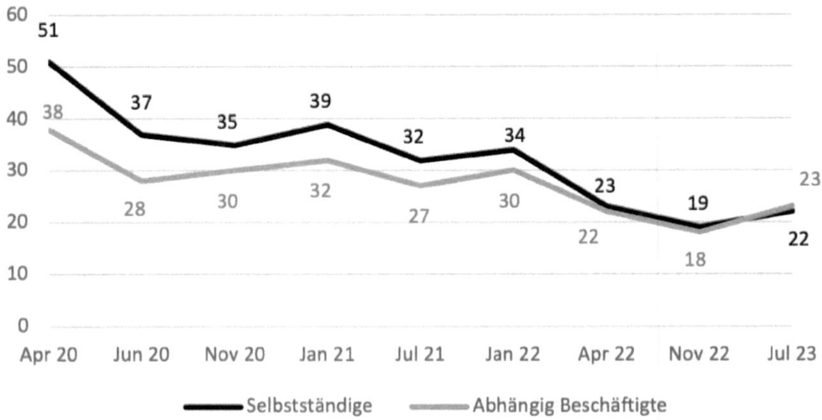

Abbildung 2: Belastungsgefühle aufgrund der Arbeitssituation, 2020–2023: Vergleich Selbstständige und abhängig Beschäftigte; gewichtete Angaben in Prozent
Anmerkung: Die Fragestellung lautete: »Wie belastend empfinden Sie alles in allem Ihre derzeitige Arbeitssituation?« Dargestellt sind die Antworten für »stark« und »äußerst« belastend; abhängig Beschäftigte N = 5.211, Selbstständige N = 718
Quelle: WSI-Erwerbspersonenbefragung, Basisstichprobe, Wellen 1–5 und 7–10; eigene Berechnungen

Auch hinsichtlich der finanziellen Belastung ergibt sich eine ähnliche Tendenz: Selbstständige scheinen sich von den Folgen der Corona-Pandemie finanziell deutlich stärker belastet zu fühlen als abhängig Beschäftigte. Im April 2020 berichten 47 Prozent der Selbstständigen von »äußerst« hohen oder »starken« finanziellen Belastungen, wohingegen dies auf nur 21 Prozent der abhängig Beschäftigten zutrifft (Abbildung 3). Somit spiegeln sich die in Abbildung 1 dargestellten höheren negativen Auswirkungen auf das persönliche Einkommen von Selbstständigen in deren finanziellen Belastungsgefühlen insgesamt wider.

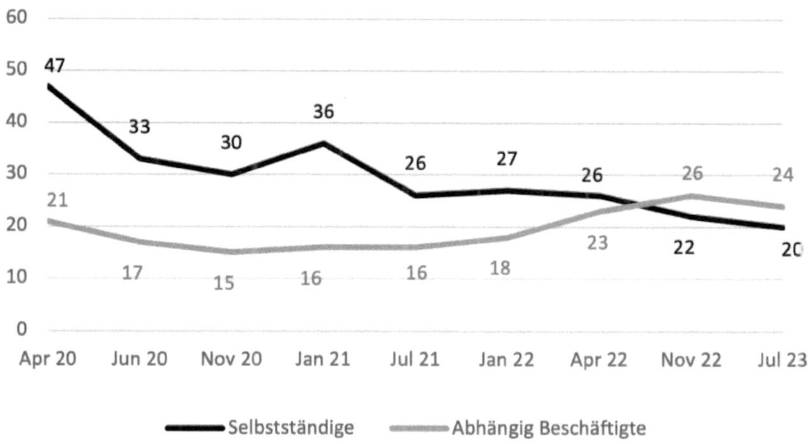

Abbildung 3: Belastungsgefühle aufgrund der finanziellen Situation, 2020–2023: Vergleich Selbstständige und abhängig Beschäftigte; gewichtete Angaben in Prozent
Anmerkung: Die Fragestellung lautete: »Wie belastend empfinden Sie alles in allem Ihre derzeitige finanzielle Situation?« Dargestellt sind die Antworten für »stark« und »äußerst« belastet; abhängig Beschäftigte N = 5.211, Selbstständige N = 718
Quelle: WSI-Erwerbspersonenbefragung, Basisstichprobe, Wellen 1–5 und 7–10; eigene Berechnungen

Nach April 2020 sinken die Belastungsgefühle der Selbstständigen und erreichen im Juli 2023 mit 20 Prozent ihren tiefsten Punkt. Gerade zu Beginn der Corona-Pandemie, aber auch im Januar 2021, sind die Belastungsgefühle der Selbstständigen doppelt so hoch wie die der abhängig Beschäftigten. Die höheren Belastungen der Selbstständigen aufgrund der finanziellen Situation sind bis einschließlich April 2022 zu erkennen. Allerdings wird der Unterschied zwischen Selbstständigen und abhängig Beschäftigten im Zeitverlauf immer kleiner, was abnehmenden Belastungsgefühlen aufseiten der Selbstständigen geschuldet ist. Eine interessante Tendenz ist, dass im November 2022 und Juli 2023 die Belastungsgefühle von abhängig Beschäftigten nicht nur höher ausfallen im Vergleich zu Selbstständigen, sondern auch höher sind als zu Beginn der Corona-Pandemie im April 2020. Dies unterstreicht abermals, dass abhängig Beschäftigte während der Corona-Pandemie, zum Beispiel in Form von Kurzarbeitergeld, besser als Selbstständige abgesichert waren. Zudem deutet es darauf hin, dass abhängig Beschäftigte aufgrund der unmittelbar an die Corona-Pandemie anschließenden Krisen (u.a. infolge der Inflation) mehr belastet sind.

3.3 Sorgen um die eigene berufliche Zukunft

Ein ähnliches Bild lässt sich auch hinsichtlich der Sorgen um die eigene berufliche Zukunft erkennen (Abbildung 4). Von den befragten Selbstständigen geben im Juni 2020 17 Prozent an, dass sie sich große Sorgen machen.[4] Unter den abhängig Beschäftigten bejahen dies 11 Prozent. Im Januar 2021 berichten bereits 20 Prozent der Selbstständigen von großen Sorgen über ihre berufliche Zukunft – allerdings sinkt dieser Wert bis Juli 2023 mit kleinen Schwankungen auf nur noch 12 Prozent ab.

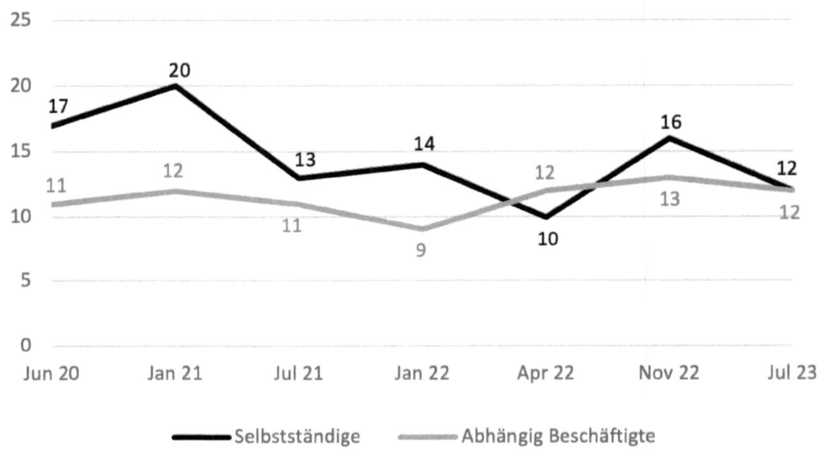

Abbildung 4: Sorgen um die berufliche Zukunft: Vergleich Selbstständige und abhängig Beschäftigte; gewichtete Angaben in Prozent
Anmerkung: Die Fragestellung lautete: »Machen Sie sich Sorgen um Ihre berufliche Zukunft?« Dargestellt sind die Antworten »Ich mache mir große Sorgen.«; abhängig Beschäftigte N = 4.900, Selbstständige N = 845
Quelle: WSI-Erwerbspersonenbefragung, Basisstichprobe, Wellen 2, 4, 5 und 7–10; eigene Berechnungen

Für abhängig Beschäftigte zeigen sich im Beobachtungszeitraum weniger Schwankungen. Demzufolge nehmen die anfänglichen Unterschiede zwischen Selbstständigen und abhängig Beschäftigten im Zeitverlauf ab und im Juli 2023 sind es 12 Prozent der Selbstständigen wie auch der abhängig Beschäftigten, die angeben, dass sie sich große Sorgen um ihre berufliche Zukunft machen.

4 Die Frage bezüglich der Sorgen um die berufliche Zukunft wurde erst ab Welle 2 erhoben, daher startet die Betrachtung erst ab Juni 2020.

Bei den vergleichenden Analysen der Belastungen im Zeitverlauf ist allerdings zu berücksichtigen, dass jeweils nur diejenigen als Selbstständige eingestuft und befragt wurden, die zum jeweiligen Befragungszeitpunkt selbstständig erwerbstätig waren. Wir gehen davon aus, dass ein Teil der Selbstständigen ihre Tätigkeit aufgrund der hohen Belastungen aufgegeben hat. Diese Teilgruppe konnte zu den späteren Befragungszeitpunkten folglich nicht mehr berücksichtigt werden (siehe Abschnitt 2). Das sollte bei der Interpretation der Ergebnisse berücksichtigt werden. Tatsächlich zeigen die Ergebnisse der Zusatzbefragung von Selbstständigen im Oktober 2023 (»Welle 11«), dass 6 Prozent der Selbstständigen, die im Zeitraum Januar 2020 bis Dezember 2022 einer selbstständigen Tätigkeit nachgegangen sind, diese mittlerweile gänzlich eingestellt haben. Das am häufigsten genannte Motiv für die Einstellung der selbstständigen Tätigkeit waren »finanzielle Gründe«.

Insgesamt zeigen die Analysen dieses Abschnitts, dass für Selbstständige – jedenfalls für die, die ihre selbstständige Tätigkeit fortgeführt haben – die Belastungen aufgrund der Arbeitssituation, finanzieller Sorgen sowie einer besorgniserregenden eigenen beruflichen Zukunft im Pandemieverlauf von Juni 2020 bis Juli 2023 stetig gesunken sind. Demzufolge ist eine Entlastung bei dieser Gruppe zu erkennen. Ein gegensätzlicher Trend zeigt sich bei den abhängig Beschäftigten, deren finanzielle Sorgen gerade zwischen Januar 2022 bis November 2022 gestiegen sind und nach der Pandemie (Juli 2023) sogar höher als zuvor ausfallen. In diesem Zeitraum hatte der russische Angriffskrieg auf die Ukraine bereits begonnen, die Energiekrise war auf ihrem Höchststand, die hohen Heizkosten waren im Winter 2022 ein allgegenwärtiges Thema und die Energiepreisbremse trat erst zum Januar 2023 in Kraft. Diese Krisen scheinen abhängig Beschäftigte finanziell stärker belastet und somit beunruhigt zu haben als Selbstständige. Es kann davon ausgegangen werden, dass für viele Selbstständige einige Maßnahmen zur Eindämmung der Pandemie, etwa Lockdowns, Ladenschließungen und Kontaktbeschränkungen, große Unsicherheiten darstellten, wann, wie und ob sie ihrer selbstständigen Tätigkeit weiter nachkommen können. Demgegenüber waren abhängig Beschäftigte während der Pandemie besser gegen Einkommensverluste und Kündigungen aufgrund des Kurzarbeitergelds abgesichert.

4. Folgen der Pandemie für Solo-Selbstständige und Selbstständige mit Mitarbeiter*innen

Im Folgenden werden die Ergebnisse der empirischen Analysen für Solo-Selbstständige und Selbstständige mit Mitarbeiter*innen vergleichend dargestellt. Verglichen werden die Inanspruchnahme staatlicher Hilfsmaßnahmen, wirtschaftliche Auswirkungen der Pandemie, die aufgrund der Arbeitssituation empfundenen Belastungen und die Sorgen um die eigene wirtschaftliche Zukunft. Aufgezeigt werden weiterhin Befragungsbefunde zum Thema der sozialen Absicherung, wobei es insbesondere um den Bereich der Arbeitslosenversicherung, um Einschätzungen der eigenen Altersvorsorge und Meinungen zur Einführung einer potenziellen Erwerbstätigenrente geht.

4.1 Inanspruchnahme staatlicher Hilfsleistungen

Unsere Analysen zeigen, dass gut ein Drittel der Selbstständigen (33 Prozent Solo-Selbstständige und 37 Prozent Selbstständige mit Mitarbeiter*innen) Hilfsmaßnahmen erhalten haben (zum Beispiel Überbrückungshilfe oder »Neustarthilfe für Solo-Selbstständige«). Von den Selbstständigen, die Hilfsleistungen erhalten haben, gibt ein Anteil von 45 Prozent an, dass sie die finanzielle Hilfe nicht zurückzahlen mussten. 28 Prozent schildern, dass sie die erhaltene Hilfe teilweise zurückerstatten mussten, und 14 Prozent haben nach eigenen Angaben eine vollständige Rückerstattung geleistet. Bemerkenswert ist, dass immerhin 13 Prozent derjenigen, die Hilfe erhalten haben, berichten, dass sie im Oktober 2023 noch keinen Bescheid darüber erhalten haben, ob sie die Hilfszahlungen zurückzahlen müssen oder nicht.

4.2 Wirtschaftliche Auswirkungen auf die selbstständige Tätigkeit

Im Oktober 2023 schätzen 43 Prozent der Solo-Selbstständigen und 42 Prozent der Selbstständigen mit Mitarbeiter*innen die Auswirkungen, die die Corona-Pandemie alles in allem auf ihre wirtschaftliche Tätigkeit hatte, als eher bis sehr negativ ein (Abbildung 5). Demnach sind hier keine Unterschiede zwischen Selbstständigen mit und ohne Mitarbeiter*innen zu erkennen. Allerdings zeigt sich, dass jede*r fünfte Selbstständige mit Mitarbeiter*innen angab, dass die Corona-Pandemie sogar positive Auswirkungen hatte, wohingegen dies nur auf 16 Prozent der Solo-Selbstständigen zutrifft.

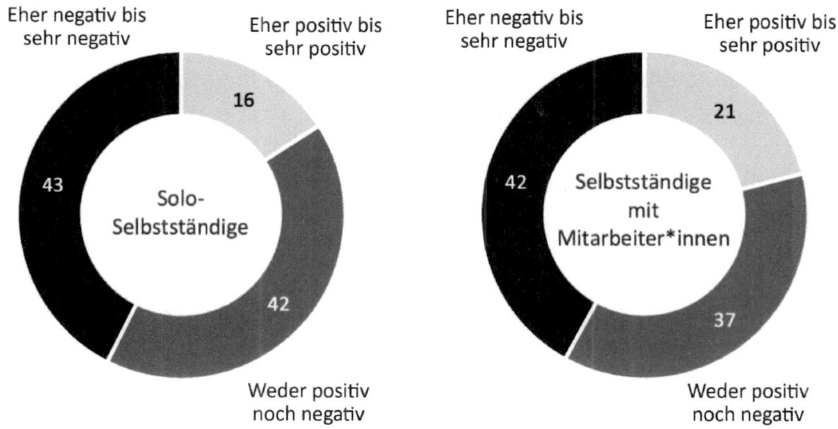

Abbildung 5: Wirtschaftliche Auswirkungen der Corona-Pandemie auf die selbstständige Tätigkeit: Vergleich Solo-Selbstständige und Selbstständige mit Mitarbeiter*innen; gewichtete Angaben in Prozent
Anmerkung: Antworten auf die Frage »Welche wirtschaftlichen Auswirkungen hatte die Corona-Pandemie (beginnend im Frühjahr 2020) alles in allem auf Ihre selbstständige Tätigkeit?«; Solo-Selbstständige N = 532, Selbstständige mit Mitarbeiter*innen N = 273
Quelle: WSI-Erwerbspersonenbefragung, Welle 11; eigene Berechnungen

Diejenigen, die »eher bis sehr negative« Auswirkungen der Corona-Pandemie auf die selbstständige Tätigkeit angeben, wurden befragt, ob sich ihre wirtschaftliche Situation nach der Pandemie wieder verbessert hat. Über die Hälfte der befragten Solo-Selbstständigen (59 Prozent) und fast die Hälfte der Selbstständigen mit Mitarbeiter*innen (49 Prozent) verneinen dies. Demzufolge hat die Corona-Pandemie sowohl Solo- als auch Selbstständige mit Mitarbeiter*innen vor große wirtschaftliche Herausforderungen gestellt und die Folgen sind für einen großen Teil von ihnen auch im Oktober 2023 immer noch zu spüren.

4.3 Belastungen aufgrund der Arbeitssituation

Neben den Auswirkungen der Corona-Pandemie auf die wirtschaftliche Situation wurden die Selbstständigen auch danach befragt, inwieweit sie alles in allem ihre derzeitige Arbeitssituation als belastend empfinden. Der Anteil an Solo-Selbstständigen, die ihre Arbeitssituation als »äußerst« (4 Prozent) oder »stark belastend« (12 Prozent) empfinden, fällt geringer aus als der Anteil der Selbstständigen mit Mitarbeiter*innen, von denen sich 7 Prozent »äußerst« und 23 Prozent »stark« belastet fühlen. Eine Ursache für die höheren Belastungsgefühle bei Selbstständigen mit Mitarbeiter*innen könnte darin begründet sein, dass bei ihnen ihre Eigenschaft als Arbeitgeber*in und somit die Verantwortung für die Mitarbeiter*innen zu Buche schlägt. Selbstständige, die ihre Arbeitssituation als belastend wahrnehmen, wurden weiterhin nach dem Hauptgrund hierfür gefragt (siehe Tabelle 2). Für Solo-Selbstständige scheinen zwei wesentliche Gründe in etwa gleich relevant zu sein: die »unsichere Auftragslage« (25 Prozent) und die »steigenden Anforderungen durch Bürokratie« (24 Prozent). Der dritthäufigste Grund sind »die steigenden Preise und Lieferengpässe« (19 Prozent).

	Solo-Selbstständige	**Selbstständige mit MA**
Steigende Anforderung durch Bürokratie	24	42
Unsichere Auftragslage	25	16
Steigende Preise und Lieferengpässe	19	22
Konkurrenz- und Wettbewerbsdruck	10	7
Private Familienbetreuung und/oder Pflegearbeit	6	8
Soziale Absicherung	8	3
Entwicklungen im Bereich der Künstlichen Intelligenz	3	1
Einstufung als Scheinselbstständig	5	/
Digitalisierung	/	2
Total	100	100

Tabelle 2: Hauptgrund für eine belastende Arbeitssituation; gewichtete Angaben in Prozent
Anmerkung: Antworten auf die Frage »Was ist der Hauptgrund dafür, dass Sie Ihre derzeitige Arbeitssituation als belastend empfinden?«; Solo-Selbstständige N = 516, Selbstständige mit Mitarbeiter*innen N = 272
Quelle: WSI-Erwerbspersonenbefragung, Welle 11; eigene Berechnungen

Im Vergleich hierzu ist für Selbstständige mit Mitarbeiter*innen deutlich zu erkennen, dass der weitaus größte Anteil (42 Prozent) die steigenden bürokratischen Anforderungen als Hauptgrund für ihre belastend wahrgenommene Arbeitssituation ansieht. Hier sind demnach große Unterschiede zwischen Solo-Selbstständigen und Selbstständigen mit Mitarbeiter*innen zu erkennen, die höchstwahrscheinlich auf die Rolle als Arbeitgeber*in zurückzuführen sind.

4.4 Arbeitslosenversicherung

Für Selbstständige, die ihre Tätigkeit im Anschluss an ein versicherungspflichtiges Beschäftigungsverhältnis aufgenommen haben, ist derzeit die Absicherung gegen Arbeitslosigkeit in Form der freiwilligen Weiterversicherung in der Arbeitslosenversicherung möglich. Allerdings zeigen die Ergebnisse unserer Analysen, dass diese Option einem Viertel (27 Prozent) der befragten Selbstständigen unbekannt ist. Hierbei unterscheiden sich Solo-Selbstständige (26 Prozent) und Selbstständige mit Mitarbeiter*innen (28 Prozent) nur marginal voneinander.

Weiterhin machen nur wenige Personen (12 Prozent), die hierüber Kenntnisse besitzen, auch tatsächlich Gebrauch von der freiwilligen Arbeitslosenversicherung. Auch hier sind die Unterschiede zwischen Solo-Selbstständigen (11 Prozent) und Selbstständigen mit Mitarbeiter*innen (12 Prozent) marginal.

Als häufigsten Grund für die Nicht-Inanspruchnahme geben über die Hälfte der Selbstständigen an, dass sie lieber privat vorsorgen. Selbstständige mit Mitarbeiter*innen geben dies häufiger (58 Prozent) als Solo-Selbstständige (50 Prozent) als Hauptgrund an. Umgekehrt benennen Solo-Selbstständige deutlich häufiger (25 Prozent) als Selbstständige mit Mitarbeiter*innen (13 Prozent) die zu hohen Beiträge als Grund für die Nicht-Inanspruchnahme einer freiwilligen Versicherung gegen Arbeitslosigkeit. Dieser Befund verweist zum einen darauf, dass die Möglichkeit der freiwilligen Arbeitslosenversicherung für Selbstständige einem Großteil dieser Gruppe gar nicht bekannt ist; zum anderen wird deutlich, dass denjenigen, die davon Kenntnis haben, die Versicherungskonditionen als unattraktiv einstufen.

4.5 Altersvorsorge

Ein weiterer wichtiger Aspekt der sozialen Absicherung betrifft die Altersvorsorge. Jede*r vierte Solo-Selbstständige (26 Prozent) gibt an, nicht genügend Vorsorge fürs Alter zu betreiben, wohingegen dies nur auf 16 Prozent der Selbstständigen mit Mitarbeiter*innen zutrifft. Selbstständige mit und ohne Mitarbeiter*innen unterscheiden sich dahingegen nicht in der Kategorie »teils/teils« (Solo-Selbstständige 38 Prozent und Selbstständige mit Mitarbeiter*innen 37 Prozent). Schließlich geben 36 Prozent aller Solo-Selbstständigen und 47 Prozent aller Selbstständigen mit Mitarbeiter*innen an, dass sie genügend Altersvorsorge betreiben. Demzufolge scheinen Selbstständige mit Mitarbeiter*innen, gemessen an ihren eigenen Einschätzungen, besser für das Alter abgesichert zu sein als Solo-Selbstständige.

4.6 Einstellung zur Erwerbstätigenversicherung

Und schließlich wollten wir wissen, wie die befragten Selbstständigen die seit Jahren diskutierten Vorschläge für eine Reform der gesetzlichen Rentenversicherung bewerten. Unsere Analysen zeigen, dass bei den Selbstständigen die Zustimmung zu einer Erwerbstätigenrente, also zu einem Rentensystem, in das nicht nur abhängig Beschäftigte, sondern auch Selbstständige und Beamte einzahlen, groß ist: Über die Hälfte der Befragten antworten mit »Ja« oder »Eher ja«.

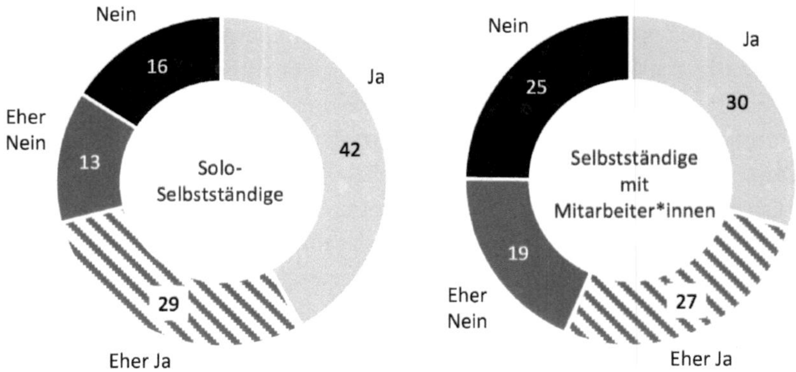

Abbildung 6: Zustimmung zur Erwerbstätigenrente: Vergleich Solo-Selbstständige und Selbstständige mit Mitarbeiter*innen; gewichtete Angaben in Prozent
Anmerkung: Antwort auf die Frage »Denken Sie, dass die gesetzliche Rentenversicherung zukünftig alle Erwerbstätigen, d.h. auch alle Selbstständigen und alle Beamten, umfassen sollte?«; Solo-Selbstständige N = 516, Selbstständige mit Mitarbeiter*innen N = 273
Quelle: WSI-Erwerbspersonenbefragung, Welle 11; eigene Berechnungen

Bezüglich der Zustimmung zur Erwerbstätigenrente zeigen sich allerdings signifikante Unterschiede zwischen Solo-Selbstständigen und Selbstständigen mit Mitarbeiter*innen: 42 Prozent aller Solo-Selbstständigen beantworten die Frage mit »Ja«, wohingegen dies auf lediglich 30 Prozent der Selbstständigen mit Mitarbeiter*innen zutrifft. Die Zustimmungen »Eher Ja« unterscheiden sich allerdings nur leicht voneinander (Solo-Selbstständige 29 Prozent versus 27 Prozent Selbstständige mit Mitarbeiter*innen). Insgesamt ist somit der Anteil der Solo-Selbstständigen, die einer Erwerbstätigenrente zustimmen, deutlich höher als jener der Selbstständigen mit Mitarbeiter*innen. Eine klare Haltung gegen die Erwerbstätigenrente ist bei einem Viertel (25 Prozent) der Selbstständigen mit Mitarbeiter*innen vorzufinden, wohingegen dies auf 16 Prozent der Solo-Selbstständigen zutrifft.

5. Fazit

Seit 2012 ist sowohl die Gesamtzahl der Selbstständigen in Deutschland als auch die Zahl der Solo-Selbstständigen rückläufig. Ein im Vergleich zu den Vorjahren besonders deutlicher Rückgang war im Jahr 2020 zu verzeichnen. Dies kann als Folge der Corona-Pandemie gewertet werden, genauer: als Folge der Maßnahmen, die zur Eindämmung der Pandemie in Kraft getreten sind und unter anderem Nachfragerückgänge bewirkt haben (Bonin u.a. 2022; Kritikos u.a. 2020 und 2021). Selbstständige sind so hart wie kaum eine andere Gruppe der Erwerbstätigen von den negativen Folgen der Pandemie betroffen. Dies betrifft nicht nur den Fortbestand der Selbstständigkeit. Verschiedene Studien belegen massive Einkommenseinbußen und Umsatzrückgänge seit Beginn der Pandemie (Kritikos u.a. 2020; Seebauer u.a. 2021: 263 f.; Schulze Buschoff/Emmler 2021: 13 f.). Die Problematik der hohen Anteile vor allem an Solo-Selbstständigen mit prekären Arbeitsbedingungen hat sich infolge der Corona-Krise weiter verschärft.

Unsere Analysen bestätigen, dass insbesondere in der ersten Phase der Pandemie Selbstständige deutlich stärker als abhängig Beschäftigte unter den negativen Pandemiefolgen gelitten haben. Doch auch noch im Januar 2022 bestätigen 42 Prozent der Selbstständigen (und damit ein doppelt so hoher Anteil wie der der abhängig Beschäftigten), dass die Pandemie sich negativ auf ihr Einkommen ausgewirkt habe. Und selbst im Oktober 2023 sind gleichfalls 42 Prozent der Selbstständigen der Ansicht, dass die Corona-Pandemie negative Auswirkungen auf ihre wirtschaftliche Situation gehabt habe. Von ihnen sagen über die Hälfte, dass sich ihre wirtschaftliche Situation auch im Oktober 2023 noch nicht gänzlich von den Folgen der Pandemie erholt habe.

Trotzdem sprechen unsere Befunde nicht dafür, dass die Corona-Pandemie eine »Krise ohne Ende« für die Selbstständigen eingeleitet hat. Zwar ist der Anteil der Selbstständigen, die am Anfang der Pandemie über Belastungen und Sorgen bezüglich der finanziellen Situation, der Arbeitssituation und der eigenen beruflichen Zukunft berichten, deutlich höher als jener der befragten abhängig Beschäftigten – jedoch gleicht sich das Belastungsempfinden beider Gruppen im Pandemieverlauf an. Zumindest sind die Selbstständigen von Sorgen und Belastungen nach der Pandemie nicht stärker betroffen als abhängig Beschäftigte – was von einer hohen Resilienz zeugt. Dieser Befund deckt sich mit Ergebnissen einer qualitativen Erhebung auf der Basis von 25 leitfadengestützten Einzelinterviews mit Selbstständigen aus den Bereichen Gastronomie, köpernahe Dienstleistungen und Tourismus (siehe Schulze Buschoff u.a. 2023). Bei fast allen Befragten haben sich die Einschränkungen zur Eindämmung der Corona-Pandemie negativ auf ihre selbstständige Tätigkeit ausgewirkt. Sie mussten mit Planungsunsicherheit bzw. dem Ausbleiben von Aufträgen und Kunden und mit deutlichen Einkommenseinbußen umgehen. Bemerkenswert ist dabei die besondere Mentalität und das unternehmerische Selbstverständnis der Befragten: Trotz der teilweise gravierenden Einschnitte und Herausforderungen im beruflichen sowie privaten Leben war ihr Handeln davon bestimmt, ihr Unternehmen bzw. ihre selbstständige Tätigkeit pragmatisch und proaktiv durch die Krise zu manövrieren (ebd.: 2)

Auf der anderen Seite verdeutlichen unsere Ergebnisse, dass es sich bei den Selbstständigen um eine vulnerable und unzureichend abgesicherte Gruppe handelt. Dies zeigt sich vor allem in der ersten Phase der Pandemie mit den Lockdowns, Kontakteinschränkungen, Verboten, Quarantänen und eingeschränkten Ladenöffnungszeiten, die häufig dazu führten, dass die Ausübung der selbstständigen Tätigkeit entweder nur eingeschränkt oder gar nicht möglich war (zum Beispiel im Bereich von Dienstleistungen wie dem Friseurhandwerk, bei Reisebüros, in der Gastronomie etc.). Hier fehlte eine verlässliche Regelung, die Selbstständige – analog zum Kurzarbeitergeld, von dem viele abhängig Beschäftigte profitiert haben – vor Arbeitslosigkeit bzw. Auftragslosigkeit geschützt hätte.

Da in dieser Situation deutlich wurde, dass Selbstständige aufgrund des fehlenden sozialen Schutzes in finanzielle Schwierigkeiten bzw. Notlagen gerieten, wurden mehr oder weniger aus dem Stegreif staatliche Unterstützungsprogramme geschnürt. Die Bundesregierung hat verschiedene Hilfsprogramme für Selbstständige umgesetzt, u.a. Soforthilfen, Überbrückungshilfen I, II und III sowie Neustarthilfe für Solo-Selbstständige.[5] Eine der ersten und zentralen Maßnahmen bestand in der Soforthilfe, bei der eine Einmalzahlung von bis zu 15.000 Euro an Personen ausgezahlt wurde, die von Umsatzrückgängen betroffen waren. Das Soforthilfeprogramm stand vom 25. März 2020 bis Ende Mai 2020 zur Verfügung. Der Verwendungszweck war allerdings ausschließlich für die Deckung der fixen Betriebskosten gedacht. Die Zuwendungen variierten je nach Höhe der individuellen Finanzierungslücke. Demzufolge konnten die Soforthilfen nicht insgesamt vor Einkommenseinbußen schützen oder die Deckung des Lebensunterhalts ermöglichen (Grabka 2021: 314 f.) – obwohl gerade das für viele Selbstständige vonnöten gewesen wäre. Eine Auswertung des Deutschen Instituts für Wirtschaftsforschung (DIW) auf Grundlage einer Online-Umfrage mit 27.000 Selbstständigen zeigt, dass die Hilfsmaßnahmen nach Einschätzung von Selbstständigen nur geringfügigen Einfluss darauf hatten, die selbstständige Tätigkeit bzw. den Fortbestand des Unternehmens während der Krise zu stabilisieren (Kritikos u.a. 2020: 5 f.). Unsere Analysen zeigen zudem, dass die

5 Für eine detaillierte Auflistung verschiedener Programme für Selbstständige und Unternehmer*innen siehe David u.a. 2022.

staatlichen Hilfen für Selbstständige nur eingeschränkt in Anspruch genommen wurden.

Ziel der staatlichen Unterstützungsmaßnahmen war es, die Existenz der Selbstständigen in dieser Sondersituation zu sichern. Allerdings waren diese Hilfen zeitlich begrenzt. Umso deutlicher traten die schon vorab vorhandenen – und notwendigerweise zu schließenden – Lücken beim Zugang zum Sozialschutz für Selbstständige hervor. Dies gilt insbesondere für den Zugang zur Arbeitslosenversicherung, um Zeiten der Arbeits- bzw. Auftragslosigkeit abzusichern. Derzeit ist die Absicherung Selbstständiger gegen Arbeitslosigkeit nur in Form der freiwilligen Weiterversicherung in der Arbeitslosenversicherung möglich – das heißt nur, wenn die Aufnahme der selbstständigen Tätigkeit im Anschluss an eine versicherungspflichtige abhängige Beschäftigung erfolgt. Das heißt, die Bedingungen für eine freiwillige Arbeitslosenversicherung sind restriktiv und begrenzen den Personenkreis der versicherungsfähigen Selbstständigen. Auch zeigen unsere Analysen, dass die Option, sich freiwillig gegen Arbeitslosigkeit zu versichern, Selbstständigen vielfach gar nicht bekannt ist oder dass sie die Versicherungskonditionen als wenig attraktiv betrachten.

Um eine Absicherung gegen vorübergehende Arbeitsausfälle – also quasi ein Kurzarbeitergeld für Selbstständige – zu ermöglichen, gilt es, die bestehende Arbeitslosenversicherung für Selbstständige zu reformieren sowie transparente und attraktive Regelungen zu schaffen. Dazu gehört, die Zugangsvoraussetzungen zu lockern und die Arbeitslosenversicherung prinzipiell für alle Selbstständigen zu öffnen, auch für langjährig Selbstständige und für Einsteiger ohne Vorversicherung. Wie die Erfahrungen mit der Corona-Pandemie verdeutlicht haben, beschränkt sich der Bedarf an sozialer Absicherung keinesfalls nur auf Selbstständige, die vormals sozialversicherungspflichtig beschäftigt waren. Die Finanzierung sollte über einen Beitrag erfolgen, der sich am laufenden Einkommen orientiert. Anders als bei eilig geschnürten Notpaketen gäbe es dann künftig also von vornherein verlässliche Bedingungen zur Absicherung von Unsicherheiten im Krisenfall – sowohl bei den Leistungen als auch bei der Finanzierung (Schoukens/Weber 2020).

Mit einer reformierten Arbeitslosenversicherung allein ist es aber nicht getan. Es besteht auch Handlungsbedarf hinsichtlich weiterer Sozialversicherungszweige. Vor allem die Einführung einer obligatorischen Altersvorsorge für alle Selbstständigen wäre ein dringender und überfälliger Schritt. Derzeit bestehen für etwa ein Viertel der Selbstständigen obligatorische Sondersysteme zur Alterssicherung, wobei die Bedingungen je nach Berufsgruppe sehr unterschiedlich sind. Die Pflicht zur Altersvorsorge für Selbstständige aller Berufsgruppen ist seit über 20 Jahren in der Diskussion (Betzelt/Schnell 2003; Fachinger/Oelschläger 2000; Fachinger/Frankus 2011; Schulze Buschoff 2016). Zwar wurde sie im Koalitionsvertrag der Großen Koalition vom Februar 2018 als Reformvorhaben schon einmal angekündigt, letztlich jedoch nicht umgesetzt. Auch der Koalitionsvertrag der derzeit amtierenden Ampel-Regierung sieht die Einführung der Pflicht zur Altersvorsorge für Selbstständige für die laufende Legislaturperiode vor. Im Koalitionsvertrag 2021–2025 zwischen der SPD, Bündnis 90 / Die Grünen und der FDP vom November 2021 heißt es:

»Wir werden für alle neuen Selbstständigen, die keinem obligatorischen Alterssicherungssystem unterliegen, eine Pflicht zur Altersvorsorge mit Wahlfreiheit einführen. Selbstständige sind in der gesetzlichen Rentenversicherung versichert, sofern sie nicht im Rahmen eines einfachen und unbürokratischen Opt-Outs ein privates Vorsorgeprodukt wählen« (Bundesregierung 2021: 59)

Damit wird anerkannt, dass auch derzeit nicht unter die Versicherungspflicht fallende Selbstständige schutzbedürftig sind und die Einführung einer allgemeinen Altersvorsorgepflicht für Selbstständige dringend notwendig ist. Für die allgemeine Altersvorsorgepflicht bzw. obligatorische Versicherung von Selbstständigen aller Berufsgruppen bestehen grundsätzlich zwei Möglichkeiten: erstens die Versicherungspflicht, d.h. die Pflicht zur Versicherung bei einem frei wählbaren Versicherungsträger (d.h. auch bei privaten Anbietern), und zweitens die Pflichtversicherung in der gesetzlichen Rentenversicherung (GRV), das heißt die Einbeziehung aller nicht anderweitig abgesicherten Selbstständigen in die GRV. Die Pflichtversicherung in der GRV ist der im Koalitionsvertrag vorgesehenen Pflicht zur Versicherung mit Wahlfreiheit bzw. der Option des *Opt-outs*, also der Möglichkeit, sich individuell gegen die gesetzliche Rentenversicherung zu entscheiden, vorzuziehen. Die Pflicht zur Versicherung bei einem frei wählbaren – auch privaten – Versicherungsträger mit Wahlfreiheit macht die geforderte Vorsorgepflicht nur schwer kontrollierbar.

Für die Pflichtversicherung in der GRV spricht weiterhin das gesetzlich vorgeschriebene breite Leistungsspektrum der Rentenversicherung, das neben der Zahlung von Altersrenten auch Erwerbsminderungsrenten, Witwen-, Witwer- und Waisenrenten sowie die Durchführung von Rehabilitationsmaßnahmen umfasst. Die Leistungen der GRV beinhalten Elemente des Solidarausgleichs; diese sind in privaten, zumeist marktvermittelten Systemen nur schwer zu realisieren. Bei den Selbstständigen mit häufig unstetigen Erwerbsbiografien würde bei einer Pflichtversicherung in der GRV der Wechsel von selbstständiger und abhängiger Erwerbsarbeit nicht mit einem Wechsel des Versicherungsträgers verbunden sein. Somit wird die Stetigkeit der Beitragszahlung gestützt, was vor allem Personen mit hybriden Beschäftigungen und unterbrochenen Versicherungsbiografien zugutekommen würde. Eine Pflichtversicherung aller Selbstständigen (und auch weiterer bislang nicht erfasster Erwerbstätigengruppen) in der GRV würde darüber hinaus die Solidargemeinschaft der Versicherten stärken.

Unsere Analysen zeigen, dass bei den Selbstständigen die Zustimmung zu einer Erwerbstätigenrente groß ist. Über die Hälfte der Selbstständigen unseres Samples bejaht im Oktober 2023, dass die gesetzliche Rentenversicherung zukünftig alle Erwerbstätigen, d.h. auch alle Selbstständigen und alle Beamt*innen, umfassen sollte. Diese Ergebnisse decken sich mit einer von der Arbeitnehmerkammer Bremen, Arbeitskammer Saarland und dem Deutschen Gewerkschaftsbund in Auftrag gegebenen Studie, die ebenfalls eine breite Zustimmung der Selbstständigen zur Idee der Erwerbstätigenversicherung dokumentiert (Arbeitnehmerkammer Bremen u.a. 2023: 7 f.). Abzuwarten bleibt, ob und in welcher Form der Gesetzgeber das im Koalitionsvertrag verankerte Vorhaben der Altersvorsorgepflicht für Selbstständige umsetzen wird.

Der bestehende Reformbedarf erschöpft sich allerdings nicht darin, die Lücken im Sozialschutz für Selbstständige zu schließen. Die steigenden Anforderungen durch die Bürokratie führen dazu, dass Selbstständige hierdurch ihre Arbeitssituation als belastend wahrnehmen. Dies trifft insbesondere auf Selbstständige mit Mitarbeiter*innen zu (40 Prozent). Demzufolge sollten sich Reformvorhaben auch mit einem Bürokratieabbau auseinandersetzten, was die Belastungen von Selbstständigen verringern könnte.

Somit zeigt sich insgesamt, dass die Corona-Pandemie die Lücken bei der sozialen Sicherung der Selbstständigen noch deutlicher in den Fokus gerückt hat. Das Ziel sollte darin bestehen, Selbstständige möglichst umfassend und möglichst unbürokratisch in obligatorische staatliche Versicherungssysteme einzubeziehen, die einen zumindest vorübergehenden Einkommensverlust infolge von Auftragslosigkeit ausgleichen und die vor Altersarmut schützen. Versicherungsleistungen sind zuverlässiger und sicherer als staatliche einmalige Zahlungen und belasten zudem nicht die Steuerzahler*innen bzw. die öffentlichen Haushalte. Infolge der Corona-Pandemie haben sich die wirtschafts- und sozialpolitischen Rahmenbedingungen für die Umsetzung zentraler Reformvorhaben zur sozialen Sicherung Selbstständiger deutlich verschlechtert. Gleichzeitig zeigt aber gerade diese Krise, wie wichtig soziale Sicherungssysteme sind und dass die entsprechenden sozialpolitischen Schutzlücken für Selbstständige geschlossen werden müssen. Das Ziel sollte dabei sein, möglichst universelle Regelungen zu schaffen und Sozialversicherungssysteme so zu gestalten, dass alle Beschäftigungsformen – sowohl abhängige Beschäftigung als auch Selbstständigkeit – nach den gleichen Prinzipien behandelt werden.

Literatur

Arbeitnehmerkammer Bremen/Deutscher Gewerkschaftsbund/Arbeitskammer des Saarlandes (Hg.) (2023), *Alterssicherung in Deutschland, Herausforderungen und Erwartungen*, letzter Zugriff: 27.03.2024, www.arbeitskammer.de/fileadmin/user_upload/AK_Download_Datenbank/Aktuelles/Pressedienste/PM_Rente_17_2_2023/230215_Bericht.pdf

Betzelt, Sigrid/Schnell, Christiane (2003), »Die Integration ›neuer‹ Selbstständiger in die Alterssicherung: Modelle, Erfahrungen und Probleme in Deutschland und vier europäischen Nachbarstaaten«, in: *Zeitschrift für Sozialreform*, Jg. 49, H. 2, S. 249–271.

Bonin, Holger/Krause-Pilatus, Annabelle/Rinne, Ulf/Koch, Niklas/Nenzel, Charlotte (2022), *Selbstständige Erwerbstätigkeit in Deutschland*, BMAS Forschungsbericht 601, letzter Zugriff: 27.03.2024, https://www.bmas.de/SharedDocs/Downloads/DE/Publikationen/Forschungsberichte/fb-601-selbststaendige-erwerbstaetigkeit-in-deutschland.pdf?__blob=publicationFile&v=3

Brenke, Karl/Beznoska, Martin (2016), *Solo-Selbstständige in Deutschland. Strukturen und Erwerbsverläufe*, BMAS Forschungsbericht 465.

Bundesregierung (2021), *Koalitionsvertrag zwischen SPD, Bündnis 90/Die Grünen und FDP 2021, 20. Legislaturperiode*, letzter Zugriff: 27.03.2024, https://www.bundesregierung.de/breg-de/service/gesetzesvorhaben/koalitionsvertrag-2021-1990800

Conen, Wieteke/Schippers, Joop/Schulze Buschoff, Karin (2016), *Self-employed without personnel: between freedom and insecurity*, Wirtschafts- und Sozialwissenschaftliches Institut der Hans-Böckler-Stiftung: WSI Study Nr. 5, Düsseldorf.

David, Alexandra/Dienes, Christian/García Schmidt, Amando/Kay, Rosemarie/Rosenberger, Theresa/Sajons, Christoph/Sänger, Ralf/Schäfer, Susanne/Terstriep, Judith (2022), »Unternehmerisches Handeln und staatliche Unterstützungsmaßnahmen in der COVID-19-Pandemie«, in: *ReCOVery Policy Brief*, März 2022, Bertelsmann Stiftung, letzter Zugriff: 27.03.2024, https://www.bertelsmann-stiftung.de/fileadmin/files/BSt/Publikationen/GrauePublikationen/NW_ReCOVery.pdf

Destatis (2022), »Qualität der Arbeit, Solo-Selbstständige«, letzter Zugriff: 27.03.2024, https://www.destatis.de/DE/Themen/Arbeit/Arbeitsmarkt/Qualitaet-Arbeit/Dimension-4/solo-selbstaendige.html

Eurofound (2017), *Exploring self-employment in the European Union*, Publications Office of the European Union, Luxemburg.

Fachinger, Uwe/Frankus, Anna (2011), *Sozialpolitische Probleme der Eingliederung von Selbstständigen in die gesetzliche Rentenversicherung*, WISO Diskurs, Bonn, Abteilung Wirtschafts- und Sozialpolitik der Friedrich-Ebert-Stiftung.

Fachinger, Uwe/Oelschläger, Angelika (2000), »Selbstständige und ihre Altersvorsorge: Sozialpolitischer Handlungsbedarf?«, in: Dieter Bögenhold (Hg.), *Kleine und mittlere Unternehmen im Strukturwandel – Arbeitsmarkt und Strukturpolitik*, Frankfurt am Main, S. 145–172.

Grabka, Markus (2021), »Einkommensungleichheit stagniert langfristig, sinkt aber während der Corona-Pandemie leicht«, in: *DIW Wochenbericht* 18/2021, letzter Zugriff: 27.03.2024, https://www.diw.de/documents/publikationen/73/diw_01.c.817473.de/21-18-1.pdf

Hanschke, Kevin/Strauß, Simon (2021), »Sie sterben still«, in: *FAZ* vom 05.03.2021, letzter Zugriff: 27.03.2024, https://www.faz.net/aktuell/feuilleton/debatten/in-der-kant-strasse-in-berlin-zeigt-sich-das-versagen-der-wirtschaftspolitik-17218132.html

Kritikos, Alexander/Graeber, Daniel/Seebauer, Johannes (2021), *Corona-Pandemie drängt Selbstständige vermehrt zur Geschäftsaufgabe – Frauen stärker betroffen*, DIW aktuell 69, letzter Zugriff: 27.03.2024, https://www.diw.de/documents/publikationen/73/diw_01.c.821534.de/diw_aktuell_69.pdf

Kritikos, Alexander S./Graeber, Daniel/Seebauer Johannes (2020), *Corona-Pandemie wird zur Krise für Selbstständige*, DIW aktuell 47, letzter Zugriff: 27.03.2024, https://www.diw.de/documents/publikatinen/73/diw_01.c.791679.de/diw_aktuell_47.pdf

Schoukens, Paul/Weber, Enzo (2020), *Unemployment insurance for the self-employed: a way forward post-corona*, IAB-Discussion Paper Nr. 32, letzter Zugriff: 27.03.2024, http://doku.iab.de/discussionpapers/2020/dp3220.pdf

Schulze Buschoff, Karin (2023), »Vom Umgang mit Regulierungslücken – Solo-Selbstständigkeit und Tarifautonomie«, in: *WSI-Mitteilungen*, Jg. 76, H. 3, S. 202–210.

Schulze Buschoff, Karin (2018), *Selbstständigkeit und hybride Erwerbsformen. Sozialpolitische Gestaltungsoptionen*, Wirtschafts- und Sozialwissenschaftliches Institut der Hans-Böckler-Stiftung: WSI Policy Brief Nr. 21, Düsseldorf.

Schulze Buschoff, Karin (2016), *Solo-Selbstständigkeit in Deutschland. Aktuelle Reformoptionen*, Wirtschafts- und Sozialwissenschaftliches Institut der Hans-Böckler-Stiftung: WSI Policy Brief Nr. 4, Düsseldorf.

Schulze Buschoff, Karin (2007), *Neue Selbstständige im europäischen Vergleich – Struktur, Dynamik und soziale Sicherheit*, Edition der Hans-Böckler-Stiftung, Band 201, Düsseldorf.

Schulze Buschoff, Karin/Emmler, Helge (2021), *Selbstständige in der Corona-Krise*, Wirtschafts- und Sozialwissenschaftliches Institut der Hans-Böckler-Stiftung: WSI Policy Brief Nr. 60, Düsseldorf.

Schulze Buschoff, Karin/Graf, Sebastian/Mauß, Alexander (2023), *Selbstständigkeit in der Krise. Vom Umgang der Selbstständigen mit den Folgen der Corona-Pandemie. Einzelinterviews mit Selbstständigen aus den Branchen Tourismus, Beauty-, Kosmetik- und Friseurgewerbe und Gastgewerbe*, Wirtschafts- und Sozialwissenschaftliches Institut der Hans-Böckler-Stiftung: WSI-Working Paper Nr. 34, Düsseldorf.

Seebauer, Johannes/Kritikos, Alexander S./Graeber, Daniel (2021), »Warum vor allem weibliche Selbstständige Verliererinnen der Covid-19-Krise sind«, in: *DIW Wochenbericht* 15/2021, S. 261–269.

Ausbildung während der Corona-Pandemie – Betriebliche Qualifizierungsstrategien, staatliche Unterstützungsangebote und die Rolle der Mitbestimmung

Wolfram Brehmer, Magdalena Polloczek

1. Einleitung

Die Bedenken hinsichtlich der Zukunftsfähigkeit der beruflichen Bildung in Deutschland sind nicht neu, aber die Corona-Pandemie hat sie verstärkt. Bereits vorher waren Passungsprobleme auf dem Ausbildungsmarkt erkennbar: Ausbildungsinteressierte blieben oft unversorgt, während Betriebe offene Ausbildungsplätze meldeten (BMBF 2023). Diese Herausforderung wird durch weitere Faktoren wie den demografischen Wandel, die (auch durch die Pandemie) beschleunigte Digitalisierung und die Auswirkungen der sozialökologischen Transformation verschärft. Unstrittig ist dabei, dass ausgebildete Fachkräfte dringlicher denn je benötigt werden (Fuchs u.a. 2021; Zinke 2019; Pabst u.a. 2024; Baumhauer/Meyer 2023), womit die Relevanz der beruflichen Erstausbildung für die Fachkräftesicherung in Deutschland weiterhin hoch bleibt.

Die Corona-Pandemie und ihre Auswirkungen auf betriebliche Abläufe haben den Ausbildungsmarkt auf seine Zukunftsfähigkeit und Krisenfestigkeit getestet. Bundesarbeitsarbeitsminister Hubertus Heil betonte mit Blick auf ausbildungsinteressierte Personen: »Wir können uns keinen Corona-Jahrgang leisten« (Heil 2021). Sein Ministerium entwickelte daher das staatliche Unterstützungspaket »Ausbildungsplätze sichern«, um Betrieben Sicherheiten für die Planung ihrer Ausbildungsplätze und die Umsetzung ihres Ausbildungsangebots zu bieten (Bundesagentur für Arbeit 2022). Betriebe standen vor vielfältigen Herausforderungen, darunter instabile Auftragslagen und finanzielle Engpässe, was die Planung ihrer zukünftigen Personalbedarfe erschwerte, einschließlich jener der betrieblichen Ausbildung. Zusätzlich beeinflussten Veränderungen in der Arbeitsorganisation, wie das vermehrte Arbeiten im Homeoffice (siehe dazu auch die Beiträge von Ahlers und Emmler in diesem Band), die betriebliche Ausbildung. Die sich aus den Kontaktbeschränkungen ergebende Notwendigkeit, Ausbildungsinhalte digital zu vermitteln, waren mit neuen Anforderungen an das Ausbildungspersonal, die eingesetzten Ressourcen und Unsicherheiten bezüglich des zukünftigen Ausbildungsgeschehens verbunden (Biebeler/Schreiber 2020; Ebbinghaus 2021).

Der vorliegende Beitrag bilanziert das Ausbildungsgeschehen während der Corona-Pandemie und legt dabei den Fokus auf betriebliche Ausbildungsstrategien.[1] Anhand der WSI-Betriebs- und Personalrätebefragung 2021 (siehe dazu auch den Beitrag von Brehmer und Emmler in diesem Band) wird dargestellt, wie sich Betriebe und ihre Interessenvertretungen in Bezug auf ihr Ausbildungsengagement verhielten. Die zentralen Fragen lauten: Welche Betriebe reduzierten ihre Ausbildungsaktivitäten, welche erhielten sie aufrecht? Welche Rolle nahmen Betriebs- und Personalräte bei Entscheidungen über die betrieblichen Ausbildungsstrategien während der Corona-Pandemie ein und wie bewerteten sie diese? Bezüglich des staatlichen Förderprogramms »Ausbildungsplätze sichern« interessiert uns: Welche Betriebe erhielten eine Förderung? Trug dieses Programm tatsächlich dazu bei, die betrieblichen Ausbildungsaktivitäten zu fördern bzw. zu stabilisieren? Und in welchem Umfang gab es Mitnahmeeffekte?

Der Text gliedert sich wie folgt: Abschnitt 2 erörtert theoretisch-konzeptionelle Überlegungen zu betrieblichen Ausbildungsstrategien in Krisenzeiten. Einen Überblick über die Entwicklungen auf dem Ausbildungsmarkt während der Corona-Pandemie gibt Abschnitt 3. Abschnitt 4 beschreibt die Mitbestimmungsmöglichkeiten von Betriebs- und Personalräten im Rahmen der betrieblichen Ausbildung. Nachfolgend präsentiert Abschnitt 5 die für die Analyse verwendeten Daten. Die Untersuchungsbefunde zu den betrieblichen Ausbildungsaktivitäten während der Corona-Pandemie stellt Abschnitt 6 vor. Ob Betriebe sich um eine Unterstützung durch das Bundesprogramm »Ausbildungsplätze sichern« bemüht haben, inwieweit Betriebs- und Personalräte in die Entscheidung einbezogen waren und wie sie die Effekte des Programms bewerteten, erläutert Abschnitt 7. Die Schlussfolgerungen aus den Befunden präsentiert Abschnitt 8.

2. Theoretisch-konzeptionelle Überlegungen zu betrieblichen Ausbildungsstrategien in Krisenzeiten

Es ist kaum zu leugnen, dass das deutsche Berufsbildungssystem seit mehreren Jahrzehnten großen Herausforderungen gegenübersteht und häufig selbst als

1 Dieser Beitrag ist eine überarbeitete Fassung des WSI Reports »Betriebliche Ausbildungsstrategien in Zeiten von Corona. Ergebnisse aus der WSI-Betriebs- und Personalrätebefragung 2021«, siehe Brehmer/Polloczek (2024).

krisenhaft beschrieben wird (Solga 2009; Bellmann/Fitzenberger 2021). Im Fokus der folgenden Überlegungen stehen jedoch die mit der Corona-Pandemie verbundenen Kontaktbeschränkungen, die damit einhergehenden Unsicherheiten für die Geschäftstätigkeit und den Gesundheitsschutz der Beschäftigten, die daraus resultierenden wirtschaftlichen Folgen und die Frage, wie Betriebe angesichts dieser kurzfristig geänderten Rahmenbedingungen auf dem Arbeits- und Ausbildungsmarkt reagierten.

Die Motivation der Betriebe, sich an der beruflichen Ausbildung zu beteiligen, lässt sich ökonomisch aus den Ausbildungskosten und den zu erwartenden Erträgen von Auszubildenden ableiten. Ausbildungsstrategien sind dabei Entscheidungen unter Unsicherheit. Tatsächlich eintretende Kosten und Erträge weichen mitunter von ursprünglichen Erwartungen ab – nicht nur, weil sie in der Zukunft liegen, sondern auch, da sie von vielen betriebsinternen und externen Faktoren beeinflusst werden, die sich im Zeitverlauf ändern. Dazu zählen zum Beispiel das Marktumfeld, staatliche Vorschriften und politische wie auch technologische Entwicklungen oder eben Krisenlagen wie die der Corona-Pandemie. Aufgrund solcher und weiterer Einflüsse gibt es keine einheitliche Herangehensweise in der Ausbildungsstrategie, die für alle Betriebe gleichermaßen gilt. Dennoch helfen verschiedene Theorien, die Motivlage der Betriebe für oder wider Ausbildung besser zu verstehen.

Im Folgenden beziehen wir uns auf drei theoretische Argumente zu Ausbildungsmotiven und reflektieren diese in ihrer Erklärungskraft für Anpassungen der Ausbildungsbeteiligung im Rahmen der Corona-Pandemie.

Erstens kann die Einstellung von Auszubildenden als Personalstrategie und Zukunftsinvestition gelten, wenn Betriebe Fachkräfte für ihren eigenen Betrieb ausbilden (Merrilees 1980; Muehlemann u.a. 2010; Pfeifer 2016). Die Investition in Auszubildende lohnt sich unter dieser Perspektive vor allem nach beendeter Ausbildung, da externe Rekrutierungsbemühungen für Fachkräfte entfallen oder die Ausbildungsphase als verlängerte Probezeit (*screening*) aufgefasst wird, die es ermöglicht, aus der Gruppe der Ausgebildeten eine Bestenauslese für den betriebseigenen Fachkräftepool vorzunehmen (Muehlemann u.a. 2010; Stevens 1994). In einer Situation wie der Corona-Pandemie, die stark geprägt ist von Unsicherheiten, stellen längerfristige Zukunftsinvestitionen jedoch auch eine große Herausforderung dar. Es besteht Ungewissheit darüber, wie sich der Personalbedarf während oder nach der Pandemie gestaltet. Diesem Argument zufolge ist eine Ausbildungsbeteiligung als Zukunftsinvestition somit als unsicher einzuschätzen und ein (kurzfristiger) Rückzug aus der Ausbildung ist eine mögliche Strategie, vor allem deshalb, weil der längerfristige Nutzen der Ausbildung für den ausbildenden Betrieb noch nicht absehbar ist (Dummert/Umkehrer 2022; Schönfeld u.a. 2020).

Zweitens sieht ein gegenläufiges Argument in Auszubildenden einen unmittelbaren Produktivitätsfaktor (Lindley 1975), und zwar dann, wenn sie kostengünstige Arbeitskräfte sind, deren Erträge bereits während der Ausbildung die Ausbildungskosten übersteigen (Schönfeld u.a. 2020). In Anlehnung an dieses Ausbildungsmotiv ist die Situation veränderter wirtschaftlicher Rahmenbedingungen für Betriebe ein Anlass, zu überlegen, ihre Kapazitäten an Ausbildungsplätzen kurzfristig zu erhöhen. Diese Strategie ist ökonomisch dann sinnvoll, wenn sich die Ausbildungskosten weiterhin gleich verhalten und Auszubildende gegenüber anderen (gering qualifizierten) Arbeitskräften nun eine kostengünstigere Alternative darstellen.

Neben ökonomischen Faktoren argumentieren andere Studien, drittens, dass die Ausbildungsmotivation von Betrieben auch durch die institutionellen Rahmenbedingungen von Bildung und Arbeitsmarkt geprägt ist (Busemeyer/Trampusch 2012; Streeck 2011) und sich dadurch eine gängige Betriebspraxis oder Tradition ergeben könne, weil die Betriebe als Kooperationspartner fest in die Strukturen der Berufsbildung eingebettet sind. Die gegebenen rechtlichen Rahmenbedingungen definieren die Rolle, Aufgabe und Verantwortung von Betrieben für berufliches Lernen eindeutig, was zu einer stärkeren Verbindlichkeit führen kann (Dustmann/Schönberg 2007). Der Großteil der Ausbildungsberufe wird im dualen System und damit in der Lernortkooperation Schule – Betrieb unterrichtet. An ihrer Gestaltung wirken Sozialpartner gleichberechtigt neben staatlichen Akteuren mit. Dieses tripartistische System der Berufsbildung gilt als stabiler und als ein auf lange Sicht angelegter kooperativer Gestaltungsmechanismus, der zu einem international vergleichsweise hohen Grad an Standardisierung und Spezialisierung beruflicher Kompetenzen führt. In dieser Form bringt das institutionelle Gerüst auch Sicherheiten für Betriebe mit sich, nämlich dass sich ihre Investitionen auch langfristig auszahlen werden, wenn sie berufsfachlich spezialisiertes Wissen und Kompetenzen, auf welches sie angewiesen sind, ausbilden und einsetzen können (Bol/van de Werfhorst 2016; Guellali 2017; Weiß 2022). In Bezug auf die Herausforderungen der Corona-Pandemie würde dieser Verweis auf die Bedeutung gängiger Betriebspraxis bedeuten, dass Betriebe auch in Zeiten von Unsicherheiten weiterhin an ihrem Ausbildungsengagement festhalten.

3. Die Entwicklung des Ausbildungsgeschehens vor und während der Corona-Pandemie

Die Anzahl der abgeschlossenen Ausbildungsverträge ist den Daten des Bundesinstituts für Berufsbildung (BIBB) zufolge seit 2007 kontinuierlich zurückgegangen – wobei deutliche Einbrüche während der Finanzkrise 2008/2009 und während der Corona-Pandemie zu verzeichnen waren (siehe Abbildung 1). Im Jahr 2007 wurden noch 625.885 Ausbildungsverträge abgeschlossen (BIBB 2012: 6), während es im Jahr 2023 nur noch 489.200 waren (BIBB 2023). Die oben angeführten Unsicherheiten führten zu Anpassungen in den betrieblichen Planungen, was sich auf das Ausbildungsstellenangebot und letztlich auch auf die Anzahl der abgeschlossenen Verträge ausgewirkt hat. Obwohl viele der bereits in den ersten Jahren der Pandemie begonnenen dualen Ausbildungen beendet wurden (Leber u.a. 2023), revidierte, also verknappte, knapp ein Fünftel der Betriebe bereits wenige Monate nach Pandemie-Beginn das ursprünglich für die Zukunft geplante Ausbildungsprogramm, sodass es zu einem tiefen Einschnitt kam (Ebbinghaus 2021). Obwohl sich die Anzahl an neuen Ausbildungsverträgen in den Jahren 2021 und 2022 wieder leicht erhöht hat, ist das Vor-Corona-Niveau von 2019 bisher noch lange nicht wieder erreicht (-6,8 Prozent) (Oeynhausen u.a. 2023).

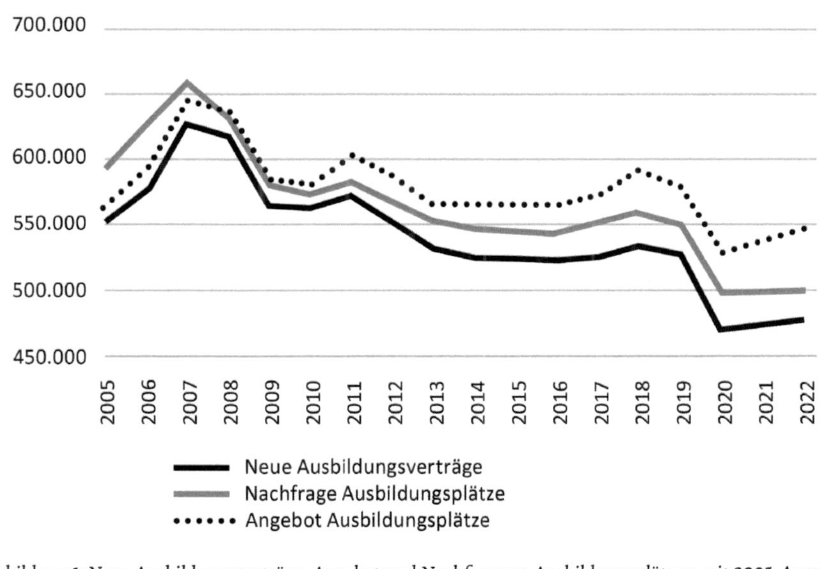

Abbildung 1: Neue Ausbildungsverträge, Angebot und Nachfrage an Ausbildungsplätzen seit 2005; Angaben der Betriebe in absoluten Zahlen
Quelle: Fitzenberger u.a. 2023

Der erfolgreiche Abschluss von Ausbildungsverträgen spiegelt wider, ob in einer Region ausreichend Ausbildungsinteressierte vorhanden und Stellenangebote für Ausbildungsplätze verfügbar sind. Das Monitoring dieser Kennwerte verdeutlicht, dass sowohl Angebot als auch Nachfrage deutlich über der Anzahl der abgeschlossenen Verträge liegen. Allerdings ist es schwierig – und wird künftig vermutlich noch schwieriger – das Angebot der Betriebe und die Nachfrage seitens der Jugendlichen zusammenzuführen. Diese Passungsprobleme auf dem Ausbildungsmarkt haben sich während der Pandemie nochmal deutlich verschärft (Fitzenberger u.a. 2023).

Insbesondere zu Beginn der Pandemie nahmen Ausbildungsstellenangebote in kaufmännischen Berufen sowie im Hotellerie- und Gastgewerbe deutlich ab (BIBB 2020; 2023). Diese Branchen waren besonders stark von den Kontakt- und Reisebeschränkungen sowie den veränderten Konsum- und Dienstleistungsnachfragen betroffen. Absagen bereits zugesagter Ausbildungsstellen oder Kündigungen bestehender Ausbildungsverhältnisse wurden unter anderem auch mit Stellenreduzierungen bei Beschäftigten und Auszubildenden angesichts der Pandemie begründet (Christ u.a. 2023).

Die Unsicherheiten im Zusammenhang mit den wirtschaftlichen Folgen der Pandemie und dem zukünftigen Fachkräftebedarf spiegeln sich auch im Übernahmeverhalten nach Abschluss der Ausbildung wider. Im ersten Jahr der Corona-Pandemie ging die Übernahmequote von Auszubildenden deutlich zurück (Bennewitz u.a. 2022). Die Rückgänge unterscheiden sich deutlich nach Branchen und betrafen insbesondere solche Betriebe, die sich von der Krise wirtschaftlich stark betroffenen sahen (Dummert/Umkehrer 2022), wie beispielsweise der Handel und das Beherbergungs- und Gastronomiegewerbe (Bennewitz u.a. 2022). Der Rückgang der Ausbildungsverträge wurde in den letzten Jahren begleitet von einer sinkenden Beteiligung von Betrieben an der dualen Ausbildung. Während sich die Gesamtzahl der Betriebe in Deutschland erhöht, engagieren sich jedoch immer weniger Betriebe an der beruflichen Ausbildung von Jugendlichen im eigenen Betrieb; aktuell bildet nur noch jeder fünfte Betrieb aus (Ausbildungsbetriebsquote im Jahr 2021: 19,1 Prozent). Im Vergleich zum Vorjahr zeigt sich ein leichter Rückgang (19,4 Prozent), der zudem einer längerfristigen Entwicklung folgt (2007: 24,1 Prozent). Zu beobachten ist, dass sich insbesondere kleine, aber auch mittlere Betriebe aus der dualen Ausbildung zurückziehen (BIBB 2023: 195). Betrachtet man die Wirtschaftsbereiche, in welchen der Rückgang stattfindet, so sind es insbesondere Betriebe im Beherbergungs- und Gaststättengewerbe, das Metall- und Elektrogewerbe wie auch sonstige personenbezogene Dienstleistungen, die sich mittlerweile seltener an der Ausbildung beteiligen (ebd.: 198).

Diese veränderten Ausbildungsstrategien über die letzten Jahre und vor allem während der Corona-Pandemie haben langfristige Auswirkungen auf den Arbeitsmarkt (und seine Segmente), beispielsweise wenn Ausbildungsbetriebe ihre Aktivitäten verringern oder darauf verzichten, Jugendliche nach Abschluss ihrer Ausbildung zu übernehmen. Der eingetretene (kurzfristige) Rückzug von Betrieben aus dem Ausbildungsgeschehen während der Pandemie kann in Anknüpfung an die in Abschnitt 2 dargestellten Motive deshalb überwiegend als Ausdruck des investitionsorientierten Motivs gesehen werden. Gleichwohl birgt eine solche, zunächst rational gefällte Entscheidung Risiken, allemal, wenn im wirtschaftlichen Aufschwung wieder vermehrt Fachkräfte benötigt werden und die versäumten Investitionen nur schwer auszugleichen sind (Dummert/Umkehrer 2022).

4. Mitbestimmung von Betriebs- und Personalräten bei Ausbildungsaktivitäten

Die Berufsausbildung ist in Deutschland rechtlich umfangreich geregelt. Im Wesentlichen bildet das Berufsbildungsgesetz (BBIG) die gesetzliche Grundlage zur Ausgestaltung des Ausbildungsverhältnisses zwischen Auszubildenden und Betrieb. Die Ausbildungsordnungen definieren bundesweit einheitlich den Ausbildungsberuf. Sie setzen fest, welche Kenntnisse zur Ausübung des Berufs von Bedeutung sind, welche Fähigkeiten und Inhalte erlernt werden und wie der Ablauf der Berufsausbildung strukturiert ist. Die Bestandteile der dualen Ausbildung, welche im Bereich des Betriebs absolviert werden, sind zudem Gegenstand betrieblicher Mitbestimmung. Ausbildungsbestandteile der Berufsschule unterliegen jedoch nicht der Mitbestimmung.

Der Gesetzgeber spricht Betriebs- und Personalräten das Recht zu, sich in Fragen zukünftigen Personalbedarfs sowie in Angelegenheiten von Berufsbildung und damit verbundenen Übernahmen nach der Ausbildung einzubringen. Die betreffenden Rechte für Betriebsräte in der gewerblichen Wirtschaft sind im Betriebsverfassungsgesetz (BetrVG) beschrieben, für Personalräte im Öffentlichen Dienst im jeweils gültigen Personalvertretungsrecht von Bund (BPersVG) und Ländern.[2]

Betriebs- und Personalräte nehmen aufgrund ihrer allgemeinen Aufgaben[3] (ebenso wie Jugend- und Auszubildendenvertretungen (JAV))[4] in der dualen Ausbildung eine Überwachungsfunktion ein. Sie achten darauf, dass die Ausbildung ordnungsgemäß und planmäßig durchgeführt wird. Dieser rechtliche Anspruch bietet Unterstützung für Auszubildende dahingehend an, dass relevante Gesetze,

2 Dabei beziehen sich die Regelungen für die Ausbildung in Dienststellen ausschließlich auf das Tarifsegment, nicht auf Anwärter für die Beamtenlaufbahn.

3 Siehe dazu § 80 BetrVG und § 62 BPersVG sowie die äquivalenten Vorschriften aus dem Personalvertretungsrecht der Länder.

4 Siehe § 70 Abs. 1 BetrVG, § 103 BPersVG.

Verordnungen, Tarifverträge oder Betriebsvereinbarungen eingehalten werden und der Betrieb bzw. die Dienststelle den Vorgaben und den Anforderungen der dualen Ausbildung nachkommt. Die Möglichkeit, über den standardmäßigen Ausbildungsverlauf zu wachen, fördert zudem die Chancen für eine qualitativ hochwertige Ausbildungssituation (Berger u.a. 2019). Werden die Anforderungen nicht erfüllt, haben Betriebs- und Personalräte die Möglichkeit, zu intervenieren.

Auch haben Betriebs- und Personalräte bei der Durchführung der dualen Ausbildung vor Ort umfangreiche Mitbestimmungsrechte.[5] Sie sind involviert in mitbestimmungspflichtige Maßnahmen, die den Gesamtverlauf der dualen Ausbildung betreffen, wie beispielsweise die Planung, Einführung und Umsetzung von Ausbildungsverläufen in räumlicher oder zeitlicher Struktur. Dieser Mitbestimmungsbereich unterstützt Auszubildende darin, ihre Ausbildungsinhalte in der vorgegebenen Zeit erlernen zu können und somit ihre Ausbildungsziele im dafür vorgesehenen Zeitrahmen zu erreichen.

Bei der Einstellung oder Versetzung von Auszubildenden gelten für Betriebs- und Personalräte – ähnlich wie bei Arbeitsverhältnissen – Beteiligungsrechte. Darüber hinaus sichert das Betriebsverfassungsgesetz Betriebsräten ein Mitbestimmungsrecht in Bezug auf das ausbildende Personal zu: Wenn die Person »die persönliche oder fachliche, insbesondere die berufs- und arbeitspädagogische Eignung im Sinne des Berufsbildungsgesetzes nicht besitzt oder ihre Aufgaben vernachlässigt«, kann der Betriebsrat widersprechen oder ihre Abberufung verlangen.[6] Ihm kommt zudem die Aufgabe zu, sich für die Übernahme von Auszubildenden in ein Arbeitsverhältnis einzusetzen.[7] Betriebsräte stehen mit den betrieblichen Verantwortlichen im Austausch über den Berufsbildungsbedarf im Betrieb, wobei sie ein Initiativrecht zur Erhebung des Bedarfs haben und über ein Vorschlagsrecht Ideen einbringen können.[8] Bei Nichteinigung der Betriebsparteien kann der Konflikt von der Einigungsstelle gelöst werden.[9]

Die Interessenvertretungen sind somit als Akteure in Fragen der beruflichen Ausbildung am Lernort Betrieb tief involviert. Neben den geltenden beruflich-standardisierenden Regularien der Ausbildung spricht der Gesetzgeber den Mitbestimmungsakteuren relevante Informations- und Beteiligungsrechte zu. Betriebs- und Personalräte haben zudem über ihre Vorschlags- und Initiativrechte die Möglichkeit, diesen Spielraum zur Weiterentwicklung der Berufsbildungssituation im Betrieb zu nutzen.

5 Siehe § 98 Abs. 1 BetrVG und § 80 Abs. 9 BPersVG sowie die äquivalenten Vorschriften der Länder.
6 Siehe § 98 Abs. 2 BetrVG.
7 Siehe § 70 Abs. 1 BetrVG.
8 Siehe § 96 Abs. 1 BetrVG.
9 Siehe § 96 Abs. 2 BetrVG.

5. Daten: WSI-Betriebs- und Personalrätebefragung 2021

Die Ergebnisse der folgenden Analysen basieren auf der WSI-Betriebs- und Personalrätebefragung 2021 (siehe dazu auch den Beitrag von Brehmer und Emmler in diesem Band). Es handelt sich hierbei um ein seit 2015 laufendes Befragungspanel, das neben Themen der betrieblichen Mitbestimmung auch die allgemeine Situation der Betriebe und weitere Fragen zum Betriebsgeschehen behandelt. In der fünften Welle der Erhebung im Jahr 2021 wurde insbesondere der Umgang mit der Corona-Pandemie sowie deren Folgen beleuchtet.

Die Stichprobenziehung erfolgte im Jahr 2015 durch eine disproportionale Zufallsziehung aus der Betriebsdatei der Bundesagentur für Arbeit (BA). Im Jahr 2021 fand eine Nachziehung statt, um Panelmortalität auszugleichen (wieder BA-Betriebsdatei). Betriebe und Dienststellen ab 20 sozialversicherungspflichtigen Beschäftigten bilden die Grundgesamtheit. Die Befragung umfasst alle Branchen. Die hier dargestellten Ergebnisse sind gewichtet, um die disproportionale Besetzung der Stichprobenzellen gegenüber der Grundgesamtheit auszugleichen.

Der Befragungszeitraum war vom 26. Mai bis 14. Dezember 2021. In dieser Zeitspanne nahm die Corona-Impfkampagne für die breite Bevölkerung sowie Kinder und Jugendliche an Fahrt auf. Es galten jedoch weiterhin Schutzmaßnahmen zur Eindämmung der Pandemie. Die Datenerhebung erfolgte durch telefonische Interviews (CATI) von Betriebs- und Personalräten und wurde vom Umfragezentrum Bonn (uzbonn) durchgeführt. Insgesamt wurden 3.887 Gremien befragt, welche sich auf 2.924 Betriebsräte und 963 Personalräte verteilen.

Die in der Befragung vertretenen Betriebsgrößen führen dazu, dass eine nachlassende betriebliche Ausbildungsbeteiligung anhand der im Folgenden dargestellten Ergebnisse eher unterschätzt wird. Denn in Deutschland beteiligen sich Betriebe in unterschiedlicher Weise an der dualen Ausbildung, je nach Betriebsgrößenklasse. Seit einigen Jahren ist ein Rückgang an Ausbildungsbetrieben, insbesondere bei sehr kleinen Betrieben (bis zu neun Beschäftigten), festzustellen (BMBF 2023), welche in diesem Sample nicht vertreten sind.

6. Betriebliche Ausbildung während der Corona-Pandemie

6.1 Ausbildungsbetriebe

Unter den befragten Betrieben beteiligt sich eine große Mehrheit an der dualen Ausbildung. Rund 83 Prozent der Betriebs- und Personalräte geben an, dass ihr Betrieb aktuell oder üblicherweise ausbildet (ohne Abbildung). Die hohen Ausbildungsaktivitäten in mitbestimmten Betrieben führen Kriechel u.a. (2014) unter anderem darauf zurück, dass Betriebs- und Personalräte über ihre Funktion qualitätssichernde oder arbeitsplatzsichernde Möglichkeiten wahrnehmen können (siehe Abschnitt 3) und sich dies positiv auf betriebliche Bildungsinvestitionen auswirkt. Abgesehen davon charakterisieren sich mitbestimmte Ausbildungsbetriebe – ähnlich wie die Gesamtheit aller ausbildenden Betriebe in Deutschland (BMBF 2023) – anhand bestimmter Merkmale.

Die Ausbildungsbeteiligung unter den befragten Betrieben steigt mit der Größe des Betriebs an und ist bei Betrieben mit mehr als 500 Beschäftigten am höchsten. Auch zeigen sich Unterschiede bei ausbildungsaktiven Betrieben je nach Zusammensetzung der Belegschaft. Betriebe mit überdurchschnittlich vielen hoch qualifizierten Beschäftigten bilden seltener aus, ebenso aber auch Betriebe mit überdurchschnittlich vielen Geringqualifizierten in der Belegschaft. Betriebe mit einem sehr hohen Frauenanteil unter den Beschäftigten bilden gleichfalls seltener aus. Zudem sind Ausbildungsbetriebe altersmäßig divers aufgestellt, mit einem relevanten Anteil an jungen Beschäftigten (unter 30 Jahren) (ohne Abbildung).

Nach Branchen betrachtet, ergeben sich ebenfalls Unterschiede: Hohe Ausbildungsaktivitäten sind im Produzierenden Gewerbe, im Bereich der Öffentlichen Dienstleistungen, Gesundheit und Erziehung sowie im Handel, Verkehr und Gastgewerbe zu beobachten. Noch dazu macht es einen Unterschied, ob der Betrieb an einen Branchentarif gebunden ist, Teil eines Unternehmens ist und sich der Standort der Unternehmenszentrale in Deutschland befindet. Trifft dies zu, bilden Betriebe auch häufiger aus. Insgesamt sind Ost-West-Differenzen vorhanden. In Westdeutschland gibt es mehr ausbildungsaktive Betriebe als in Ostdeutschland. Dies deckt sich mit anderen Befunden, die allerdings zugleich feststellen, dass sich der Anteil der in Ostdeutschland ausbildungsaktiven Betriebe immer weiter an das westdeutsche Niveau annähert (Bennewitz u.a. 2022).

Die Verfügbarkeit von Arbeitskräften auf dem Arbeitsmarkt macht sich auch in betrieblichen Ausbildungsstrategien bemerkbar. Betriebe, die innerhalb des letzten Jahres (ausgehend vom Befragungszeitpunkt 2021) Besetzungsschwierigkeiten erlebten, beteiligen sich auch häufiger am Ausbildungsgeschehen. Auf diesen Zusammenhang zwischen Stellenbesetzungsproblemen und betrieblicher Ausbildungsbeteiligung wird im Folgenden noch einzugehen sein.

6.2 Reduktion des Ausbildungsangebots

Die überwiegende Mehrheit der Ausbildungsbetriebe hielt auch im Kontext der Corona-Pandemie an ihren Ausbildungsaktivitäten fest (Abbildung 2). Rund 82

Prozent der Ausbildungsbetriebe gaben an, im Jahr 2020 nicht weniger Auszubildende eingestellt zu haben als üblicherweise. Diejenigen Betriebe, die ihren Ausbildungsumfang reduzierten, taten dies häufiger wegen fehlender Bewerber*innen (10 Prozent) als aus eigenem Entschluss (7 Prozent) (Mehrfachnennungen).

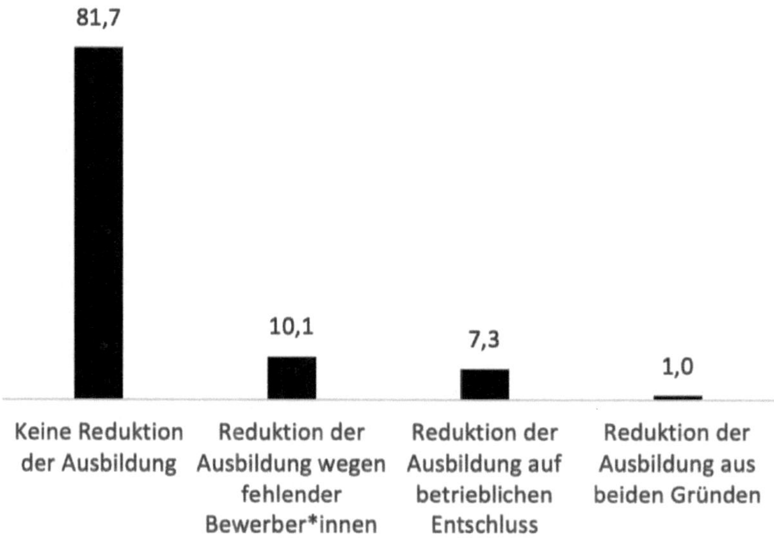

Abbildung 2: Reduktion der Ausbildungsaktivitäten während der Corona-Pandemie; Angaben in Prozent und gewichtet
Anmerkung: Nur Ausbildungsbetriebe; N = 3.198
Quelle: WSI-Betriebs- und Personalrätebefragung 2021, eigene Berechnung

Wie oben geschildert, sind Besetzungsschwierigkeiten auch unter Ausbildungsbetrieben ein großes Problem. Knapp 38 Prozent derjenigen Betriebe, deren Ausbildungsstellen in den Vorjahren nicht besetzt werden konnten, haben im Jahr 2020 weniger Ausbildungsplätze angeboten als bisher. Diese Befunde verdeutlichen, dass sich während der Pandemie insbesondere die Passungsprobleme auf dem Ausbildungsmarkt verschärften. Hinweise darauf liefert auch unter anderem die Nichtbesetzungsquote bei angebotenen Ausbildungsplätzen, welche innerhalb der letzten Jahre kontinuierlich anstieg und sich damit als betriebliche Problematik weiterhin zuspitzte (Bennewitz u.a. 2022; Fitzenberger u.a. 2022).

Welche Betriebe reduzierten nun häufiger ihr Ausbildungsangebot? Hier lassen sich Einflussfaktoren identifizieren, die vor allem der jeweiligen unmittelbaren Betroffenheit durch die mit der Corona-Pandemie verbundenen Unsicherheiten und Belastungen geschuldet sind (siehe auch Brehmer/Polloczek 2024 für eine weiterführende Ergebnisdarstellung). Das heißt: Diejenigen Betriebe, die mit pandemiebedingten Einbrüchen ihrer Produktion oder Geschäftsfelder konfrontiert waren, haben den Umfang ihrer Ausbildungsaktivitäten eher verändert als die weniger betroffenen Betriebe. In Fällen von Insolvenz, Stillstand oder stornierten Kundenaufträgen, bei Personalabbau oder bei Kurzarbeit waren es überdurchschnittlich oft betriebsbedingte Überlegungen, und keineswegs fehlende Ausbildungsinteressierte, die zu einer Verknappung der Ausbildungsplätze führten. Auch Betriebe, die eine Maßnahme zur Beschäftigungssicherung umsetzten, haben häufiger Ausbildungsplätze reduziert. Der gegenteilige Befund zeigt sich hingegen bei solchen Betrieben, deren Waren bzw. Dienstleistungen wegen Corona mehr nachgefragt wurden. Diese reduzierten seltener aus eigenem Entschluss ihre Ausbildungsplätze (siehe Abbildung 3).

Die Corona-Pandemie wirkte sich sehr unterschiedlich auf verschiedene Branchen aus. Daran schließt der Befund an, dass die Reduktion von Ausbildungsplätzen ebenfalls stark branchenabhängig ist. Zu beobachten ist, dass Betriebe und Einrichtungen im Bereich Gesundheit, Pflege, Erziehung sowie im Bereich Öffentlicher Verwaltung und Dienstleistungen weniger stark von wirtschaftlich negativen Auswirkungen der Pandemie und von Existenzbedrohungen betroffen waren (Bennewitz u.a. 2022). Betriebe in diesen Bereichen nahmen auch weniger große Einschränkungen in ihren Ausbildungsaktivitäten vor oder lagen sogar über dem Durchschnitt (siehe Tabelle 1). Im Gegensatz dazu schlugen sich in den von der Corona-Pandemie stark betroffen Betrieben des Produzierenden Gewerbes (12 Prozent), des Baugewerbes (10 Prozent) sowie auch des Gastgewerbes, des Handels und der Logistik (9 Prozent) die Folgen auch in deren rückläufigen Ausbildungsaktivitäten nieder. In diesen Branchen zeigt sich auch, wo man leichter ins Homeoffice wechseln konnte und wo nicht; nur sehr wenige Betriebe im Handwerk und im Gastgewerbe sahen die Möglichkeit, bestehende Ausbildungsverhältnisse (zumindest teilweise) im Homeoffice weiterzuführen (Biebeler/Schreiber 2020). Dies könnte angesichts der damaligen Corona-Betroffenheit auch bei der Entscheidung über das zukünftige Ausbildungsangebot eine Rolle gespielt haben.

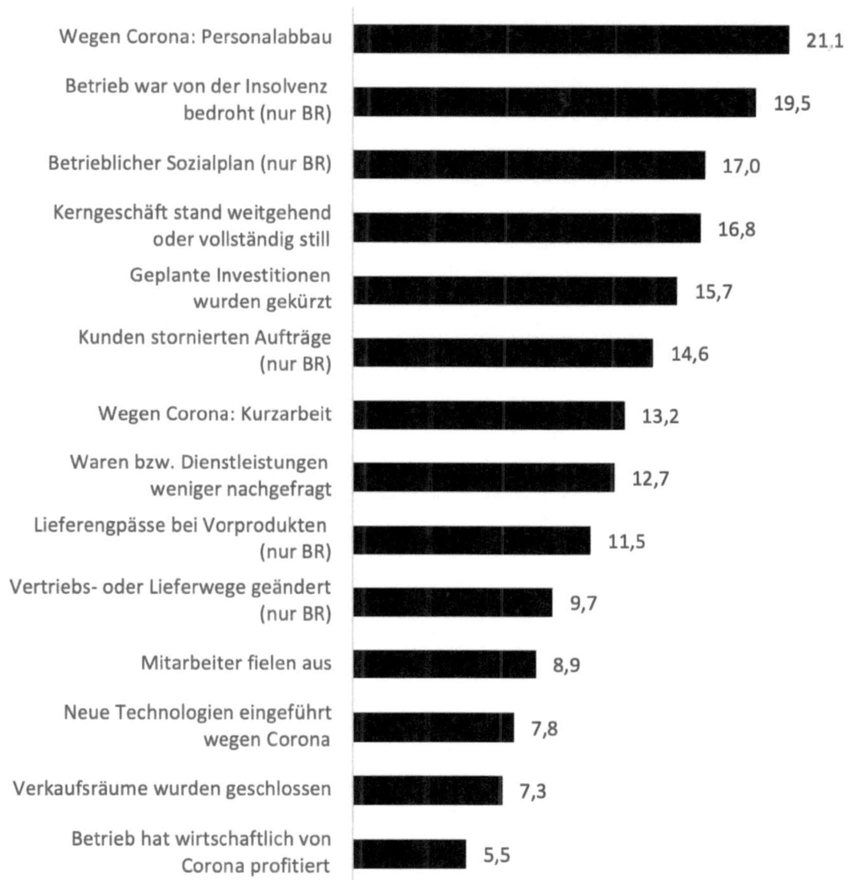

Abbildung 3: Reduktion der Ausbildung abhängig von der Betroffenheit durch die Corona-Pandemie; Angaben in Prozent und gewichtet
Anmerkungen: Nur Ausbildungsbetriebe. Dargestellt sind nur verringerte Ausbildungsaktivitäten (auch) auf eigenen betrieblichen Entschluss, nicht jedoch das reduzierte Ausbildungsangebot aufgrund fehlender Bewerber*innen; N = 3.198
Quelle: WSI-Betriebs- und Personalrätebefragung 2021, eigene Berechnung

	Reduktion der Ausbildung
Alle Ausbildungsbetriebe (Betriebe, die aktuell oder üblicherweise ausbilden)	8,3
Branche (Auszug)	
Produzierendes Gewerbe ohne Baugewerbe	12,1
Baugewerbe	10,2
Handel, Verkehr und Lagerei, Gastgewerbe	9,4
Information und Kommunikation	11,7
Finanz- und Versicherungsdienstleister	3,9
Unternehmensnahe Dienstleistungen	9,3
Öffentliche Dienstleister, Erziehung, Gesundheit	6,3
Kunst, Unterhaltung und Erholung; Sonstige Dienstleister	13,7
Öffentliche Verwaltung	2,1
Betriebs- oder Personalrat	
Betriebsrat	9,5
Personalrat	4,9
Region	
Flächenländer	7,7
Stadtstaaten (Berlin, Hamburg, Bremen)	18,6
Standort der Unternehmenszentrale	
Deutschland	8,8
Ausland	16,6
Betrieb ist Teil eines Unternehmens	
Trifft zu	10,1
Trifft nicht zu	8,1
Arbeitgeber versucht Beteiligungsrechte des Betriebs-/Personalrats zu behindern?	
Ja, häufig	12,6
Ja, manchmal	9,6
Nein, nie	6,6

Tabelle 1: Reduktion der Ausbildungsaktivitäten während der Corona-Pandemie nach ausgewählten Betriebsmerkmalen; Angaben in Prozent und gewichtet
Anmerkungen: Nur Ausbildungsbetriebe; N = 3.198. Dargestellt ist die Verknappung des Ausbildungsangebots (auch) auf eigenen betrieblichen Entschluss, nicht jedoch dessen Reduktion wegen fehlender Bewerber*innen.
Quelle: WSI-Betriebs- und Personalrätebefragung 2021, eigene Berechnung

Ein Blick auf regionale Differenzen zeigt, dass Betriebe in Stadtstaaten (Berlin, Hamburg und Bremen) systematisch häufiger ihr Ausbildungsangebot reduzierten (19 Prozent) als Betriebe in den restlichen Bundesländern (8 Prozent). Eine Ursache für diese Unterschiede könnte in der regionalspezifischen Wirtschafts- und Betriebsstruktur liegen. Wie Runst u.a. (2021) beobachten, gab es in ländlichen und kleinbetrieblich-handwerklich geprägten Strukturen Resilienzfaktoren, die eine negative Betroffenheit während der Corona-Pandemie abschwächen konnten: Verglichen mit größeren und international operierenden Betrieben, sind kleine Betriebe in geringerem Maße in internationale Lieferketten eingebunden und auch nicht so abhängig von global ausgerichteten Unternehmensentscheidungen (ebd.: 44). In Stadtstaaten wiederum konzentrieren sich die Zentralen internationaler Unternehmen, und zudem ist die Wirtschaftsstruktur stark geprägt von den Sektoren Verkehr, Lagerei und Gastwirtschaft wie auch von (kunst- und unterhaltungsbezogenen sowie IT-bezogenen) Dienstleistungen (Zika u.a. 2018), in welchen während der Pandemie überwiegend oft Ausbildungsplätze reduziert wurden. Größere Ost-West-Unterschiede zeigten sich hingegen nicht (ohne Abbildung).

Auch Fragen zu betriebsbezogenen Aktivitäten sowie Eingliederungen in den Unternehmenskontext sind Teil der Betriebs- und Personalrätebefragung und in der Betrachtung betrieblicher Ausbildungsaktivitäten relevant. Bisherige Studien verdeutlichen unter dem Begriff »Union Busting« (Thünken u.a. 2020; Nüß 2023; Behrens/Dribbusch 2014) die Behinderung von Aktivitäten des Betriebs- und Personalrats und gewerkschaftlicher Akteure seitens der Geschäftsführung. Mit »Union Busting« sind auch einige der befragten Betriebsräte konfrontiert. Betriebsräte, die der Aussage zustimmen, dass ihr Arbeitgeber des Öfteren versucht, Beteiligungsrechte zu behindern, geben überdurchschnittlich häufig an, dass Ausbildungsplätze reduziert wurden (Tabelle 1). Des Weiteren ist interessant, dass eigenständige Betriebe (nicht Teil eines Unternehmens) an ihrem Ausbildungsengagement festhielten, jedoch Betriebe, die Teil eines ausländischen Konzerns sind, eher Ausbildungsplätze reduzierten.

6.3 Ausbildungsplatzabbau aus Betriebsratsperspektive

Im Anschluss an die Frage, ob der Betrieb Ausbildungsplätze reduzierte, wurden die Betriebs- und Personalräte um Auskunft gebeten, ob sie an der Entscheidung beteiligt waren und wie sie diese Entscheidung bewerten.

Die knappe Mehrheit der Betriebs- und Personalräte wurde in die Entscheidung, Ausbildungsplätze zu reduzieren, nicht einbezogen (56 Prozent, ohne Abbildung).[10] Bewerten die Betriebsräte auch die Mitbestimmungskultur in ihren Betrieben schlecht, so waren sie auch seltener in den Beschluss involviert, das Ausbildungsangebot zu verknappen (bzw. vice versa): 69 Prozent der Betriebsräte, die sagen, es komme häufig zur Behinderung der Mitbestimmung durch den

---

10 Die Nachfrage, ob Betriebs- und Personalräte in die Entscheidung einbezogen wurden, die Ausbildung wegen Corona zu reduzieren, wurde nur in solchen Betrieben gestellt, in denen es eine Reduktion der Ausbildung gab. Gleiches gilt für die Bewertung dieser Entscheidung durch den Betriebs- und Personalrat. Das heißt, es ist nicht bekannt, in welchem Umfang Betriebs- und Personalräte an Entscheidungsprozessen beteiligt waren, die letztlich eben nicht zur Reduktion von Ausbildung führten, und wie sie diese Entscheidung bewerten.

Arbeitgeber, und 62 Prozent der Betriebsräte, die manchmal von Behinderung bei der Mitbestimmung berichten, waren in die Entscheidung zur Reduktion von Ausbildungsplätzen nicht einbezogen. Unter den Betriebsräten, die dem Arbeitgeber eher eine insgesamt gute Zusammenarbeit attestieren, waren es dagegen nur 46 Prozent, die an der Entscheidung, die Ausbildungskapazität zu reduzieren, nicht beteiligt waren. Diese Zahlen machen deutlich, dass Betriebs- und Personalräte ihre Mitbestimmungsmöglichkeiten in einem zentralen Handlungsfeld von beruflicher Bildung und Planung zukünftigen Personalbedarfs vielfach nicht ausschöpfen können.

Die Entscheidung, weniger Ausbildungsplätze anzubieten, wurde von den Betriebs- und Personalräten der entsprechenden Betriebe anhand einer Skala von eins (»sehr gut«) bis fünf (»sehr schlecht«) bewertet (Abbildung 4). Wenig überraschend, fielen deren Voten sehr negativ aus: Die Mehrheit der Betriebs- und Personalräte empfand den Rückzug aus der betrieblichen Ausbildung als durchweg schlecht. Rund 4 Prozent der Befragten gaben an, dass es zur Entscheidung, weniger Auszubildende einzustellen, keinen Beschluss gab und sie daher auch keine Bewertung vornehmen wollten.

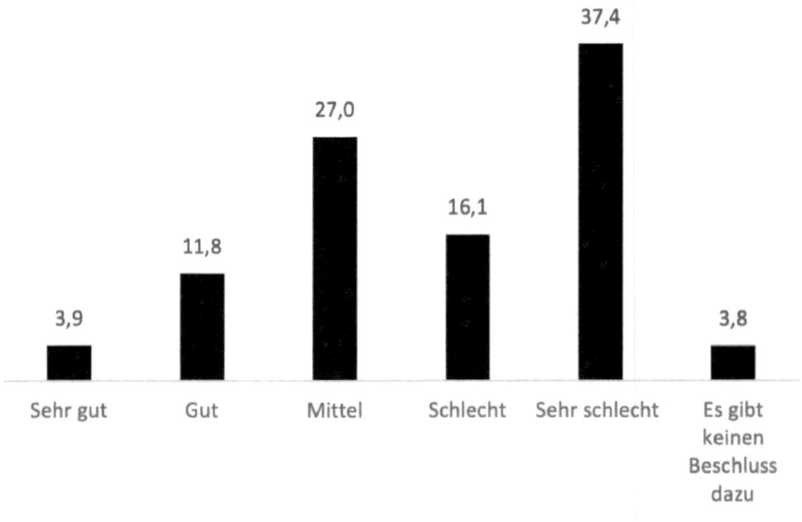

Abbildung 4: Bewertung der Entscheidung, Ausbildungsplätze zu reduzieren, vonseiten der Betriebs- und Personalräte; Angaben in Prozent und gewichtet
Anmerkung: Nur Betriebe, die ihr Ausbildungsangebot (auch) auf eigenen betrieblichen Entschluss reduziert haben; N = 267
Quelle: WSI-Betriebs- und Personalrätebefragung 2021, eigene Berechnung

Die detailliertere Betrachtung dieser Bewertungsmuster zeigt leichte Unterschiede je nach betrieblichen Umständen. Wirklich positiv fiel die Beurteilung jedoch in keiner Gruppe von Betrieben aus (Brehmer/Polloczek 2024: 19 ff.). Die Durchschnittsbewertung liegt auf der fünfstufigen Beurteilungsskala bei 3,7.

Die Unzufriedenheit mit dieser Entscheidung kommt besonders bei Betriebs- und Personalräten zum Ausdruck, die in einer schlechten Mitbestimmungskultur agieren (4,2). Zudem bewirkt ein hoher gewerkschaftlicher Organisationsgrad, dass Betriebs- und Personalräte die Ausbildungsreduzierung ebenfalls deutlich schlechter bewerten (ohne Abbildung) (Brehmer/Polloczek 2024: 12). In Betrieben, in denen Personalabbau erfolgte, indem Auszubildende nach der Ausbildung nicht übernommen wurden, äußern die dort tätigen Betriebs- und Personalräte ebenfalls starke Bedenken, ob dies eine richtige Strategie gewesen sei (4,2). Gleiches gilt für Betriebe, die Teil eines Unternehmens sind und deren Zentrale im Ausland liegt (4,3).

Ist der Betrieb jedoch eigenständig und nicht Teil eines Unternehmens, wird geringfügig mehr Verständnis für diese Entscheidung aufgebracht (3,3). Möglich ist, dass in eigenständigen Betrieben die Geschäftsführung und Betriebs- oder Personalrat einen direkten Kontakt pflegen und dadurch schneller gemeinsame Aushandlungsprozesse über Berufsbildungsthemen zustande kommen. Auch Betriebs- und Personalräte, die in Betrieben mit Maßnahmen der Beschäftigungssicherung arbeiten, bewerteten die Entscheidung, weniger Ausbildungsplätze anzubieten, etwas besser. Dies betrifft besonders Fälle, in denen im Rahmen der Beschäftigungssicherung die Übernahme bereits bestehender Auszubildender gesichert wurde (3,5). Dies verdeutlicht zudem, dass die Sicherung von Nachwuchskräften ein wichtiger Baustein für Beschäftigungssicherungsstrategien ist.

Als Zwischenfazit ist festzuhalten, dass die überwiegende Mehrzahl der Betriebe ihre Ausbildungsaktivität infolge der Corona-Pandemie nicht reduziert hat. Gleichwohl kam dies zu kleineren Anteilen vor, insbesondere dann, wenn Betriebe stark von der Pandemie bzw. deren Folgen betroffen waren, sowohl wirtschaftlich als auch im Betriebsablauf aufgrund der Kontaktbeschränkungen. Weiterhin ist festzuhalten, dass die Betriebs- und Personalräte in solchen Betrieben, in denen sie diese Entscheidung nicht verhindern konnten, der Entscheidung ganz überwiegend ablehnend gegenüberstehen. Im folgenden Abschnitt wenden wir uns nun der Betrachtung staatlicher Förderung zur Aufrechterhaltung der betrieblichen Ausbildung zu.

7. Staatliche Unterstützung für die betriebliche Ausbildung

7.1 Das Bundesprogramm »Ausbildungsplätze sichern« als staatliche Unterstützungsleistung für Betriebe während der Pandemie

Um soeben beschriebene Ausbildungsreduzierungen zu verhindern, hat die Bundesregierung im August 2020 das Förderprogramm »Ausbildungsplätze sichern« ins Leben gerufen, das bis Februar 2022 lief. Die Maßnahme unterstützte mit finanziellen Anreizen Betriebe, ihr betriebliches Ausbildungsplatzangebot aufrechtzuerhalten oder sogar auszubauen. Der zunächst antizipierten Entwicklung, dass insbesondere kleine und mittlere Betriebe nur erschwert ihre Ausbildungsaktivitäten während der Pandemie fortführen könnten, sollte das Unterstützungsprogramm entgegenwirken.

Die Leistungen konnten von Betrieben mit weniger als 500 Beschäftigten beantragt werden. Sie umfassten eine »Ausbildungsprämie« von 4.000 Euro je abgeschlossenem Ausbildungsvertrag, wenn der Betrieb das durchschnittliche Ausbildungsniveau der letzten drei Jahre aufrechterhielt. Eine höhere Prämie, nämlich 6.000 Euro je zusätzlich abgeschlossenem Ausbildungsvertrag, wurde Betrieben zugesprochen, wenn sie ihr Ausbildungsplatzniveau im Vergleich zu den vorausgegangenen drei Jahren erhöhten (»Ausbildungsprämie plus«). Nur Betriebe, die erheblich von der Corona-Pandemie betroffen waren, konnten sich um diese Prämien bemühen. Es mussten Nachweise in Form von eingeführter Kurzarbeit oder Umsatzeinbußen erbracht werden. Zusätzlich zu den Ausbildungsprämien waren Übernahmeprämien oder Zuschüsse zur Vermeidung von Kurzarbeit und zur Ausbildervergütung Teil des Unterstützungspakets (Bundesagentur für Arbeit 2022).

Der administrative Aufwand zur Beantragung von Fördermittel wurde von den befragten Betrieben, die bereits einen Antrag gestellt haben, als eher gering eingeschätzt. Das Institut für Arbeitsmarkt- und Berufsforschung (IAB) der Bundesagentur für Arbeit hat im Rahmen der Umfrage »Betriebe in der Covid-19-Krise« allerdings herausgefunden, dass nur knapp mehr als die Hälfte der potenziell förderberechtigten Betriebe das Unterstützungsprogramm ein paar Monate nach Programmstart überhaupt kannte. Es waren letztlich Unternehmensverbände und Medien, die diesbezüglich als wichtige Informationsquellen fungierten (Bellmann u.a. 2020). Der Bekanntheitsgrad des Förderprogramms innerhalb der Zielgruppe war vor allem in der Anfangsphase der Förderperiode gering (Bellmann u.a. 2021; Bellmann u.a. 2020).

7.2 Wirkung des Förderprogramms »Ausbildungsplätze sichern« und betriebliche Mitnahmeeffekte

Da sich das Förderprogramm »Ausbildungsplätze sichern« an kleine und mittlere Betriebe richtete, wurden von den insgesamt 3.221 Ausbildungsbetrieben im ursprünglichen Sample 1.283 Ausbildungsbetriebe für die nachfolgenden Auswertungen ausgeschlossen. Die Ergebnisse beziehen sich also nur auf solche Betriebe, die keine ausländische Muttergesellschaft haben und deren Gesamtbeschäftigte im Unternehmen (nicht Betrieb) 500 und weniger sind. Ebenfalls ausgeschlossen sind unmittelbar staatliche Einrichtungen.[11]

Wie die Ergebnisse zeigen, ist auch unter Betriebsräten der Bekanntheitsgrad des Förderprogramms eher niedrig. Unter denjenigen Betrieben, die förderberechtigt waren, konnten 22 Prozent der befragten Betriebsräte keine Auskunft darüber geben, ob der Betrieb eine staatliche Förderung zur Aufrechterhaltung der Ausbildung in Anspruch genommen hat. Die folgenden Angaben beziehen sich nur auf solche Betriebe, in denen die Betriebsräte auskunftsfähig waren.

Nur ein geringer Anteil, etwas über 8 Prozent der Befragten, gab an, dass der Betrieb eine oder mehrere Prämien zur Aufrechterhaltung der betrieblichen Ausbildung erhalten habe (Tabelle 2). Die Förderquote in mitbestimmten Betrieben könnte jedoch Verzerrungen unterliegen. Ein Grund könnte sein, dass Betriebsräte häufig nicht über die Förderung informiert wurden und dennoch in der Befragung angaben, keine Förderung erhalten zu haben. Dies würde insgesamt den Anteil der geförderten Betriebe unterschätzen. Zudem ist wahrscheinlich, dass unter den Betrieben, deren Betriebsräte zum Thema »Ausbildungsplätze sichern« nicht auskunftsfähig waren (22 Prozent), der Anteil der nicht-geförderten Betriebe erhöht ist.

Wenn man nun die Förderung im Kontext betrieblicher Strategien betrachtet, veranschaulichen die bisherigen Ergebnisse, dass Betriebe überwiegend Interesse daran hatten, auch während der Corona-Pandemie an ihrem Ausbildungsengagement festzuhalten. Diese Entscheidung scheint jedoch unabhängig von der Förderung über das Bundesprogramm zu sein (Abbildung 5). Die Verteilung von Betrieben, die sich aus der betrieblichen Ausbildung aufgrund betrieblicher Überlegungen zurückgezogen haben, unterscheidet sich nur unwesentlich zwischen Betrieben, die gefördert wurden (11 Prozent) und solchen, die nicht gefördert wurden (9 Prozent).

11 Dennoch sind auch hier Personalratsangaben aus Einrichtungen öffentlicher Rechtsform enthalten, die unmittelbar zur staatlichen/kommunalen Kernverwaltung gehören (zum Beispiel öffentliche Banken, Kultur, Erziehung).

	Anteil geförderter Betriebe an allen förderfähigen (Ausbildungs-)Betrieben	**Nur geförderte Betriebe: Anteil Betriebe, die ohne Förderung Ausbildung reduziert hätten**
Alle förderfähigen Ausbildungsbetriebe	8,3	24,0
Betroffenheit von Corona (Auszug)		
Gab es in Ihrem Betrieb, ausgelöst durch die Corona-Krise, Kurzarbeit? Trifft zu.	10,5	16,2
Mitarbeiter fielen aus.	11,3	22,6
Unser Betrieb hat geplante Investitionen gekürzt.	10,5	(39,4)
Kunden stornierten Aufträge (nur BR-Angaben).	9,4	(34,2)
Unser Betrieb musste Vertriebs- oder Lieferwege ändern (nur BR-Angaben).	10,0	(23,3)
Branche (Auszug)		
Produzierendes Gewerbe ohne Baugewerbe	7,1	(17,5)
Handel, Verkehr und Lagerei, Gastgewerbe	6,9	(54,7)
Information und Kommunikation	5,8	(0,0)
Öffentliche Dienstleister, Erziehung, Gesundheit	17,5	25,8
Wirtschaftliche Situation		
Sehr gut	6,9	(28,8)
Eher gut	8,8	22,1
Eher schlecht	7,8	19,5
Sehr schlecht	(18,8)	(37,6)
Frauenanteil an den Beschäftigten (Quartile)		
0 bis unter 30 Prozent	7,6	(40,8)
30 bis unter 50 Prozent	6,4	(0,0)
50 bis unter 70 Prozent	4,9	(30,6)
70 Prozent und mehr	15,7	21,1

Tabelle 2: Staatliche Förderung und Mitnahmeeffekte; Angaben in Prozent und gewichtet
Anmerkungen: Nur förderfähige Betriebe. Linke Spalte: Anteil staatlich geförderter Betriebe unter allen Ausbildungsbetrieben (in verschiedenen Subgruppen). Rechte Spalte: Einschätzung des Betriebs- oder Personalrats in den geförderten Betrieben, ob ohne die Förderung die Ausbildung reduziert worden wäre. Angaben in Klammer unterliegen wegen geringen Fallzahlen (< 30) sehr hoher Unsicherheit. N = 924, darunter 83 geförderte Betriebe
Quelle: WSI-Betriebs- und Personalrätebefragung 2021, eigene Berechnung

Um hier nicht zu einem falschen Urteil zu gelangen, wurden Betriebsräte (in geförderten Betrieben) nach Mitnahmeeffekten gefragt sowie um eine Einschätzung zur Relevanz des Bundesprogramms im Zuge von Ausbildungsreduzierun-

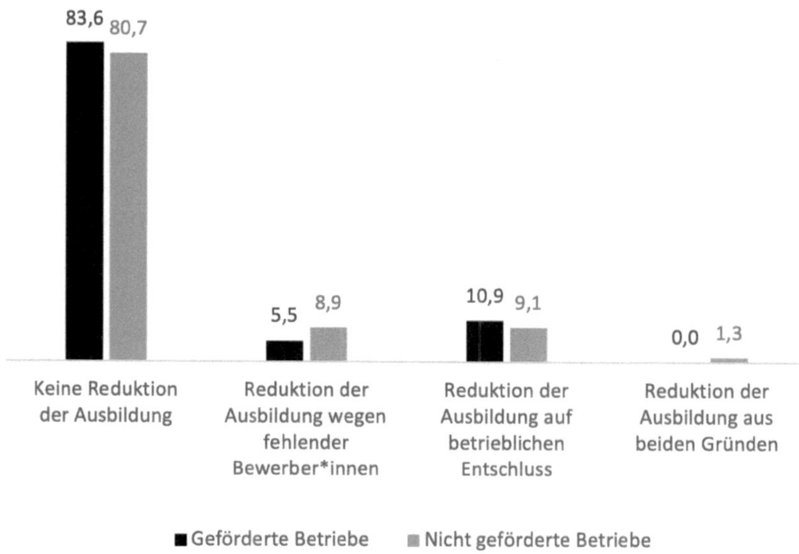

Abbildung 5: Staatliche Förderung und Reduktion der Ausbildung; Angaben in Prozent und gewichtet
Anmerkung: 84 geförderte, 854 nicht geförderte Betriebe
Quelle: WSI-Betriebs- und Personalrätebefragung 2021, eigene Berechnung

gen gebeten.[12] Lediglich 24 Prozent der Befragungsteilnehmer*innen in geförderten Betrieben gelangen zu der Einschätzung, dass das staatliche Unterstützungsprogramm hilfreich war, um das Ausbildungsangebot aufrechtzuerhalten. Ohne die Förderung wäre es in ihrem Betrieb zu einer Verringerung der Ausbildungsplätze gekommen (siehe Tabelle 2; vgl. dazu ausführlich Brehmer/Polloczek 2024). Das bedeutet umgekehrt, dass 76 Prozent der Betriebsräte nicht davon ausgehen, dass die Ausbildungsaktivität aufgrund der erhaltenen Förderung aufrechterhalten worden ist.

Die geförderten Ausbildungsbetriebe mussten laut Antragsbedingungen nachweisen, dass sie in ihren Geschäftstätigkeiten von der Pandemie betroffen sind. Dies zeigt sich auch in den Förderquoten. Betriebe berichteten bezüglich ihrer Betroffenheit von der Corona-Pandemie überproportional, dass Geschäftsabläufe durch geänderte Vertriebs- oder Lieferwege beeinträchtigt gewesen seien. Umsatzrückgänge wurden aufgrund von Stornierungen von Kundenaufträgen oder aufgrund von Auftragsrückgängen verzeichnet. Gekürzte Investitio-

12 »Denken Sie, dass Ihr Betrieb/Ihre Dienststelle ohne diese Unterstützung weniger Auszubildende eingestellt hätte?«. Diese Frage wurde unmittelbar als Anschlussfrage nach der Angabe zum Erhalt staatlicher Fördermittel zur Aufrechterhaltung des Ausbildungsangebots gestellt.

nen, Kurzarbeit oder der (krankheitsbedingte) Ausfall von Mitarbeiter*innen – all dies waren Probleme, die die Corona-Betroffenheit verdeutlichen.

Zu den geförderten Betrieben in der Betriebs- und Personalrätebefragung gehörten überproportional Betriebe der Öffentlichen Dienstleistungen, Erziehung und Gesundheit (18 Prozent) und Betriebe mit einem sehr hohen Frauenanteil (16 Prozent), was den Brancheneffekt unterstützt. Zu beachten ist, dass die hier dargestellten Ergebnisse einen Eindruck während der laufenden Förderzeit darlegen. Die Gesamt-Evaluation der Bundesagentur für Arbeit betont die starke Nutzung der Ausbildungsplatzprämie in Betrieben des Gesundheitswesens und Sozialen, aber auch die deutliche Nachfrage im Wirtschaftszweig Handel, im Verarbeitenden sowie im Baugewerbe (Bundesagentur für Arbeit 2022).

Aus der Programm-Evaluation der Bundesagentur für Arbeit geht zudem hervor, dass Anträge im Bereich der »Ausbildungsprämie plus« die Mehrheit ausmachten. Insbesondere kleine Betriebe bilden nicht jährlich aus. Sie verfügen eher über eine geringe Anzahl an Ausbildungsplätzen, welche alle paar Jahre besetzt werden (BMBF 2023). Diese Antragstellergruppe erreichte mit bereits einem neuen Ausbildungsvertrag direkt eine Erweiterung ihres Ausbildungsplatzangebots, sodass ihnen folglich eine höhere Prämie zugesprochen wurde (Bundesagentur für Arbeit 2022).

8. Fazit

Die Corona-Pandemie hat in vielen Betrieben Spuren hinterlassen. Geschäftstätigkeit, Wirtschaftslage und Beschäftigungssituation unterlagen vielerorts hohen Unsicherheiten. Dies hatte auch Auswirkungen auf die betriebliche Ausbildung. Zwar galten für Auszubildende im Betrieb während der Pandemie besondere Schutzregelungen. Die Folgen im Bereich der beruflichen Erstausbildung schlugen sich somit eher bei den Planungen künftiger Ausbildungsstellen und weniger in einem akuten Abbruch bestehender Ausbildungsverhältnisse oder im Form von Kurzarbeit bei Auszubildenden nieder (Ebbinghaus 2021).

Der starke Einbruch an neu abgeschlossenen Ausbildungsverhältnissen im Jahr 2020 und der damit verbundene Rückzug von Betrieben aus der Ausbildung markiert eine Zäsur, welche kurz- wie langfristige Bedeutung hat. Insbesondere stark von der Pandemie betroffene Betriebe haben auf die wirtschaftlichen Unwägbarkeiten reagiert, indem sie ihre geplanten Ausbildungskapazitäten zurückgeschraubt haben. Zu dieser Zeit gab es vielfache und berechtigte Bedenken, dass das Ausbildungssystem somit, allemal kurzfristig, vor große Herausforderungen gestellt werde und eine Verstärkung sozialer Ungleichheiten in der beruflichen Bildung zur Folge haben könnte. Eine schnelle arbeitspolitische Intervention war daher ein richtiger, konsequenter Schritt. Die Maßnahme »Ausbildungsplätze sichern« sollte den Ausbildungsmarkt schützen und potenzielle längerfristige Schäden abwenden. Nach Einschätzung von Betriebs- und Personalräten wäre es jedoch auch ohne diese Maßnahme nicht zur substanziellen Reduzierung im Angebot der Betriebe gekommen. Die Betriebe trafen ihre jeweiligen Entscheidungen, die Ausbildung aufrechtzuerhalten oder zu reduzieren, weitgehend unabhängig von der Förderung. Das Förderprogramm wirkte damit letztlich als finanzielle Unterstützung für die ohnehin ausbildungsbereiten Betriebe.

Dennoch bleibt festzuhalten: Mit der Verknappung neu abzuschließender Ausbildungsverträge blieben den davon betroffenen Jugendlichen ihre Bildungschancen verwehrt, denn für ausbildungsinteressierte Personen waren zu dieser Zeit noch keine berufsqualifizierenden Alternativen vorhanden. Ergänzende Maßnahmen zur Stärkung der Nachfrageseite, welche auf die Lebenslagen und Entwicklungsbedürfnisse von Jugendlichen während der Pandemie-Zeit gerichtet gewesen wäre, hätte eine sinnvolle Ergänzung von Unterstützungsleistungen für die duale Ausbildung während der Corona-Pandemie dargestellt. Die später eingeführte sogenannte »Ausbildungsplatzgarantie« ist deshalb grundsätzlich mit Blick auf den Zugang zur beruflichen Ausbildung als ein bedeutsames Instrument zu bewerten – auch, falls es in Zukunft erneut zu einem betriebsbedingten kurzfristigen Rückzug aus dem Ausbildungsengagement kommen sollte.

Der kurzfristige Einschnitt in der Entwicklung des Ausbildungsgeschehens bestärkt insgesamt die Sichtweise, dass das betriebliche Ausbildungsengagement eng mit langfristigen Überlegungen der Betriebe zur eigenen Fachkräftesicherung verbunden ist. Ein Rückzug aus der Ausbildung birgt demnach das Risiko, die zukünftige Fachkräftesicherung im Betrieb nicht gewährleisten zu können. Als Folge der Corona-Pandemie bleibt weiterhin das Problem, dass sich die bestehenden Herausforderungen im dualen Ausbildungssystem insbesondere mit Blick auf Passungsprobleme verstärkt haben. Sie verhindern, dass es zu einem »Matching« auf dem Ausbildungsmarkt und zu erfolgreichen Ausbildungsstarts kommt. Hier besteht weiterer Handlungsbedarf, um regionale und berufsbezogene Matchingprobleme auszugleichen, beispielsweise indem einerseits die Berufsorientierung und Berufsberatung sowie andererseits auch die Mobilität von Jugendlichen unterstützt wird (Bellmann/Fitzenberger 2021). Daneben gibt es auch eigenschaftsbezogene oder verhaltensbezogene Ursachen für Passungsprobleme, die auf einen Mismatch zwischen Voraussetzungen oder Erwartungen an die Ausbildung seitens der Jugendlichen und den betrieblichen Anforderungen und Rahmenbedingungen der Ausbildung verweisen (Autorengruppe Bildungsberichterstattung 2022: 172). Um betriebliche Präferenzen in Bezug auf Jugendliche kritisch zu reflektieren und eine bessere Chancengleichheit beim Eintritt in die Ausbildung zu ermöglichen, könnte es hilfreich sein, Betriebe verstärkt über bereits bestehende und zu beantragende Unterstützungsleistungen, wie beispielsweise qualifizierte Ausbildungsbegleiter*innen, die Möglichkeit einer assistierten Ausbildung oder die Rolle von Jugendberufsagenturen, zu informieren und zu beraten.

Literatur

Autorengruppe Bildungsberichterstattung (2022), *Bildung in Deutschland 2022*, letzter Zugriff: 16.04.2024, https://www.bildungsbericht.de/de/bildungsberichte-seit-2006/bildungsbericht-2022/pdf-dateien-2022/bildungsbericht-2022.pdf

Baumhauer, Maren/Meyer, Rita (2023), »Digitalisierung und Qualifizierung: Ein (un)bestimmtes Verhältnis«, in: *WSI-Mitteilungen*, Jg. 76, H. 5, S. 383–389.

Behrens, Martin/Dribbusch, Heiner (2014), »Arbeitgebermaßnahmen gegen Betriebsräte: Angriffe auf die betriebliche Mitbestimmung«, in: *WSI-Mitteilungen*, Jg. 67, H. 2, S. 140–148.

Bellmann, Lutz/Fitzenberger, Bernd (2021), »Die Covid-19-Krise der Berufsausbildung«, in: *WSI-Mitteilungen*, Jg. 74, H. 4, S. 262.

Bellmann, Lutz/Fitzenberger, Bernd/Gleiser, Patrick/Kagerl, Christian/Kleifen, Eva/Koch, Theresa /König, Corinna/Leber, Ute/Pohlan, Laura/Roth, Duncan/Schierholz, Malte (2021), »Die Mehrheit der förderberechtigten Betriebe wird das Bundesprogramm ›Ausbildungsplätze sichern‹ nutzen«, in: *IAB-Forum* vom 22.02.2021, Nürnberg, letzter Zugriff: 16.04.2024, https://www.iab-forum.de/die-mehrheit-der-foerderberechtigten-betriebe-wird-das-bundesprogramm-ausbildungsplaetze-sichern-nutzen/

Bellmann, Lutz/Fitzenberger, Bernd/Gleiser, Patrick/Kagerl, Christian/Koch, Theresa/Leber, Ute/Pohlan, Laura/Roth, Duncan/Schierholz, Malte/Stegmeier, Jens/Aminian, Armin (2020), »Betriebliche Berufsausbildung in der Covid-19-Krise: Viele Betriebe kennen das Bundesprogramm ›Ausbildungsplätze sichern‹ noch nicht«, in: *IAB-Forum* vom 24.11.2020, Nürnberg, letzter Zugriff: 16.04.2024, https://www.iab-forum.de/ausbildungsfoerderung-in-der-covid-19-krise-viele-betriebe-kennen-das-bundesprogramm-ausbildungsplaetze-sichern-nicht/

Bennewitz, Emanuel/Klinge, Silke/Leber, Ute/Schwengler, Barbara (2022), *Zwei Jahre Corona-Pandemie: Die deutsche Wirtschaft zwischen Krisenstimmung und Erholung*, Institut für Arbeitsmarkt- und Berufsforschung: IAB-Forschungsbericht, H. 20, Nürnberg.

Berger, Klaus/Eberhardt, Christiane/Koch, Benno/Mühlemann, Samuel/Pfeifer, Harald/Raecke, Julia (2019), *Ausbildungsqualität in Betrieben: Welchen Beitrag leistet die betriebliche Mitbestimmung?*, Forschungsförderung der Hans-Böckler-Stiftung: Working Paper Forschungsförderung Nr. 130, Düsseldorf.

BIBB (Bundesinstitut für Berufsbildung) (2023), *Datenreport zum Berufsbildungsbericht 2023. Informationen und Analysen zur Entwicklung der beruflichen Bildung*, Bonn, letzter Zugriff: 16.04.2024, https://www.bibb.de/dokumente/pdf/bibb_datenreport_2023_korr_11102023.pdf

BIBB (Bundesinstitut für Berufsbildung) (2020), *Pandemie lässt Ausbildungsmarkt nicht unberührt*, Pressemitteilung vom 15.12.2020, Bonn, letzter Zugriff: 16.04.2024, https://www.bibb.de/dokumente/pdf/pmausbildungsmarktbilanz2020.pdf

BIBB (Bundesinstitut für Berufsbildung) (2012), *Datenreport zum Berufsbildungsbericht 2012*, Bonn, letzter Zugriff: 22.04.2024, https://datenreport.bibb.de/media2012/BIBB_Datenreport_2012.pdf

Biebeler, Hendrik/Schreiber, Daniel (2020), *Ausbildung in Zeiten von Corona. Ergebnisse einer empirischen Studie zu Auswirkungen der Corona-Pandemie auf Ausbildungsbetriebe*, Bundesinstitut für Berufsbildung: Wissenschaftliche Diskussionspapiere, H. 223, Bonn.

BMBF (Bundesministerium für Bildung und Forschung) (2023), *Berufsbildungsbericht 2023*, Berlin, letzter Zugriff: 16.04.2024, https://www.bmbf.de/SharedDocs/Downloads/de/2023/berufsbildungsbericht-2023-kabinettfassung.pdf?__blob=publicationFile&v=2

Bol, Thijs/van de Werfhorst, Herman G (2016), »Measuring Educational Institutional Diversity: Tracking, Vocational Orientation and Standardization«, in: Andreas Hadjar/Christiane Gross (Hg.), *Education Systems an Inequalities: International comparison*, Bristol, S. 73–94, letzter Zugriff: 15.07.2024, https://doi.org/10.2307/j.ctt1t892m0.10

Brehmer, Wolfram/Polloczek, Magdalena (2024), *Betriebliche Ausbildungsstrategien in Zeiten von Corona. Ergebnisse aus der WSI-Betriebs- und Personalrätebefragung 2021*, Wirtschafts- und Sozialwissenschaftliches Institut der Hans-Böckler-Stiftung: WSI Report Nr. 96, Düsseldorf.

Bundesagentur für Arbeit (2022), *Bundesprogramm »Ausbildungsplätze sichern«*, Berichte: Arbeitsmarkt kompakt, Hannover.

Busemeyer, Marius/Trampusch, Christine (Hg.) (2012), *The Comparative Political Economy of Collective Skill Formation*, Oxford.

Christ, Alexander/Heinecke, Marcel/Keßler, Catie/Gei, Julia (2023), *Ausbildungsplatzabsagen und -kündigungen während der Corona-Pandemie: Wer war besonders stark betroffen? Deskriptive Analyse auf Basis der BA/BIBB-Bewerberbefragung 2021*, BIBB Discussion Paper, Bonn.

Dummert, Sandra/Umkehrer, Matthias (2022), *Weniger Übernahmen nach einer betrieblichen Ausbildung. Auswirkungen der Covid-19-Pandemie nach dem ersten Lockdown 2020*, Institut für Arbeitsmarkt- und Berufsforschung: IAB Kurzbericht, H. 4, Nürnberg.

Dustmann, Christian/Schönberg, Uta (2007), *Apprenticeship Training and Commitment to Training Provision*, Swiss Leading House: Leading House Working Paper, H. 32, Zürich, letzter Zugriff: 16.04.2024, http://repec.business.uzh.ch/RePEc/iso/leadinghouse/0032_lhwpaper.pdf

Ebbinghaus, Margit (2021), »Welche Auswirkungen hat die Corona-Pandemie auf Betriebe und ihre Ausbildung? Ergebnisse einer zwischen September und Oktober 2020 durchgeführten Betriebsbefragung«, in: *Zeitschrift für Berufs- und Wirtschaftspädagogik*, Jg. 117, H. 1, S. 101–126.

Fitzenberger, Bernd/Anna Heusler/Leonie Wicht (2023), »Die Vermessung der Probleme am Ausbildungsmarkt: Ein differenzierter Blick auf die Datenlage tut not«, in: *IAB-Forum* vom 21.06.2023, Nürnberg, letzter Zugriff: 16.04.2024, https://www.iab-forum.de/die-vermessung-der-probleme-am-ausbildungsmarkt-ein-differenzierter-blick-auf-die-datenlage-tut-not/

Fitzenberger, Bernd/Heusler, Anna/Houštecká, Anna/Wicht, Leonie (2022), *Passungsprobleme am Ausbildungsmarkt nehmen in der Corona-Krise weiter zu*, Institut für Arbeitsmarkt- und Berufsforschung: IAB-Kurzbericht, H. 19, Nürnberg.

Fuchs, Johann/Söhnlein, Doris/Weber, Brigitte (2021), *Demographische Entwicklung lässt das Arbeitskräfteangebot stark schrumpfen*, Institut für Arbeitsmarkt- und Berufsforschung: IAB-Kurzbericht, H. 25, Nürnberg.

Guellali, Chokri (2017), *Qualitätssicherung der betrieblichen Ausbildung im dualen System in Deutschland, Berufsbildung in der Praxis kompakt*, Bundesinstitut für Berufsbildung, Bonn.

Heil, Hubertus (2021), *Bonus für Ausbildungsbetriebe: »Wir können uns keinen Corona-Jahrgang erlauben«*, im Gespräch mit Tobias Armbrüster vom 17.03.2021, letzter Zugriff: 16.04.2024, https://www.deutschlandfunk.de/bonus-fuer-ausbildungsbetriebe-hubertus-heil-spd-wir-100.html

Kriechel, Ben/Muehlemann, Samuel/Pfeifer, Harald/Schütte, Miriam (2014), »Works Councils, Collective Bargaining, and Apprenticeship Training – Evidence From German Firms«, in: *Industrial Relations: A Journal of Economy and Society*, Jg. 53, H. 2, S. 199–222.

Leber, Ute/Roth, Duncan/Schwengler, Barbara (2023), *Besetzungsprobleme nehmen zu, Anteil der Betriebe mit Ausbildungsberechtigung sinkt*, Institut für Arbeitsmarkt- und Berufsforschung: IAB-Kurzbericht, H. 3, Nürnberg.

Lindley, R. (1975), »The demand for apprentice recruits by the engineering industry«, in: *Scottish Journal of Political Economy*, Jg. 22, H. 1, S. 1–24.

Merrilees, William J. (1980), »Alternative models of apprentice recruitment: With special reference to the british engineering industry«, in: *Working Papers in Economics*, H. 42.

Muehlemann, Samuel/Pfeifer, Harald/Walden, Günter/Wenzelmann, Felix/Wolter, Stefan C. (2010), »The financing of apprenticeship training in the light of labor market regulation«, in: *Labour Economics*, Jg. 17, H. 5, S. 799–809.

Nüß, Patrick (2023), *Management Opposition, Strikes and Union Threat*, Universität Kiel: Job Market Paper.

Oeynhausen, Stephanie/Christ, Alexander/Schuß, Eric/Milde, Bettina/Granath, Ralf-Olaf (2023), *Die Entwicklung des Ausbildungsmarktes im Jahr 2023. Analysen auf Basis der BIBB-Erhebung über neu abgeschlossene Ausbildungsverträge und der Ausbildungsmarktstatistik der Bundesagentur für Arbeit zum Stichtag 30. September*, Bundesinstitut für Berufsbildung, Bonn, letzter Zugriff: 16.04.2024, https://www.bibb.de/dokumente/pdf/a11_entwicklung_ausbildungsmarkt_2023_4.pdf

Pabst, Christopher/Schütt-Sayed, Sören/Hecker, Kristin/Hemkes, Barbara (2024), »Wege zur Messung der betrieblichen Bildung für nachhaltige Entwicklung«, in: *BIBB Fachbeiträge zur beruflichen Bildung*, Bundesinstitut für Berufsbildung, Bonn.

Pfeifer, Harald (2016), *Firm's motivation for training apprentices: an Australian-German comparison*, NCVER, Adelaide.

Runst, Petrik/Thomä, Jörg/Haverkamp, Katarzyrna/Proeger, Till (2021), »Kleinbetriebliche Wirtschaftsstruktur – ein regionaler Resilienzfaktor in der Corona-Krise?«, in: *Wirtschaftsdienst*, Jg. 101, H. 1, S. 40–45.

Schönfeld, Gudrun/Wenzelmann, Felix/Pfeifer, Harald/Risius, Paula/Wehner, Caroline (2020), *Ausbildung in Deutschland – eine Investition gegen den Fachkräftemangel*, Bundesinstitut für Berufsbildung: BIBB Report, H. 1, Bonn.

Solga, Heike (2009), »Fachkräftemangel und Bildungsarmut – Die Krise des deutschen Berufsbildungssystems«, in: *WSI-Mitteilungen*, Jg. 62, H. 8, S. 406.

Stevens, Margaret (1994), »An Investment Model for the Supply of Training by Employers«, in: *The Economic Journal*, Jg. 104, H. 424, S. 556–570.

Streeck, Wolfgang (2011), *Skills and Politics: General and Specific*, Max-Planck-Institut für Gesellschaftsforschung, MPIfG Discussion Paper 11/1, Köln.

Thünken, Oliver/Morgenroth, Sissy/Hertwig, Markus/Fischer, Alrun (2020), *Kampf um Mitbestimmung*, Bielefeld.

Weiß, Reinhold (2022), »Berufsforschung und Aushandlungsprozesse: Stellenwert in Neuordnungsverfahren«, in: Sandra Bohlinger/Gero Scheiermann/Christian Schmidt (Hg.), *Berufsbildung, Beruf und Arbeit im gesellschaftlichen Wandel. Zukünfte beruflicher Bildung im 21. Jahrhundert*, Wiesbaden, S. 291–308.

Zika, Gerd/Helmrich, Robert/Maier, Tobias/Weber, Enzo/Wolter, Marc Ingo (2018), *Arbeitsmarkteffekte der Digitalisierung bis 2035: Regionale Branchenstruktur spielt eine wichtige Rolle*, Institut für Arbeitsmarkt- und Berufsforschung: IAB-Kurzbericht, H. 9, Nürnberg.

Zinke, Gert (2019), *Berufsbildung 4.0 – Fachkräftequalifikationen und Kompetenzen für die digitalisierte Arbeit von morgen: Branchen- und Berufescreening. Vergleichende Gesamtstudie*, Bundesinstitut für Berufsbildung: Wissenschaftliche Diskussionspapiere, H. 213, Bonn.

Mitbestimmung im Lockdown – Auswirkungen der Corona-Pandemie auf die Betriebs- und Personalratsarbeit

Martin Behrens, Wolfram Brehmer

1. Einleitung

Die Auswirkungen der Corona-Pandemie auf die Arbeitswelt wurden seitens der Internationalen Arbeitsorganisation (ILO) zusammenfassend als »katastrophal« bezeichnet (ILO 2021). Als Krise globalen Ausmaßes führte die Pandemie zu erheblichen Verwerfungen auf den Arbeitsmärkten dieser Welt, welche in massiven Arbeitsplatzverlusten, steigender Arbeitslosigkeit und sinkendem Arbeitsvolumen ihren Ausdruck fanden (ILO 2020). Daneben kam es zu einer bislang nicht gekannten Ausweitung des Homeoffice (vgl. die Beiträge von Ahlers und Emmler in diesem Band). Die Auswirkungen der Corona-Krise waren allerdings ungleich auf die verschiedenen Branchen, Berufsfelder und Arbeitssituationen verteilt (ETUI/ETUC 2020).

Die Corona-Pandemie erwies sich auch für die Institutionen der Industriellen Beziehungen im Allgemeinen und der betrieblichen Mitbestimmung im Besonderen als massiver »Stress-Test« (Detje/Sauer 2021; Behruzi u.a. 2021; Behrens 2022; Behrens/Brehmer 2022; Kötter u.a. 2023). Wir gehen daher hier der Frage nach, inwieweit sich Betriebs- und Personalräte auch unter diesen Extrembedingungen als handlungsfähig erwiesen haben und inwiefern sie einen Beitrag dazu leisten konnten, die neuen Herausforderungen zu meistern.[1] Darüber hinaus zeigen wir, wie sich in der Pandemie auch die Arbeitsweisen der Betriebs- und Personalräte verändert haben. Schließlich gehen wir der Frage nach, welche nachwirkenden Folgen die Pandemiejahre für die Mitbestimmungspraxis hinterlassen haben, auch wenn die Pandemie an sich bewältigt ist.

Dieser Beitrag ist wie folgt strukturiert: Abschnitt 2 erörtert konzeptionelle Überlegungen zu den Auswirkungen der Pandemie auf verschiedene Aspekte der Mitbestimmung in Betrieben und Dienststellen. In Abschnitt 3 werden die

1 Dieser Beitrag ist eine aktualisierte und erweiterte Fassung des WSI Reports Nr. 75 von Behrens/Brehmer (2022).

analysierten Daten beschrieben. Abschnitt 4 untersucht die Veränderungen der inhaltlichen Schwerpunkte der Betriebs- und Personalratsarbeit im Zuge der Corona-Pandemie. Abschnitt 5 beleuchtet den Verlauf der Betriebsratswahlen während der Pandemie. Die folgenden Abschnitte behandeln die veränderten Arbeitsweisen und die Organisation der Betriebs- und Personalratsarbeit (Abschnitt 6) sowie das Verhältnis zum Arbeitgeber (Abschnitt 7). Abschnitt 8 bietet eine zusammenfassende Diskussion der Ergebnisse und eine Einschätzung darüber, welche langfristigen Auswirkungen die Corona-Pandemie auf die betriebliche Mitbestimmung haben könnte.

2. Auswirkungen der Pandemie auf unterschiedliche Aspekte der Mitbestimmung: Konzeptionelle Vorüberlegungen

Die Corona-Pandemie beeinflusste die Arbeit von Betriebsräten (BR) und Personalräten (PR) in vielfältiger Weise.

2.1 Inhaltliche Ausrichtung der Betriebs- und Personalratsarbeit

Zentrale Maßnahmen der Bundesregierung zur Eindämmung der Pandemie hatten ihren Bezugspunkt in der Arbeitswelt, insbesondere mit Blick auf die Arbeit im Betrieb. Mit der Corona-Schutzverordnung, der SARS-CoV-2-Arbeitsschutzverordnung, der SARS-CoV-Arbeitsschutzregel sowie der Corona-Test- und -Quarantäneverordnung fand innerhalb der Arbeitswelt eine Reihe neuer Rechtsnormen Anwendung, die im erheblichen Umfang auch die Arbeit der Betriebs- und Personalräte berührten. Nicht zuletzt auf Grundlage ihrer durch die Betriebsverfassung zugewiesenen zentralen Rolle im Bereich des betrieblichen Gesundheitsschutzes (§ 87 I Nr. 7 BetrVG und der entsprechenden Rechtsnormen im Personalvertretungsrecht) waren und sind hier die Interessenvertretungen in einer besonderen Verantwortung.

Ebenso mit der Pandemie verbunden war die Neuakzentuierung von Fragen der Vereinbarkeit von Familie und Beruf sowie der Geschlechtergerechtigkeit. Mit der phasenweisen Schließung von Schulen und Kinderbetreuungseinrichtungen sowie gehäuftem Auftreten von Quarantänefällen in den Klassen/Gruppen sowie unter Lehrer*innen und Erzieher*innen stellte sich die Frage nach der Sicherstellung der Kinderbetreuung in besonders drängender Weise (Hövermann/Kohlrausch 2022). Mit diesen Problemen verbunden waren das mobile Arbeiten/Homeoffice und die mögliche Gewährung von Kinderbetreuungstagen, die über den gesetzlichen Anspruch hinausgingen – beides Themen betrieblicher Regulierung.

Der mit der Pandemie verbundene Bedeutungszuwachs von Fragen des betrieblichen Gesundheitsschutzes sowie des Themas der Vereinbarkeit von Familie und Beruf dürfte sich auch auf das Aufgabenprofil der Betriebs- und Personalräte auswirken. Zwei Szenarien erscheinen hierbei denkbar: Erstens könnten Betriebs-/Personalräte im Sinne einer Profilerweiterung neue oder neu akzentuierte Themen der Betriebs-/Personalratsarbeit übernehmen, ohne dabei ihr bisheriges Aufgabenspektrum zu beschneiden. Die gegenläufige Erwartung wäre die Verdrängung etablierter Aktivitäten durch neue Problemlagen und den damit verknüpften Arbeitsfeldern. Welche der beiden Erwartungen, Erweiterung oder Verdrängung, zutrifft, ist letztlich auch von der Arbeitsbelastung der Räte sowie von deren Ressourcenausstattung abhängig. Befindet sich die Leistungsfähigkeit der betrieblichen Mitbestimmung bereits »am Limit«, so werden die Gremien eher nach Entlastungsmöglichkeiten suchen. Können hingegen Betriebs-/Personalräte – zumindest übergangsweise – zusätzliche Arbeitsressourcen mobilisieren oder Überlast schultern, so erscheint es unwahrscheinlich, dass etablierte Arbeitsfelder und Themen aufgegeben oder zurückgefahren werden.

Nicht aus dem Blick verloren gehen sollten auch Fragen der betrieblichen Krisenbetroffenheit, die nur mittelbar mit der Pandemie in Verbindung stehen. Gerät ein Betrieb, zum Beispiel wegen unterbrochener Lieferketten oder Ausfall der Nachfrage, in wirtschaftliche Schwierigkeiten – wir denken hier insbesondere an Hotellerie und Gastronomie, aber auch den Kulturbereich –, so erhalten auch klassische Aufgabenbereiche der betrieblichen Mitbestimmung, wie zum Beispiel Kurzarbeit, Interessenausgleich/Sozialplan und Beschäftigungssicherung, eine neue Dringlichkeit. Allerdings gibt es auch Branchen, die ihr Geschäft in der Pandemie ausweiten konnten oder mussten. Zu denken ist zum Beispiel an den Online-Handel, das Baugewerbe oder den Gesundheitssektor. Auch diese Entwicklungen werden nicht ohne Folge für die Betriebs- und Personalratsarbeit gewesen sein.

2.2 Neue Formen der Betriebs- und Personalratsarbeit

Eine zweite Auswirkung der Pandemie bezieht sich auf die Formen des Arbeitens im Betriebs-/Personalratsgremium selbst. Mit der zugespitzten Infektionsgefahr erweist sich auch der lang eingeübte und gesetzlich verankerte Modus der Betriebs-/Personalratsarbeit »in Präsenz« als problematisch. Mit der befristet in das Betriebsverfassungsgesetz aufgenommenen Ermächtigung zur Durchführung von Betriebsversammlungen mittels einer Video- oder Telefonkonferenz (§ 129 BetrVG) sowie der mittlerweile auf Dauer eingeführten Option zur Nutzung von Telefon- und Videokonferenzen für die Durchführung von Betriebsratssitzungen (§ 30 II BetrVG) sind den Betriebsräten hier neue Möglichkeiten an die Hand gegeben worden. Auch Personalräten wurden die Möglichkeiten für virtuelle Sitzungen eröffnet; für virtuelle Personalversammlungen galt dies allerdings nur eingeschränkt.

Insbesondere die dauerhaft ins Gesetz eingeführte Möglichkeit zur Durchführung von Online-Betriebsratssitzungen ist nicht unumstritten. So wurde seitens der Gewerkschaften kritisiert, Online-Formate könnten von Arbeitgebern dazu genutzt werden, Präsenzsitzungen systematisch zu unterbinden, um Kosten zu sparen (DGB 2021: 10). Darüber hinaus gingen bei Betriebsratssitzungen in Form einer Videokonferenz »wichtige Elemente des persönlichen Austauschs« verloren (ebd.: 9).

Dass sich der weitgehende Verzicht auf Mitbestimmung in Präsenz auch auf die Qualität der Betriebsratsarbeit sowie auf die Nähe zu den Belegschaften auswirken kann, findet Anknüpfungspunkte in der Betriebsratsforschung. Zwar basiert die betriebliche Mitbestimmung auf der Mandatierung, welche ihre Legitimation auf die vierjährlichen Wahlen stützt und damit die Belegschaft eher marginalisiert (Schmidt/Trinczek 1999, S. 111), dennoch erweist sich der persönliche Kontakt bzw. »feedback-loops« (Gumbrell-McCormick/Hyman 2010: 304) als wichtige soziale Grundvoraussetzung repräsentativer Interessenvertretung. So ist der Betriebsrat im Falle betrieblicher Konflikte auf die Unterstützung durch die Belegschaft angewiesen, welche mitunter dessen »schärfste Waffe« (Schmidt/Trinczek 1999: 113) ist. Darüber hinaus erweisen sich insbesondere Betriebsversammlungen als wichtiger Seismograf zur Identifizierung von Bedürfnissen und Stimmungen in der Belegschaft, aber auch als gezielt eingesetztes Instrument zur Ausübung von Druck auf die Arbeitgeberseite.

Der Frage, inwieweit die neuen – oft digital gestützten – Instrumente der Betriebs- und Personalratsarbeit in der Praxis Anwendung gefunden haben, werden wir uns in Abschnitt 6 zuwenden.

2.3 Betriebliche Sozialordnung: Neues Verhältnis zum Arbeitgeber?

Schließlich gehen wir drittens davon aus, dass die Corona-Pandemie auch das Verhältnis zwischen Betriebsrat und Arbeitgeber beeinflusst hat. Hierbei erscheinen zwei gegenläufige Szenarien gleichermaßen plausibel zu sein. Ein erstes Szenario würde an vormalige Erfahrungen während der Weltfinanzkrise anknüpfen (Behrens 2014; Detje u.a. 2011), wonach deutsche Schlüsselakteure der Industriellen Beziehungen in Zeiten existenzieller Bedrohungslagen dazu tendieren, in einen Krisenbewältigungsmodus zu wechseln. Vor dem Hintergrund erheblicher Gefahren für Betrieb und Beschäftigung stellen demnach Betriebsräte und Arbeitgeber bestehende Konflikt zurück (oder legen sie »auf Wiedervorlage«), um in dieser Situation gemeinsam betriebliche Stabilisierungsmaßnahmen in die Wege zu leiten. Ein zweites Szenario lässt sich unter die Chiffre »Gelegenheit macht Diebe« oder »never let a good crisis go to waste« stützen und kann an die Deregulierungserfahrungen während der Corona-Pandemie anknüpfen, wie sie für den Fall der Arbeitsbeziehungen im Vereinigten Königreich beobachtet wurden (Herman u.a. 2021). Demzufolge nutzen Arbeitgeber die willkommene Ablenkung durch die Pandemie, um eigene Vorstellungen leichter durchsetzen zu können. Ob sich Anhaltspunkte für diese beiden (gegenläufigen) Thesen finden lassen, werden wir in Abschnitt 7 erörtern.

3. Daten und Methode

Dieser Beitrag stützt sich hauptsächlich auf Befunde der telefonisch vom 26. Mai bis 14. Dezember 2021 durchgeführten WSI-Betriebs- und Personalrätebefragung, Welle 5 eines regelmäßig stattfindenden Befragungspanels.[2] Grundgesamtheit sind Betriebe und Dienststellen ab 20 Beschäftigten mit Betriebs- oder Personalrat aller Branchen Deutschlands. Die Auswahl der zu befragenden Betriebe erfolgte mit einer Zufallsziehung aus der Betriebsdatei der Bundesagentur für Arbeit. Es nahmen 2.924 Betriebsrats- und 963 Personalratsmitglieder teil. Es wurde nur ein Mitglied je Gremium interviewt, in der Regel der oder die Betriebsbzw. Personalratsvorsitzende, das Auskunft für Betrieb und Gremium erteilte. Die Teilnahmequote lag bei 20,5 Prozent bei den Ersteilnehmern (Nachziehung 2021 zur »Stichprobenauffrischung«), die Panelteilnahmequote bei 57,7 Prozent.

Vereinzelt werden daneben Angaben auch der WSI-Betriebs- und Personalrätebefragungen der Jahre 2018 und 2023 genutzt, ebenso wie Angaben aus der HBS-Erwerbspersonenbefragung (Emmler 2023) und Angaben aus dem IAB-Betriebspanel (Ellguth u.a. 2014).

2 Für tiefer gehende Informationen zur WSI-Betriebs- und Personalrätebefragung siehe den Beitrag von Brehmer und Emmler in diesen Band.

4. Inhaltliche Arbeitsschwerpunkte und Arbeitsbelastung der Betriebs- und Personalräte

Wir wenden uns nun der Frage zu, inwieweit die inhaltliche Agenda der Betriebs- und Personalräte im Zuge der Corona-Pandemie eine Erweiterung erfuhr. Wie die in Abbildung 1 dargestellten Schwerpunkte der Betriebs- und Personalratsarbeit der Jahre 2020/21 belegen, hatten sich Themen mit Pandemiebezug deutlich in den Vordergrund gedrängt. Die Liste der zehn meistgenannten Themen wird angeführt von »Corona und Folgen für den Betriebsablauf«. Knapp 93 Prozent der Personalräte und 88 Prozent der befragten Betriebsräte haben sich mit diesem Thema befasst.[3] Mit den Themen »Arbeitsschutz und Gesundheitsförderung«, »mobile Arbeit bzw. Heimarbeit« und »Umstellung der Betriebsratsarbeit wegen Corona« finden sich weitere Arbeitsfelder mit direktem Pandemiebezug auf den vorderen Rängen. Bei den genannten Themen erweisen sich im Übrigen Unterschiede zwischen der privaten Wirtschaft und dem Öffentlichen Dienst als eher gering. Interessant ist auch die häufige Nennung der »Einführung neuer Techniken oder Digitalisierung«: 85 Prozent der Personal- und 74 Prozent der Betriebsräte hatten sich hiermit seit Anfang 2020 bis zum Befragungszeitpunkt 2021 befasst. Auch dies steht in direktem Zusammenhang mit der Pandemie, denn immerhin 66 Prozent der befragten Betriebs- und Personalräte gaben an, dass die Pandemie Digitalisierungsprozesse im Betrieb bzw. in der Dienststelle beschleunigt habe.

3 Die CATI-Frage lautete: »Kommen wir jetzt zur Betriebsratsarbeit. Ich lese Ihnen nun eine Liste von Themen vor. Sagen Sie uns bitte jeweils, ob sich der Betriebsrat damit seit Anfang 2020 besonders beschäftigt hat«. Insgesamt wurden 41 Themen abgefragt, aus denen die Befragten in Mehrfachnennung wählen konnten. Die Frage wurde in regelmäßigen Abständen wiederholt, damit der Kontext der Antwortmöglichkeiten nicht verloren ging. Die Antwortmöglichkeiten wurden in randomisierter Reihenfolge abgefragt; vgl. dazu Tabelle 1, die jedoch nur einen Auszug aller Items beinhaltet.

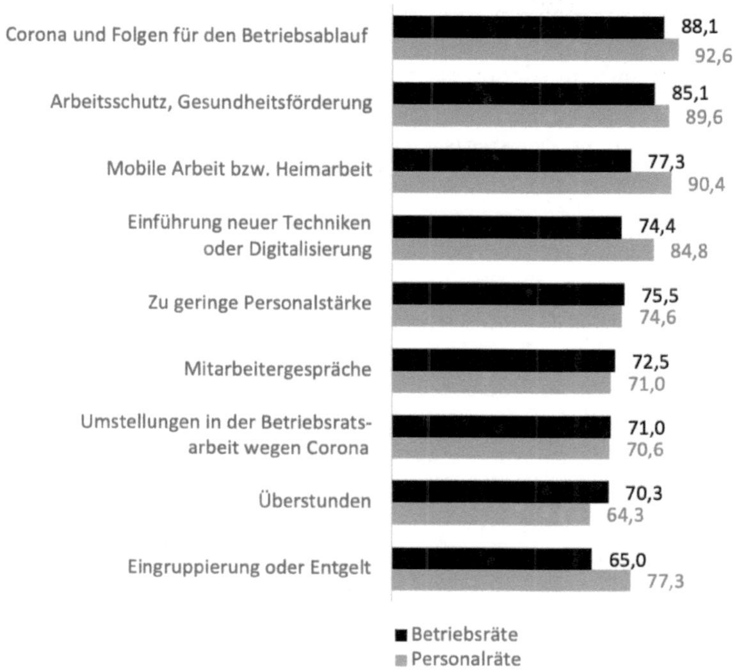

Abbildung 1: Häufigste Themen der Betriebs- und Personalratsarbeit 2020/2021[4]; Angaben in Prozent, gewichtet
Anmerkung: Mehrfachnennung möglich; 2.924 Betriebs-, 963 Personalräte
Quelle: WSI-Betriebs- und Personalrätebefragung 2021, eigene Berechnung

Wie sehr die Pandemie dazu beigetragen hat, das Arbeitsprofil der Betriebsräte zu verändern, zeigt Tabelle 1. So konnten wir die in unsere Erhebungen einbezogenen Betriebsräte zu drei Zeitpunkten dazu befragen, mit welchen Themen sich der Betriebsrat im zurückliegenden Jahr »besonders beschäftigt« hat. Die erste dieser Befragungen fand im Jahr 2018 statt, also deutlich vor dem Beginn der Pandemie. Eine zweite Befragung erfolgte 2021 während der Pandemie und der damit verbundenen Betriebsschließungen, betrieblichen Schutzregeln und sonstigen Einschränkungen. Zum Zeitpunkt der dritten Erhebung (2023) waren diese Beschränkungen weitestgehend außer Kraft getreten. Für insgesamt 38 Themenfelder konnten wir zu allen drei Zeitpunkten erheben, wie viele Betriebsräte sich mit den genannten Themen besonders beschäftigt haben. In Tabelle 1 zeigen wir nun unterschiedliche Muster von Themenkonjunkturen. Zwei Muster deuten

4 Abbildung 1 stellt ebenso wie Tabelle 1 eine Auswahl der über 40 erhobenen Themen dar. Die vollständige Liste aller Nennungen findet sich bei Behrens und Brehmer (2022: 19 f.).

darauf hin, dass die Corona-Pandemie quasi als vorübergehender Ausnahmezustand für die betriebliche Mitbestimmung fungierte. Gegenüber der Zeit vor der Pandemie finden wir in der Erhebung 2020/21 eine deutliche Veränderungsdynamik, welche allerdings mit dem Auslaufen dieser Sonderkonjunktur in eine Normalisierung mündet. Der Status vor der Pandemie wird quasi wiederhergestellt. In einer kleineren Anzahl von Themenfeldern (zum Beispiel Themen wie Arbeitsschutz/Gesundheitsförderung oder Arbeitszeitkonten) steigt die relative Bedeutung dieser Themen zwischenzeitlich an, bei einer weitaus größeren Anzahl von Themen beobachten wir einen Bedeutungsrückgang während der Zeit der Pandemie (zum Beispiel Beschäftigte mit Migrationshintergrund, Fort- und Weiterbildung oder zu geringe Personalstärke). Wir sehen in dieser Pendelbewegung den Ausdruck von zweierlei Prozessen: Zum einen ergeben sich aus den Notwendigkeiten des Gesundheitsschutzes und der damit verbundenen Maßnahmen, wie zum Beispiel der Einführung/Ausweitung von mobilem Arbeiten, neue Themen, die sich in den Vordergrund drängen. Vor dem Hintergrund begrenzter Arbeitskapazitäten der Betriebsratsgremien führt dies aber, zweitens, zu einer Re-Priorisierung der Aufgaben und Themen. Etablierte Themen rücken in den Hintergrund; sie werden aber nach dem Ende der pandemiebedingten Sonderkonjunktur aus ihrem »Dornröschenschlaf« erweckt. Dass wir es bei der Pandemie allerdings nicht ausschließlich mit einer reversiblen Sonderkonjunktur zu tun haben, zeigt der Blick auf eine dritte Gruppe von Themen, die einen kontinuierlichen Bedeutungszuwachs erfuhren. So scheinen die Corona-Jahre quasi als Katalysator für eine Reihe von Themen gewirkt zu haben, die gekommen sind, um zu bleiben. Dies trifft für Fragen des flexiblen Umgangs mit Arbeitszeit zu: zum Beispiel »immer flexiblere Arbeitszeiten«, »Arbeiten außerhalb der regulären Arbeitszeit oder in der Freizeit«, aber auch »Erreichbarkeit der Beschäftigten außerhalb der regulären Arbeitszeit«. Wir vermuten, dass die zunehmende Bedeutung dieser Themen direkt oder indirekt mit der zunehmenden Nutzung von mobilem Arbeiten verbunden ist.

Themen der BR-Arbeit	**Befragung 2018**	**Befragung 2021**	**Befragung 2023**
Arbeitsschutz, Gesundheitsförderung	82,5	85,1	83,1
Zu geringe Personalstärke	81,4	75,5	85,3
Mitarbeitergespräche	70,6	72,5	77,4
Überstunden	77,6	70,3	77,2
Eingruppierung oder Entgelt	61,8	65,0	75,8
Immer flexiblere Arbeitszeiten	51,6	63,1	63,5
Leistungsdruck	69,0	59,8	64,6
Fort- und Weiterbildung	63,7	58,9	67,7
Verschlechterung des Betriebsklimas	62,4	57,7	67,5

Themen der BR-Arbeit	Befragung 2018	Befragung 2021	Befragung 2023
Familienfreundliche Arbeitsbedingungen	49,1	54,3	49,2
Arbeitsverdichtung	64,2	53,1	59,7
Arbeiten außerhalb der regulären Arbeitszeit oder in der Freizeit	40,7	46,7	50,2
Personalabbau und Beschäftigungssicherung	37,8	44,6	39,0
Befristete Beschäftigung	61,4	43,7	44,3
Erreichbarkeit der Beschäftigten außerhalb der regulären Arbeitszeit	27,4	30,1	32,8
Beschäftigte mit Migrationshintergrund	22,6	15,5	21,0
Unterschreitung von Tarifstandards, Kürzung tariflicher Leistungen	14,9	11,7	14,3

Tabelle 1: Entwicklung ausgewählter Themen der Betriebsratsarbeit; Angaben in Prozent, gewichtet
Anmerkung: Fälle 2018: 2.288, 2021: 2.924, 2023: 2.712; nur Betriebsratsangaben (ohne Personalräte)
Quelle: WSI-Betriebs- und Personalrätebefragung 2018, 2021, 2023, eigene Berechnung

Bereits die Darstellung der Sonderkonjunktur bei bestimmten Themen hat gezeigt, dass für eine Vielzahl von Betriebs- und Personalräten die einfache Erweiterung der eigenen Agenda (»Profilerweiterung«) in den Corona-Jahren keine nachhaltige Option war. Dies verdeutlichen auch die in Tabelle 2 präsentierten Angaben. Danach gefragt, wie sich die Belastungen in der Betriebs- und Personalratsarbeit seit Beginn der Corona-Krise entwickelt haben, gaben 56 Prozent der Befragten an, die Belastung sei gestiegen, während 39 Prozent davon ausgehen, diese sei gleich geblieben. Lediglich 5 Prozent der Betriebs- und Personalräte haben einen Rückgang der Belastungen erlebt. Bemerkenswert ist der beinahe lineare Anstieg der Belastung mit der Betriebsgröße. Geben 45 Prozent der Mitbestimmungsträger in kleinen Betrieben und Dienststellen an, ihre Belastung sei gestiegen, so beträgt dieser Anteil in den Großbetrieben mit mehr als 500 Beschäftigten 68 Prozent. Auch allein die Möglichkeit, in Betrieben mit mehr als 200 Beschäftigten (Freistellungsgrenze) ein Betriebsratsmitglied vollständig (oder teilweise) für die Betriebsratsarbeit freistellen zu können, scheint hier für keine spürbare Entlastung gesorgt zu haben. Nach unseren weiteren Analysen wird dieser deutliche Größeneffekt von der größeren Komplexität der Betriebsratsarbeit in größeren Betrieben getragen. Dies drückt sich beispielsweise auch in dem Befund aus, dass die Anzahl der von einem Betriebsrat/Personalrat bearbeiteten Themen mit der Betriebsgröße ansteigt.

	Entwicklung der Belastung des Betriebs-/ Personalrats seit Beginn der Corona-Krise			
Betriebsgröße: Anzahl Beschäftigte	Gesunken	Gleich geblieben	Gestiegen	Total
20 bis 49	6,6	48,5	44,9	100
50 bis 99	6,0	46,6	47,5	100
100 bis 199	4,7	41,7	53,6	100
200 bis 499	4,9	35,5	59,7	100
500 und mehr	3,6	28,8	67,6	100
Total	5,0	38,9	56,1	100

Tabelle 2: Durch die Corona-Krise veränderte Belastungen in der Betriebs- und Personalratsarbeit, nach Betriebsgröße; Angaben in Prozent, gewichtet

Quelle: WSI-Betriebs- und Personalrätebefragung 2021, eigene Berechnung

5. Betriebsratswahlen im Frühjahr 2022

Auch die Betriebsratswahlen im Jahr 2022 wurden maßgeblich von den Herausforderungen der Corona-Pandemie beeinflusst, denn die Wahlen wurden nicht verschoben, sondern fanden trotz bestehender Kontaktbeschränkungen und Unsicherheiten planmäßig vom 1. März bis 31. Mai 2022 statt. Das erschwerte nicht nur den Wahlgang an sich, sondern auch die Aufstellung von Kandidat*innen für die Wahl (Einholung der erforderlichen Unterschriften, das Aufstellen der Listen, Wahlwerbung, aber auch die generelle Koordination der ganzen Wahl und die Mobilisierung der Wählerschaft). Doch trotz der Situation erzielten die Wahlen mit 71 Prozent eine überraschend hohe Wahlbeteiligung (Daten WSI-Betriebsrätebefragung 2023). Die Pandemie zwang bei den Wahlmodalitäten zu Anpassungen, die Briefwahl wurde gegenüber der Wahl vor Ort im Betrieb zur dominierenden Form: 56 Prozent der Wählenden gaben ihre Stimme per Briefwahl ab, nur 44 Prozent vor Ort (Daten aus HBS-Erwerbspersonenbefragung, Welle 8[5]). In einem Zeitraum, in dem persönliche Interaktionen eingeschränkt waren, erwies sich die Möglichkeit der Briefwahl als essenziell für die Fortführung des demokratischen Wahlprozesses in den Betrieben.

5 Die Befragung fand vom 25.04. bis 09.05.2022 statt. 26 Prozent der Befragten hatten zum Erhebungszeitpunkt noch nicht gewählt. Diese sind in der Auswertung nicht berücksichtigt.

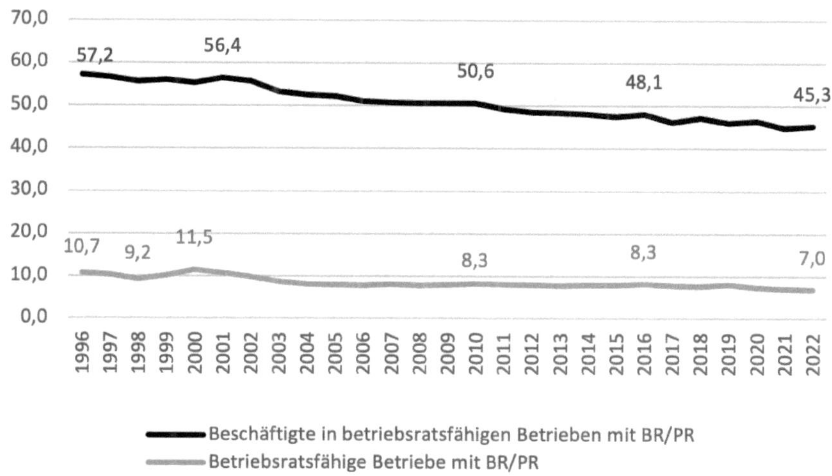

Abbildung 2: Verbreitung von Betriebs- und Personalräten, 1996–2022; Angaben in Prozent
Anmerkung: Nur Betriebe mit fünf oder mehr Beschäftigten
Quelle: IAB-Betriebspanel 1996–2022, Hohendanner/Kohaut (2023): Anlagentabellen 3 und 4 (Auszug)

Ein Blick auf die IAB-Betriebspaneldaten der Jahre 1996 bis 2022 (vgl. Abbildung 2) verdeutlicht, dass der Anteil der Betriebe mit Betriebsrat (sowie der in ihnen Beschäftigten) durch die Betriebsratswahlen im Corona-Jahr 2022 ebenfalls nicht maßgeblich vermindert wurde. Die Prozentzahlen der Beschäftigten in betriebsratsfähigen Betrieben mit Betriebsrat sind im Vergleich zu den Vorjahren stabil geblieben, Gleiches gilt für die Betriebe. In gewisser Weise unterstreicht dies die Robustheit der Mitbestimmung und ihrer Akteure, die auch in Zeiten von Krisen und massiven Umstellungen weiterhin ihrer Funktion nachgehen. Dies steht im Kontrast zu Befürchtungen, die im Vorfeld der Wahlen geäußert wurden, und verdeutlicht die Anpassungsfähigkeit der betrieblichen Mitbestimmung an herausfordernde Umstände. Allerdings ändert dieser Befund nichts an dem länger anhaltenden Trend, dass zunehmend weniger Betriebe/Belegschaften die Notwenigkeit oder Möglichkeit wahrnehmen (können), einen Betriebsrat zu bilden (Hohendanner/Kohaut 2023).

6. Mitbestimmung in Zeiten von Corona

Infolge der Corona-Pandemie war die Gesundheit der Mitglieder von Betriebs- und Personalräten ebenso gefährdet wie die aller anderen Beschäftigten. Die gängigen Maßnahmen zum Schutz vor einer Ansteckung mit dem Corona-Virus galten gleichermaßen für Beschäftigte und Betriebsräte: Abstand halten, Lüften, Maske tragen und nach Möglichkeit direkte Kontakte mit anderen minimieren. All dies waren regelmäßig praktizierte Maßnahmen zur Vermeidung von Infektionen. Die Pandemie traf allerdings auf eine Rechtslage, wonach unter Anwendung des im BetrVG verankerten Kriteriums der »Nichtöffentlichkeit« die Zulässigkeit der virtuellen Durchführung von Betriebsratssitzungen ebenso wie von Betriebsversammlungen infrage gestellt wurde (Fitting u.a. 2018, § 33 Rn 21b, 21c).

Erst mit der Verabschiedung der »Sonderregelung aus Anlass der Corona-Pandemie« des § 129 BetrVG zum 1. März 2020 wurde hier für Klarheit und Rechtssicherheit gesorgt. Die zeitlich befristete (und einmal verlängerte) Regelung des § 129 BetrVG ermöglichte die Durchführung von virtuellen Betriebsversammlungen ebenso wie die rechtssichere Beschlussfassung im Betriebsrat auch bei Online-Sitzungen oder Telefonkonferenzen. Die virtuelle Beschlussfassung des Betriebsrates wurde im Juni 2021 als Teil des Betriebsrätemodernisierungsgesetzes dauerhaft ins Betriebsverfassungsgesetz übernommen (§ 30 II BetrVG), nicht jedoch ihr Pendant zur virtuellen Durchführung von Betriebsversammlungen. Mit der Ermöglichung virtueller Betriebsratssitzungen wurde allerdings auch der Vorrang von Präsenzsitzungen im Gesetz verankert und die Durchführung von virtuellen Sitzungen an die Erfüllung einer Reihe von Kriterien geknüpft.[6]

Wie in Abbildung 3 dargestellt, erwies sich während der Zeit der Pandemie die Sitzung in Präsenz weiterhin als die am häufigsten genutzte Form der Betriebsratssitzungen. 42 Prozent der befragten Betriebsräte und 38 Prozent der Personalräte tagten so. Weitere 33 Prozent der Betriebsräte und 34 Prozent der Personalräte führten Videokonferenzen durch. Hybride Formate unter Kombination verschiedener Durchführungsarten (zum Beispiel Präsenzsitzung mit Zuschaltung einzelner Betriebsratsmitglieder) finden sich bei 11 Prozent der Betriebs- und 18 Prozent der Personalräte. Die klassische Telefonkonferenz, die zumeist ohne Anschaffung einer besonderen IT-Infrastruktur seitens des Arbeitgebers auskommt, wurde bei 14 Prozent der Betriebs- und 11 Prozent der Personalräte genutzt, dies vor allem in kleineren Betrieben und Dienststellen.

Wie in Tabelle 3 dargestellt, wurden Präsenzsitzungen nicht überall in gleichem Maße genutzt (Angaben nur für Betriebsräte). So variierte die Nutzung zum Beispiel mit der Betriebsgröße. Während 44 Prozent der Betriebsräte in Betrieben mit 20 bis 49 Beschäftigten Treffen unter Anwesenden favorisierten, waren dies

6 Auch Personalräte können, nach einer Zeit der coronabedingten Übergangsregelungen, mittlerweile virtuell Personalratssitzungen abhalten, wobei Präsenzsitzungen Vorrang einzuräumen ist. Zu den Regelungen im BPersVG vgl. Baden (2021: 9 f.).

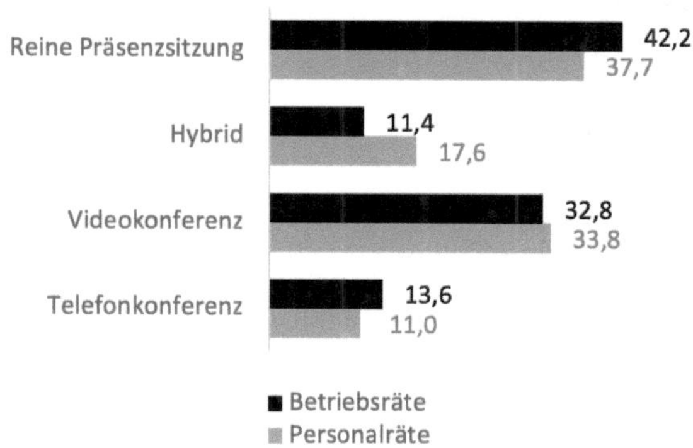

Abbildung 3: Form der Betriebs- oder Personalratssitzungen seit dem Beginn der Corona-Krise; Angaben in Prozent, gewichtet
Anmerkung: 2.789 Betriebs-, 925 Personalräte
Quelle: WSI-Betriebs- und Personalrätebefragung 2021, eigene Berechnung

lediglich 28 Prozent der Gremien in Großbetrieben mit mehr als 500 Beschäftigten. Ein wichtiger Grund mag hier in der Größe der Gremien liegen. Während der Betriebsrat eines Kleinbetriebes mit zwischen 20 und 49 Beschäftigten aus drei Personen besteht, bestehen die Betriebsräte der Großbetriebe aus mindestens elf Mitgliedern (ein Gremium im Betrieb mit 9.000 Beschäftigten hat bereits 35 Mitglieder). Während sich also Abstandsregeln im Betriebsrat des Kleinbetriebes gut einhalten ließen, stellten die räumlichen Verhältnisse den Betriebsrat von Großbetrieben vor größere Herausforderungen.

Wie der untere Teil von Tabelle 3 zeigt, drängt sich aber ein weiterer Zusammenhang auf: Der Verzicht auf Präsenzsitzungen fiel dann leichter, wenn Beschäftigte eines Betriebs (und damit die Betriebsratsmitglieder) allein schon zur Ausübung ihrer beruflichen Tätigkeit mit grundlegender IT-Infrastruktur wie Laptops und Videokonferenzsoftware ausgestattet waren und die Nutzung solcher Systeme bereits zur Routine geworden war. Sitzungen in Präsenz fanden daher in den Branchen Information und Kommunikation sowie Finanz- und Versicherungsdienstleistungen – zwei Branchen, in denen die Arbeit mit Computer/Laptop zur täglichen Routine gehören dürfte – recht selten statt. Dagegen war in den Bereichen des Verarbeitenden Gewerbes sowie Erziehung und Gesundheit, aber auch im Handel, die Praxis, die Mitbestimmung in physischer Präsenz auszuüben, ungebrochen.

	Reine Präsenzsitzung
Betriebsgröße/Anzahl der Beschäftigten (in absoluten Zahlen)	
20 bis 49	44,0
50 bis 99	45,0
100 bis 199	41,7
200 bis 499	33,4
500 und mehr	27,7
Ausgewählte Branchen	
Produzierendes Gewerbe ohne Baugewerbe	40,7
Baugewerbe	29,2
Handel, Verkehr und Lagerei, Gastgewerbe	42,4
Information und Kommunikation	5,0
Finanz- und Versicherungsdienstleister	9,9
Öffentliche Dienstleister, Erziehung, Gesundheit	47,2
Anteil Beschäftigter im »Homeoffice« (April 2020)	
0 %	70,7
Bis zu 25 %	48,0
Bis zu 50 %	23,5
Bis zu 75 %	9,8
Über 75 %	5,6

Tabelle 3: Anteil Betriebsräte mit reiner Präsenzsitzung in ausgewählten Gruppen; Angaben in Prozent, gewichtet

Anmerkung: 2.789 Betriebsräte, keine Personalratsangaben

Quelle: WSI-Betriebs- und Personalrätebefragung 2021, eigene Berechnung

Diese Interpretation wird bestätigt, wenn man den Zusammenhang zwischen der Form der Betriebsratssitzungen und der Nutzung von mobilem Arbeiten im Betrieb betrachtet. In Betrieben, in denen Homeoffice nicht angeboten wurde, sei es, weil es die konkrete Tätigkeit nicht erlaubte oder der Arbeitgeber dies nicht ermöglichte, lag der Anteil der Betriebsräte, die in Präsenz tagten, bei 71 Prozent, während dieser Anteil bei Gremien in Betrieben mit überwiegender Nutzung von mobiler Arbeit (über 75 Prozent der Belegschaft arbeiteten von zu Hause aus) lediglich bei 6 Prozent lag. Es zeigt sich also: Die betriebliche Regelung der Arbeit hatte weitreichende Konsequenzen für die Ausgestaltung der Betriebsratsarbeit und damit auch für die Möglichkeit, Betriebsratsmitglieder bei Ausübung ihres Ehrenamtes vor Ansteckung zu schützen.

Wie Hermann Kotthoff schon vor Jahren kritisch ausführte (Kotthoff 2013: 334), hat sich die Betriebsratsforschung bislang recht stark auf die Beziehung zwischen Management und Betriebsrat konzentriert und dabei die Beziehungen zwischen Betriebsrat und Belegschaft vernachlässigt. Ein Befund, der bis heute aufrechterhalten werden kann. Wie jedoch bereits frühere Erhebungen des WSI belegen (Behrens 2003: 175), nutzen Betriebsräte regelmäßig eine große Vielfalt unterschiedlicher Instrumente, um mit der Belegschaft in Kontakt zu bleiben bzw. über die Politik des Betriebsrats zu informieren. Unter den insgesamt zehn in der Befragung erhobenen unterschiedlichen Kontaktmöglichkeiten, welche der Betriebsrat regelmäßig nutzt, erwiesen sich Betriebsversammlungen mit 95 Prozent der Nennungen als absoluter Spitzenreiter, noch vor der direkten persönlichen Ansprache (89 Prozent), Aushängen (84 Prozent) oder E-Mails (45 Prozent).

Aus der Perspektive des Betriebsrats können Betriebsversammlungen hierbei unterschiedliche Funktionen erfüllen: Sie erfüllen einerseits eine Informationsfunktion, indem sie eine Plattform bieten, um die Belegschaft über aktuelle Entwicklungen im Betrieb zu informieren, aber auch, um die jeweilige Politik des Betriebsrates zu erläutern und Rechenschaft abzulegen. Darüber hinaus dienen Betriebsversammlungen als Seismograf, der es dem Betriebsrat erlaubt, Stimmungen in der Belegschaft aufzunehmen (Leiss/Wurl 1990: 108), sich deren Unterstützung zu vergewissern, aber auch mögliche Meinungsführer*innen in der Belegschaft zu identifizieren. Schließlich kann die Betriebsversammlung auch dazu genutzt werden, die Geschäftsleitung gezielt unter Druck zu setzen und die Belegschaft zu mobilisieren, zum Beispiel, indem der Bericht des Arbeitgebers durch kritische Äußerungen aus den Reihen der Belegschaft, des Betriebsrats oder der gewerkschaftlichen Vertrauensleute kommentiert wird oder der Bericht des Betriebsrats als Anklageschrift gegen die Personal- und Geschäftspolitik der Geschäftsleitung in Stellung gebracht wird (Mobilisierungsfunktion).

Nach dem Betriebsverfassungsgesetz »hat« der Betriebsrat in jedem Kalendervierteljahr eine Betriebsversammlung einzuberufen (§ 43 Abs. 1 BetrVG) und kann – wenngleich nur unter bestimmten Bedingungen – im Jahr zusätzlich bis zu zwei »weitere Betriebsversammlungen« durchführen (ebd.).[7] In Dienststellen des Öffentlichen Dienstes sind Personalversammlungen je nach gültigem Personalvertretungsrecht halbjährlich (so etwa bei Bundesdienststellen) oder abhängig vom Bundesland seltener durchzuführen (Kröll 2020: 21 f.).

Da nun Betriebsversammlungen eine besondere Bedeutung für das Verhältnis zwischen Betriebsrat und Belegschaft (und darüber hinaus) zukommt, ist es für die Vitalität der Mitbestimmung von großer Bedeutung, wie dieses Instrument unter den erschwerten Bedingungen von Pandemie und Kontaktreduktion genutzt wurde. Befunde aus verschiedenen Erhebungswellen (1978, 1998 und 2007) der vom Institut der Deutschen Wirtschaft durchgeführten Unternehmensbefragungen (befragt wurden zumeist die Geschäftsführungen der über die zuständigen Arbeitgeberverbände kontaktierten Unternehmen) deuten an, dass im Durchschnitt 3,5 Betriebsversammlungen pro Betrieb und Jahr stattfinden

7 Gemäß § 44 Abs. 2 BetrVG können zusätzlich »außerordentliche« Betriebsversammlungen einberufen werden. Sofern diese Versammlungen während der Arbeitszeit durchgeführt werden, ist der Arbeitgeber allerdings nicht verpflichtet, teilnehmenden Beschäftigten das Entgelt fortzuzahlen.

(Niedenhoff 1999: 50) – wenngleich mit im Zeitverlauf abnehmender Tendenz (siehe Niedenhoff 2007: 26). Diese Versammlungen dauerten im Durchschnitt 1,7 Stunden (Niedenhoff 1999: 52). In 73,1 Prozent der Fälle meldeten sich Arbeitnehmer des Betriebs eher selten zu Wort, Gewerkschaftsvertreter und leitende Angestellte dafür umso häufiger (Niedenhoff 2007: 27).

Um zu ermessen, wie sich die Corona-Pandemie auf die Nutzung von Betriebsversammlungen ausgewirkt hat, haben wir die Betriebs- und Personalräte zunächst danach gefragt, wie viele Betriebsversammlungen pro Jahr sie »normalerweise«, also in der Zeit vor der Pandemie durchgeführt haben. Für die Betriebsräte ergibt sich ein Mittelwert von 2,9 Betriebsversammlungen im Jahr, ein Wert, der 0,6 Versammlungen unter dem von Niedenhoff (1979: 115) für das Jahr 1978 ermittelten Durchschnitt liegt,[8] aber auch darauf verweist, dass eine Reihe von Betriebsräten die gesetzliche Norm von vier Versammlungen jährlich unterschreitet. Für den Bereich der Personalräte liegt dieser Wert bei 1,7 Versammlungen pro Jahr. Wie groß der Einschnitt durch die Pandemie war, zeigt sich, wenn man nun die Angaben für den Zeitraum 1. April 2020 bis 1. April 2021 zum Vergleich heranzieht. Mit im Durchschnitt 1,0 Betriebsversammlungen pro Jahr hat sich deren Zahl im Vergleich zur Vor-Pandemie-Zeit mehr als halbiert, mit 0,5 Personalversammlungen pro Jahr erweist sich der Rückgang im Bereich der Personalräte als noch einschneidender.

Wie Abbildung 4 zeigt, konnten die neu eingeführten digital gestützten Durchführungswege den Einbruch der Nutzung von Betriebs- und Personalversammlungen nicht gänzlich aufhalten. So gaben 55 Prozent der befragten Betriebsräte an, im betreffenden Zeitraum habe keine einzige Betriebsversammlung stattgefunden, bei den Personalräten lag dieser Anteil bei 72 Prozent. Weitere 20 Prozent der Betriebsräte haben eine oder mehrere Betriebsversammlungen als Videokonferenz durchgeführt, 18 Prozent als reine Präsenzveranstaltung und 6 Prozent in hybrider Form (sonstige Durchführungswege 2,2 Prozent).

Dass es ohne die neuen Durchführungswege beim Rückgang der Betriebsversammlungen noch schlimmer gekommen wäre, deutet sich an, wenn man unterschiedliche Branchen miteinander vergleicht. So wurden von April 2020 bis April 2021 im Branchencluster »Information und Kommunikation«, einem Bereich mit hoher Affinität zur digitalen Betriebsratsarbeit, im Durchschnitt 1,5 Betriebsversammlungen/Jahr durchgeführt, im vom Präsenzbetrieb geprägten Bereich »Erziehung und Gesundheit« hingegen nur 0,9 Versammlungen. Noch deutlicher zeigt es aber der Vergleich zwischen Öffentlichem Dienst und Privatwirtschaft: Anders als bei Betriebsversammlungen hat es die Übertragung

8 Wegen deutlich unterschiedlicher Stichproben und Erhebungsmethoden ist dieser Vergleich mit historischen Daten allerdings nur begrenzt aussagekräftig.

von Personalversammlungen mittels audiovisueller Einrichtungen nicht in die entsprechenden Sonderregelungen aus Anlass der Corona-Pandemie geschafft; auch der DGB hatte sich wegen des nichtöffentlichen Charakters dieser Versammlungen dagegen ausgesprochen (vgl. Kröll 2020: 23). Im Resultat hatte ein deutlich höherer Anteil an Dienststellen nicht eine Personalversammlung in dieser Zeit.

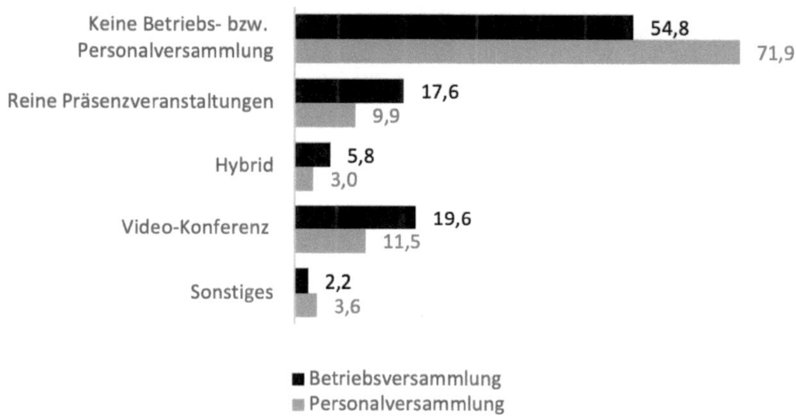

Abbildung 4: Betriebs- und Personalversammlungen zwischen 1. April 2020 und 1. April 2021; Angaben in Prozent, gewichtet
Anmerkung: 2.789 Betriebsräte, 925 Personalräte
Quelle: WSI-Betriebs- und Personalrätebefragung 2021, eigene Berechnung

Unabhängig davon, wie gut oder wie schlecht die Ausgangsbedingungen verschiedener Branchen für die Nutzung digitaler Techniken sind, sind Entscheidungen, eine Betriebsversammlung durchzuführen oder nicht, sowie die jeweilige Durchführungsform immer das Produkt von konkreten Abstimmungsprozessen im Betrieb. Wir haben zunächst danach gefragt, von wem die Entscheidung, Betriebsversammlungen ausfallen zu lassen, ausging. Eine deutliche Mehrheit von 58 Prozent der Betriebs- und Personalräte gab an, die Entscheidung sei gemeinsam von Arbeitgeber und Betriebsrat gefällt worden. In 37 Prozent der Fälle ging dieser Beschluss auf eine Initiative des Betriebsrats zurück. Lediglich 5 Prozent der Interessenvertretungen gaben an, die Entscheidung sei vom Arbeitgeber ausgegangen.

Selbst wenn Arbeitgeber nicht aktiv werden, wäre dennoch vorstellbar, dass sie unter den extrem schwierigen Bedingungen einer Pandemie die Durchführung von Betriebsversammlungen quasi sabotieren, indem sie sich weigern, die notwenigen Räumlichkeiten bereitzustellen und für die erforderlichen Schutzmaßnahmen Sorge zu tragen. Unsere Befragung ergab hierfür jedoch kaum Anhaltspunkte. In Fällen, in denen im fraglichen Zeitraum mindestens eine Betriebsversammlung durchgeführt wurde, haben Arbeitgeber fast immer die erforderlichen Räume und Technik zur Verfügung gestellt (94 Prozent) und den Betriebs- oder Personalrat aktiv bei der Durchführung unterstützt (57 Prozent). Die Verweigerung der Unterstützung seitens des Arbeitgebers kam lediglich in 3 Prozent der Fälle vor.

In jenen Fällen, in denen auf Initiative des Arbeitgebers (allein oder gemeinsam mit dem Betriebsrat) auf die Durchführung von Betriebsversammlungen verzichtet wurde, geschah dies nach Einschätzung der befragten Betriebs- und Personalräte aus Gründen des Gesundheitsschutzes (89 Prozent) bzw. aufgrund der Corona-Schutzregelungen bzw.-Gesetze (59 Prozent), aus organisatorischen Gründen (23 Prozent) und nur in wenigen Fällen aus Kostengründen (3 Prozent).

7. Verhältnis zum Arbeitgeber

Fürstenberg (2000) hat den Betriebsrat als Grenzinstitution beschrieben, welche als eine Art Bindeglied zwischen Belegschaft, Betriebsführung und Gewerkschaft vermittelt. Im Verhältnis zur Betriebsleitung wird dem Betriebsrat eine mehr oder minder heikle Integrationsleistung abverlangt, der zufolge dieser sich zwar auf das oberste Ziel des wirtschaftlich garantierten Fortbestands des Betriebes verpflichten lässt, dabei auf lange Sicht aber nur erfolgreich sein kann, »wenn er sich mit den Einzelzielen der Betriebsführung nicht zu weitgehend identifiziert« (Fürstenberg 2000: 25). Die Fragilität dieser sozialen Bindung zur Betriebsleitung wird dadurch verschärft, als Letztere bestrebt ist, den Betriebsrat möglichst von Grundsatzentscheidungen fernzuhalten.

Aus der Perspektive des Betriebsrates erscheint diese Balance bereits »im Normalbetrieb« schwierig genug. Unter der Bedingung einer krisenhaften Zuspitzung durch die Corona-Pandemie mussten eingeübte Routinen und Kompromisslinien der betrieblichen Sozialbeziehungen zumindest angepasst, möglicherweise aber auch infrage gestellt werden. Wie in Abschnitt 1 ausgeführt, sind zwei gegensätzliche Szenarien denkbar. Anknüpfend an Erfahrungen mit der Weltfinanzkrise könnten Betriebsrat und Geschäftsleitung ihre Kooperationsbemühungen zum Zwecke einer effizienten Bewältigung der Krisenfolgen verstärken und in den Modus eines »Krisenkorporatismus« wechseln. Zumindest in der Wahrnehmung der Betriebsräte würde sich die Zusammenarbeit mit der Geschäftsleitung verbessern. Ein gegenläufiges »Gelegenheit macht Diebe«-Szenario würde hingegen erwarten lassen, dass die Arbeitgeberseite die Bedrohung durch die Corona-Krise strategisch nutzt, um die eigene betriebliche

Machtposition im Windschatten wirtschaftlicher Bestandssicherung zu stärken. Abhängig von der Erwartungshaltung der Betriebsräte müsste sich das Verhältnis verschlechtern.

Abbildung 5: Wie hat sich die Zusammenarbeit des Betriebsrats/Personalrats mit dem Arbeitgeber seit dem Beginn der Corona-Krise entwickelt?; Angaben in Prozent, gewichtet
Anmerkung: 2.804 Betriebs-, 933 Personalräte
Quelle: WSI-Betriebs- und Personalrätebefragung 2021, eigene Berechnung

Nach Auskunft der Betriebs- und Personalräte (Abbildung 5) deutet wenig auf eine Verschlechterung der Zusammenarbeit zwischen den Interessenvertretungen und dem Arbeitgeber während der Coronazeit hin. In 74 Prozent der Fälle gaben Betriebsräte (Personalräte 70 Prozent) an, das Verhältnis sei gegenüber der Zeit vor der Pandemie unverändert geblieben, immerhin 15 Prozent nehmen eine Verbesserung des Verhältnisses wahr (Personalräte 18 Prozent). Etwa 12 Prozent beider Mitbestimmungsträger sehen hingegen eine Verschlechterung im Verhältnis mit den Geschäftsleitungen bzw. Dienststellenleitungen. Als Zwischenfazit lässt sich zunächst einmal festhalten, dass die Pandemie in der absoluten Mehrheit der Betriebe nicht dazu geführt hat, dass der Zusammenarbeit zwischen Betriebsrat und Geschäftsleitung die Basis entzogen worden wäre. Allerdings stützen unsere Daten auch nicht die These eines quasi ubiquitären Krisenkorporatismus, denn im Querschnitt aller Betriebs- und Personalräte übersteigt der Anteil der Interessenvertreter*innen, die angeben, das Verhältnis habe sich verbessert, den Anteil ihrer Kolleg*innen, die von einer Verschlechterung berichten, nur um wenige Prozentpunkte.

Besonders auffällig wurde das Verhältnis zwischen Arbeitgebern und Betriebs- bzw. Personalräten durch deren Beteiligung rund um Fragen des betrieblichen Infektionsschutzes moderiert. Wurde dem Betriebsrat die Mitbestimmung bei der Ausgestaltung betrieblicher Regelungen zum Gesundheitsschutz versagt, belastete dies die wahrgenommene Zusammenarbeit mit der Arbeitgeberseite deutlich. Gaben die Befragten an, sie seien »gar nicht« an der Ausgestaltung des betrieblichen Infektionsschutzes beteiligt worden, so waren 25 Prozent dieser Gremienvertreter der Meinung, das Verhältnis zum Arbeitgeber habe sich verschlechtert (vgl. Tabelle 4).

In eine ähnliche Richtung weisen die Angaben zur Nutzung von Homeoffice-Regelungen. Betriebs- und Personalräte gaben vergleichsweise häufig an, das Verhältnis zum Arbeitgeber habe sich verschlechtert, wenn mobiles Arbeiten im Betrieb gar nicht (15 Prozent) oder lediglich von einer Minderheit der Beschäftigten (13 Prozent) genutzt wurde. Können Beschäftigte dem Ansteckungsrisiko am Arbeitsplatz ausweichen, indem sie Homeoffice-Regelungen nutzen – so unsere Interpretation –, dann verringert sich der Raum und die Dringlichkeit von Konflikten um die Ausgestaltung des betrieblichen Infektionsschutzes.

	Verschlechterte Zusammenarbeit zwischen Betriebs-/ Personalrat und Arbeitgeber
Total	12,0
Beurteilung der Mitbestimmung beim Infektionsschutz	
»1. Gar nicht«	25,1
»2. Wenig«	22,8
»3. Viel«	11,7
»4. In vollem Umfang«	6,4
Anteil Beschäftigter im »Homeoffice« (April 2020)	
0	15,0
Bis zu 25	13,4
Bis zu 50	11,0
Bis zu 75	9,1
Über 75	9,1

Tabelle 4: Verschlechterte Zusammenarbeit zwischen Betriebsrat/Personalrat und Arbeitgeber in ausgewählten Gruppen; Angaben in Prozent, gewichtet

Anmerkung: 2.804 Betriebs-, 933 Personalräte

Quelle: WSI-Betriebs- und Personalrätebefragung 2021, eigene Berechnung

8. Fazit

Die Corona-Pandemie hat die Möglichkeit der persönlichen Kommunikation im Betrieb verändert. Betriebsschließungen, Abstandsregelungen und die erweiterte Nutzung von mobilem Arbeiten ebenso wie der Siegeszug von Zoom und Co.

haben in einer Vielzahl von Betrieben etablierte Formen der Interaktion erschwert oder gar verdrängt. Eine Befürchtung, die sich an diese Prozesse knüpfte, richtete sich auf die während der Pandemie anstehenden Betriebsratswahlen. Zwar wurde die Möglichkeit der Briefwahl schon seit Längerem genutzt, wie aber sollte unter der Bedingung eingeschränkter Präsenz im Betrieb die betriebliche Öffentlichkeit sensibilisiert und die Mobilisierung von Kandidat*innen für die Wahl gelingen? Wie wir in Abschnitt 5 zeigen konnten, ist bislang der befürchtete pandemiebedingte Rückgang des Anteils von Betrieben mit Betriebsrat ausgeblieben. Zwar konnte der schon seit Längerem zu beobachtende schleichende Prozess der schwindenden Verbreitung von Betriebsräten nicht gestoppt oder gar umgekehrt werden, zu einem deutlichen Einbruch kam es allerdings auch nicht. Unter den gegebenen erschwerten Bedingungen muss allein schon ein Halten des Status quo als Erfolg gewertet werden.

Zwar konnte die Mehrzahl der Betriebsratsgremien erneut gewählt bzw. ausscheidende Betriebsräte konnten überwiegend durch neu gegründete Gremien ersetzt werden, dies soll aber keineswegs bedeuten, bei der Mitbestimmungspraxis sei alles beim Alten geblieben. Unsere Befunde bezüglich der Nutzung von Betriebs- und Personalversammlungen sind in dieser Hinsicht mehr als eindeutig: Vor dem Hintergrund erheblicher Ansteckungsgefahren hat sich mehr als die Hälfte der Interessenvertretungen dazu entschlossen, auf solche Versammlungen ganz zu verzichten, die verbleibende Minderheit hat überwiegend die Zahl der Versammlungen reduziert und/oder auf digitale Formate umgestellt. Zwar schöpft der Betriebsrat seine Legitimität aus der Mandatierung durch die alle vier Jahre stattfindenden Wahlen, die Beschränkung der direkten Kontaktmöglichkeiten zur Belegschaft werden jedoch nicht folgenlos bleiben. Wie sehr sich die Pandemie in dieser Hinsicht auf den betrieblichen Informationsfluss sowie die Mobilisierungsfähigkeit auswirkt, sollte Gegenstand zukünftiger Forschung sein. Letztlich – so unsere Vermutung – dürfte eine solche Betriebsratsarbeit, die den direkten persönlichen Kontakt zu den Belegschaften in den Hintergrund drängt, Elemente repräsentativer Vertretung und Mandatierung stärken und umgekehrt Elemente direkter Demokratie im Betrieb sowie die Mobilisierung zusätzlichen Engagements aus den Reihen der Belegschaft (zum Beispiel über sachkundige Beschäftigte und Arbeitsgruppen) eher schwächen.

Wie wir in Abschnitt 4 zeigen konnten, hat die Pandemie auf der politischen Agenda vieler Betriebsräte Spuren hinterlassen. Neu akzentuierte Themen, wie beispielsweise die Arbeitszeitflexibilität, aber auch Fragen der Erreichbarkeit, haben während der Zeit der Pandemie an Bedeutung gewonnen und diese auch nach dem Ende der betrieblichen Einschränkungen nicht verloren. Wir vermuten, dass insbesondere die vermehrte Nutzung unterschiedlicher Formen mobilen Arbeitens, für die sich die Notwendigkeit des Infektionsschutzes als

Türöffner erwiesen hat (siehe dazu auch die Beiträge von Emmler und Ahlers in diesem Band), seitens der Betriebsräte ein neues Bewusstsein für Probleme der Entgrenzung von Arbeit und Privatleben geschaffen bzw. die schon vorab existierende Wahrnehmung der Regelungsbedürftigkeit dieser Themen nochmals geschärft hat (siehe hierzu auch Ahlers in diesem Band). Darüber hinaus zeigt sich auch recht deutlich, dass die Pandemie als Katalysator für betriebliche Digitalisierungsprozesse gewirkt hat. Dies gilt sicherlich für die betriebliche Arbeitsorganisation und Arbeitssysteme, aber auch für grundlegende Arbeitsweisen der Betriebs- und Personalräte selbst. Insbesondere die neu in das Betriebsverfassungsgesetz aufgenommene Möglichkeit zur Durchführung von Betriebsratssitzungen in Form einer Video- oder Telefonkonferenz (§ 30 Abs. 2 BetrVG) dürfte hier weitere Impulse setzen, denn schließlich erleichtert dieser Durchführungsweg nicht allein die Teilnahme von Betriebsratsmitgliedern, die mobil arbeiten, sondern ebenso die Einbindung von Mitgliedern in räumlich entfernten Zweigstellen sowie Beschäftigten mit häufiger (Dienst-)Reisetätigkeit (zum Beispiel Außendienstler oder Servicekräfte).

Literatur

Baden, Eberhard (2021), »Die Reform des BPersVG«, in: *Der Personalrat*, Jg. 36, H. 6, S. 8–13.

Behrens, Martin (2022), *Besser durch die Krise mit Tarif und Betriebsrat*, Wirtschafts- und Sozialwissenschaftliches Institut der Hans-Böckler-Stiftung: WSI Policy Brief Nr. 67, Düsseldorf.

Behrens, Martin (2014), »Conflict Resolution in Germany«, in: William K. Roche/Paul Teague, /Alexander J. S. Colvin (Hg.), *The Oxford Handbook of Conflict Management in Organization*, Oxford, S. 363–384.

Behrens, Martin (2003), »Wie gut kehren neue Besen? Das neue Betriebsverfassungsgesetz in der Praxis«, in: *WSI-Mitteilungen*, Jg. 56, H. 3, S. 167–176.

Behrens, Martin/Brehmer, Wolfram (2022), *Betriebs- und Personalratsarbeit in Zeiten der COVID-Pandemie*, Wirtschafts- und Sozialwissenschaftliches Institut der Hans-Böckler-Stiftung: WSI Report Nr. 75, Düsseldorf.

Behruzi, Daniel/Brinkmann, Ulrich/Paulitz, Tanja (2021), »Corona-Krise – Stresstest für die Mitbestimmung«, in: *WSI-Mitteilungen*, Jg. 74, H. 4, S. 296–305.

Detje, Richard/Sauer, Dieter (2021), *Corona-Krise im Betrieb. Empirische Erfahrungen aus Industrie und Dienstleistungen*, Hamburg.

Detje, Richard/Menz, Wolfgang/Nies, Sarah/Sauer, Dieter (2011), *Krise ohne Konflikt? Interessen und Handlungsorientierungen im Betrieb – Die Sicht der Betroffenen*, Hamburg.

DGB (Deutscher Gewerkschaftsbund) (2021), *Stellungnahme des Deutschen Gewerkschaftsbundes zum Entwurf eines Gesetzes zur Förderung der Betriebsratswahlen und der Betriebsratsarbeit in der digitalen Arbeitswelt (Betriebsrätemodernisierungsgesetz) vom 21.04.2021*, letzter Zugriff: 03.04.2024, https://www.dgb.de/++co++3f6df3bc-ac0e-11eb-ae85-001a4a160123/Stellungnahme-zum-Betriebsraetemodernisierungsgesetz.pdf

Ellguth, Peter/Kohaut, Susanne/Möller, Iris (2014), »The IAB-Establishment Panel – methodological essentials and data quality«, in: *Journal for Labour Market Research*, Jg. 47, H. 1–2, S. 27–41.

Emmler, Helge (2023), »Das WSI-Erwerbspersonenpanel. Hintergründe, Befunde, Ausblick«, in: *WSI-Mitteilungen*, Jg. 76, H. 6, S. 452–459.

ETUI (European Trade Union Institute for Research) / ETUC (European Trade Union Confederation) (2020), *Benchmarking Working Europe: Covid-19 and the world of work: the impact of a pandemic*, Brüssel.

Fitting, Karl/Engels, Gerd/Schmidt, Ingrid/Trebinger, Yvonne/Linsenmaier, Wolfgang (2018), *Betriebsverfassungsgesetz – Handkommentar*, 29. Auflage, München.

Fürstenberg, Friedrich (2000 [1958]), »Der Betriebsrat – Strukturanalyse einer Grenzinstitution«, in: Friedrich Fürstenberg (Hg.), *Arbeitsbeziehungen im gesellschaftlichen Wandel*, München und Mering, S. 19–30.

Gumbrell-McCormick, Rebecca/Hyman, Richard (2010), »Works Councils: The European Model of Industrial Democracy?«, in: Adrian Wilkinson/Paul J. Gollan/Mick Marchington/David Lewin (Hg.), *The Oxford Handbook of Participation in Organizations*, Oxford, S. 286–314.

Herman, Eva/Rubery, Jill/Hebson, Gail (2021), »A case of employers never letting a good crisis go to waste? An investigation of how work becomes even more precarious for hourly paid workers under Covid«, in: *Industrial Relations Journal*, Jg. 52, H. 5, S. 442–457.

Hohendanner, Christian/Kohaut, Susanne (2023), »Tarifbindung und Mitbestimmung: Keine Trendumkehr in Westdeutschland, Stabilisierung in Ostdeutschland«, in: *IAB-Forum* vom 20.07.2023, letzter Zugriff: 03.04.2024, https://www.iab-forum.de/tarifbindung-und-mitbestimmung-keine-trendumkehr-in-sicht/

Hövermann, Andreas/Kohlrausch, Bettina (2022), *Der Vertrauensverlust der Mütter in der Pandemie. Befunde eines repräsentativen Bevölkerungspanels*, Wirtschafts- und Sozialwissenschaftliches Institut der Hans-Böckler-Stiftung: WSI Report Nr. 73, Düsseldorf.

ILO (International Labour Organization) (2021), *Skilling, Upskilling and Reskilling of Employees, Apprentices and Interns During the COVID-19 Pandemic: Findings form a Global Survey of Enterprises*, Genf.

ILO (International Labour Organization) (2020), *ILO Monitor: COVID-19 and the world of work*, 6. Auflage, 23. September 2020, Genf.

Kotthoff, Hermann (2013), »Betriebliche Mitbestimmung im Spiegel der jüngeren Forschung«, in: *Industrielle Beziehungen*, Jg. 20, H. 4, S. 323–341.

Kötter, Julius/Schaffarczik, Sandra/Daus, Jan-Torge/Repp, Riema/Niewerth, Claudia/Wannöffel, Manfred (2023), *Interessenvertretung unter Remote-Bedingungen. Herausforderungen und Lösungsansätze*, Institut für Mitbestimmung und Unternehmensführung der Hans-Böckler-Stiftung: Mitbestimmungspraxis Nr. 55, Düsseldorf.

Kröll, Manfred (2020), »Personalversammlung in Corona-Zeiten«, in: *Der Personalrat*, Jg. 37, H. 9, S. 20–24.

Leiss, Manfred/Wurl, Bernhard (1990), *Rationelle Betriebsratsarbeit. Organisationsformen, Geschäftsführung, Interessenvertretung*, 3. Auflage, Neuwied und Frankfurt am Main.

Niedenhoff, Horst-Udo (2007), *Praxis und Verbesserungsmöglichkeiten der betrieblichen Mitbestimmung. Ergebnisse einer Fallstudie aus dem Jahr 2007*, Köln.

Niedenhoff, Horst-Udo (1999), *Die Praxis der betrieblichen Mitbestimmung. Zusammenarbeit von Betriebsrat und Arbeitgeber, Kosten des Betriebsverfassungsgesetzes, Betriebsrats- und Sprecherausschußwahlen*, Köln.

Niedenhoff, Horst-Udo (1979), *Praxis der betrieblichen Mitbestimmung. Die Zusammenarbeit zwischen Betriebsrat und Unternehmensleitung*, Köln.

Schmidt, Rudi/Trinczek, Rainer (1999), »Der Betriebsrat als Akteur der industriellen Beziehungen«, in: Walther Müller-Jentsch (Hg.), *Konfliktpartnerschaft. Akteure und Institutionen der industriellen Beziehungen*, 3. Auflage, München und Mering, S. 103–128.

Einkommensungleichheit und Armut seit der Corona-Pandemie

Jan Brülle, Dorothee Spannagel

1. Einleitung[1]

Seit Jahrzehnten befindet sich die Einkommensungleichheit in Deutschland auf einem hohen Niveau – gerade, wenn man die Zeit vor der Jahrtausendwende als Maßstab nimmt. Die letzten Jahre sind zudem von multiplen Krisen geprägt: der Corona-Pandemie ab dem Jahr 2020, der steigenden Inflation seit 2021 und aktuell aufgrund der anhaltend hohen Energiepreise infolge des russischen Überfalls auf die Ukraine. Die Auswirkungen dieser Krisen auf die Einkommensungleichheit sind häufig noch uneindeutig. Der Ausbruch der Pandemie und die damit verbundenen Eindämmungsmaßnahmen bedeuteten für viele Menschen, ihre Erwerbstätigkeit gänzlich einstellen oder zumindest reduzieren zu müssen, was – gleichfalls für viele – mit massiven Einkommenseinbußen verbunden war. Diese Verluste waren sozial ungleich verteilt; nicht alle Bevölkerungsgruppen waren in gleichem Maße davon betroffen. Auch wurden von der Politik Entlastungsmaßnahmen auf den Weg gebracht, welche die gröbsten ökonomischen Härten für die Betroffenen abmildern sollten.

Im Folgenden möchten wir den Zusammenhang zwischen der Pandemie und sozialer Ungleichheit in zweierlei Hinsicht beleuchten: Zum einen betrachten wir vor dem Hintergrund der längerfristigen Entwicklung der Einkommensverteilung in Deutschland und auf Basis des Sozio-oekonomischen Panels, wie sich die Einkommensungleichheit insgesamt und Armut im Speziellen im ersten Jahr der Pandemie verändert haben. Zum anderen nutzen wir Daten der WSI-Erwerbspersonenbefragung (siehe dazu den Beitrag von Brehmer und Emmler in diesem Band), um Einkommensverläufe während der Pandemie detaillierter nachzuvollziehen. Dabei stellen wir die Frage in den Mittelpunkt, wer nach Ausbruch der Pandemie von Armut betroffen war und wie dauerhaft diese Armutserfahrungen waren.

---

1 Der Artikel beruht in Teilen auf Brülle/Spannagel 2023.

Bevor wir die Ergebnisse unserer Analysen in den Abschnitten 4 und 5 vorstellen, präsentieren wir im Folgenden einige Grundüberlegungen zu sozialer Ungleichheit in der Corona-Pandemie (Abschnitt 2) und führen in die verwendeten Daten und Methoden ein (Abschnitt 3). Der Beitrag endet mit einem Fazit und einem Ausblick (Abschnitt 6).

2. Die Corona-Pandemie und soziale Ungleichheit: Ein Überblick

Eine zentrale Rolle für die Verteilung von finanziellen Mitteln in unserer Gesellschaft spielen Märkte: Die meisten Menschen finanzieren ihren Lebensunterhalt durch ihre eigene Arbeit und sind deshalb auf den Zugang zu sicherer und angemessen entlohnter Erwerbstätigkeit angewiesen. Es war dabei vor allem der Arbeitsmarkt, der mit dem Einsetzen der Corona-Pandemie stark durchgerüttelt wurde. Viele Betriebe oder Geschäfte meldeten Kurzarbeit, mussten ihre üblichen Arbeits- bzw. Dienstleistungen stark einschränken oder gar gänzlich einstellen. Zudem wurde infolge der Pandemie die bis dato übliche Präsenz im Betrieb bzw. der Dienststelle mit der Einführung des Homeoffice in vielen Arbeitsbereichen zumindest vorübergehend eingestellt.

Um beurteilen zu können, ob und inwieweit die Corona-Pandemie Armut und soziale Ungleichheit vertieft oder weiter beschleunigt hat, werfen wir einen Blick auf die Entwicklung vor dem Ausbruch dieser Krise. In vielerlei Hinsicht war Deutschland bereits Ende der 2010er Jahre im Vergleich zu den 1990er Jahren ein sehr ungleiches Land. Die Ungleichheit der Einkommen hatte vor allem zwischen Ende der 1990er und Mitte der 2000er Jahre sehr stark zugenommen. Der Gini-Koeffizient[2] stieg Anfang der 2000er Jahre von 0,25 auf fast 0,29 (Spannagel/Molitor 2019). Nach 2005 vergrößerte sich die Ungleichheit der Einkommen trotz eines stetigen Rückgangs der Arbeitslosigkeit dann weiter, wenn auch deutlich langsamer. Es sind vor allem zwei Merkmale, die den Anstieg der Ungleichheit in diesen Jahren kennzeichnen: Wachsende Einkommensarmut und eine zunehmende Verfestigung prekärer Lebenssituationen. Für viele arme Haushalte wurde es schwieriger, aus Armut und niedrigen Einkommenspositionen aufzusteigen (Groh-Samberg 2014; Brülle/Gangl 2023). Transferleistungen wie die Arbeitslosenversicherung oder das Arbeitslosengeld II (Hartz IV) reichten zudem für immer weniger Haushalte aus, um bei niedrigen Erwerbseinkommen Armut zu vermeiden. Dabei gilt, dass diese hier nur skizierten Trends auf längerfristige

2 Der Gini-Koeffizient bildet die Konzentration der Einkommen ab und kann sich zwischen null und eins bewegen. Bei einem Wert von null haben alle Haushalte genau gleich viel Einkommen, bei eins konzentrieren sich alle Einkommen bei einem einzigen Haushalt.

strukturelle Veränderungen zurückzuführen sind und nicht als ein nur vorübergehender Effekt von Krisen oder einzelnen politischen Maßnahmen eingestuft werden können. Gleichzeitig lassen sich systematisch Bevölkerungsgruppen unterscheiden, die eher zu den Verlierern dieser strukturellen Veränderungen gehören. Das sind insbesondere Personen in Arbeiterberufen, mit niedrigeren Qualifikationen, Migrationserfahrungen und/oder prekären Erwerbsbiografien. Auf der anderen Seite stehen diejenigen, die von den Strukturveränderungen eher profitiert haben. Hierzu zählen insbesondere Hochqualifizierte oder Personen in leitenden Positionen (Hertel 2020; Giesecke u.a. 2015). Die entscheidende Frage ist, inwieweit sich diese Entwicklung auch während der Corona-Pandemie fortgesetzt hat und welche Auswirkungen die aktuellen Krisen auf die soziale Ungleichheit in Deutschland haben.

Es gibt zahlreiche Hinweise, dass die Pandemie insbesondere Arbeitsmarktungleichheiten weiter verstärkt hat. Haushalte mit niedrigem Einkommen waren überdurchschnittlich häufig von Kurzarbeit betroffen und das Kurzarbeitergeld wurde für sie auch seltener durch den Arbeitgeber aufgestockt (Braband u.a. 2022). Gerade Selbstständige und Personen in sogenannten atypischen Beschäftigungsverhältnissen, wie etwa geringfügig Beschäftigte, waren zudem hohen Risiken ausgesetzt, ihr Erwerbseinkommen ganz zu verlieren (Kohlrausch u.a. 2020; Braband u.a. 2022). Minijobber*innen und Leiharbeiter*innen wiederum waren besonders von Arbeitslosigkeit betroffen (Böhme 2022: 86). Hinzu kommt, dass Einkommenseinbußen für Geringverdienende besonders folgenreich sind: Mit nur 60 Prozent eines schon geringen Erwerbseinkommens über die Runden zu kommen, kann zu einer großen Herausforderung werden. Die krisenbedingten Turbulenzen auf dem Arbeitsmarkt waren also sehr ungleich verteilt – und mit ihnen die Risiken, Einkommen ganz oder teilweise zu verlieren und in Armut abzurutschen.

Die Bundesregierung hat gleich zu Beginn der Pandemie auf solche Risiken reagiert und sehr zügig ein erstes Paket mit Gegenmaßnahmen geschnürt. Es gab insgesamt vier Corona-Steuerhilfegesetze und mit den drei großen Entlastungspaketen folgten im Jahr 2022 schließlich die wohl umfangreichsten staatlichen Entlastungsmaßnahmen, die es in Deutschland je gegeben hat:[3] Das erste Corona-Steuerhilfegesetz im Juni 2020 umfasste vor allem finanzielle Erleichterungen für Solo-Selbstständige bzw. Selbstständige mit kleineren Betrieben sowie die Ausweitung des Kurzarbeitergeldes. Zudem wurde die Beantragung von Hartz IV erleichtert und ein Mietmoratorium beschlossen, um während der Pandemie

3 Vgl. zu den einzelnen Maßnahmen https://www.bundesfinanzministerium.de/Content/DE/Downloads/Broschueren_Bestellservice/entlastungen-fuer-deutschland.pdf?__blob=publicationFile&v=4; Dullien u.a. 2023a und 2023b sowie Pieper u.a. 2023: 22 ff.

und daraus resultierenden Einkommensverlusten vor Kündigungen des Wohnraums zu schützen. Ein zweites großes Gesetzespaket folgte wenige Wochen später; wiederum mit Hilfen für Selbstständige, vor allem aber mit der temporären Absenkung der Mehrwertsteuer von 19 bzw. 16 Prozent auf 7 bzw. 5 Prozent. Eltern wurde für alle Kinder ein einmaliger Kindergeldbonus von 300 Euro gezahlt. Einige Maßnahmen, die mit dem dritten Steuerhilfegesetz im März 2021 in Kraft traten, richteten sich direkt an Haushalte im unteren Einkommensbereich, etwa eine Einmalzahlung in Höhe von 150 Euro für Grundsicherungsempfänger*innen oder die Anerkennung von bis zu 350 Euro Mehrbedarf in der Grundsicherung für die Anschaffung von Tablets und Notebooks für das Homeschooling. Zudem bekamen Eltern für jedes Kind eine zweite Einmalzahlung von 150 Euro. Auch die Absenkung der Mehrwertsteuer wurde bis Ende des Jahres 2022 verlängert. Das vierte und letzte der Corona-Hilfegesetze trat im Juni 2022 in Kraft und umfasste unter anderem eine weitere Verlängerung der Regelungen für das Kurzarbeitergeld sowie einen steuerfreien Corona-Bonus für Pflegekräfte.

Als dieses letzte Gesetzespaket in Kraft trat, wurde die Corona-Krise bereits durch den Krieg in der Ukraine, die davon ausgelöste hohe Inflation und die »Energiepreisschocks« überlagert. Die enorme Inflation und die rasant gestiegenen Energiepreise trafen Haushalte mit niedrigen Einkommen überdurchschnittlich stark (Dullien/Tober 2023): Sie mussten einen Großteil ihres Einkommens für Lebensmittel und Energie ausgeben, zwei Gütergruppen, die besonders hohe Preissteigerungen erfahren hatten. Vor allem die hohen Energiepreise haben im Jahr 2022 regressiv gewirkt und für untere Einkommen zu deutlichen Reallohnverlusten geführt (Bach/Knautz 2022). Um diese abzufedern, wurden im Jahr 2022 insgesamt drei weitere große Entlastungspakete geschnürt (vgl. ausführlich Dullien u.a. 2023a oder Pieper u.a. 2023: 25 ff.). Das erste wurde Anfang Februar 2022 auf den Weg gebracht, ein zweites folgte nur zwei Wochen später. Die Maßnahmen dieser beiden Pakete reichten von einer Erhöhung der Steuerfreibeträge über einen Zuschuss für Familien bis hin zu einer vorübergehenden Absenkung der Steuer auf Kraftstoffe. Auch das »Neun-Euro-Ticket« für einen verbilligten Zugang zum öffentlichen Personennahverkehr wurde in diesem Zuge eingeführt. Einige der Maßnahmen richteten sich dabei wieder direkt an Haushalte mit geringen Einkommen. So gab es etwa einen nach oben gedeckelten Zuschuss zu den Heizkosten oder Einmalzahlungen für Grundsicherungsbezieher*innen. Insgesamt machten diese zielgerichteten Leistungen aber nur etwa 10 Prozent des Gesamtvolumens dieses Pakets aus (Pieper u.a. 2023: 26). Im Herbst 2022 trat das dritte große Entlastungspaket in Kraft, das neben dem Strom- und Gaspreisdeckel, also die Deckelung der Energiekosten für Privatverbraucher auf zwölf Cent pro Kilowattstunde (Gas) bzw. 40 Cent (Strom), eine Einkommenssteuerentlastung zum Abbau der »kalten Progression« enthielt.

Für Wohngeldbezieher*innen gab es einen weiteren Energiekostenzuschuss und es wurde im »Wohngeld-Plus-Gesetz« eine Ausweitung des Zugangs zum Wohngeld sowie eine Erhöhung dieser Leistung beschlossen.

Frühere Auswertungen der WSI-Erwerbspersonenbefragung haben gezeigt, dass ein großer Teil der Befragten von pandemiebedingten Einkommensverlusten berichten und dabei Personen mit geringem Einkommen überproportional davon betroffen sind (vgl. hierzu im Folgenden v.a. Kohlrausch u.a. 2020; für ähnliche Ergebnisse auf Basis einer anderen Datenbasis siehe Adriaans u.a. 2020: 30 ff.): Während fast die Hälfte der Befragten mit niedrigen Haushaltseinkommen (< 900 Euro monatlich) im November 2020 angab, durch die Pandemie Einkommen verloren zu haben, war dies bei nur etwas mehr als einem Viertel der Personen mit hohen Einkommen (> 4.500 Euro monatlich) der Fall. In multivariaten Modellen zeigte sich, dass vor allem Personen mit Migrationshintergrund und Personen in Haushalten mit minderjährigen Kindern von Einkommensverlusten berichteten. Zudem spielte die gegenwärtige Erwerbssituation während der Pandemie eine große Rolle. Insbesondere Personen in Arbeitslosigkeit oder Kurzarbeit gaben besonders häufig Einkommensverluste an. In Bezug auf die berufliche Position waren zum einen Arbeiter*innen stärker von Einkommensverlusten betroffen. Zum anderen belegten diese Analysen im Einklang mit anderen Forschungsergebnissen, dass die Selbstständigen infolge des Lockdowns besonders häufig Einkommenseinbußen verzeichneten (Graeber u.a. 2021; siehe auch Peters und Schulze Buschoff in diesem Band). Zuletzt ist interessant, dass vor allem jüngere Befragte besonders häufig von starken Einkommensverlusten berichteten.

Die Pandemie hat aber nicht nur ökonomische Ungleichheiten verstärkt. Sie traf auf eine Gesellschaft mit bereits bestehenden ausgeprägten sozialen Ungleichheiten, sodass auch die diversen Maßnahmen für den Infektionsschutz (Menschen mussten zu Hause bleiben, Schulen und Kitas wurden vorübergehend geschlossen und viele Erwerbstätige wurden ins Homeoffice oder in Kurzarbeit geschickt) sozial höchst unterschiedliche Wirkungen zur Folge hatten. Bestehende Wohn- oder Bildungsungleichheiten wurden massiv verstärkt. Dabei waren es bestimmte Bevölkerungsgruppen, die besonders negativ von alldem betroffen waren: allen voran Familien und insbesondere Alleinerziehende. Hier zeigt sich deutlich eine Intersektionalität sozialer Ungleichheiten. Akademikerfamilien kamen mit Homeschooling besser zurecht als »bildungsferne Schichten« (Dietrich u.a. 2021). Letztere sind eine Gruppe, die unter den Armen überdurchschnittlich stark vertreten ist. Auch Menschen mit schlechten Wohnbedingungen, etwa in kleinen oder schlecht ausgestatteten Wohnungen, trafen die Lockdown-Maßnahmen besonders hart – also erneut mehrheitlich arme Haushalte. Und schließlich waren auch die gesundheitlichen Folgen der Pandemie höchst ungleich verteilt: Arme sind häufiger und schwerer an Corona erkrankt (Wachtler u.a. 2020), waren stärker psychisch belastet (Heisig u.a. 2021) oder während der Pandemie überdurchschnittlich stark von Ohnmachtsgefühlen betroffen (Hövermann 2021). Soziale Ungleichheiten haben sich also durch die Pandemie gleich in mehreren Dimensionen vergrößert. Auch dies sollte im Auge behalten werden, wenn wir uns im Folgenden auf den Einfluss der Pandemie auf die Ungleichheit der Einkommen konzentrieren.

3. Daten und Methoden

Die folgende Analyse stützt sich auf zwei Datenquellen: Das Sozio-oekonomische Panel (SOEP), das am Deutschen Institut für Wirtschaftsforschung erhoben wird, sowie auf das Erwerbspersonenpanel des WSI. Das SOEP ist eine Panelbefragung, für die seit 1984 jährlich umfassende Daten zur Einkommens- und Lebenssituation der Deutschen vorliegen. Die Daten ermöglichen es, Trends in der Entwicklung von Armut und Ungleichheit abzubilden und zu analysieren. Aktuell sind Daten bis zum Einkommensjahr 2020 verfügbar (v38), die Angaben für etwa 30.000 Personen in rund 15.000 Haushalten enthalten (Goebel u.a. 2019). Der Datensatz ist repräsentativ für die Wohnbevölkerung in Deutschland.

Um das Ausmaß und die Entwicklung der Einkommensungleichheit zu analysieren, werden auf Basis des verfügbaren äquivalenzgewichteten Nettohaushaltseinkommens unterschiedliche Ungleichheitsmaße berechnet. Das gängigste Maß ist der »Gini-Koeffizient« (siehe Fußnote 2). Eine andere Möglichkeit, die Ungleichverteilung der Einkommen abzubilden, sind Armuts- und Reichtumsquoten, die angeben, welche Anteile der Bevölkerung in Armut oder Reichtum leben. Die gängige Armutsgrenze liegt bei 60 Prozent des Medianeinkommens, bei weniger als 50 Prozent spricht man von strenger Armut.[4] Für das Jahr 2020 liegt die Armutsgrenze für einen Singlehaushalt bei einem verfügbaren Haushaltseinkommen von knapp 1.343 Euro pro Monat; strenge Armut fängt bei weniger als 1.119 Euro an.[5] Wer ein verfügbares Haushaltseinkommen von mehr als dem Zweifachen des Medians hat, ist einkommensreich (also knapp 4.476 Euro für eine allein lebende Person).

4 Das Medianeinkommen ist das Einkommen, das genau in der Mitte liegt, wenn man alle Einkommen der Höhe nach anordnet.

5 In diesem Artikel wird für die 60-Prozent-Armutsgrenze nicht der oftmals verwendete Begriff der »Armutsrisikoquote« benutzt, um deutlich zu machen, dass Haushalte, die mit weniger als 60 Prozent des mittleren Einkommens auskommen müssen, tatsächlich arm und nicht nur von Armut bedroht sind (Becker u.a. 2022).

Die zweite Datengrundlage ist die WSI-Erwerbspersonenbefragung (siehe Brehmer und Emmler in diesem Band). Bei dieser Erhebung werden die Befragten gebeten anzugeben, zu welcher Einkommensgruppe ihr Haushalt gehört. Dabei wird nach dem monatlichen Nettoeinkommen unter Berücksichtigung aller Einkommensarten und nach Abzug von Steuern und Sozialversicherungsbeiträgen gefragt. Die Erwerbspersonenbefragung bietet den großen Vorteil, auch unterjährige Veränderungen der Einkommen bis zum Ende der Pandemie und darüber hinaus analysieren zu können, was ein Schwerpunkt dieses Beitrags ist. Im Folgenden verwenden wir jeweils die Mittelwerte dieser Einkommensgruppen und teilen diese Werte durch die neue OECD-Äquivalenzskala für den jeweiligen Haushalt.[6] Die Einkommensvariable ist für die Wellen 1, 3, 5, 7, 8, 9, 10 und 12 verfügbar. Wir konzentrieren uns dabei auf den Zeitraum bis Welle 9 (November 2022), da dies die letzte Welle vor Aufhebung aller Maßnahmen zur Bekämpfung der Pandemie war. In Welle 5 (Juli 2021) wurde zudem nach den Haushaltseinkommen der Befragten vor Ausbruch der Corona-Pandemie gefragt.[7]

Um die Positionen der Befragten relativ zur Einkommensverteilung der Bevölkerung insgesamt abzubilden, nutzen wir die Informationen zum Medianeinkommen aus dem Mikrozensus (Amt für Statistik Berlin-Brandenburg 2023). Die Einkommensinformation aus dem Mikrozensus wird grundsätzlich in ähnlicher Weise abgefragt, berücksichtigt jedoch eine größere Zahl an Einkommensklassen. Zudem stellt der Mikrozensus nicht nur Informationen für Erwerbspersonen bereit, sondern ist für die Gesamtbevölkerung Deutschlands repräsentativ und erlaubt somit auch die Definition der Armutsschwelle von 60 Prozent des Medians. Wir verwenden dabei Informationen zum Medianeinkommen im Mikrozensus für die Jahre 2020, 2021 und 2022. Da es durch die Preisentwicklung vor allem im Jahr 2022 deutliche Schwankungen innerhalb des Jahres gibt und wir in der Erwerbspersonenbefragung mehrere Wellen pro Jahr zur Verfügung ha-

6 In Welle 1 wurden elf Einkommensgruppen abgefragt. Ab Welle 3 wurden höhere Einkommen differenzierter abgefragt. Ein Vergleich einer reduzierten Version der Variable mit der vollständigen Version für Welle 3 ergibt, dass durch die zusätzlichen Einkommensgruppen knapp 6 Prozent der Fälle in Bezug auf die Einkommensschichten unterschiedlich kategorisiert werden. Dies betrifft fast ausschließlich höhere und mittlere Einkommensgruppen und nur zwei Personen in Armut. Wir verwenden dennoch alle verfügbaren Gruppen für spätere Wellen, weil die höhere Auflösung der oberen Einkommen aufgrund der Preissteigerungen vor allem in späteren Wellen relevant wird.

7 Um diese Informationen ebenfalls in das äquivalenzgewichtete Haushaltsnettoeinkommen umzurechnen, verwenden wir die Äquivalenzskala in Welle 5, da keine Informationen zur Haushaltszusammensetzung vor Corona vorliegen. Auch wenn durch die retrospektive Einkommenserhebung von einer geringeren Genauigkeit gegenüber der gegenwärtigen Einkommenssituation auszugehen ist, gehen wir davon aus, dass sie durchaus die relative Position der Personen in der Einkommensverteilung vor Corona widerspiegelt.

ben, nutzen wir Informationen zur Entwicklung des Verbraucherpreisindex, um einen wellenspezifischen Wert für den Median zu berechnen.[8] Mit all diesen Angaben berechnen wir dann Armutsrisiken und relative Einkommenspositionen. Da der Fokus der Analysen auf den individuellen Einkommensverläufen liegt, berücksichtigen wir dabei nur Befragte, die in allen verfügbaren Wellen an der Befragung teilgenommen haben. Dies führt aufgrund selektiver Ausfälle zwar zu einer Unterschätzung von Armut und niedrigen Einkommen insgesamt, gleichzeitig können die berichteten Trends jedoch nicht durch eine unterschiedliche Zusammensetzung der Stichproben in den einzelnen Jahren verzerrt werden.

4. Einkommensungleichheit in Deutschland, 2010–2022

Wie hat sich nun die Einkommensungleichheit in Deutschland in den letzten Jahren entwickelt? Lässt sich in den Daten ein Einfluss der Pandemie ablesen? Wir stellen im Folgenden die Entwicklung ab dem Jahr 2010 dar, also die Jahre nach dem Ende der globalen Wirtschafts- und Finanzkrise, ein Zeitraum, der in Deutschland bis zum Beginn der Pandemie durch ein stabiles Wirtschaftswachstum geprägt war.

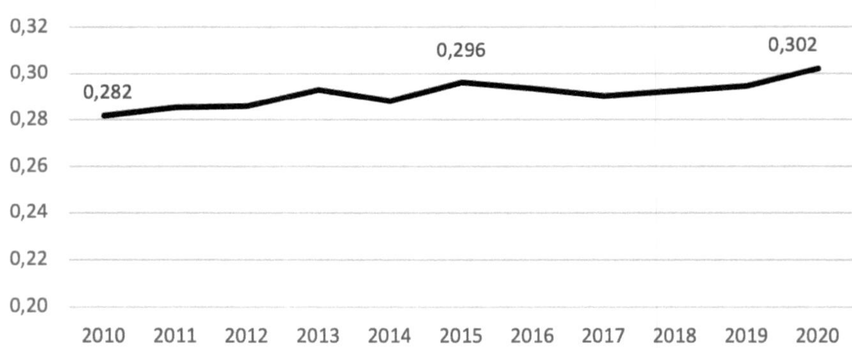

Abbildung 1: Einkommensungleichheit in Deutschland, 2010–2020; Gini-Koeffizient der verfügbaren Einkommen
Quelle: SOEP v38, eigene Berechnungen

8 Dabei multiplizieren wir den Median in jeder Welle mit dem Verhältnis aus dem entsprechenden monatlichen Wert des Verbraucherpreisindex und dem minimalen Wert des Verbraucherpreisindex in diesem Jahr. Für das Einkommen vor Corona verwenden wir den Medianwert aus dem Mikrozensus für das Jahr 2020.

Eine erste Antwort auf unsere Fragen bietet ein Blick auf den Gini-Koeffizienten der verfügbaren Haushaltseinkommen (Abbildung 1). Seit dem Jahr 2010 ist die Ungleichverteilung der Einkommen insgesamt klar gestiegen; und das vor allem in zwei Phasen: zum einen bis Mitte des Jahrzehnts, und dann wieder ab dem Jahr 2017. Zum Jahr 2020 überschreitet der Gini-Koeffizient zum ersten Mal, seit es Mitte der 1980er Jahre verlässliche Daten dazu gibt, den Wert von 0,3 – ein deutlicher Hinweis darauf, dass im ersten Jahr der Pandemie die Einkommensungleichheit gestiegen ist. Leider enden die SOEP-Daten zum Zeitpunkt, als dieser Bericht verfasst wurde, im Jahr 2020. Einen vorläufigen Blick auf die weitere Entwicklung erlaubt der Mikrozensus, für den bis zum Jahr 2022 zumindest erste Ergebnisse vorliegen (vgl. Amt für Statistik Berlin-Brandenburg 2023). Er steigt zwar von 2019 auf 2020 ebenfalls an (Brülle/Spannagel 2023: 8), allerdings hat sich zum ersten Jahr der Pandemie das Erhebungskonzept der Mikrozensusdaten geändert, sodass die Daten von 2019 und 2020 nicht vergleichbar sind. Bis zum aktuellen Rand (2022) liegt der Gini-Koeffizient stabil bei 0,3.[9]

Deutlich zugenommen hat im Untersuchungszeitraum auch die Armutsquote (Abbildung 2). Im Ausgangsjahr waren etwas mehr als 14 Prozent der Bevölkerung von Armut betroffen, im Jahr 2020 waren es 17,6 Prozent. Auch hier stiegen die Quoten wieder vor allem in der ersten Hälfte der untersuchten Dekade sowie dann ab dem Jahr 2017. Der Anteil der Haushalte in strenger Armut (weniger als 50 Prozent des Medians) nimmt in diesem Zeitraum deutlich stärker zu (von 7,7 Prozent auf 11,6 Prozent) – ein Hinweis darauf, dass Haushalte tiefer in Armut rutschen. Erweitert man nun diesen Blick um die Daten des Mikrozensus,[10] so legen diese Ergebnisse nahe, dass auch das zweite Jahr der Pandemie 2021 von steigender Armut gekennzeichnet war (2020–2021 plus 0,7 Prozentpunkte (Armut); plus 0,6 bei großer Armut) (Brülle/Spannagel 2023: 9). Auch hier gilt jedoch: Die Vergleichbarkeit zwischen 2020 und den folgenden Jahren ist aufgrund von Schwierigkeiten bei der Datenerhebung im ersten Pandemiejahr eingeschränkt. Am aktuellen Rand (zum Jahr 2022) gehen dann beide Werte leicht zurück (jeweils minus 0,2 Prozentpunkte). Worauf dieser Rückgang zurückzuführen ist, ist nicht

9 Blickt man mit dem Mikrozensus auf das Verhältnis der Einkommen des reichsten Fünftels der Einkommensverteilung zum Einkommen des ärmsten Fünftels, so legen die Daten nahe, dass die Einkommensungleichheit in den Jahren der Pandemie gestiegen ist (Brülle/Spannagel 2023: 8): Zwischen 2020 und 2021 steigt das Verhältnis von 4,5 auf 4,7. Im Jahr 2022 liegt der Wert schließlich bei 4,6. In diesem Jahr war das verfügbare Einkommen im obersten Quintil im Schnitt 4,6-mal so hoch wie im untersten Fünftel der Bevölkerung.

10 Aufgrund unterschiedlicher Stichproben, Einkommensmessung und Erhebungskonzepte unterscheiden sich die auf Basis des Mikrozensus und im SOEP berechneten Armutsquoten und Ungleichheitsindizes. Sie haben jedoch in der Vergangenheit Trends in der Entwicklung von Armut in ähnlicher Weise abgebildet (Grabka 2024).

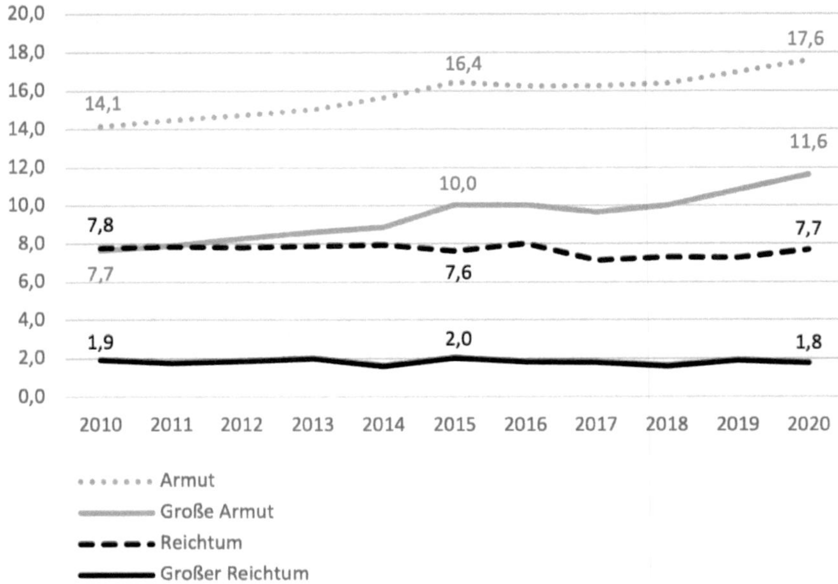

Abbildung 2: Einkommensarmut und Einkommensreichtum in Deutschland, 2010–2020; Angaben in Prozent
Anmerkungen: Anteil der Personen, die in Haushalten mit einem verfügbaren Einkommen von weniger als 60 Prozent des Medianeinkommens (Gesamtgruppe der Armen) bzw. weniger als 50 Prozent (Teilgruppe der streng Armen) leben. Einkommensreichtum beginnt ab einem verfügbaren Einkommen von mehr als 200 Prozent, großer Einkommensreichtum bei mehr als dem Dreifachen des Medians.
Quelle: SOEP v38, eigene Berechnungen

eindeutig zu sagen. Eine mögliche Interpretation ist, dass er im Zusammenhang mit den Entlastungsmaßnahmen steht, welche die Politik im Jahr 2022 auf den Weg gebracht hatte – unter anderem die Zuschläge zu den Leistungen für Grundsicherungsempfänger*innen.

Die Quoten für Einkommensreichtum sind über die untersuchten Jahre hinweg laut SOEP recht stabil, bzw. gehen Mitte des letzten Jahrzehnts sogar etwas zurück (Abbildung 2). Die Werte liegen, vom Höchstwert im Jahr 2016 abgesehen, bei etwas unter 8 Prozent. Auch großer Einkommensreichtum erweist sich sehr konstant mit einem Bevölkerungsanteil von etwas unter 2 Prozent. Die Daten des Mikrozensus zeigen ebenfalls dieses Bild der Stabilität und weisen auch für die Jahre nach 2020 keinen klaren Trend aus (Brülle/Spannagel 2023: 9).

Das eindeutige Fazit zu den Armutsquoten lautet: Seit Jahren wächst der Anteil der Personen, die von Armut betroffen sind. Und das gilt insbesondere auch für die 2010er-Dekade, eine Zeit, in der Deutschland einen großen wirtschaftlichen Aufschwung erlebt hat. Im ersten Jahr der Corona-Pandemie steigt die Ungleichheit der Einkommen und vor allem der Anteil der Armen deutlich an.

5. Einkommensverläufe in der Pandemie

5.1 Einkommen und Einkommensverluste in der Pandemie

Wie entwickeln sich die Einkommen der Befragten im Erwerbspersonenpanel mit dem Einsetzen der Pandemie? Im Gegensatz zu den Daten des Sozio-oekonomischen Panels liegen hier mehrere Befragungen pro Jahr vor, sodass die Entwicklung der Einkommen in der Pandemie noch genauer nachgezeichnet werden kann. Die Ergebnisse zeigen die Einkommensverläufe derjenigen, die in allen genutzten Wellen an der Befragung teilgenommen haben.

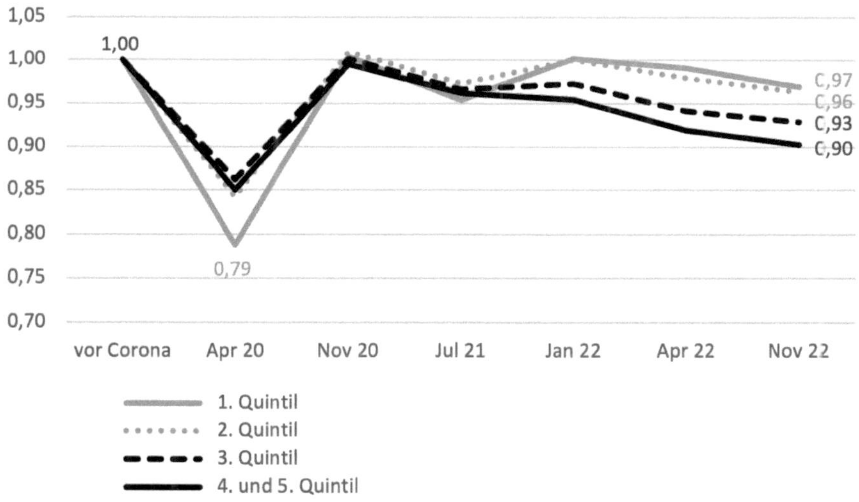

Abbildung 3: Relative Veränderung der realen Nettohaushaltsäquivalenzeinkommen nach Quintilen
Anmerkungen: Nur Befragte mit gültigen Beobachtungen für alle verwendeten Zeitpunkte; N = 2.504. Quintile teilen die Einkommensverteilung für jeden Befragungszeitpunkt in fünf gleich große Gruppen. Das erste Quintil umfasst beispielsweise das unterste Fünftel der Einkommensverteilung. Die Linien zeigen die relative Entwicklung im Vergleich zu den retrospektiven Angaben vor Corona. Weil die beiden oberen Quintile aufgrund der gruppierten Erhebung der Einkommen nur ungenau abgegrenzt werden können, werden diese beiden Gruppen zusammengefasst.
Quelle: WSI-Erwerbspersonenbefragung, eigene gewichtete Berechnungen

Ein Vergleich der retrospektiv abgefragten Einkommen vor Corona mit den zum Befragungszeitpunkt berichteten Einkommen zeigt im Einklang mit vorherigen Ergebnissen auf Basis der direkten Abfrage von Einkommensverlusten, dass die Einkommen in der ersten Welle der Befragung (April 2020) deutlich einbrachen. Über alle Einkommensgruppen hinweg verloren die Befragten etwa 15 Prozent ihres Einkommens und dieser Verlust war für die unteren Quintile der Einkommensverteilung am stärksten ausgeprägt (Abbildung 3): Während das Einkommen des untersten Quintils um 21 Prozent zurückgegangen ist, haben sich die Einkommen der höheren Quintile jeweils um etwa 15 Prozent verringert. Diese Einbußen betrafen vor allem die ersten Monate der Pandemie. In den folgenden Wellen erreichten die Einkommen wieder ungefähr das Ausgangsniveau. Abbildung 3 zeigt zudem sinkende Realeinkommen für alle Quintile ab 2022, die vor allem auf die steigende Inflation zurückzuführen sind. Aber: Hat die Pandemie die Einkommensverteilung »durchgerüttelt« und auch für Haushalte mit mittleren oder gar höheren Einkommen zu häufigen Abstiegen in Armut geführt, oder zeigen sich in diesen Trends wiederrum relativ stabile Muster sozialer Ungleichheit? Diese Fragen werden im folgenden Abschnitt geklärt.

5.2 Einkommensverläufe und Armutserfahrungen in der Pandemie: Deskriptive Befunde

Abbildung 4 zeigt die Entwicklung der anhand des jährlichen Medians der Gesamtbevölkerung definierten Armutsrisiken auf Basis der Erwerbspersonenbefragung. Die starken Einkommensverluste in den ersten Monaten der Pandemie führten zu einem deutlichen Anstieg des Anteils der Erwerbspersonen, die ein Haushaltseinkommen unterhalb der Armutsschwelle angeben. Dies lässt sich zum einen darauf zurückführen, dass die Einkommen insgesamt abgesackt sind, der Median auf Basis des Mikrozensus dies jedoch aufgrund der fehlenden unterjährigen Differenzierung nicht abbildet. Zum anderen spiegelt sich hier jedoch auch die Tatsache wider, dass die unteren Einkommen auch im Vergleich zu den mittleren Einkommen am stärksten verloren haben. So waren auf Basis der retrospektiven Angaben 10 Prozent der Befragten vor der Pandemie arm, im April 2020 waren es dagegen fast 19 Prozent. In der Welle im November 2020 sank dieser Wert wieder ungefähr auf das Niveau von vor der Pandemie. Im Vergleich zu den oben berichteten Daten des SOEP sind die hier dargestellten Armutsquoten zunächst deutlich niedriger. Dies lässt sich vor allem durch die Beschränkung auf Erwerbspersonen und den Ausschluss besonders stark von Armut betroffener Gruppen wie zum Beispiel Kinder erklären. Darüber hinaus wird deutlich, dass zwar auch das SOEP einen Anstieg der Armut im Jahr 2020 anzeigt, dieser jedoch deutlich schwächer ausfällt als der Anstieg der Armut unter den Befragten der Erwerbspersonenbefragung im April 2020, während im November 2020 die Armutsquote wieder annähernd ihr Ausgangsniveau erreicht. Da es sich bei den Einkommensdaten im SOEP um Jahreseinkommen handelt, ist es durchaus mit diesen Befunden konsistent, dass der Anstieg hier insgesamt weniger stark ausfällt. Im Folgenden nutzen wir nun die Tatsache, dass wir die Einkommen derselben Personen über mehrere Wellen verfolgen können und analysieren, wie sich die Einkommen der einzelnen Gruppen während der Pandemie entwickelt haben.

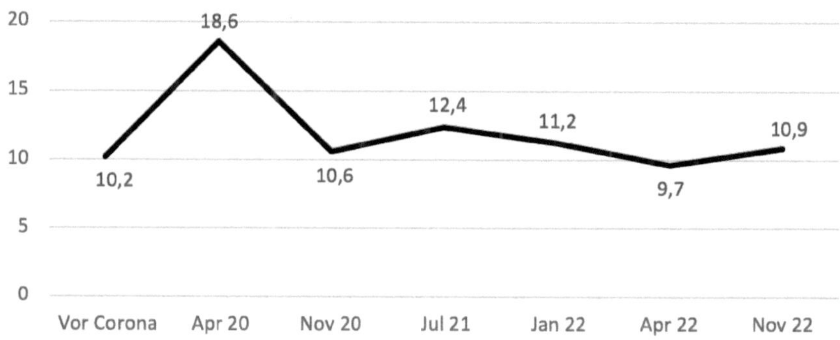

Abbildung 4: Die Entwicklung der Einkommensarmut von Erwerbspersonen; Angaben in Prozent
Anmerkungen: Nur Befragte mit gültigen Beobachtungen für alle verwendeten Zeitpunkte; N = 2.504. Definition von Armut verwendet den Median der Gesamtbevölkerung aus dem Mikrozensus. Angabe »vor Corona« wurde im Juli 2021 retrospektiv erfragt.
Quelle: WSI-Erwerbspersonenbefragung, eigene gewichtete Berechnungen

Wir unterscheiden insgesamt sechs Einkommensverläufe. Vor allem dauerhafte Erfahrungen von Armut sind mit starken Einschränkungen in der materiellen, sozialen und auch politischen Teilhabe verbunden (Brülle/Spannagel 2023). Deshalb definieren wir zwei Gruppen entsprechend der Häufigkeit ihrer Armutserfahrungen. Als erste Gruppe unterscheiden wir die »dauerhaft Armen«, die durchgehend zwischen April 2020 und November 2022 hinweg arm waren. Dies betrifft in unserem Sample 5,3 Prozent der Personen. Darüber hinaus unterscheiden wir »temporär arme« Personen, die mindestens einmal arm waren, sich aber auch mindestens einmal in einer höheren Einkommensposition befunden haben (20 Prozent der Befragten). Diese Gruppe umfasst auch diejenigen, die direkt nach Einsetzen der Pandemie in Armut gefallen sind, danach aber wieder in höhere Einkommenspositionen gelangen konnten. Es kann sich aber auch um Personen handeln, die erst in späteren Wellen arm waren.

Für Menschen, die im Beobachtungszeitraum keine Armutserfahrungen haben, verwenden wir für die Unterscheidung der Verläufe zum einen für jede Person das mittlere Einkommen über alle beobachteten Wellen, zum anderen die Information, ob sie innerhalb des Untersuchungszeitraums deutliche Einkommensverluste hinnehmen mussten. Personen, die über alle Wellen hinweg ein Durchschnittseinkommen zwischen 60 und 120 Prozent des Medians aufweisen und keine größeren Verluste hinnehmen mussten, fallen in die Gruppe der »stabil prekären bis mittleren« Einkommen (27 Prozent der Befragten). Personen mit einem Durchschnittseinkommen von 120 bis 150 Prozent des Medians gehören zur Gruppe der »stabil gehobenen« Einkommen (16 Prozent). Wir unterscheiden zudem Personen in der »instabilen Mitte«, die ein Durchschnittseinkommen von über 60 Prozent und weniger als 150 Prozent des Medians aufweisen, aber gleichzeitig mindestens einmal ein Einkommen berichteten, welches mehr als 25 Prozent unterhalb des persönlichen Mittelwerts lag (12 Prozent). Personen, die im Durchschnitt aller Wellen ein Einkommen von mehr als 150 Prozent des Medians haben, zählen wir zur letzten Gruppe, die der »Wohlhabenden« (21 Prozent).

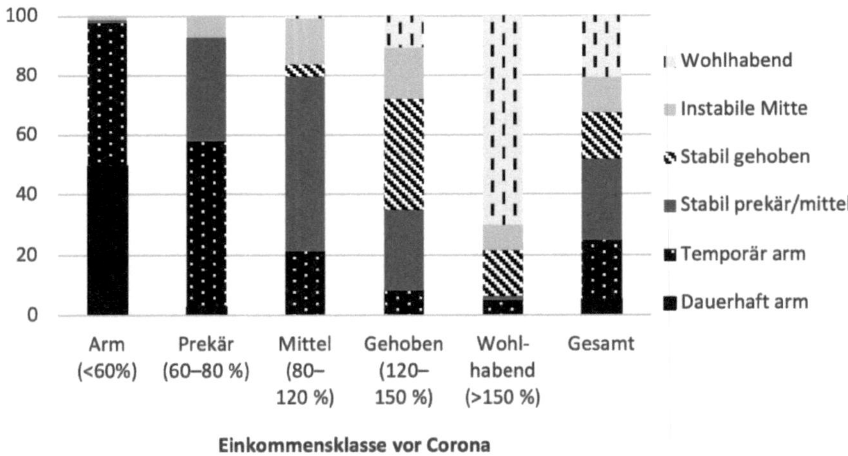

Abbildung 5: Einkommensverläufe nach Einkommensklassen vor der Pandemie; Angaben in Prozent
Anmerkungen: Nur Befragte mit gültigen Beobachtungen für alle verwendeten Zeitpunkte; N = 2.504. Einteilung der Einkommensgruppen auf Basis des Haushaltseinkommens relativ zum Median der Gesamtbevölkerung aus dem Mikrozensus. Angabe »vor Corona« wurde im Juli 2021 retrospektiv erfragt.
Quelle: WSI-Erwerbspersonenbefragung, eigene gewichtete Berechnungen

Die verwendete Typologie berücksichtigt demnach sowohl die Mobilität als auch die Höhe des Einkommens. Die entsprechenden Gruppen weisen jedoch eine deutliche Hierarchie in Bezug auf das durchschnittliche Einkommen auf: Die dauerhaft Armen haben im Durchschnitt ein Einkommen von nur 40 Prozent des Medians (bzw. 799 Euro im Monat). Die temporär Armen haben dagegen in der ersten Welle ein durchschnittliches Einkommen von 58 Prozent des Medians, in späteren Wellen jedoch jeweils etwa 80 Prozent. Die »stabil prekären bis mittleren« Einkommen liegen im Durchschnitt bei 98 Prozent des Medians, die »stabil gehobenen« bei 134 Prozent und die »wohlhabenden« bei 187 Prozent. Die »instabile Mitte« hat im Durchschnitt aller Wellen ein Einkommen von 117 Prozent des Medians, in der ersten Welle jedoch nur ein Einkommen auf dem Niveau des Medians der Gesamtbevölkerung.

Abbildung 5 zeigt die Verteilung der Verlaufstypen nach der Einkommensposition der Befragten vor der Pandemie. Von denjenigen, die vor der Pandemie bereits ein Einkommen unterhalb der Armutsschwelle hatten, befinden sich 49,8 Prozent während der Pandemie durchgehend in Armut und weitere 47,9 Prozent sind mindestens einmal arm. Mit anderen Worten: Fast alle Personen, die vor der Pandemie als arm klassifiziert werden können, sind auch zu mindestens einem Zeitpunkt seit der Pandemie arm gewesen. In der Gruppe derjenigen, die vor der Pandemie ein Einkommen von 60 bis 80 Prozent des Medians angaben, waren während der Pandemie 2,7 Prozent in dauerhafter Armut und 55,3 Prozent mindestens einmal arm. Für die meisten galt also, dass sie auch während der Pandemie in Armut rutschten, jedoch die wenigsten dauerhaft. Auffallend ist, dass es aus den beiden unteren Einkommensgruppen nicht zu Aufstiegen in die »obere« Mitte oder zu den »hohen Einkommen« kommt. Umgekehrt gibt es auch keine Abstiege aus den oberen drei Einkommenspositionen in dauerhafte Armut. Mindestens einmal während der Pandemie in Armut finden sich 21,4 Prozent derjenigen, die zuvor ein mittleres Einkommen hatten. Dieser Wert sinkt für die beiden oberen Einkommensgruppen auf 8,3 bzw. 4,9 Prozent. Für die Einkommensgruppen zwischen 80 und 150 Prozent gilt jeweils, dass sich der größte Teil dieser Personen auch während der Pandemie in mittleren Einkommensposition wiederfindet. Die höchste Wahrscheinlichkeit, der Gruppe der »instabilen Mitte« anzugehören, haben mit 17,4 Prozent diejenigen, die zuvor ein Einkommen von 120 bis 150 Prozent des Medians hatten, aber in dieser Gruppe finden sich auch Personen aus allen anderen Einkommensgruppen wieder. Zuletzt hatten 70 Prozent derjenigen, die vor der Pandemie ein Einkommen von über 150 Prozent des Medians hatten, auch während der Pandemie ein durchschnittliches Einkommen oberhalb dieser Grenze. Insgesamt zeigt sich, dass temporäre Abstiege in Armut aus oberen Einkommenslagen und stark schwankende Einkommen in der Pandemie durchaus vorgekommen sind, aber keineswegs die Regel waren. Vielmehr gibt es auch in Krisenzeiten eine bemerkenswerte Stabilität der relativen Einkommenspositionen. Insbesondere Aufstiege aus niedrigen Einkommenspositionen in gesicherte Einkommenslagen sind kaum festzustellen.

5.3 Armutserfahrungen während der Pandemie: Multivariate Analysen

Im Anschluss an diese Befunde untersuchen wir nun, welche Merkmale dazu beigetragen haben, dass Personen auch während der Pandemie vor Armutserfahrungen geschützt waren, bzw. welche Personengruppen in der Pandemie temporär oder aber dauerhaft von Armut betroffen waren. Abbildung 6 zeigt durchschnittliche marginale Effekte (AME) verschiedener Merkmale auf Basis einer multinomialen logistischen Regression. Einkommensverläufe ohne Armutserfahrungen werden dafür in der Referenzkategorie zusammengefasst.

Die Ergebnisse sind jeweils als geschätzte Veränderung der Wahrscheinlichkeit zu interpretieren, dem jeweiligen Verlaufstyp anzugehören. Zum Beispiel haben Alleinerziehende unter Kontrolle aller anderen Variablen im Modell gegenüber Paarhaushalten eine um 20 Prozentpunkte niedrigere Wahrscheinlichkeit eines Verlaufs ohne Armutserfahrungen. Gleichzeitig ist die Wahrscheinlichkeit dauerhafter und temporärer Armut jeweils um zehn Prozentpunkte höher. Auch Singles ohne Kinder sind etwa um fünf Prozentpunkte häufiger als Paare von dauerhafter Armut betroffen. Paare mit Kindern weisen zwar im Vergleich zu Paaren ohne Kinder eine ähnlich niedrige Wahrscheinlichkeit auf, von Armut verschont zu bleiben wie Alleinerziehende (19 Prozentpunkte). Dafür erhöht sich jedoch vor allem die Wahrscheinlichkeit temporärer Armut (17 Prozentpunkte), während Risiken dauerhafter Armut nur geringfügig höher sind (2,4 Prozentpunkte). Frauen sind in der Pandemie um sechs Prozentpunkte seltener in einer der Verlaufsgruppen ohne Armutserfahrungen als Männer, während ein Migrationshintergrund keine signifikanten Effekte auf das Armutsrisiko insgesamt hat, die Wahrscheinlichkeit dauerhafter Armut jedoch sogar leicht verringert. Jüngere Personen zwischen 16 und 30 Jahren waren in der Pandemie deutlich häufiger von Armut betroffen, jedoch waren diese Episoden offenbar vielfach nur vorübergehend. Gegenüber der Altersgruppe der 40- bis unter 50-Jährigen waren sie um vier Prozentpunkte seltener in dauerhafter Armut, aber auch um 13 Prozentpunkte häufiger temporär arm.

Personen mit einem beruflichen Bildungsabschluss, deren höchster allgemeinbildender Schulabschluss ein Hauptschulabschluss ist, hatten in der Pandemie ein höheres Risiko dauerhafter Armut, während Personen mit universitärem Abschluss im Vergleich zu Personen mit mittlerer Reife und beruflichem Abschluss häufiger Armut vermeiden konnten. Auch für verschiedene Berufsgruppen zeigen sich wichtige Unterschiede: Im Vergleich zu qualifizierten

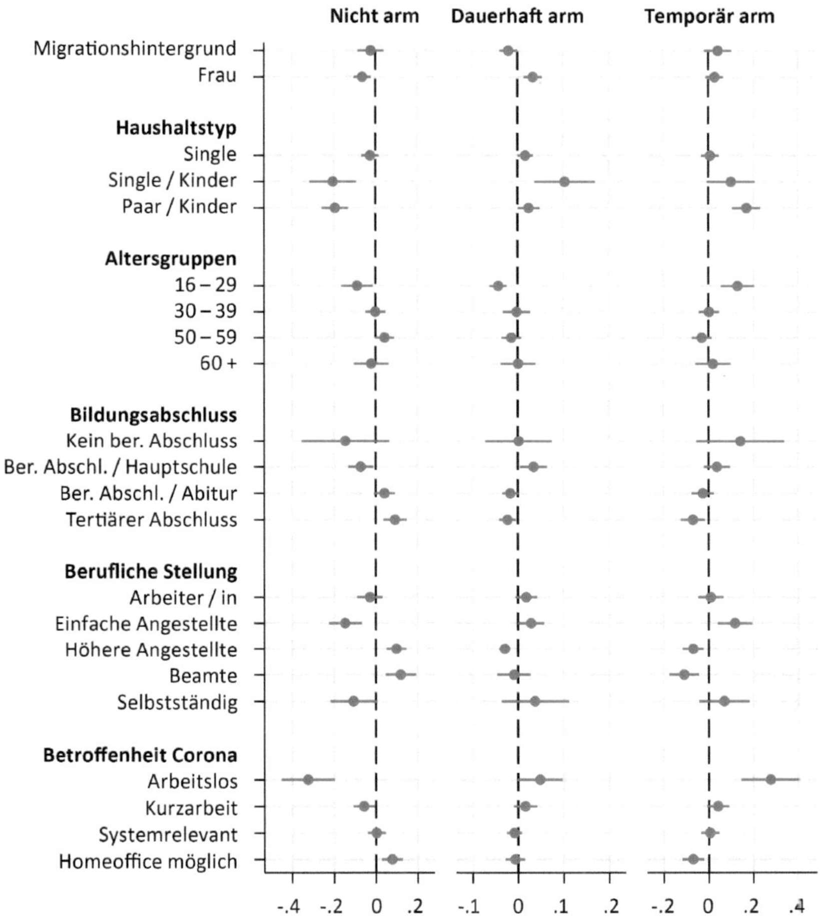

Abbildung 6: Erklärungsfaktoren für Einkommensverläufe; AME (average marginal effects) aus multinomialen Regressionsmodellen

Anmerkungen: Nur Befragte mit gültigen Beobachtungen für alle verwendeten Zeitpunkte; N = 2.334. Multinomiales Modell unter Kontrolle der Einkommensklasse vor Corona (nicht abgebildet). Alle nicht konstanten Eigenschaften außer »arbeitslos«, »Kurzarbeit«, »systemrelevant« und »Homeoffice möglich« werden in der ersten Welle gemessen. Arbeitslos: mindestens einmal in Arbeitslosigkeit. Kurzarbeit: mindestens einmal in Kurzarbeit. Referenzkategorien: kein Migrationshintergrund, Paar ohne Kinder, Mann, 40 bis unter 49 Jahre, beruflicher Abschluss/mittlere Reife, qualifizierte Angestellte, niemals arbeitslos, niemals in Kurzarbeit, Beruf nicht systemrelevant, Homeoffice nicht möglich

Quelle: WSI-Erwerbspersonenbefragung, eigene gewichtete Berechnungen

Angestellten haben Arbeiter*innen und einfache Angestellte in dieser Zeit häufiger Armutserfahrungen gemacht, wobei nur für die zweite Gruppe die Effekte auch statistisch signifikant sind. Beamte waren dagegen besonders selten von Armut betroffen, während für höhere Angestellte insbesondere das Risiko dauerhafter Armut deutlich geringer war als für die anderen Berufsgruppen. Für die Selbstständigen finden wir zudem einen starken negativen Effekt auf die Wahrscheinlichkeit, nicht arm zu sein (10,7 Prozentpunkte). Dies stimmt mit den Befunden von großen Einkommensverlusten für diese Gruppe überein, der Effekt ist jedoch nur auf dem Zehn-Prozent-Niveau signifikant.

Zuletzt berücksichtigt unser Modell auch vier Variablen zur unmittelbaren Krisenbetroffenheit bzw. potenzielle Schutzfaktoren in mindestens einer der untersuchten Wellen. Dies sind: Erfahrungen von Arbeitslosigkeit wie auch Kurzarbeit, die Möglichkeit, die eigene Tätigkeit im Homeoffice auszuführen, sowie in einem systemrelevanten Beruf beschäftigt zu sein. Vor allem die Arbeitslosigkeitserfahrung hat einen starken Effekt und verringert die Wahrscheinlichkeit, Armut zu vermeiden um 33 Prozentpunkte. Dabei erhöht sich sowohl die Wahrscheinlichkeit dauerhafter, vor allem aber temporärer Armut. Für die Kurzarbeit zeigt sich ein ähnliches Muster, wenn auch auf deutlich niedrigerem Niveau: Die Wahrscheinlichkeit eines Verlaufes ohne Armut verringert sich um sechs Prozentpunkte. Ein Vergleich beider Effekte zeigt, dass für die Betroffenen Kurzarbeit zwar mit Einkommenseinbußen einhergeht, aber das daraus resultierende Armutsrisiko im Vergleich zu Arbeitslosigkeit deutlich geringer ausfällt. Einen systemrelevanten Beruf auszuüben, hat keinen Effekt auf Armutsrisiken während der Pandemie. Die Möglichkeit, die eigene Tätigkeit im Homeoffice auszuführen, hat dagegen eine armutsschützende Wirkung und erhöht die Wahrscheinlichkeit eines Einkommensverlaufs ohne Armutserfahrungen um 7,7 Prozentpunkte.

Die Ergebnisse zeigen deutlich, welche Bevölkerungsgruppen während der Pandemie besonders von Armut betroffen waren. Darunter finden sich vor allem diejenigen, die auch schon vor der Pandemie besonders hohe Armutsrisiken aufwiesen: Alleinerziehende, Personen mit niedrigen formalen Bildungsabschlüssen und in den unteren Berufsgruppen. Einige Faktoren haben jedoch während der Pandemie eine besondere Bedeutung gehabt, die über stabile Strukturen sozialer Benachteiligung hinausgeht. So bleiben zum einen die Effekte für Paare mit Kindern und jüngere Befragte auf temporäre Armutsrisiken auch dann bestehen, wenn für die Einkommensposition vor Corona kontrolliert wird (eigene Berechnungen, nicht dargestellt). Dies unterstreicht, dass die Pandemie besonders Menschen in vulnerablen Phasen im Lebensverlauf stark betroffen hat, diese Gruppen jedoch nur selten dauerhaft arm wurden. Zum anderen bleiben auch Effekte der beruflichen Stellung und der Arbeitslosigkeitserfahrung in diesem Modell signifikant, was die Bedeutung der Arbeitsmarktposition für die Vermeidung von Armut während der Pandemie unterstreicht.

6. Fazit und Ausblick

Wir haben in diesem Bericht die Verteilung der Einkommen als zentrale Dimension sozialer Ungleichheit betrachtet. Wie ungleich Einkommen verteilt sind und insbesondere, wie viele Personen von Armut betroffen sind, hat gerade in Krisenjahren eine große Bedeutung. Auch und gerade am verfügbaren Einkommen entscheidet sich, welche Ressourcen Individuen, aber auch die Gesellschaft als Ganzes mobilisieren können, um gesellschaftliche Herausforderungen zu bewältigen. Die in diesem Beitrag präsentierten Ergebnisse zeigen zudem, dass sich das schon vorab vorhandene Ausmaß von Armut und Einkommensungleichheit im ersten Pandemiejahr weiter verschärft hat. Und wie die Untersuchung der Einkommensverläufe während der Pandemie deutlich macht, sind vor allem Personen und Personengruppen in Armut abgerutscht, die bereits vor der Corona-Krise häufig von materiellen Einschränkungen betroffen waren.

Für diejenigen, die während der Pandemie temporär oder dauerhaft mit Armut kämpfen mussten, ist zudem von einer Akkumulation wirtschaftlicher Belastungen auch nach Abklingen der Corona-Pandemie auszugehen: Die wirtschaftlichen Sorgen der Menschen stiegen erneut mit der Energiekrise und den steigenden Preisen infolge des russischen Überfalls auf die Ukraine (siehe Hövermann in diesem Band). Und es sind wiederum Personen mit geringen Einkommen, die hiervon überproportional betroffen sind. Mit Blick auf die vergangenen Jahre berichten in der aktuellsten Welle 12 der Erwerbspersonenbefragung (November 2023) 63 Prozent der dauerhaft Armen, dass die Krisen der letzten Jahre sie stark oder sehr stark betroffen haben, im Vergleich zu 35 Prozent der temporär Armen, 23 Prozent der mittleren Einkommen, 21 Prozent der oberen Mitte, 22 Prozent der instabilen Mitte und 10 Prozent der hohen Einkommen (eigene Berechnungen, Daten nicht dargestellt).

Vieles deutet darauf hin, dass die Entlastungsmaßnahmen der Bundesregierung einen noch stärkeren Einbruch der Einkommen vieler Haushalte verhindert bzw. dazu beigetragen haben, dass sich die Einkommen relativ rasch wieder erholten. Es ist gut belegt, dass die Maßnahmen für Selbstständige und vor allem das Kurzarbeitergeld einige Erwerbstätige tatsächlich vor dem Abrutschen in Armut bewahrt haben (u.a. Pieper u.a. 2023: 23; Christl u.a. 2023). Allerdings: Viele Maßnahmen konzentrierten sich auf Erwerbstätige. Arme Haushalte – in denen viele Menschen nicht im Arbeitsmarkt integriert sind – haben daher nicht unbedingt davon profitiert. Auch die Untergruppe der Rentner*innen ist hier geradezu systematisch durchs Raster gefallen – und das, obwohl just Rentner*innen unter den Armen überdurchschnittlich vertreten sind. Auch die vielen Steuerentlastungen kamen schließlich nur jenen zugute, die überhaupt Steuern zahlen. Dennoch: Trotz der erwähnten Unzulänglichkeiten lässt sich insgesamt sagen, dass diese Maßnahmen grundsätzlich gewirkt und Haushalte mit niedrigem Einkommen nachweislich entlastet haben. Das gilt insbesondere für Haushalte mit Kindern (Dullien u.a. 2023a). Bei Haushalten mit hohen Einkommen fielen die Entlastungen deutlich geringer aus als bei Haushalten mit niedrigen Einkommen (Dullien u.a. 2022). In welchem Maße Einkommensungleichheiten insgesamt durch staatliche Entlastungsmaßnahmen ausgeglichen wurden, ist jedoch unklar. So kommt der Paritätische Wohlfahrtsverband in seinem 2023er-Armutsbericht zu folgendem Fazit: »Die Entlastungsprogramme in der Inflation wiederum dürften armutspolitisch weitgehend verpuffen. Die Hilfen verteilen sich überwiegend einkommensproportional. Das heißt, der absolute Entlastungseffekt steigt mit dem Einkommen, während die Ärmsten, wie auch in der Corona-Pandemie, wiederum nur unzureichend unterstützt werden. So dürfte die Inflation die Wohlstandsdisparitäten zwischen ärmeren und reicheren Haushalten sehr wahrscheinlich noch einmal deutlich vertiefen« (Pieper u.a. 2023: 5).

Gleichzeitig waren viele der Maßnahmen und insbesondere das Kurzarbeitergeld insofern erwerbsarbeitszentriert, da ihre Inanspruchnahme eine relativ stabile und gut bezahlte Beschäftigung voraussetzt. Damit stehen sie in der Tradition des konservativen Wohlfahrtsstaatsmodells. In solchen Wohlfahrtsstaaten, die stark auf die Statussicherung ausgerichtet sind, gibt es bestimmte Gruppen, die systematisch durch das soziale Netz fallen. Dies wird in den vorliegenden Ergebnissen etwa anhand der höheren Armutsrisiken für Frauen, Alleinerziehende, Haushalte mit Kindern und jüngere Menschen sehr deutlich.

Den weiteren Anstieg der Einkommensungleichheit konnten die Entlastungspakete offenbar nicht verhindern – geschweige denn die Ungleichheit reduzieren. Zudem deuten zahlreiche Forschungsergebnisse darauf hin, dass andere Dimensionen sozialer Ungleichheit – allen voran Ungleichheiten in den Bildungschancen – durch die Pandemie noch stärker von einem Auseinanderklaffen betroffen waren (Dietrich u.a. 2021) – und zwar mit potenziell langfristigen Folgen auch für die Einkommensverteilung. Vor diesem Hintergrund erscheinen neben den eher kurzfristig angelegten Entlastungsmaßnahmen langfristige strukturelle Veränderungen in den sozialen Sicherungssystemen und der Regulierung des Arbeitsmarktes als zentrale Voraussetzung für eine nachhaltige Bekämpfung der Ungleichheit. Dazu gehören insbesondere all jene Maßnahmen, die auf eine Stärkung sozialversicherungspflichtiger, angemessen entlohnter und sicherer Beschäftigungsverhältnisse gerichtet sind. Dies wäre über einen Ausbau der Tarifbindung im Einklang mit einer deutlichen Erhöhung des Mindestlohnes und einer nachhaltigen Verbesserung der Vereinbarkeit von Familie und Beruf zu erreichen. Die von der Bundesregierung bereits beschlossene Erhöhung der Leistungen in der Grundsicherung, allen voran beim Bürgergeld, wiederum ist ein wichtiger Baustein, um gerade die soziale Situation dauerhaft armer Haushalte zu verbessern. In Kombination mit der vielfach geforderten stärkeren Besteuerung hoher Einkommen und Vermögen könnten die Folgen, welche die Pandemie für die Einkommensungleichheit hatte, aufgefangen werden.

Literatur

Adriaans, Jule/Bohmann, Sandra/Liebig, Stefan/Priem, Maximilian/Richter, David (2020), *Soziale Folgen der Covid-19-Pandemie. Ergebnisse einer repräsentativen Befragung. Begleitforschung zum sechsten Armuts- und Reichtumsbericht der Bundesregierung*, Berlin.

Amt für Statistik Berlin-Brandenburg (2023), *Regionaler Sozialbericht Berlin-Brandenburg*, Berlin.

Bach, Stefan/Knautz, Jakob (2022), »Hohe Energiepreise. Ärmere Haushalte werden trotz Entlastungspaketen stärker belastet als reichere Haushalte«, in: *DIW Wochenbericht* 17/2022, S. 243–252.

Becker, Irene/Schmidt, Tanja/Tobsch, Verena (2022), *Wohlstand, Armut und Reichtum neu ermittelt. Materielle Teilhabe aus mehrdimensionaler Perspektive – Bericht zum ersten Modul des Projekts »Materielle Teilhabe im Lebensverlauf«*, Forschungsförderung der Hans-Böckler-Stiftung: Study 472, Düsseldorf.

Böhme, René (2022), »Soziale Auswirkungen der Corona-Pandemie«, in: Catherina Bonora/Mara Kruse/Sylke Meyerhuber/Alexandra Quaas/Sabine Ritter/Feline Tils (Hg.), *Sozialwissenschaftliche Perspektiven auf die Corona-Pandemie,* Bremen, S. 86–100.

Braband, Carsten/Consiglio, Valentina/Grabka, Markus/Hainbach, Natascha/Königs, Sebastian (2022), *Disparities in Labour Market and Income Trends during the First Year of the Covid-19 Crisis. Evidence from Germany*, hg. von OECD, Bertelsmann Stiftung, DIW ECON, Gütersloh.

Brülle, Jan/Gangl, Markus (2023), »Verfestigung von Armut und die zunehmende Bedeutung von Pfadabhängigkeiten im Lebenslauf«, in: *Kölner Zeitschrift für Soziologie und Sozialpsychologie.* Jg. 75, H. 1, S. 1–35.

Brülle, Jan/Spannagel, Dorothee (2023), *Einkommensungleichheit als Gefahr für die Demokratie. WSI-Verteilungsbericht 2023*, Wirtschafts- und Sozialwissenschaftliches Institut der Hans-Böckler-Stiftung: WSI Report Nr. 90, Düsseldorf.

Christl, Michael/De Poli, Silvia/Hufkens, Tine/Peichl, Andreas/Ricci, Mattia (2023), »The Role of Short-Time Work and Discretionary Policy Measures in Mitigating the Effects of the COVID-19 Crisis in Germany«, in: *International Tax and Public Finance,* Jg. 30, H. 4, S. 1107–1136.

Dietrich, Hans/Patzina, Alexander/Lerche, Adrian (2021), »Social Inequality in the Homeschooling Efforts of German High School Students during a School Closing Period«, in: *European Societies,* Jg. 23, Sup. 1, S. 348–369.

Dullien, Sebastian/Herzog-Stein, Alexander/Stein, Ulrike (2023a), *Gewinnflation: Realität oder Fata Morgana? Die Rolle der Gewinnentwicklung für die aktuelle deutsche Inflation*, Institut für Makroökonomie und Konjunkturforschung der Hans-Böckler-Stiftung: IMK Policy Brief Nr. 185, Düsseldorf.

Dullien, Sebastian/Rietzler, Katja/Tober, Silke (2023b), *Nettoeinkommen der Arbeitnehmenden: Spürbare Kaufkraftlücke trotz kräftiger staatlicher Entlastung. Zusammenfassende Bewertung von Lohnerhöhungen, fiskalischer Entlastung und Inflation 2022 und 2023*, Institut für Makroökonomie und Konjunkturforschung der Hans-Böckler-Stiftung: IMK Policy Brief Nr. 151, Düsseldorf.

Dullien, Sebastian/Rietzler, Katja/Tober, Silke (2022), *Die Entlastungspakete der Bundesregierung. Sozial weitgehend ausgewogen, aber verbesserungsfähig*, Institut für Makroökonomie und Konjunkturforschung der Hans-Böckler-Stiftung: IMK Policy Brief Nr. 120, Düsseldorf.

Dullien, Sebastian/Tober, Silke (2023), *IMK Inflationsmonitor. Inflationsunterschiede zwischen Haushalten im Mai 2023 deutlich geringer*, Institut für Makroökonomie und Konjunkturforschung der Hans-Böckler-Stiftung: IMK Policy Brief Nr. 152, Düsseldorf.

Giesecke, Johannes/Heisig, Jan Paul/Solga, Heike (2015), »Getting more Unequal: Rising Labor Market Inequalities Among Low-skilled Men in West Germany«, in: *Research in Social Stratification and Mobility*, Jg. 83. H. 39, S. 1–17.

Goebel, Jan/Grabka, Markus/Liebig, Stefan/Kroh, Martin/Richter, David/Schröder, Carsten/Schupp, Jürgen (2019), »The German Socio-Economic Panel (SOEP)«, in: *Jahrbücher für Nationalökonomie und Statistik*, Jg. 239, H. 2, S. 345–360.

Grabka, Markus (2024), »Niedriglohnsektor in Deutschland schrumpft seit 2017«, in: *DIW Wochenbericht* 5/2024, S. 67–76.

Graeber, Daniel/Kritikos, Alexander/Seebauer, Johannes (2021), »COVID-19: A Crisis of the Female Self-Employed«, in: *Journal of Population Economics*, Jg. 34. H. 4, S. 1141–1187.

Groh-Samberg, Olaf (2014), »No Way Out. Dimensionen und Trends der Verfestigung der Armut in Deutschland«, in: *Sozialer Fortschritt*, Jg. 63, H. 12, S. 307–315.

Heisig, Jan Paul/König, Christian/Löbl, Simon (2021), »Ängste, Sorgen und psychische Gesundheit in der Corona-Pandemie«, in: Bernhard Badura/Antje Ducki/Helmut Schröder/Markus Meyer (Hg.), *Fehlzeiten-Report 2021: Betriebliche Prävention stärken – Lehren aus der Pandemie*, Berlin/Heidelberg, S. 149–161.

Hertel, Florian (2020), »Sozialstrukturelle Veränderungen und Ungleichheit in der deutschen Klassengesellschaft«, in: *WSI-Mitteilungen*, Jg. 73, H. 3, S. 155–164.

Hövermann, Andreas (2021), *Sommer 2021: Inzidenzen sinken, Corona-Zweifel und Verschwörungsmythen bleiben. Aktuelle Befunde der 5. Welle der HBS-Panel-Erwerbspersonenbefragung 2020/21*, Wirtschafts- und Sozialwissenschaftliches Institut der Hans-Böckler-Stiftung: WSI Policy Brief Nr. 61, Düsseldorf.

Kohlrausch, Bettina/Zucco, Aline/Hövermann, Andreas (2020), *Die Einkommensungleichheit wird durch die Corona-Krise noch weiter verstärkt. WSI-Verteilungsbericht 2020*, Wirtschafts- und Sozialwissenschaftliches Institut der Hans-Böckler-Stiftung: WSI Report Nr. 62, Düsseldorf.

Pieper, Jonas/Schneider, Ulrich/Schröder, Wibke/Stilling, Gwendolyn (2023), *Zwischen Pandemie und Inflation. Paritätischer Armutsbericht 2022*, 2., aktual. Auflage, Paritätischer Gesamtverband, Berlin.

Spannagel, Dorothee/Molitor, Katharina (2019), *Einkommen immer ungleicher verteilt. WSI-Verteilungsbericht 2019*, Wirtschafts- und Sozialwissenschaftliches Institut der Hans-Böckler-Stiftung: WSI Report Nr. 53, Düsseldorf.

Wachtler, Benjamin/Michalski, Niels/Nowossadeck, Enno/Diercke, Michaela/Santos-Hövener, Claudia/Lampert, Thomas/Hoebel, Jens (2020), »Sozioökonomische Ungleichheit und COVID-19. Eine Übersicht über den internationalen Forschungsstand«, in: *Journal of Health Monitoring*, Jg. 5, H. 7, S. 3–18.

Geschlechtsspezifische Arbeitszeiten während der Corona-Pandemie – Alles wie üblich oder Abbau von Geschlechterungleichheiten?

Eileen Peters, Bettina Kohlrausch

1. Einleitung

Die Corona-Pandemie hat Regierungen weltweit zu drastischen Maßnahmen veranlasst, um das Virus einzudämmen. Weitreichende Mobilitäts- und Kontaktbeschränkungen, Schließungen von institutioneller Kinderbetreuung, nicht essenziellen Geschäften und die Verbreitung von Homeoffice haben das öffentliche und private Leben massiv verändert. Die Folgen der Corona-Pandemie waren seit dem Frühjahr 2020 auf allen Ebenen der Gesellschaft zu spüren und zeigten in vielen Aspekten wie ein Brennglas die sozialen Ungleichheiten in unserer Gesellschaft auf. Viele Branchen und Betriebe hatten mit den Lockdowns, Kontaktbeschränkungen, Nachfrageeinbrüchen sowie Lieferkettenengpässen zu kämpfen. Im Zuge dieser Maßnahmen verringerte sich (zumindest temporär) für viele Beschäftigte die Erwerbsarbeitszeit (Frodermann u. a. 2020). Allerdings kam es in bestimmten Branchen und Betrieben auch zu einer erhöhten Nachfrage nach Gütern und Dienstleistungen und somit zu Arbeitszeiterhöhungen.

Weiterhin führte die Einschränkung der institutionellen Kinderbetreuung einerseits die Systemrelevanz einzelner Berufe vor Augen und zwang Eltern andererseits dazu, Arbeitszeiten an die »Tagesränder« zu verlegen oder den Erwerbsumfang zu reduzieren bzw. ganz einzustellen (ebd.; Reichelt u. a. 2020). Gleichzeitig hatten die Kontaktbeschränkungen zur Folge, dass die Erwerbsarbeit, wo immer dies möglich war, im Homeoffice ausgeführt wurde. In vielen anderen Fällen musste sie komplett eingestellt werden. Somit offenbarte die Krise, wie eng Familie, Generationenverhältnisse und soziales Zusammenleben mit dem Arbeitsmarkt, der Arbeitsorganisationen und den Erwerbsbiografien verwoben sind. Aufgrund der begrenzten Ressource »Zeit« sind diese Bereiche eng miteinander verknüpft, da Menschen sowohl Arbeitnehmer*innen sind als auch Teil einer Familie, insbesondere Väter oder Mütter, sind. Zahlreiche Studien heben hervor, dass vor allem Eltern – und hier insbesondere Mütter – mit Betreuungsverpflichtung sehr stark von der Corona-Pandemie betroffen waren und zu den vulnerabelsten Gruppen gehörten (Alon u. a. 2020; Collins u. a. 2020; Hövermann/Kohlrausch 2022).

Mit Beginn der Pandemie haben sich in der wissenschaftlichen Debatte unterschiedliche Positionen bezüglich des Einflusses der Pandemie auf die Geschlechterverhältnisse herausgebildet. Vertreter*innen der »Retraditionalisierungsthese« argumentierten, dass sich ungleiche Geschlechterverhältnisse durch die Pandemie eher noch verschärften. Ausgangspunkt dieses Arguments ist die Tatsache, dass unbezahlte Sorgearbeit erfahrungsgemäß zum größten Teil von Frauen übernommen wird. Somit bestand die Befürchtung, dass vor allem Frauen, und insbesondere Mütter, den Großteil der durch die Schließung von Kitas, Schulen und Tagespflegeeinrichtungen zusätzlich anfallenden Sorgearbeit zuungunsten ihrer Erwerbsarbeit auffangen würden. So sprachen einige Wissenschaftler*innen beispielsweise von einer »patriarchalen Pandemie« (Chemaly 2020). Jutta Allmendinger stellte prominent die These auf, dass die Pandemie die Gleichstellung von Männern und Frauen um drei Jahrzehnte zurückwerfe (Allmendinger 2020).

Andere Prognosen hingegen waren optimistischer und argumentierten, dass die unvorhergesehenen Veränderungen dazu führen könnten, dass die geschlechtsspezifische Arbeitsteilung neu organisiert und verhandelt werden müsse. Denn – so hier die These – während der Pandemie seien Männer, und vor allem Väter, mit der sonst oftmals unsichtbaren Sorgearbeit konfrontiert gewesen und diese Erfahrungen würden längerfristig die Gleichstellung der Geschlechter vorantreiben (Alon u. a. 2020; Collins u. a. 2020). Auch der Umstand, dass Frauen in systemrelevanten Berufen, die nicht von zu Hause aus erledigt werden können, überrepräsentiert sind, könne zu einer Umverteilung der Sorgearbeit beitragen. So sind beispielsweise 77 Prozent aller Beschäftigten im Gesundheits- und Sozialsektor weiblich (siehe Boll u. a. 2023: 3). Weiterhin hatten während der Pandemie Arbeitgeber*innen zunehmend flexible Arbeitszeit- und Arbeitsplatz-Modelle angeboten, die vielfach auch nach der Corona-Pandemie noch Bestand haben und meist eine bessere Vereinbarkeit von Beruf und Privatleben bieten (Alon u. a. 2020; siehe auch die Beiträge von Ahlers sowie von Emmler in diesem Band). All diese Entwicklungen könnten dazu beitragen, dass ein Egalisierungsprozess bei der geschlechtsspezifischen Arbeitsteilung in Gang gesetzt wird. Zucco und Lott (2021) zeigen allerdings, dass die Egalisierung der Verteilung von Sorgearbeit eher ein punktuelles Phänomen war und sich nur selten verstetigte. Dies bestätigen auch Auswertungen der WSI-Erwerbspersonenbefragung, die paarinterne Zuständigkeiten für die Kinderbetreuung über den Zeitraum April 2020 bis November 2023 beleuchtet haben (Kohlrausch/Peters 2024). Somit hätte sich die geschlechtsspezifische Arbeitsteilung durch die Corona-Pandemie kaum verändert.

Ausgehend von der sogenannten Retraditionalisierungsthese untersuchen wir in diesem Beitrag die Erwerbsbeteiligung von Frauen während und nach der Pandemie. Dabei konzentrieren wir uns auf den Zusammenhang zwischen Sorgearbeit und Erwerbsbeteiligung. Eine Zunahme der Sorgearbeit und eine Abnahme der Erwerbsarbeit wäre ein klarer Indikator für eine Retraditionalisierung der Geschlechterverhältnisse. Denkbar ist aber auch, dass es in Paarhaushalten zu unterschiedlichen oder sogar gegenläufigen Entwicklungen gekommen ist. Daher betrachten wir im Rahmen der Ergebnispräsentation (Abschnitt 5) in einem ersten Analyseschritt (5.1) die durchschnittliche Erwerbsbeteiligung, um in einem zweiten Schritt (5.2) unterschiedliche Gruppen von Frauen zu untersuchen. Wir zeigen, dass sich hinter einem durchschnittlichen Anstieg der Erwerbsbeteiligung von Frauen eine Polarisierung der Entwicklung von Erwerbsarbeitszeit verbirgt. Während ein Teil der Frauen mehr Erwerbsarbeit leisten, absolviert ein anderer Teil deutlich weniger. Vorab aber stellen wir den Forschungsstand (2), unsere Erkenntnisinteresse (3) sowie unserer Daten und Methoden vor (4). Abschnitt 6 zieht ein Fazit.

2. Forschungsstand: Die geschlechtsspezifische Arbeitsteilung vor und während der Corona-Pandemie

Die Benachteiligung von Frauen resultiert aus den Widersprüchen, denen Frauen ausgesetzt sind, weil ihr Arbeitsvermögen sowohl im Kontext unbezahlter Reproduktionsarbeit als auch marktförmiger Erwerbsarbeit vergesellschaftet wird. Aus der Hauptverantwortung der Frauen für die Sorgearbeit ergeben sich spezifische Benachteiligungsmuster auf dem Arbeitsmarkt. Nach wie vor ist in Deutschland ein Geschlechterarrangement dominant, welches dem Mann die Rolle als Haupternährer der Familie zuweist, der mit seinem Lohn die unbezahlte Care-Arbeit der Frau mitfinanziert, während Frauen eine Zuverdiener*innenrolle zukommt (modernisiertes *male breadwinner model*). Diese geschlechtsspezifische Aufteilung der bezahlten und unbezahlten Arbeit ist nicht nur in Deutschland, sondern auch in vielen anderen Ländern vorzufinden (Altintas/Sullivan 2016; Hipp/Leuze 2015); in Deutschland ist sie jedoch nach wie vor sehr ausgeprägt. Zwar ist die Erwerbstätigenquote von Frauen in den letzten Jahrzehnten kontinuierlich gestiegen, jedoch besteht weiterhin ein substanzieller Unterschied in den Erwerbsarbeitszeiten: Im Jahr 2022 arbeiteten 12,7 Prozent der angestellten Männer in Teilzeit, wohingegen fast jede zweite Frau (49,2 Prozent) teilzeitbeschäftigt war (Destatis 2024a). Ein Grund der höheren Teilzeitquote bei Frauen und insbesondere Müttern ist, dass sie hauptverantwortlich für die unbezahlte

Arbeit sind (Altintas/Sullivan 2016; Klünder 2017). Zwar zeigt sich auch hier in den letzten Jahren ein Rückgang der geschlechtsspezifischen Unterschiede, allerdings leisten Frauen immer noch im Schnitt 79 Minuten mehr an unbezahlter Sorgearbeit pro Tag als Männer (Destatis 2024b). Weiterhin tragen vor allem Frauen den *mental load*, leisten also kognitive Arbeit, die die Organisation des Alltags und der Alltagsaufgaben umfasst (Lott/Bünger 2023: 7 f.).

Insgesamt ist festzuhalten, dass sich in den letzten Jahrzehnten die Beteiligung von Frauen am Arbeitsmarkt, meist in Form von Teilzeit, deutlich erhöht hat, während sich die Beteiligung von Männern an der unbezahlten Sorgearbeit und vor allem der Kinderbetreuung kaum verändert hat (Dean u. a. 2021). Die vorherrschenden Geschlechterideologien in der Gesellschaft zeigen weiterhin, dass zwar die Vorstellung, der Arbeitsmarkt sei eher eine männliche Domäne, allmählich an Zustimmung verloren hat, während die Akzeptanz der Arbeitsmarktbeteiligung von Frauen und Müttern zugenommen hat (Cotter u. a. 2011). Allerdings wird die private Sphäre immer noch vorwiegend als weiblich angesehen. Ein dominantes Rollenbild ist, dass Frauen zwar einer Erwerbsarbeit nachgehen, aber gleichzeitig dennoch die Hauptverantwortung für die Sorgearbeit übernehmen sollten (Grunow u. a. 2018; Lott/Klenner 2018; Zoch 2021). Zusammenfassend deuten alle Daten darauf hin, dass das modernisierte *male breadwinner model* die Verteilung von Sorge- und Erwerbsarbeit nach wie vor in den meisten heterosexuellen Paarbeziehungen dominiert. Aufgrund dieser Entwicklungen der geschlechtsspezifischen Arbeitsteilung sowie der vorherrschenden Geschlechterrollen wird oftmals davon gesprochen, dass die Egalisierung der Geschlechterbeziehungen ins Stocken geraten sei (England 2010). Dies war der Stand der geschlechtsspezifischen Arbeitsteilung, als die Corona-Pandemie Deutschland traf und eine unvorhergesehene Situation geschaffen hat, in der die Verteilung von Erwerbs- und Sorgearbeit neu verhandelt und organisiert werden musste.

Was ist nun während der Corona-Pandemie hinsichtlich der Aufteilung der Kinderbetreuung zu beobachten? Diesbezüglich deutet der bisherige Forschungsstand auf den ersten Blick darauf hin, dass die prophezeite Retraditionalisierung nicht stattgefunden hat. Genauso wenig ist es jedoch zu einer Egalisierung der Verteilung der Sorgearbeit gekommen. Frauen waren vor und während der Pandemie oftmals hauptverantwortlich für die Kinderbetreuung. Allerdings gab es in der ersten Phase der Pandemie auch einen höheren Anteil von Vätern, der die Hauptverantwortung der Kinderbetreuung übernommen hat (Fervers u. a. 2023; Hövermann/Kohlrausch 2022). Laut retrospektiven Angaben von Vätern haben diese vor der Corona-Pandemie zu 6,4 Prozent die Hauptverantwortung für die Kinderbetreuung übernommen, für April 2020 benennen sie dagegen (gleichfalls rückblickend) einen Anteil von 12,2 Prozent (Hövermann/

Kohlrausch 2022: 5).[1] Dieser Trend ist auch in den Angaben der Mütter zu erkennen, die vor der Pandemie zu 60,8 Prozent und im April 2020, also kurz nach Ausbruch der Pandemie, nur noch zu 52,3 Prozent angaben, dass sie die Hauptverantwortung für die Kinderbetreuung tragen. Diese Ergebnisse decken sich mit Befunden aus anderen Datenquellen (Globisch/Osiander 2020). Studien, die eine längere Zeitspanne mit multivariaten Analysen untersuchen, zeigen allerdings, dass nach einem anfänglichen Trend hin zu einer etwas größeren Beteiligung von Vätern bei der Kinderbetreuung diese Entwicklung bereits bis August 2020 wieder rückläufig war (Boll u. a. 2023: 8 f.). Die Forschenden heben hervor, dass Väter vor allem dann mehr Kinderbetreuung übernommen haben, wenn Mütter ihre Erwerbsarbeit nicht von zu Hause aus ausüben konnten und gleichzeitig vollzeiterwerbstätig waren. Darüber hinaus ist eine Verlagerung nur dann zu beobachten, wenn Väter in einem gewissen Umfang bereits vor der Pandemie an der Kinderbetreuung beteiligt waren. Hieraus schlussfolgern die Autor*innen, dass die höhere Sorgebeteiligung von Vätern eher der Notwendigkeit und mangelnden Alternativen geschuldet war. Somit sei kein langfristiger Wandel hin zu einer egalitäreren Verteilung der Kinderbetreuung zu erkennen. Auch Zucco und Lott (2021: 18 f.) zeigen, dass es bei den meisten Eltern zu keiner Veränderung, bei ca. 8 Prozent zu einer Retraditionalisierung, bei 12 Prozent zu einer Egalisierung und bei ca. 5 Prozent zu einer umgekehrten Traditionalisierung (Wechsel von einer egalitären Verteilung dazu, dass Väter hauptverantwortlich sind) gekommen ist. Sie beobachten jedoch, dass die Egalisierung eher eine punktuelle Veränderung war, während die Retraditionalisierung, wenn sie stattfand, zu mehreren Zeitpunkten beobachtet werden konnte und somit eine nachhaltigere Entwicklung zu sein scheint.

Insgesamt ist somit festzuhalten, dass Väter während der ersten Monate der Corona-Pandemie einen historisch hohen Anteil der Kinderbetreuung übernommen haben – dies war allerdings nur von kurzfristiger Dauer. Zudem kam es aufgrund der Schul- und Kitaschließungen zu einem enormen Anstieg der zu leistenden Sorgearbeit, sodass davon ausgegangen werden kann, dass es gerade bei gleichbleibenden Mustern der ursprünglichen Verteilung der Sorgearbeit wiederum die Mütter waren, welche die Hauptlast der Schließungen trugen. Dies machte sich auch in der Belastung von Müttern bemerkbar. Zu jedem Zeitpunkt der Pandemie fühlten sich Mütter im Hinblick auf die Arbeitsplatz-, die familiäre und die Gesamtsituation stärker belastet als Väter (Hövermann/Kohlrausch 2022: 6; siehe dazu auch die beiden Beiträge von Hövermann in diesem Band).

1 Da die Befragten nur nach der Kinderbetreuung *vor* der Corona-Pandemie befragt wurden, können keine Aussagen darüber getroffen werden, auf welchen Zeitpunkt genau sich diese Aussage konkret bezieht.

Und wie hat sich die Erwerbsarbeitszeit von Männern und Frauen während der Corona-Pandemie entwickelt? Auch neuere Studien, die unter Pandemiebedingungen die Erwerbsarbeitszeitentwicklung von Männern und Frauen beziehungsweise Vätern und Müttern untersucht haben, kommen zu uneindeutigen Ergebnissen. Einige Befunde zeigen, dass Mütter ihre Erwerbsarbeitszeit zu Beginn der Corona-Pandemie in einem größeren Umfang reduziert haben als Väter (Bünning u. a. 2020; Möhring u. a. 2020; Hammerschmid u. a. 2020). Demgegenüber konstatieren andere Studien, dass Väter ihre Erwerbsarbeitszeit stärker verkürzt haben als Mütter (Frodermann u. a. 2020; Globisch/Osiander 2020; Bujard u. a. 2020). Diese Studien konzentrieren sich auf die ersten paar Monate der Pandemie und den ersten Lockdown. Auch Daten der Erwerbspersonenbefragung des WSI unterstreichen, dass Personen zwar aufgrund von höherer Kinderbetreuungslast ihre Erwerbsarbeitszeit reduziert haben, allerdings in geringerem Umfang als angenommen (Dullien/Kohlrausch 2021). Dies führen die Autor*innen auf die während der Pandemie neu hinzugewonnene individuelle und betriebliche Flexibilität bei der Ausgestaltung der Erwerbsarbeitszeit zurück. Die Analyse zeigt allerdings auch, dass Frauen, sogar wenn ihre Verantwortung für Kinder und der Faktor »Kurzarbeit« als kontrollierende Variablen berücksichtigt werden, im April und Juni 2020 ihre Arbeitszeit signifikant stärker reduziert haben als Männer.

Studien, die einen längeren Zeitraum in der Pandemie betrachten, stellen fest, dass sowohl Männer als auch Frauen mit und ohne im Haushalt lebenden Kindern unter 15 Jahren ihre Erwerbsarbeitszeit zu Beginn der Corona-Pandemie reduziert haben; dass Mütter allerdings ihr vor der Corona-Krise übliches Arbeitszeitniveau schneller wieder erreichen (Knize u. a. 2022: 170 ff.).[2] Somit scheinen im Haushalt lebende Kinder sogar einen positiven Einfluss darauf zu haben, dass erwerbstätige Mütter nach einer vorübergehenden Zäsur noch im Verlauf der Krise zu ihrer Normalarbeitszeit zurückfinden. Auch Eltern, die in Bundesländern wohnen, in denen Kitas und Schulen früher und umfangreicher wieder geöffnet wurden, weisen geringfügigere Verkürzungen der Arbeitszeit auf (Fervers u. a. 2023). Der Zusammenhang zwischen vorhandener institutioneller Kinderbetreuung und dem Arbeitszeitvolumen erwerbstätiger Eltern wirkt sich Studien zufolge in etwa gleich auf die arbeitszeitliche Verfügbarkeit von Vätern und Müttern aus, selbst wenn Letztere den Großteil der Kinderbetreuung übernehmen. Diese Befunde stehen in einem gewissen Widerspruch zu den Ergebnissen der WSI-Erwerbspersonenbefragung, die zeigen, dass Mütter deutlich häufiger als Väter

2 Die Studie von Kunze u.a. (2022) berücksichtigt in ihren Analysen im Haushalt lebende Kinder unter 15 Jahren. In den Befragungen des WSI variiert diese Altersschwelle geringfügig: Hier werden im Haushalt lebende Kinder unter 14 Jahren berücksichtigt.

angeben, dass sie ihre Arbeitszeit wegen der Kinderbetreuung vermindert haben. Während der Anteil der Eltern, die dies angaben, sowohl bei Müttern als auch bei Vätern zwischen April und November 2020 zunächst sank, stieg er in der Folge bei Müttern bis Januar 2022 wieder an, während er sich bei Vätern auf niedrigem Niveau stabilisierte (Hövermann/Kohlrausch 2022: 5).

3. Forschungsfragen

Obwohl die bisherigen Studien wichtige Einblicke in die geschlechtsspezifische Arbeitsteilung während der Corona-Pandemie geliefert haben, gibt es zwei analytische Leerstellen: Erstens beziehen sie sich meist nur auf die erste Phase der Pandemie bis zum oder kurz nach dem ersten Lockdown (22. März bis 4. Mai 2020). Zweitens betrachten sie nur die *durchschnittlichen* Arbeitszeiten von Frauen. Entsprechend fehlt bislang eine Betrachtung, welche die Entwicklung der Arbeitszeit detailliert erfasst und die zudem den gesamten Pandemiezeitraum sowie die Zeit nach der Pandemie umfasst. In dem vorliegenden Beitrag wird daher zunächst auf Grundlage einer deutlich längeren Beobachtungsdauer (April 2020 bis Juli 2023) untersucht, *ob es eine geschlechtsspezifische Entwicklung der durchschnittlichen Erwerbsarbeitszeit gab*. Weiterhin haben sich die meisten Analysen bisher entweder auf die Verteilung der Sorgearbeit oder die Entwicklung der Erwerbsarbeitszeit konzentriert. In diesem Beitrag wird die Verteilung der Kinderbetreuung hingegen über den gesamten Pandemieverlauf hinweg als erklärender Faktor berücksichtigt. So kann untersucht werden, *wie sich die Erwerbsarbeitszeit von Müttern in Abhängigkeit von der Beteiligung ihrer Partner an der Kinderbetreuung entwickelt hat.* Die Analyse gibt somit Aufschlüsse darüber, wie die Verteilung der Kinderbetreuung die durchschnittlichen Erwerbsarbeitszeiten von Müttern und Vätern während der Pandemie beeinflusst hat.

Allerdings gibt es drei Möglichkeiten, wie sich die Erwerbsarbeitszeit von Personen während der Pandemie im Vergleich zum Zeitpunkt davor entwickelt haben könnte: Personen arbeiten weniger, gleich viel oder mehr. Deswegen könnte der alleinige Fokus auf die *durchschnittlichen* Erwerbsarbeitszeitverläufe gänzlich unterschiedliche und entgegengesetzte Entwicklungen der Erwerbsarbeitszeit verschleiern. Es wäre folglich möglich, dass der Befund, dass Mütter am schnellsten ihr vor der Pandemie übliches Erwerbsarbeitszeitvolumen wieder erreicht haben (siehe dazu Abschnitt 5.1 und 5.2), ausschließlich der *Durchschnittsbetrachtung* geschuldet ist. Diese wiederum bildet die Möglichkeit nicht ab, dass viele Mütter ihre Erwerbsarbeitszeit reduziert haben, während andere ihre Erwerbsarbeitszeit stark erhöht haben. Falls beispielsweise Mütter vor der Pandemie durchschnittlich 32 Stunden in der Woche ihrer Erwerbsarbeit nachgegangen sind und hiervon ein Teil während der Pandemie weniger arbeitete (26 Wochenstunden), ein anderer Teil aber mehr (39 Wochenstunden), würde der reine Durchschnittswert (32,5 Wochenstunden) die Vermutung nahelegen, dass es letztlich keine relevanten pandemiebedingten Schwankungen bei der von Frauen geleisteten Arbeitszeit gegeben hat. Eine solche, an den durchschnittlichen Arbeitszeiten von Frauen orientierte Betrachtung blendet allerdings relevante Kontextfaktoren der Pandemie gänzlich aus: Branchen waren von den Auswirkungen der Corona-Pandemie und den Maßnahmen zur Eindämmung der Krise unterschiedlich stark betroffen. So fand beispielsweise der höchste Arbeitsausfall in der Branche »Gastronomie und Unterhaltung« statt, wohingegen der Bereich »Bildung, Gesundheit, Öffentlicher Dienst« den geringsten Arbeitsausfall verzeichnete (Illing u. a. 2022). Frauen arbeiten häufiger als Männer in diesen beiden Branchen, die besonders stark und besonders wenig Arbeitsausfall verzeichnen (Illing u. a. 2022). *Gab es also eine Polarisierung der Erwerbsarbeitszeiten von Frauen und insbesondere von Müttern?* Um diese Forschungsfragen zu beantworten, verwendet dieser Beitrag die »Wellen 1 bis 10« der WSI-Erwerbspersonenbefragung, die den Zeitraum von April 2020 bis Juli 2023 umfasst (siehe dazu auch Brehmer und Emmler in diesem Band).

4. Daten und Methoden

Um die Veränderung der Erwerbsarbeitszeit abzubilden, beziehen sich die nachfolgenden Analysen auf die Auskunft der in der WSI-Erwerbspersonenbefragung kontaktierten Personen bezüglich ihrer durchschnittlich tatsächlich geleisteten Arbeitszeit pro Woche.[3] Somit bilden die Antworten auch geleistete Überstunden ab. In »Welle 2« (Juni 2020) haben die Befragten zudem angegeben, wie viele Wochenstunden sie vor der Pandemie geleistet haben. Diese Informationen werden im Folgenden als Referenzpunkt verwendet, wenn von einer Erhöhung oder Verringerung der Erwerbsarbeitszeit im Vergleich zum Zeitraum »vor der Corona-Pandemie« gesprochen wird. Ausgeschlossen aus den Analysen werden Personen mit mehr als 60 Wochenstunden Erwerbsarbeitszeit, Auszubildende, Personen mit einem Ein-Euro-Job und Personen, die sich zu einem der Befragungszeitpunkte in Kurzarbeit befanden,[4] älter als 65 Jahre oder arbeitsuchend waren.

3 Veränderungen werden nur dann erfasst, wenn die Abweichungen mindestens eine Stunde betragen.

4 Personen, die sich in Kurzarbeit befanden, wurden aus den Analysen ausgeschlossen, da hier der Arbeitgeber bestimmt, dass die Erwerbsarbeitszeit reduziert wird. Analysen, die diese Gruppe miteinschließt, kommen gleichwohl zu ähnlichen Ergebnissen.

Eltern werden in der vorliegenden Analyse definiert als Personen, bei denen mindestens ein Kind unter 14 Jahren im Haushalt lebt. Wenn wir im Folgenden von Eltern und Personen ohne Kinder sprechen, beziehen wir uns auf diese Definition. Weiterhin schränken wir die Analysen auf Eltern ein, die mit einem Partner oder einer Partnerin zusammenleben, sodass alleinerziehende Elternteile ausgeschlossen sind. Außerdem betrachten wir nur Personen in heterosexuellen Partnerschaften.[5] Die Kinderbetreuung wird abgebildet über die Angaben zu der Frage, wer aktuell den größeren Teil der anfallenden Kinderbetreuung übernimmt. Die Antwortkategorien waren »Ich selbst«, »Meine/e Partner*in« und »Beide zu etwa gleichen Teilen«. Die Antworten zeigen, dass sich bei 22 Prozent der Befragten die Hauptverantwortung für die Kinderbetreuung während der Pandemie – im Vergleich zur vorherigen Situation – zwischen den Elternteilen verschoben hat.

In den multivariaten Analysen schätzen wir Regressionsmodelle mit *fixed effects* auf der Individualebene, wodurch alle zeitkonstanten Merkmale wie das Geschlecht automatisch mit kontrolliert sind, da sich die geschätzten Koeffizienten nur auf Veränderungen über die Zeit bezogen auf ein Individuum beziehen. Um die Erwerbsarbeitszeitentwicklung für Männer und Frauen mit und ohne Kinder abzubilden, wurden somit getrennte Modelle für diese Gruppen berechnet. Im Sinne einer besseren Verständlichkeit werden die Ergebnisse grafisch dargestellt (siehe die folgenden Abbildungen). Die Modelle kontrollieren das Alter der Personen sowie das quadrierte Alter, um nichtlineare Alterseffekte abbilden zu können. Zusätzlich wird kontrolliert, ob Personen teilweise oder überwiegend im Homeoffice arbeiten oder nicht. Um mögliche Arbeitszeitreduktionen aufgrund von Arbeitgeberwechseln in andere Branchen zu kontrollieren, enthalten die Modelle eine sechsstellige Branchenspezifikation.

5. Ergebnisse

5.1 Entwicklung der durchschnittlichen Erwerbsarbeitszeit

Die Abbildungen 1 bis 4 zeigen, wie sich die Erwerbsarbeitszeiten von Frauen und Männern – mit und ohne Kinder – zwischen April 2020 und Juli 2023 im Vergleich zu ihrer Erwerbsarbeitszeit vor der Corona-Pandemie (Nulllinie) entwickelt haben. Die in den Abbildungen ausgewiesenen Punkte zeigen die Erwerbsarbeits-

5 Es ist anzumerken, dass wir keine Paarinformationen haben, sondern nur Angaben zu Einzelpersonen, sodass es nicht möglich ist, die befragten Väter und Mütter spezifischen bzw. gemeinsamen Haushalten zuzuordnen.

zeitveränderung in Stunden. Die Abweichungen sind nur dann statistisch signifikant, wenn die Konfidenzintervalle, also die Linien oberhalb und unterhalb der Punkte, die Nulllinie nicht berühren. Auf der y-Achse ist die Höhe der reduzierten Arbeitszeit in Stunden abgetragen; auf der x-Achse der Zeitpunkt, zu dem die Arbeitszeit erhoben wurde.

Die Ergebnisse zeigen, dass Väter im April 2020 (-1,2 Stunden), November 2020 (-1,2 Stunden) und Januar 2021 (-1,7 Stunden) statistisch signifikant ihre Erwerbsarbeitszeit im Vergleich zum Vorkrisenniveau (Nulllinie) reduziert haben. Ab Juli 2021 sind keine statistisch signifikanten Unterschiede zwischen der Erwerbsarbeitszeit zum Vorkrisenniveau mehr zu erkennen. Auch Männer ohne Kinder reduzieren ihre Erwerbsarbeitszeit um ca. eine Stunde, und zwar ab April 2020 bis einschließlich April 2022, und erreichen erst ab November 2022 wieder das Vorkrisenniveau ihrer Erwerbsarbeitszeit.

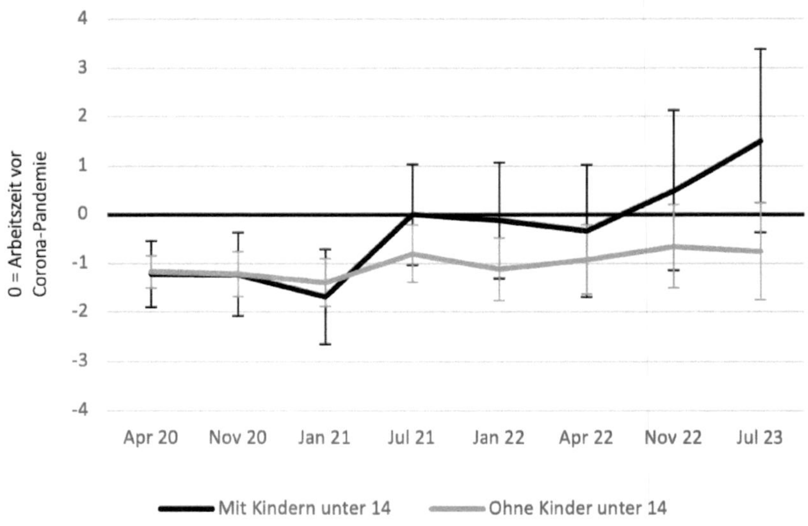

Abbildung 1: Veränderung der durchschnittlichen Erwerbsarbeitszeit: Männer mit und ohne Kinder; Angaben in Wochenstunden

Anmerkung: Männer ohne Kinder N = 3.269 mit 15.901 Beobachtungszeitpunkten, Väter N = 1.004 mit 4.519 Beobachtungszeitpunkten. Ergebnisse der Fixed-Effect-Regressionsmodelle abgebildet als marginale Effekte. Kontrolliert für: Welle, Alter, Alter^2, Branche und Homeoffice

Quelle: WSI-Erwerbspersonenbefragung, Wellen 1–5 und 7–10; eigene Berechnungen

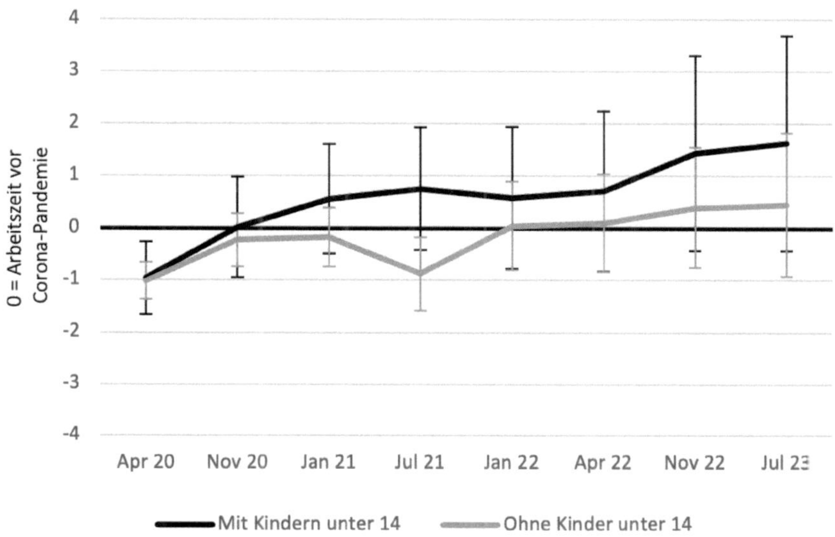

Abbildung 2: Veränderung der durchschnittlichen Erwerbsarbeitszeit: Frauen mit und ohne Kinder; Angaben in Wochenstunden
Anmerkung: Frauen ohne Kinder N = 2.695 mit 13.446 Beobachtungszeitpunkten, Mütter N = 775 mit 3.256 Beobachtungszeitpunkten. Ergebnisse der Fixed-Effect-Regressionsmodelle abgebildet als marginale Effekte. Kontrolliert für: Welle, Alter, Alter^2, Branche und Homeoffice
Quelle: WSI-Erwerbspersonenbefragung, Wellen 1–5 und 7–10; eigene Berechnungen

Abbildung 2 stellt die Erwerbsarbeitszeitentwicklung von Frauen mit und ohne Kinder unter 14 Jahren im Haushalt dar. Die Abbildung zeigt, dass Frauen mit und ohne Kinder im April 2020 ihre Erwerbsarbeitszeit im Vergleich zu der Zeit vor der Corona-Pandemie (Nulllinie) statistisch signifikant reduziert haben; beide Gruppen um ca. eine Wochenstunde. Für Mütter ist der April 2020 zudem der einzige Zeitpunkt, zu dem sie statistisch signifikant weniger arbeiten, da die Konfidenzintervalle die Nulllinie zu jedem anderen Beobachtungszeitpunkt schneiden. Frauen ohne Kinder arbeiten dagegen auch im Juli 2021 noch statistisch signifikant weniger, und zwar um fast eine Stunde. Insgesamt aber wird deutlich, dass Frauen ihr ursprüngliches Erwerbsarbeitszeitvolumen schneller wieder erreicht haben als Männer. Diese Ergebnisse decken sich für Mütter mit den Befunden von Knize u.a. (2022), die basierend auf Daten des Instituts für Arbeitsmarkt und Berufsforschung zeigen, dass Mütter schneller als kinderlose Personen – Gleiches gilt auch für Väter – wieder ihr vor der Corona-Krise übliches Arbeitszeitniveau erreichen. Diese geschlechtsspezifische Dynamik mag damit zusammenhängen, dass insbesondere in frauendominierten Berufen, beispielsweise im Gesundheitssektor, eine erhöhte Nachfrage an Arbeitsvolumen bestand, während umgekehrt im Produzierenden Gewerbe infolge unterbrochener Lieferketten lange Zeit ein geringer Arbeitskräftebedarf herrschte. Eine andere Erklärung könnte damit zusammenhängen, dass Männer insgesamt eine höhere Erwerbsarbeitszeit vor Corona hatten (ca. 40 Stunden pro Woche) und häufig auch mehr Überstunden geleistet haben als Frauen. Somit könnte ein Teil des länger anhaltenden niedrigeren Erwerbsarbeitszeitvolumen darauf zurückzuführen sein, dass sie ihre Überstunden abgebaut haben (siehe auch Knize u. a. 2022).

5.2 Einfluss der Kinderbetreuung auf die Entwicklung der Erwerbsarbeitszeit

Es stellt sich die Frage, welche Rolle die Verteilung der Kinderbetreuung für die Entwicklung der Erwerbsarbeitszeit von Eltern spielt. Wir haben dafür zwei Konstellationen berücksichtigt: »Die Hauptverantwortung liegt bei den Müttern« und »Beide Elternteile übernehmen die Verantwortung in etwa gleich«.

Abbildung 3 zeigt, dass Mütter, die hauptverantwortlich für die Kinderbetreuung sind, ihre Erwerbsarbeitszeit im April 2020 statistisch signifikant reduzieren (-1,6 Stunden), wohingegen Mütter, die die Verantwortung für die Kinderbetreuung gleichberechtigt mit ihrem Partner teilen, zu keinem Zeitpunkt ihre Erwerbarbeitszeit statistisch signifikant verringern. Ab November 2020 sind allerdings auch für Mütter, die hauptverantwortlich für die Kinderbetreuung sind, keine statistisch signifikanten Erwerbsarbeitszeitreduktionen mehr feststellbar. Dies lässt darauf schließen, dass bereits im Winter 2020 die (immer noch vorhandenen) Einschränkungen der institutionellen Kinderbetreuung besser kompensiert werden konnten als zu Beginn der Pandemie. Die Ergebnisse veranschaulichen, wie stark die private Organisation der Kinderbetreuung mit der Beteiligung am Arbeitsmarkt zusammenhängt: Mütter in Partnerschaften mit egalitärer Aufteilung der Kinderbetreuung arbeiten im November 2022 (4,5 Stunden) und im Juli 2023 (4,9 Stunden) mehr als vor der Corona-Pandemie. Allerdings sehen wir diese Entwicklung nicht bei Müttern, die hauptverantwortlich für die Kinderbetreuung sind. Daraus kann geschlussfolgert werden, dass eine egalitäre Verteilung der Kinderbetreuung Müttern Spielräume gibt, ihre Beteiligung am Arbeitsmarkt zu erhöhen.[6] Dass im Januar 2022 und April 2022 keine statistisch signifikante Ar-

6 Frauen, deren Partner für die Kinderbetreuung hauptverantwortlich sind, verzeichnen hohe Erwerbsarbeitszeiterhöhungen. Dies sind höchstwahrscheinlich die Paare, bei denen die Mutter einem systemrelevanten Beruf nachgeht und nicht die häusliche Kinderbetreuung übernehmen kann. Allerdings ist die Fallzahl zu gering (89), um hierzu valide Aussagen treffen zu können.

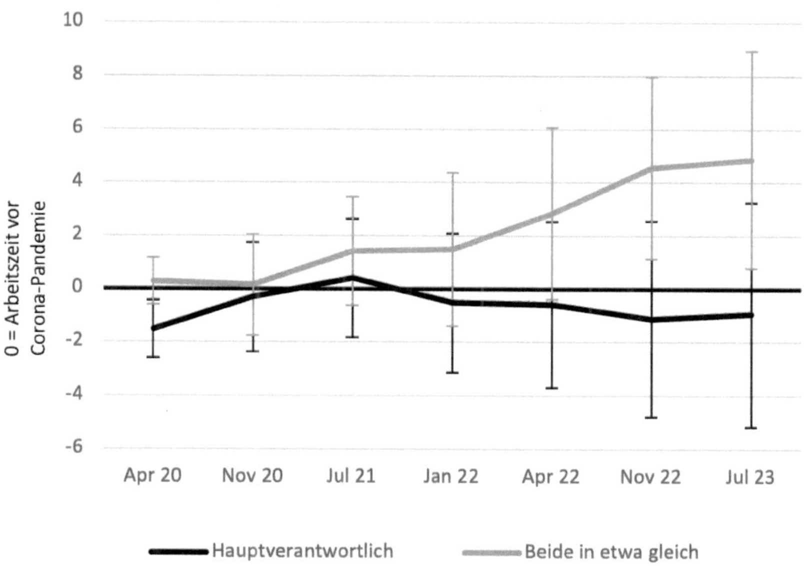

Abbildung 3: Zusammenhang zwischen der Verantwortung für Kinderbetreuung und der geleisteten Erwerbsarbeitszeit von Müttern; Angaben in Wochenstunden
Anmerkung: Mütter hauptverantwortlich N = 466 mit 1.338 Beobachtungszeitpunkten, Mütter egalitäre Verteilung N = 309 mit 742 Beobachtungszeitpunkten. Ergebnisse der Fixed-Effect-Regressionsmodelle abgebildet als marginale Effekte. Kontrolliert für: Welle, Alter, Alter², Branche und Homeoffice
Quelle: WSI-Erwerbspersonenbefragung, Wellen 1–5 und 7–10; eigene Berechnungen

beitszeitaufstockung stattfindet, ist höchstwahrscheinlich der Pandemiesituation im Winter 2021/22 geschuldet, in der die infektionsträchtige Omikron-Variante im Umlauf war. Zwar mussten Schulen und Kitas/Kindergärten offiziell nicht mehr geschlossen werden; allerdings waren die Inzidenzwerte zum Teil so hoch, dass ein Regelbetrieb auch seitens des Personals nicht aufrechtzuerhalten war. Und viele Eltern mussten ihre (erkrankten) Kinder zu Hause betreuen.

Mit Blick auf die Väter veranschaulicht Abbildung 4, dass sie ihre Erwerbsarbeitszeit nur dann statistisch signifikant reduzieren, wenn die Kinderbetreuung in etwa zu gleichen Teilen zwischen den Eltern aufgeteilt wird. Väter, für die dies zutrifft, haben im April 2020 ihre Arbeitszeit um 1,6 Stunden pro Woche verkürzt. Väter dagegen, in deren Paarkonstellationen eine traditionelle Verteilung der Kinderbetreuung vorherrscht, reproduzieren die geschlechtsspezifische Arbeitsteilungsdynamiken: Sie reduzieren ihre Erwerbsarbeitszeit nicht und sind durchgängig mit demselben Erwerbsarbeitszeitvolumen am Arbeitsmarkt beteiligt. Der in Abbildung 1 dargestellte Befund, dass Väter – in der Gesamtbetrachtung – erst im Juli 2021 wieder dasselbe Arbeitszeitvolumen wie vor der Pandemie leisten, lässt sich somit vor allem mit Blick auf die Teilgruppe der Väter erklären, die hauptverantwortlich für die Kinderbetreuung sind. Dies betrifft allerdings nur 99 Väter in unserem Sample, weshalb die Ergebnisse nicht dargestellt werden. Auch spiegeln sich die Auswirkungen der Omikron-Variante auf die familiäre Betreuungssituation im Arbeitszeitvolumen der Väter weniger deutlich wider als bei Müttern, was darauf hinweist, dass der Umfang des öffentlichen Kinderbetreuungsangebots die Erwerbsarbeitszeit von Vätern weniger stark beeinflusst hat als die der Mütter.

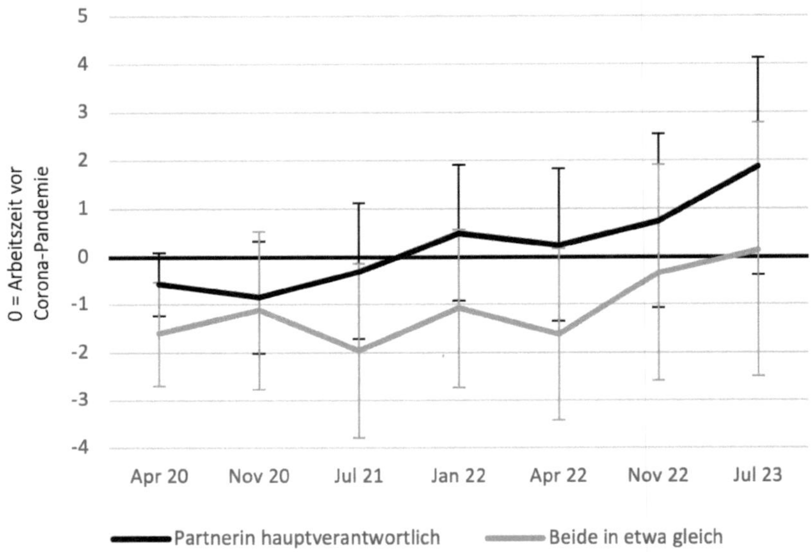

Abbildung 4: Zusammenhang zwischen der Verantwortung für Kinderbetreuung und der geleisteten Erwerbsarbeitszeit von Vätern; Angaben in Wochenstunden
Anmerkung: Väter Partnerin hauptverantwortlich N = 679 mit 2.070 Beobachtungszeitpunkten, Väter egalitäre Verteilung N = 501 mit 1.239 mit Beobachtungszeitpunkten. Ergebnisse der Fixed-Effect-Regressionsmodelle abgebildet als marginale Effekte. Kontrolliert für: Welle, Alter, Alter², Branche und Homeoffice
Quelle: WSI-Erwerbspersonenbefragung, Wellen 1–5 und 7–10; eigene Berechnungen

5.3 Wer arbeitet mehr oder weniger und in welchem Umfang?

Bisher wurden die Entwicklungen der durchschnittlichen Erwerbsarbeitszeiten betrachtet. Damit allerdings können Differenzierungen innerhalb der untersuchten Gruppen nicht abgebildet werden. Grundsätzlich lassen sich die befragten Personen in drei Gruppen unterteilen: diejenigen, die weniger, gleich viel oder mehr als vor der Corona-Pandemie arbeiten. Berücksichtigt man einzig die durchschnittlichen Arbeitszeiten, so bleibt verborgen, dass es gegebenenfalls Teilgruppen gibt, die während der Pandemie deutlich weniger gearbeitet haben, während andere deutlich mehr Arbeitszeit geleistet haben. Mit anderen Worten: Konträre Entwicklungen blieben unberücksichtigt. Es ist anzumerken, dass sich die nachfolgenden Auswertungen auf die jeweils spezifischen Samples beschränken: Es wird differenziert zwischen denjenigen, die mehr Arbeitszeit erbracht haben, und jenen, die ihre Arbeitszeit reduziert haben. Damit stellen die nachstehenden Ergebnisse eine Erweiterung zu den zuvor vorgestellten Analysen der *durchschnittlichen* Erwerbsarbeitszeitentwicklung dar. In den vorherigen Analysen wurden Väter, Männer ohne Kinder, Frauen ohne Kinder und Mütter als Gruppen betrachtet. Diese Unterscheidung bleibt zwar bestehen, wird aber um das Kriterium der erweiterten oder verkürzten Arbeitszeit im Vergleich zum Status quo ante (also vor der Pandemie) erweitert. Tabelle 1 zeigt, wie sich Väter, Männer ohne Kinder unter 14 Jahren im Haushalt, Mütter und Frauen ohne Kinder unter 14 Jahren im Haushalt auf diese drei Kategorien verteilen. Die Betrachtung berücksichtigt den Zeitraum vom Beginn der Pandemie (April 2020) bis nach ihrem Ende (Juli 2023). Referenzpunkt für die Erhebung der Arbeitszeit ist erneut deren durchschnittliches Niveau vor Ausbruch der Pandemie. Dieses geben die Befragten retrospektiv an. Im April 2020 sind von Erwerbsarbeitszeit*veränderungen* rund 35 Prozent der Befragten betroffen. Dieser Wert steigt im weiteren Verlauf der Pandemie nochmals an. So gibt beispielsweise im November 2020 bereits mehr als die Hälfte (52 Prozent) der Befragten an, dass sich ihre Arbeitszeit verändert hat.

Betrachtet man die Anteile der Personen, die ihre Erwerbsarbeitszeit reduziert haben, zeigt sich, dass im April 2020 ca. 20 Prozent der Befragten weniger gearbeitet haben als vor der Pandemie: 22 Prozent der Väter, 19 Prozent der Männer und Frauen ohne Kinder und 20 Prozent der Mütter. Für alle Gruppen ist zu erkennen, dass der Anteil im Pandemieverlauf wie auch nach der Pandemie höher ausfällt als im April 2020. Weiterhin ist zu erkennen, dass der Anteil der Mütter, die ihre Erwerbsarbeitszeit reduziert haben, zu jedem Beobachtungszeitpunkt – mit der Ausnahme von April 2020 – unter dem Durchschnitt liegt (siehe Tabelle 1, unterste Zeile).

Mit Blick auf eine Verlängerung der Arbeitszeit zeigt sich ein umgekehrtes Bild, da Frauen während der Pandemie häufiger mehr gearbeitet haben als Männer. Im April 2020 sind die Unterschiede noch marginal (Väter, Männer und Frauen ohne Kinder 15 Prozent und Mütter 16 Prozent), weiten sich dann aber im Pandemieverlauf aus. Im Januar 2021 haben beispielsweise 37 Prozent der Mütter ihre

	Apr 20	Nov 20	Jan 21	Jul 21	Jan 22	Apr 22	Nov 22	Jul 23
Arbeitszeitreduktion								
Väter	22	27	33	27	29	31	30	32
Männer ohne Kinder unter 14 Jahren im Haushalt (HH)	19	31	33	32	32	32	28	30
Mütter	20	24	22	19	28	28	28	35
Frauen ohne Kinder unter 14 Jahren im HH	19	23	26	29	30	30	29	32
Insgesamt	20	26	29	27	30	30	29	32
Arbeitszeiterhöhung								
Väter	15	23	21	29	25	26	28	33
Männer ohne Kinder unter 14 Jahren im HH	15	27	27	27	26	29	31	32
Mütter	16	27	37	35	31	32	34	36
Frauen ohne Kinder unter 14 Jahren im HH	15	26	27	24	26	28	29	33
Insgesamt	15	26	28	29	27	29	30	34
Keine Veränderung								
Väter	63	50	45	44	46	43	42	35
Männer ohne Kinder unter 14 Jahren im HH	66	42	40	41	42	39	41	38
Mütter	64	49	41	46	41	40	38	29
Frauen ohne Kinder unter 14 Jahren im HH	66	51	47	47	44	43	42	35
Insgesamt	65	48	43	45	43	41	41	34

Tabelle 1: Anteile der Personen, die ihre wöchentliche Arbeitszeit im Vergleich zu ihrem Arbeitszeitniveau vor der Corona-Pandemie erhöht, nicht verändert oder verringert haben; Angaben in Prozent

Quelle: WSI-Erwerbspersonenbefragung, Wellen 1, 3–5 und 7–10; eigene Berechnungen

Erwerbsarbeitszeit erhöht, wohingegen dies nur auf 21 Prozent der Väter und 17 Prozent der Männer und Frauen ohne Kinder zutrifft.

Die Verteilung der Gruppen auf diese Kategorien liefert allerdings keine Aussagen darüber, wie hoch die Reduzierung oder Verlängerung der geleisteten Arbeitszeit jeweils ausfällt. Deswegen stellen wir in Abbildung 5 (Erwerbsarbeitszeitreduktion) und Abbildung 6 (Erwerbsarbeitszeiterhöhung) die durchschnittliche stündliche Veränderung der Erwerbsarbeitszeit im Vergleich zu ihrem Durchschnittswert vor Ausbruch der Corona-Krise dar.

Abbildung 5 verdeutlicht, dass Väter – im Vergleich zu anderen Gruppen – im ersten Jahr nach Ausbruch der Corona-Pandemie (April 2020 bis Januar 2021) die höchste stündliche Arbeitszeitreduktion aufweisen. Im April 2020 reduzieren diejenigen Väter, die weniger arbeiten als vor der Corona-Pandemie, ihre Wochenarbeitszeit durchschnittlich um 11,9 Stunden, wohingegen Männer ohne Kinder ihre wöchentliche Arbeitszeit um 10,8 Stunden verringern. Frauen ohne Kinder leisten 10,1 Stunden weniger und Mütter 9,5 Stunden. Dass sich just bei Vätern im Zeitraum von April 2020 bis einschließlich Januar 2021 die höchste Reduktion der Erwerbsarbeitszeit zeigt, deutet eventuell auf eine zusätzliche Kinderbetreuungslast hin. Jeweils gemessen am vorherigen Arbeitszeitvolumen sind es allerdings Mütter, die ihre Erwerbsarbeitszeit am stärksten vermindern: Im April 2020 senken Mütter ihre Arbeitszeit um 31,3 Prozent ab, Frauen ohne

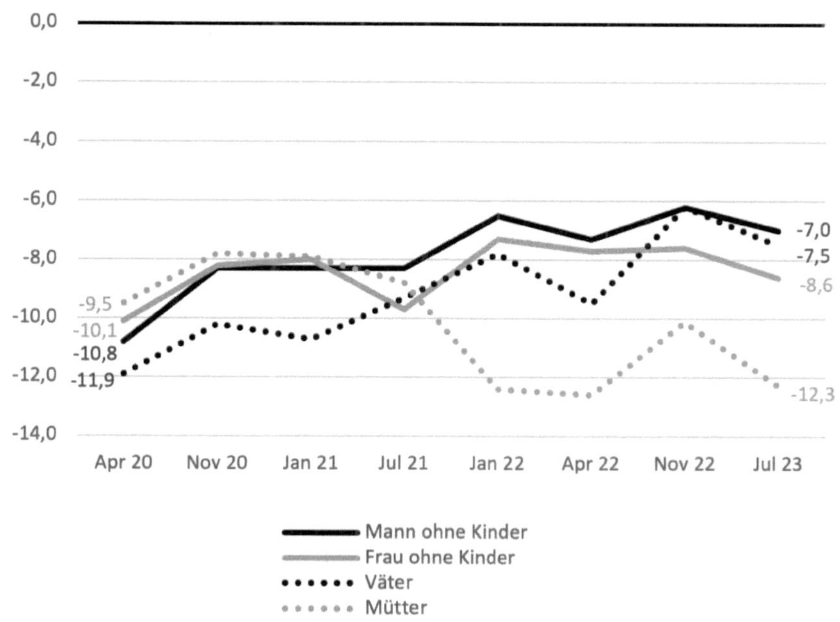

Abbildung 5: Verringerung der durchschnittlichen wöchentlichen Erwerbsarbeitszeit bei Personen, die weniger arbeiten als vor der Corona-Pandemie; Angaben in Stunden
Quelle: WSI-Erwerbspersonenbefragung, Wellen 1, 3–5 und 7–10; eigene Berechnungen

Kinder um 28,4 Prozent, Männern ohne Kinder um 27,3 Prozent und Väter um 26,9 Prozent (ohne Abbildung). Weiterhin verdeutlicht Abbildung 5, dass sich die Arbeitszeitreduktion von Müttern – im Unterschied zu den anderen untersuchten Gruppen – kontinuierlich fortschreibt: nach Juli 2021 reduzieren sie ihre Stunden stärker als zu Beginn der Pandemie. Insbesondere im Januar und April 2022 sind hohe Reduktionen zu verzeichnen, die höchstwahrscheinlich auf die angespannte Kinderbetreuungssituation aufgrund der Omikron-Variante zurückzuführen sind. In den Monaten Januar 2022 und April 2022 haben sie ihre Erwerbsarbeitszeit um 12,5 bzw. 12,6 Stunden verkürzt, was einer prozentualen Veränderung von mehr als 35 Prozent entspricht. Die hier abgebildeten Ergebnisse unterstreichen den Befund aus vorherigen WSI-Studien, dass vor allem Mütter aufgrund der Kinderbetreuung ihre Erwerbsarbeitszeit reduzieren und sie häufiger einspringen, wenn Kitas/Kindergärten schließen (Hövermann/Kohlrausch 2022: 5; Kohlrausch/Hövermann 2023). Es ist zu vermuten, dass diese geringere kontinuierliche Erwerbsbeteiligung schwerwiegende Konsequenzen für das Einkommen, die Einkommensentwicklung sowie die Karriere- und Weiterbildungschancen von Frauen mit Kindern haben wird.

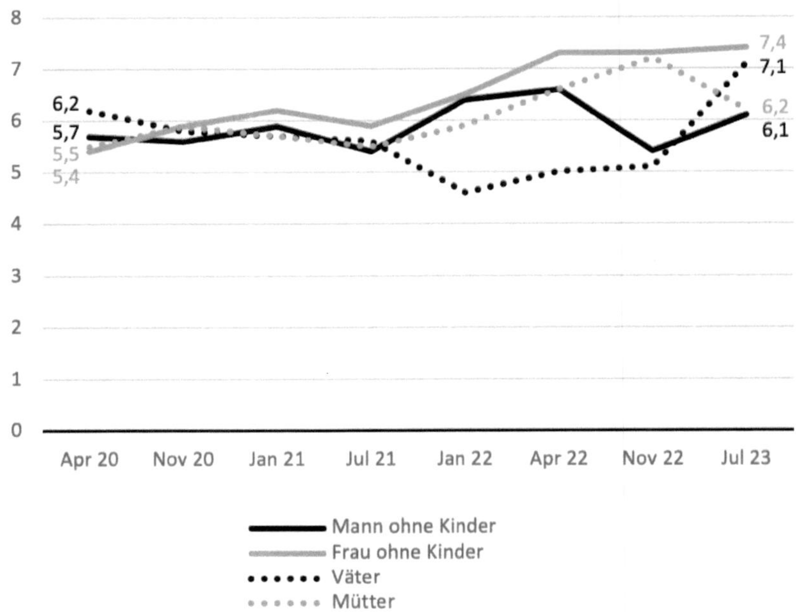

Abbildung 6: Erhöhung der durchschnittlichen wöchentlichen Erwerbsarbeitszeit bei Personen, die mehr arbeiten als vor der Corona-Pandemie; Angaben in Stunden
Quelle: WSI-Erwerbspersonenbefragung, Wellen 1, 3–5 und 7–10; eigene Berechnungen

Der Vergleich von Abbildung 5 und 6 zeigt zudem, dass bei Erwerbsarbeitszeitreduktionen der Umfang des verringerten Stundenvolumens insgesamt höher ausfällt als jener bei einer Aufstockung der Arbeitszeit. Weiterhin ähnelt sich in der ersten Phase der Pandemie bei den betrachten Gruppen, die mehr als vor der Corona-Pandemie arbeiten, der Umfang der wöchentlichen Erwerbsarbeitsaufstockung. Erst ab Juli 2021 sind diesbezüglich Abweichungen zwischen den Gruppen vorzufinden. Im April 2020 arbeiten Väter beispielsweise wöchentlich 6,2 Stunden mehr als vor der Corona-Pandemie, Männer ohne Kinder 5,7 und Frauen mit und ohne Kinder 5,4 Stunden. Nach Juli 2021 bis einschließlich November 2022 zeigt sich bei Vätern der geringste Anstieg ihrer Wochenarbeitszeit, wohingegen für Frauen mit und ohne Kinder die Arbeitszeiterhöhungen ansteigen und höher als zu Beginn der Pandemie ausfallen.

Vergleicht man allerdings den jeweiligen *prozentualen Anstieg* der ausgeweiteten Arbeitszeit (ohne Abbildung), wird deutlich, dass Mütter ihre Erwerbsarbeitszeit am stärksten erhöht haben – und zwar seit April 2020 um mehr als 20 Prozent. Ein solch hoher Wert findet sich im gesamten Beobachtungszeitraum für keine andere Gruppe. Somit ist festzuhalten, dass Mütter nicht nur den höchsten Anteil an Personen stellen, die ihre Erwerbsarbeitszeit erhöht haben (siehe Tabelle 1), sondern die prozentuale Aufstockung ihrer Arbeitszeit – gemessen an der durchschnittlichen Arbeitszeit vor der Pandemie –auch am höchsten ausfällt. Es zeigt sich somit eine Polarisierung: Über den Pandemieverlauf hinweg haben Mütter ihre Erwerbsarbeitszeit deutlich stärker reduziert als Väter, aber auch als Frauen und Männern ohne Kinder. Dieser Trend ist ab Juli 2021 erkennbar und verdeutlicht, dass eine Analyse über einen längeren Zeitraum hinweg notwendig ist, um geschlechtsspezifische Dynamiken während der Pandemie detailliert abbilden zu können. Zugleich zeichnet sich ab, dass unter den Personen, die ihre Erwerbsarbeitszeit ausgeweitet haben, die Arbeitszeitaufstockungen der Mütter umfangreicher sind als die der Väter. Insgesamt gibt es folglich eine Gruppe von Müttern, die ihre Arbeitszeit während der Pandemie umfangreich *verkürzt* haben, während eine andere Gruppe der Mütter die Arbeitszeit gleichfalls umfangreich *erhöht* hat. Diese unterschiedlichen Dynamiken könnten der Grund dafür sein, dass Mütter laut der vorstehenden Befunde ihr Vorkrisen-Arbeitszeitniveau im Durchschnitt schneller wieder erreicht haben.

Nicht überraschend ist, dass auch mit Blick auf die Wahrscheinlichkeit, jeweils den Personengruppen anzugehören, die ihre Arbeitszeit erhöht bzw. reduziert haben, die paarinterne Verteilung der Kinderbetreuung eine Rolle spielt. Während es für die Entwicklung der Arbeitszeit von Vätern keinen Unterschied macht, ob sie oder die Partnerin hauptverantwortlich für die Kinderbetreuung sind bzw. ob diese egalitär verteilt ist, zeigt sich für Mütter ein deutlicher Zusammenhang, der auch in multivariaten Regressionsmodellen Bestand hat. Wenn Mütter hauptverantwortlich für die Kinderbetreuung sind, reduzieren sie die Arbeitszeit signifikant häufiger. Eine egalitäre Verteilung der Kinderbetreuung wiederum führt ebenso wie die Hauptzuständigkeit des Vaters für die Kinderbetreuung zu einer höheren Wahrscheinlichkeit, dass Mütter ihre Arbeitszeit erhöhen.[7]

6. Fazit

Dieser Beitrag hat untersucht, inwieweit sich die Erwerbsarbeitszeiten von Frauen und Männern mit und ohne im Haushalt lebenden Kinder während und nach der Corona-Pandemie im Vergleich zu den Arbeitszeiten vor der Pandemie verändert haben. Betrachtet wurde der Zeitraum von April 2020 bis Juli

7 Die multivariaten Analysen haben zudem gezeigt, dass die beobachteten Unterschiede hinsichtlich der Entwicklung der Erwerbsarbeitszeit nicht durch die Branchenzugehörigkeit erklärt werden können.

2023. Vor dem Hintergrund der im Zuge der Pandemie geführten Diskussion über eine »Retraditionalisierung« oder »Egalisierung« der Geschlechterverhältnisse galt ein besonderes Augenmerk der Frage, welche Rolle insbesondere die Kinderbetreuung für eine Reduzierung oder umgekehrt Aufstockung der Erwerbsarbeitszeit gespielt hat. Zunächst wurden die Ergebnisse der durchschnittlichen Erwerbsarbeitszeitentwicklung dargestellt. Sodann wurde deren Zusammenhang mit der Sorgeverantwortung für Kinder beleuchtet. Da die Betrachtung der *durchschnittlichen* Erwerbsarbeitszeit allerdings verschleiern kann, dass sich hinter den Durchschnittswerten möglicherweise im jeweiligen Umfang höchst unterschiedliche Erwerbsarbeitszeitmuster verbergen, wurden im Anschluss Ergebnisse präsentiert, bei denen explizit zwischen den Gruppen unterschieden wird, die entweder weniger oder mehr als vor der Pandemie arbeiten. Dieser Analyseschritt ermöglicht einen tieferen Einblick in die – wie die Befunde bestätigen – höchst unterschiedlichen Erwerbsverläufe der befragten Personen.

Insgesamt wird deutlich, dass insbesondere zu Beginn der Pandemie vielfach eine Verkürzung der Erwerbsarbeitszeit gegenüber dem Vorkrisenniveau festzustellen ist. Allerdings zeigen die multivariaten Analysen auf der Grundlage von Fixed-Effect-Regressionsmodellen, dass sowohl Mütter als auch Frauen ohne Kinder bereits im November 2020 den Umfang ihres vor der Pandemie üblichen Arbeitszeitvolumens wieder erreichen. Anders stellen sich die Analyseergebnisse für Väter und Männer ohne Kinder dar: Sie arbeiten bis einschließlich Januar 2021 und sogar bis April 2022 weniger als vor der Corona-Pandemie. Somit deuten die Ergebnisse darauf hin, dass es geschlechtsspezifische Entwicklungen der Erwerbsarbeitszeit gab, die allerdings zunächst gegen die Retraditionalisierungthese zu sprechen scheinen. Dieser Befund deckt sich mit dem von Knize u. a. (2022), die zeigen, dass Mütter ihr Vorkrisenarbeitszeitniveau im Durchschnitt schneller erreichen, woraus sie schlussfolgern, dass die Annahme einer Retraditionalisierung von Geschlechterrollen zumindest für die erste Phase der Pandemie nicht bestätigt werden kann.

Allerdings – das machen unsere Befunde auch deutlich –zeigt sich bei Müttern – und damit anders als bei den anderen untersuchten Gruppen – eine eindeutige Korrelation zwischen ihren Arbeitszeiten und der familiären Arbeitsteilung. Mütter, die angeben, dass die Kinderbetreuung egalitär geteilt ist, reduzieren ihre Erwerbsarbeitszeit zu keinem Zeitpunkt – im Gegenteil, sie verzeichnen sogar Erwerbsarbeitszeiterhöhungen. Mütter, die allerdings hauptverantwortlich für die Kinderbetreuung sind, reduzieren ihre Erwerbsarbeitszeit zu Beginn der Pandemie (April 2020). Für Väter gestaltet sich der Zusammenhang etwas anders: Väter, die angeben, dass die Kinderbetreuung egalitär ist, reduzieren ihre Erwerbsarbeitszeit zu Beginn der Pandemie (April 2020), wohingegen Väter in Paarbeziehungen, in denen die Partnerin für die Kinderbetreuung hauptverantwortlich ist, ihre Arbeitszeit nicht verringern. Somit ist als erstes Fazit der Analyse festzuhalten, dass die private und öffentliche Organisation von Sorgearbeit unmittelbare Auswirkungen auf die Arbeitsmarktbeteiligung bzw. den Umfang der Erwerbstätigkeit von Eltern hat. Die Entwicklung der durchschnittlichen Erwerbsarbeitszeit von Müttern scheint dabei stärker von dem paarinternen Arrangement zur Verteilung der Kinderbetreuung abzuhängen als die der Väter.

Die hier durchgeführten detaillierten Analysen der Erwerbsarbeitszeitentwicklung führen zu einem zweiten Befund, der gleichfalls bei einer durchschnittlichen Betrachtung der Erwerbsarbeitszeiten unentdeckt geblieben wäre: Die Erwerbsarbeitszeiten von Frauen, und insbesondere von Müttern, folgen keinem einheitlichen Muster, sondern nehmen extrem unterschiedliche Verläufe an. Von allen Gruppen, die weniger als vor der Corona-Pandemie arbeiten, reduzieren Frauen, und vor allem Mütter, ihre Erwerbsarbeitszeit am stärksten. Und auch am anderen Pol, also in der Gruppe der Personen, die mehr arbeiten, sind es wiederum Frauen und Mütter, die ihre Erwerbsarbeitszeit anteilig am stärksten erhöhen. Der egalitären Verteilung der Kinderbetreuung kommt hier erneut eine besondere Rolle zu: Mütter, die ihre Erwerbsarbeitszeit erhöhen, befinden sich statistisch signifikant häufiger in einer Partnerschaft mit einer egalitären Kinderbetreuung, wohingegen Mütter, die ihre Erwerbsarbeitszeit reduzieren, häufiger die Hauptverantwortung für der Kinderbetreuung innehaben.

Unsere Ergebnisse zeigen zudem, dass die Corona-Pandemie heterogene Auswirkungen auf den Erwerbsumfang von Beschäftigten hatte, da es Personen gab, die ihre Erwerbsarbeitszeit reduziert haben, und andere, die sie erhöht haben. Ein interessanter Befund hierbei ist, dass just der Anteil von Müttern, die ihre Arbeitszeit aufstocken (anstatt sie zu reduzieren oder gleich viel zu arbeiten) höher ausfällt als die Arbeitszeitvarianzen der anderen betrachteten Gruppen. Außerdem zeigt sich für diese spezifische Gruppe der Mütter, dass sie ihre Erwerbsarbeitszeit auch prozentual gesehen am meisten aufstocken, und zwar im gesamten Beobachtungszeitraum um mindestens 20 Prozent im Vergleich zu der Zeit vor der Corona-Pandemie. Gleichzeitig jedoch ist eine andere Gruppe von Müttern zu erkennen, die im Verlauf der Pandemie, also auch noch während ihrer Abschwächung, ihre Arbeitszeit weiter verringert. Im Vergleich hierzu bauen sich die Arbeitszeitreduktionen der anderen betrachteten Gruppen im Zuge der abklingenden Pandemie ab. Und nicht minder auffällig ist, dass der Anteil der Mütter, die weniger als vor der Corona-Pandemie arbeiten, kontinuierlich anwächst. Mit Blick auf diesen Personenkreis ist anzunehmen, dass der Rückzug vom Arbeitsmarkt nachhaltig ist und schwerwiegende Konsequenzen für das Einkommen, die Einkommensentwicklung sowie die Karriere- und

Weiterbildungschancen haben wird. Für diese Personengruppe kann von einer Retraditionalisierung gesprochen werden. Folglich lautet ein dritter Befund der Analysen, dass die Pandemie höchst unterschiedliche Auswirkungen auf die Erwerbsarbeitszeit von Frauen und Männern hatte, wobei die Sorgeverantwortung für Kinder hierbei eine entscheidende Rolle spielt. Aber es gibt noch eine weitere Differenzierungslinie: Eine Gruppe von Müttern reduziert den Umfang ihrer Erwerbsarbeit; eine andere stockt in deutlich auf. Und auch hierfür erweist sich die Frage als entscheidend, wie die Sorgearbeit in Paarbeziehungen verteilt ist.

Im Hinblick auf die Frage, ob die Pandemie zu einer Retraditionalisierung oder »Egalisierung« der Geschlechterverhältnisse geführt hat, ergibt sich somit ein gemischtes Bild. Deutlich geworden ist, dass unterschiedliche Dynamiken gleichzeitig vorzufinden sind, die in künftigen Studien weiter verfolgt und ausgeleuchtet werden sollten. Die hier vorgelegten Befunde verdeutlichen, welche große Bedeutung die Verteilung der Kinderbetreuung zwischen Müttern und Vätern für deren jeweilige Arbeitsmarktbeteiligung hat. Sie ist folglich auch der Schlüssel, um die Arbeitsmarktbeteiligung von Müttern langfristig anzuheben. Politische Maßnahmen, die als Reaktion auf den demografischen Wandel wie auch den Fachkräftemangel darauf abzielen, Umfang und Quote der Erwerbsbeteiligung zu erhöhen, sollten sich daher nicht nur auf die (vielfach in Teilzeit arbeitenden) Mütter konzentrieren, sondern auch auf Väter. Kurzum: Es gilt, mehr Anreize für eine egalitäre Verteilung der Kinderbetreuung zu schaffen. Mögliche Ansatzpunkte bestehen hier bei dem Elterngeld. Ein Ausbau der Partnermonate wäre ebenso zu empfehlen wie die Anhebung der minimalen und maximalen Lohnersatzleistung, um für Väter Anreize und Möglichkeiten zu schaffen, von Anfang an eine größere Rolle bei der Kinderbetreuung einzunehmen. Weiterhin müssen mehr Spielräume für Eltern geschaffen werden, damit Kinderbetreuung und Sorgearbeit fair aufgeteilt werden können: beispielsweise durch kürzere Vollzeitnormen sowie lebensphasenorientierte Arbeitszeitmodelle.

Literatur

Allmendinger, Jutta (2020), »Zurück in alte Rollen. Covid-19 bedroht die Geschlechtergerechtigkeit«, in: *WZB-Mitteilungen*, H. 168, S. 45–47.

Alon, Titan/Doepke, Matthias/Olmstead-Rumsey, Jane/Tertilt, Michèle (2020), »The Impact of Covid-19 on gender Equality«, in: *NBER Working Paper Series*, Working Paper 26947.

Altintas, Evrim/Sullivan, Oriel (2016), »Fifty years of change updated: Cross-national gender convergence in housework«, in: *Demographic Research*, Jg. 35, H. 1, S. 455–470.

Boll, Christina/Müller, Dana/Schüller, Simone (2023), »Neither backlash nor convergence: dynamics of intra-couple childcare division during the Covid-19 pandemic in Germany«, in: *Journal for Labour Market Research*, Jg. 57, H. 1, S. 1–17.

Boll, Christina/Schüller, Simone (2020), *Die Lage ist ernst, aber nicht hoffnungslos – empirisch gestützte Überlegungen zur elterlichen Aufteilung der Kinderbetreuung vor, während und nach dem COVID-19 Lockdown*, SOEPpapers on Multidisciplinary Panel Data Research Nr. 1089, DIW, Berlin.

Bujard, Martin/Laß, Inga/Diabaté, Sabine/Sulak, Harun/Schneider, Norbert (2020), Eltern während der Corona-Krise – Zur Improvisation gezwungen, BIB.Bevölkerungs.Studien 1/2020, Wiesbaden, letzter Zugriff: 10.04.2024, https://doi.org/10.12765/bro-2020-01

Bünning, Mareike/Hipp, Lena/Munnes, Stefan (2020), *Erwerbsarbeit in Zeiten von Corona*, WZB Ergebnisbericht, Wissenschaftszentrum Berlin für Sozialforschung (WZB), Berlin, letzter Zugriff: 10.04.2024, https://hdl.handle.net/10419/216101

Chemaly, Soraya (2020), *Coronavirus could hurt women the most. Here's how to prevent a patriarchal pandemic*, letzter Zugriff: 10.04.2024, https://www.nbcnews.com/think/opinion/coronavirus-could-hurt-women-most-here-s-how-prevent-patriarchal-ncna1186581

Collins, Caitlyn/Landivar, Liana Christin/Ruppaner, Leah/Scarborough, William (2020), »COVID-19 and the gender gap in work hours«, in: *Gender, Work & Organization*, Jg. 28, H. Supl, S. 101–112.

Cotter, David/Hermsen, Joan M./Vanneman, Reeve (2011), »The End of the Gender Revolution? Gender Role Attitudes from 1977 to 2008«, in: *American Journal of Sociology*, Jg. 117, H. 1, S. 259–289.

Dean, Liz/Churchill, Brendan/Ruppanner, Leah (2021), »The mental load: building a deeper theoretical understanding of how cognitive and emotional labor overload women and mothers«, in: *Community Work & Family*, Jg. 25, H. 1, S. 13–29.

Destatis (2024a), *Erwerbstätigkeit*, letzter Zugriff: 10.04.2024, https://www.destatis.de/DE/Im-Fokus/Fachkraefte/Erwerbstaetigkeit/_inhalt.html

Destatis (2024b), *»KORREKTUR: Gender Care Gap 2022: Frauen leisten 44,3 % (alt: 43,8 %) mehr unbezahlte Arbeit als Männer«*, Pressemitteilung Nr. 073 vom 28.03.2024, letzter Zugriff: 10.04.2024, https://www.destatis.de/DE/Presse/Pressemitteilungen/2024/02/PD24_073_63991.html

Dullien, Sebastian/Kohlrausch, Bettina (2021), *Dissecting the COVID19 supply shock: which role did school closures play?*, Institut für Makroökonomie und Konjunkturforschung der Hans-Böckler-Stiftung: IMK Working Paper Nr. 207, Düsseldorf.

England, Paula (2010), »The Gender Evolution: Uneven and stalled«, in: *Gender and Society*, Jg. 24, H. 2, S. 149–166.

Fervers, Lukas/Tobler, Lina/Knize, Veronika/Christoph, Bernhard/Jacob, Marita (2023), »Kids back to school – parents back to work? School and daycare opening and parents' employment in the early phase of the COVID-19 pandemic«, in: *Journal of European Social Policy*, Jg. 33. H. 3, S. 373–387.

Frodermann, Corinna/Grunau, Philipp/Haepp, Tobias/Mackeben, Jan/Ruf, Kevin/Steffes, Susanne/Wanger, Susanne (2020), *Wie Corona den Arbeitsalltag verändert hat*, IAB-Kurzbericht 13/2020, Nürnberg.

Globisch, Claudia/Osiander, Christopher (2020), »Sind Frauen die Verliererinnen der Covid-19-Pandemie?«, IAB-Forum, 12. November 2020, letzter Zugriff: 10.04.2024, https://www.iab-forum.de/sind-frauen-die-verliererinnen-der-Covid-19-pandemie/

Grunow, Daniela/Begall, Katia/Buchler, Sandra (2018), »Gender Ideologies in Europe: A Multidimensional Framework«, in: *Journal of Marriage and Family*, Jg. 80, H. 1, S. 42–60.

Hammerschmid, Anna/Schmieder, Julia/Wrohlich, Katharina (2020), *Frauen in Corona-Krise stärker am Arbeitsmarkt betroffen als Männer*, DIW aktuell Nr. 42, Berlin.

Hipp, Lena/Leuze, Kathrin (2015), »Institutionelle Determinanten einer partnerschaftlichen Aufteilung von Erwerbsarbeit in Europa und den USA«, in: *Kölner Zeitschrift für Soziologie und Sozialpsychologie*, Jg. 67, H. 4, S. 659–684.

Hövermann, Andreas/Kohlrausch, Bettina (2022), *Der Vertrauensverlust der Mütter in der Pandemie*, Wirtschafts- und Sozialwissenschaftliches Institut der Hans-Böckler-Stiftung: WSI Report Nr. 73, Düsseldorf.

Illing, Hannah/Oberfichtner, Michael/Pestel, Nico/Schmieder, Johannes/Trenkle, Simon (2022), *Geschlechtsspezifische Arbeitsmarktwirkung der Covid-19-Pandemie: Ähnlicher Arbeitszeitausfall, aber bei Müttern höhere zusätzliche Belastung durch Kinderbetreuung*, IAB-Kurzbericht Nr. 3, Nürnberg.

Klünder, Nina (2017), *Differenzierte Ermittlung des Gender Care Gap auf Basis der repräsentativen Zeitverwendungsdaten 2012/13*, Institut für Sozialarbeit und Sozialpädagogik e. V., Geschäftsstelle Zweiter Gleichstellungsbericht der Bundesregierung, Berlin.

Knize, Veronika/Tobler, Lina/Christoph, Bernhard/Fervers, Lukas/Jacob, Marita (2022), »Workin' moms ain't doing so bad: Evidence on the gender gap in working hours at the outset of the COVID-19 pandemic«, in: *Journal of Family Research*, Jg. 34, H. 1, S. 161–192.

Kohlrausch, Bettina/Hövermann, Andreas/Emmler, Helge (2023), *»Kinderbetreuung: 57 Prozent der erwerbstätigen Eltern mit Schließungen oder verkürzten Betreuungszeiten konfrontiert«*, WSI Pressedienst vom 04.08.2023, letzter Zugriff: 12.04.2024, https://www.boeckler.de/de/pressemitteilungen-2675-kinderbetreuung-51190.htm

Kohlrausch, Bettina/Peters, Eileen (2024), *»Auswertung zu Equal-Care-Day und Frauentag. Auch erwerbstätige Mütter übernehmen meist Großteil der Kinderbetreuung – Kluft bei der Sorgearbeit ist groß«*, WSI Pressedienst vom 26.02.2024, letzter Zugriff: 10.04.2024, https://www.boeckler.de/pdf/pm_wsi_2024_02_26.pdf

Lott, Yvonne/Bünger, Paula (2023), *Mental Load. Frauen tragen die überwiegende Last*, Wirtschafts- und Sozialwissenschaftliches Institut der Hans-Böckler-Stiftung: WSI Report Nr. 87, Düsseldorf.

Lott, Yvonne/Klenner, Christina (2018), »Are the ideal worker and ideal parent norms about to change? The acceptance of part-time and parental leave at German workplaces«, in: *Community, Work & Family*, Jg. 21, H. 5, S. 564–580.

Möhring, Katja/Neumann, Elias/Reifenscheid, Maximiliane/Blom, Annelies/Wenz, Alexander/Rettig, Tobias/Lehrer, Roni/Krieger, Ulrich/Juhl, Sebastian/Friedel, Sabine/Fikel, Marina/Cornesse, Carina (2020), *Die Mannheimer Corona-Studie: Schwerpunktbericht zu Erwerbstätigkeit und Kinderbetreuung*, Mannheimer Corona-Studie, letzter Zugriff: 10.04.2024, https://madoc.bib.uni-mannheim.de/55139/

Reichelt, Malte/Makovi, Kinga/Sargsyan, Anahit (2020), »The impact of COVID-19 on gender inequality in the labor market and gender-role attitudes«, in: *European Societies*, Jg. 23, H. Supl, S. 228–245.

Zoch, Gundula (2021), »Thirty Years after the Fall of the Berlin Wall – Do East and West Germans Still Differ in Their Attitudes to Female Employment and the Division of Housework?«, in: *European Sociological Review*, Jg. 37, H. 5, S. 731–750.

Zucco, Aline/Lott, Yvonne (2021), *Stand der Gleichstellung. Ein Jahr mit Corona*, Wirtschafts- und Sozialwissenschaftliches Institut der Hans-Böckler-Stiftung: WSI Report Nr. 64, Düsseldorf.

Von einer Krise in die nächste – Eltern und Geringverdienende als besonders belastete Gruppen in den Polykrisen

Andreas Hövermann

1. Einleitung

Der Begriff der »Polykrise« wird jüngst vermehrt genutzt, um die gegenwärtig zahlreichen, sich gegenseitig verstärkenden Krisen zu charakterisieren. War die Corona-Pandemie im Februar 2022 gerade dabei abzuklingen, sorgte der russische Überfall auf die Ukraine für einen nahtlosen Übergang in die nächste von Krisen gekennzeichnete Phase, die durch Kriegssorgen, Energieunsicherheit und Rekordinflation geprägt war. Gleichzeitig bedroht die womöglich folgenschwerste Krise – die Klimakrise – die Grundlagen menschlicher Existenz und wird durch Katastrophenereignisse ebenfalls immer sichtbarer. Politisch und gesellschaftlich wurde in Deutschland all das begleitet durch ein sinkendes Vertrauen in die Politik und demokratische Aushandlungsprozesse, während der Zuspruch zur antidemokratischen und mindestens in Teilen rechtsextremen AfD-Partei seit 2021 kontinuierlich und erheblich wuchs.

Der Ausbruch der Corona-Pandemie im Jahr 2020 stellte für zahlreiche Menschen eine Zeit erheblicher Belastungen, Stresssituationen und Strapazen dar. In zahlreichen Studien wurde dies bereits zu Beginn der Pandemie aufgezeigt (zum Beispiel Kunzler u.a. 2021; Hövermann 2021). Die Belastungen waren dabei vielfältig und äußerten sich sehr unterschiedlich: Die Einschränkung sozialer Kontakte und die damit einhergehende Isolation und Einsamkeit betraf besonders Alleinstehende und junge Menschen, während Eltern den wiederkehrenden Ausfall der institutionellen Betreuung ihrer Kinder auffangen und mit ihren Arbeitsverpflichtungen in Einklang bringen mussten (Jessen u.a. 2021; Dullien/Kohlrausch 2021). Viele plagten Ansteckungsängste, während andere – darunter viele Selbstständige – um ihre wirtschaftliche Existenz fürchteten (siehe dazu auch den Beitrag von Peters und Schulze Buschoff in diesem Band). Zahlreiche Menschen stellten die erheblichen Anpassungen im beruflichen Alltag, beispielsweise die »Homeoffice«-Umstellung und die damit einhergehenden technischen Anforderungen, vor große Herausforderungen (siehe dazu auch die Beiträge von Ahlers und Emmler in diesem Band).

Ziel des vorliegenden Beitrags ist es, anhand der im WSI-Erwerbspersonenpanel erhobenen Daten (vgl. dazu den Beitrag von Brehmer und Emmler in diesem Band) die Belastungen auszuleuchten, mit denen sich viele Erwerbspersonen seit Beginn der Pandemie bis Ende des Jahres 2023 konfrontiert sahen. Hierfür wird deren Ausprägung während verschiedener Phasen betrachtet, in denen zunächst noch die Pandemie und später dann weitere Krisen (Ukraine-Krieg, Energiekrise, Inflation etc.) im Vordergrund standen. Dabei wird sowohl das generelle Belastungsausmaß dargestellt (Abschnitt 2) als auch seit der Pandemie besonders belastete Gruppen nochmals gesondert in den Fokus gerückt werden. Dies sind konkret Eltern (und hier insbesondere Mütter) sowie Geringverdienende (Abschnitte 3 und 4). Im fünften Abschnitt wird sodann gezeigt, wie stark sich infolge der Polykrisen die von vielen empfundenen Belastungen auftürmten, weil die jeweiligen Belastungssituationen wiederkehrend und anhaltend auftraten oder durch andere Herausforderungen abgelöst wurden.

Ausgehend von der These, dass es Zusammenhänge zwischen gesellschaftlichen Überforderungsmomenten und der derzeit vielfach diskutierten Entfremdung von etablierten demokratischen Parteien gibt, wurde in den der Analyse zugrunde liegenden Befragungen auch die Zufriedenheit mit der Bundesregierung wie auch das Vertrauen in ihr Handeln erhoben und betrachtet, ob Anzeichen dafür erkennbar sind, dass dieses vor allem bei denjenigen Befragten litt, die besonders hohe Belastungen zu stemmen hatten. Abschnitt 6 fasst die Befunde zusammen, diskutiert ihre potenziell nachhaltigen und politischen Folgen und skizziert Handlungsempfehlungen.

2. Das Belastungsausmaß seit Pandemiebeginn

Die zahlreichen, umfangreichen und sehr kurzfristig über die Menschen hereinbrechenden Herausforderungen zu Pandemiebeginn hatten Auswirkungen auf die psychische Gesundheit, wie auch eine Studie des Robert Koch-Instituts (RKI) zeigt (Mauz u.a. 2023): Depressive Symptome und Angstsymptome gingen zwar zu Pandemiebeginn zunächst zurück, stiegen aber nach dieser anfänglichen Resilienz deutlich über Vor-Pandemie-Werte an. Auch der selbst eingeschätzte Gesundheitszustand verschlechterte sich im Pandemieverlauf insgesamt. Dies gilt für alle Geschlechter, Bildungs- und Altersgruppen, jedoch u.a. auch besonders für Frauen (ebd. 2023: 18).

Im Rahmen des WSI-Erwerbspersonenpanels wurde der Aspekt der sozioemotionalen und psychischen Gesundheit anhand eines »Belastungslevels«

erfasst. Konkret wurde das Ausmaß der Gesamtbelastung sowie der Belastungen in drei verschiedenen Bereichen (Familie, Arbeit, Finanzen) erfragt. Die Intention dieser Vorgehensweise war es, einerseits besonders belastungsintensive Bereiche zu identifizieren und andererseits die spezifischen Ursachen der von den Erwerbspersonen gefühlten Gesamtbelastung bestimmen zu können. Die Befragten konnten ihre Belastung anhand einer fünfstufigen Antwortskala abstufen (»gar nicht«, »kaum«, »etwas«, »stark« und »äußerst« belastend). Das Belastungsausmaß wurde zu mittlerweile zehn Erhebungszeitpunkten zwischen April 2020 und November 2023 erhoben.

Betrachtet man die Entwicklung der Belastungen anhand des Anteils derjenigen, die besonders hohe Belastungen angegeben haben (Abbildung 1), zeigt sich für die erfragten Bereiche Folgendes: Die familiäre Situation wurde insbesondere zu den Zeiten der Lockdowns von besonders vielen Befragten als sehr belastend wahrgenommen.

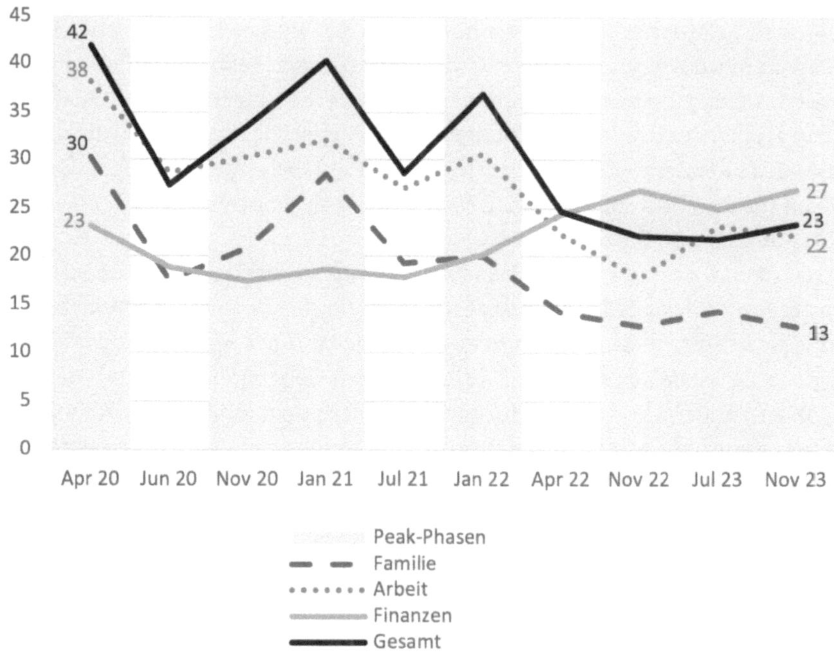

Abbildung 1: Entwicklung des Anteils der Erwerbspersonen, die hohe Belastungen (»äußerst« oder »stark« belastend) in dem jeweiligen Bereich angaben; Angaben in Prozent

Anmerkung: N = 4.905–7.669

Quelle: WSI-Erwerbspersonenpanel, Wellen 1–12, gewichtete Werte, eigene Berechnung

Gleich zu Beginn der Pandemie im April 2020, aber auch während des langen Winterlockdowns Anfang des Jahres 2021 beschrieben knapp 30 Prozent der Erwerbspersonen ihre familiäre Situation als »stark« oder »äußerst« belastend. In den Sommermonaten der Jahre 2020 und 2021 sank dieser Anteil jeweils deutlich – auf rund 20 Prozent. Und mit dem weiteren Auslaufen der Pandemie verringerte sich auch der Anteil der Befragten, die sich mit hohen familiären Beanspruchungen konfrontiert sahen, ab dem Jahr 2022 weiter, auf zuletzt Werte unter 15 Prozent der Befragten.

Die arbeitsbezogenen Belastungen zeigen sich insgesamt auf einem relativ hohen Niveau. Gerade zu Beginn der Pandemie waren es rund 40 Prozent der Erwerbspersonen, die sich aufgrund ihrer Arbeitssituation besonders belastet fühlten. Hier machen sich sicherlich die plötzliche Umstellung von Präsenzarbeit auf das Arbeiten im Homeoffice und die damit einhergehenden Anpassungen, Verunsicherungen, aber auch zahlreichen zeitlichen und räumlichen Überschneidungen mit dem privaten Bereich bemerkbar (siehe dazu auch die Beiträge von Ahlers und Emmler in diesem Band). Danach sank der Anteil derjenigen, die sich aufgrund der Arbeitssituation besonders belastet fühlten: Bis Anfang des Jahres 2022 waren es noch rund 30 Prozent, die hier von hohen Belastungen berichteten, wobei das Belastungsempfinden in den Sommererhebungen geringer ausfiel als in den Herbst- und Wintererhebungen. Auffällig ist, dass ab dem Frühjahr des Jahres 2022 der Anteil derjenigen mit hohen Arbeitsbelastungen nochmals deutlich auf rund 20 Prozent sank, während er in den aktuellsten Erhebungen wieder leicht auf knapp 25 Prozent anstieg.

Der Trend zu in der Gesamttendenz eher abnehmenden Belastungen zeigt sich auch mit Blick auf die familiäre Situation, die gleichfalls zu Pandemiebeginn häufig als äußerst belastend wahrgenommen wurde. Anders stellt sich der Verlauf der finanziellen Belastungen dar: Sie haben ihren Höhepunkt nicht etwa bei Ausbruch der Pandemie – selbst wenn zu diesem Zeitpunkt zunächst 23 Prozent der Befragten von hohen finanziellen Belastungen berichteten. Dieser Wert ging kurz danach jedoch deutlich auf unter 20 Prozent bis zum Jahr 2022 zurück. Erst mit Beginn der Hochinflationsphase im Jahr 2022 waren wieder viel mehr Menschen mit hohen finanziellen Belastungen konfrontiert, sodass der Wert erneut anstieg, und zwar auf zuletzt über 25 Prozent. Daraus lässt sich schlussfolgern, dass die zu Pandemiebeginn genannten finanziellen Belastungen in den Folgemonaten offenbar gut aufgefangen werden konnten – sicherlich auch durch die Hilfspakete der Bundesregierung und ihre erfolgreiche Politik der Beschäftigungssicherung mittels des Instruments der Kurzarbeit (Dullien u.a. 2021; siehe dazu auch den Beitrag von Brülle und Spannagel in diesem Band). Dagegen erwies sich dann die später einsetzende hohe Inflation als neuer Treiber der finanziellen Anspannungen, denen sich viele Haushalte ausgesetzt sahen.

Der Anteil derer, die von einer hohen Gesamtbelastung berichteten, lag in dem hier betrachteten Beobachtungszeitraum insgesamt auf einem sehr hohen Niveau. Ähnlich wie bei der familiären Belastung sind auch hier die besonders zehrenden Herbst- und Wintermonate mit den Lockdowns erkennbar, während in den Sommermonaten der Jahre 2020 und 2021 der Anteil der Hochbelasteten deutlich zurückging. Mit Beginn des Jahres 2022 zeigt sich, dass der Anteil derjenigen, die sich auf die Gesamtsituation bezogen sehr belastet fühlten, ebenso deutlich wie kontinuierlich sank: von 37 auf nunmehr etwas über 20 Prozent.

Insgesamt zeigt sich damit anhand dieses Gesamtindikators ein im Vergleich zur Ausgangsphase der Pandemie eher sinkendes Belastungslevel. Deutlich wird dies insbesondere für den familiären und den Arbeitsbereich. Von diesem Muster weicht der Verlauf der finanziellen Belastungen ab, die besonders seit Anfang des Jahres 2022 – und damit seit Beginn der Hochinflationsphase – mehr Erwerbspersonen zusetzen.

Betrachtet man die Entwicklungen über den Beobachtungszeitraum hinweg, zeigen sich insgesamt vier »Belastungspeaks«, die aus unterschiedlichen Situationen resultierten (siehe graue Säulen in Abbildung 1). Der erste Peak ist der Pandemiebeginn im April 2020, als die Belastungen in verschiedenen Bereichen für viele sehr hoch waren, angesichts der großen Anpassungsanforderungen und Verunsicherungen bezogen auf das neuartige Virus.[1] Ein zweiter Peak ist im ersten Pandemiewinter 2020/21 zu erkennen, als es zu langen, kräftezehrenden Lockdowns kam. Zu diesem Zeitpunkt waren die Schutzimpfungen gegen das Coronavirus zwar schon entwickelt, jedoch noch nicht verabreicht. Insbesondere die familiäre, aber auch die Gesamtbelastung war in dieser Pandemiephase verbreitet sehr hoch. Ein dritter Peak, vor allem der Gesamtbelastung, wird für den Winter 2021/22 ersichtlich. Zu diesem Zeitpunkt ist zwar die Pandemie für viele weitgehend weniger belastend, jedoch spaltet die seinerzeit präsente Debatte um die Impfpflicht die Bevölkerung. Auch die starke Grippewelle führte erneut zu vielen Ausfällen, sowohl in der Arbeitssphäre als auch in der öffentlichen Kinderbetreuung. Zudem beginnt bereits die Hochinflationsphase und wirkt sich auf die Geldbeutel der Befragten aus. Entsprechend beginnt der Anteil der Befragten mit hohen finanziellen und hohen Gesamtbelastungen anzusteigen. Schließlich zeigt sich zuletzt ein vierter Peak, der sich in besonderem Maße in

1 Letztlich kann anhand des vorliegenden WSI-Erwerbspersonenpanels aufgrund der fehlenden Informationen über die Vor-Pandemie-Belastungen empirisch nicht gesichert davon ausgegangen werden, dass es sich hierbei um einen schlagartigen Belastungsanstieg zu Pandemiebeginn handelt, und nicht etwa um ein bereits seit Vorpandemie hohes Belastungslevel. Die Struktur und Entwicklung der Belastung im Zeitverlauf deuten aber stark darauf hin – so etwa die rapiden Anstiege der Gesamtbelastung während der Lockdown-Zeitpunkte.

der weit verbreiteten finanziellen Belastung ausdrückt und Folge monatelanger Rekordinflation ist.

Um die verschiedenen Belastungssituationen und -bereiche, die sich hinter den Peaks verbergen, besser beleuchten und einordnen zu können, werden im Folgenden schlaglichtartig zwei besonders belastete Gruppen[2] genauer beschrieben: Zunächst wird angesichts der dargestellten stark ausgeprägten familiären Belastungswerte, unter anderem verursacht durch die fehlende Verlässlichkeit bei der Kinderbetreuung sowie das gleichzeitige Jonglieren von Lohn- und Care-Arbeit, die besonders hohe Belastung von Eltern – insbesondere die der Mütter – in den ersten beiden Pandemiejahren fokussiert. Ein zweites Schlaglicht wird auf Geringverdienende gelegt und es wird nachgezeichnet, wie sich ihre Belastungen – insbesondere die finanziellen – angesichts der hohen Inflation entwickelt haben.

3. Die Belastungen der Eltern und ihr Vertrauensverlust in die Politik

Die Pandemie stellte für Eltern eine besonders große Herausforderung dar. Dass die aufgrund der Akutsituation zu bewältigenden Aufgaben keineswegs auf Väter und Mütter gleichverteilt waren, betonte die Soziologin Jutta Allmendinger bereits zu Pandemiebeginn. In der ARD-Talkshow »Anne Will« formulierte sie die These, dass die Pandemie zu einer erheblichen »Retraditionalisierung« der Geschlechterrollen führe, die auch nur schwerlich wieder umkehrbar sei (vgl. auch Allmendinger 2021). Andere Prognosen waren optimistischer und vertraten eher eine »Egalisierungsthese«, da in der ad hoc entstandenen Notwendigkeit, die geschlechtsspezifische Arbeitsorganisation neu organisieren zu müssen, eine Chance für egalitärere Betreuungsaufteilungen gesehen wurde (zum Beispiel Alon u.a. 2020; siehe zu dieser Debatte auch Peters und Kohlrausch in diesem Band).

Bezüglich der Kinderbetreuung deuten mittlerweile vorliegende Studienergebnisse zumindest nicht auf eine weitreichende Retraditionalisierung hin (Jessen u.a. 2024) – jedoch ebenso wenig auf eine Egalisierung (Globisch/Osi-

2 Zwei weitere Gruppen, die während der Pandemie besonders hohen Belastungen ausgesetzt waren, werden in diesem Beitrag nicht explizit berücksichtigt. Dies sind zum einen Selbstständige, deren Situation das Thema des Beitrags von Peters und Schulze Buschoff (in diesem Band) ist; zum anderen sind es Kinder und Jugendliche, deren spezielle Situation anhand des verwendeten Datensatzes, der sich auf Erwerbspersonen beschränkt, nicht analysiert werden kann. Zahlreiche andere Untersuchungen zeigen, dass auch Kinder und Jugendliche durch die Corona-Pandemie besonders belastet wurden und weiterhin dringenden Unterstützungsbedarf haben (für eine Übersicht siehe Interministerielle Arbeitsgruppe der Bundesregierung 2023).

ander 2020). Vielmehr kam es wohl eher zu einer »punktuellen Egalisierung« insofern, als Väter zwar während der ersten Pandemie-Monate einen historisch hohen Anteil der Kinderbetreuung übernommen haben, was jedoch nur von kurzfristiger Dauer war (Boll u.a. 2023), sodass letztlich Mütter sowohl vor als auch während der Pandemie den Großteil der Kinderbetreuung bewältigten (für eine ausführliche Übersicht hierzu siehe Peters und Kohlrausch in diesem Band). Bestätigt wird diese ungleiche Verteilung der Sorgeverantwortung auch durch den Befund, dass es auch während der besonders belastenden Pandemiemonate in den meisten Haushalten die Frauen waren, welche größtenteils die Verantwortung für die gesamte Organisation der anfallenden Alltagsaufgaben (»Mental Load«) übernommen haben (Czymara u.a. 2021).

Zusammengenommen zeigen diese Befunde eine Fortschreibung der bekannten Muster geschlechtsspezifischer Arbeitsteilung, da Mütter zu deutlich größeren Anteilen als Väter die entstandenen Betreuungsengpässe aufgefangen und somit den Großteil der zusätzlich entstandenen Care-Arbeit verrichtet haben. Kohlrausch und Zucco (2020) sprachen in ihren frühen Analysen zur ungleichen Verteilung der Pandemiebelastung davon, dass die Pandemie Frauen doppelt trifft: einerseits durch die vermehrte Kinderbetreuung und andererseits durch die verminderte Erwerbstätigkeit.

Was zeigen nun die im WSI-Erwerbspersonenpanel erhobenen Belastungswerte für Frauen und Männer seit Beginn der Pandemie? Zunächst lässt sich hier klar beobachten, dass Frauen häufiger von großen Belastungen berichten als Männer, vor allem bezogen auf die familiäre Belastung und die der Gesamtsituation. Für die Arbeitssituation trifft Vergleichbares zu, wenn auch in geringerem Ausmaß. Nicht so eindeutig ist das Bild mit Blick auf die finanziellen Belastungen. Diese werden zwar zu einzelnen Zeitpunkten ebenfalls von Frauen häufiger genannt als von Männern, jedoch ist dies keineswegs durchgängig der Fall (vgl. Abbildung 2).

Betrachtet man nun konkreter die Untergruppen Väter und Mütter, ist hier der Anteil der Befragten mit hohen Belastungen nochmals deutlich höher als bei den Befragten ohne Kinder im Haushalt. Dies gilt insbesondere für die ersten zwei Jahre der Pandemie – also für die Zeit, in der die Pandemie besonders präsent war und das Leben stark beeinflusste. Sowohl der Anteil der Väter als auch der Mütter mit besonders hoher Belastung ist in dieser Phase klar überdurchschnittlich, jedoch auf unterschiedlichem Niveau, da Mütter in allen Bereichen nochmals deutlich höhere Werte aufweisen als Väter. Beispielsweise gab im Januar 2021 rund die Hälfte der Mütter unter den Erwerbspersonen »äußerste« oder »starke« Belastungen bezogen auf die familiäre oder die Gesamtsituation an – unter Vätern waren es jeweils rund 40 Prozent. Diese Werte verdeutlichen, wie weit

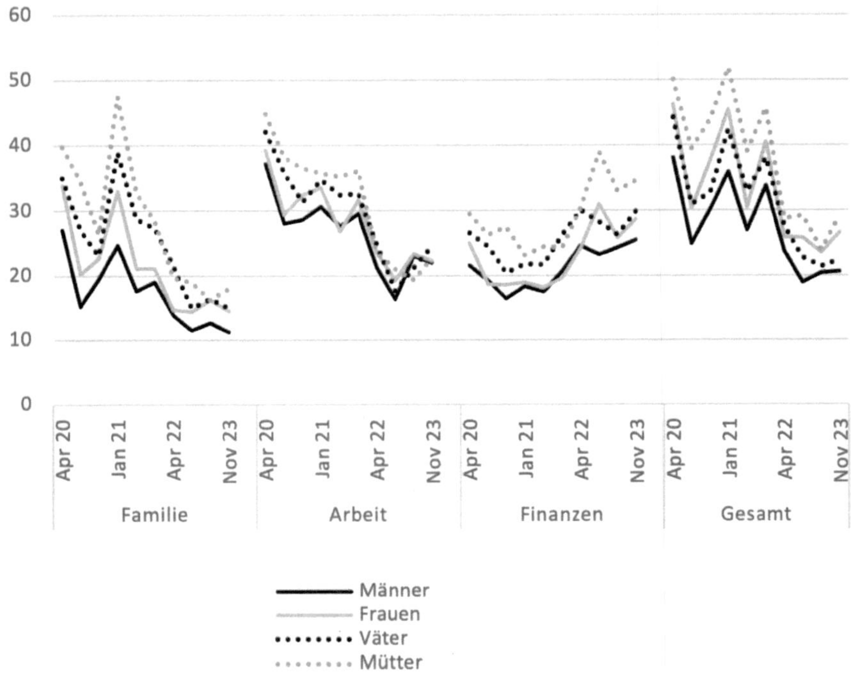

Abbildung 2: Entwicklung des Anteils der Erwerbspersonen, die hohe Belastungen (»äußerst« oder »stark« belastend) in dem jeweiligen Bereich angaben, differenziert nach Geschlecht; Angaben in Prozent
Anmerkung: N = 4.905–7.669
Quelle: WSI-Erwerbspersonenpanel, Wellen 1–12 (nicht alle Zeitpunkte in Legende abgetragen), gewichtete Werte, eigene Berechnung

extreme Belastungen unter Eltern verbreitet waren und an deren Kräften zehrten.

An den Entwicklungen ab 2022 wird zudem deutlich, dass die pandemiebezogenen Belastungen seither zurückgingen. Seit 2022 weichen die Werte der Eltern bezüglich der familiären oder der Gesamtbelastung in deutlich geringerem Ausmaß von den Durchschnittswerten ab. Anders sieht es bei den Belastungswerten aufgrund der finanziellen Situation aus. Hier zeigt sich über den gesamten Beobachtungszeitraum, dass Eltern überdurchschnittlich häufig von hohen Belastungen berichten. In besonderem Maße gilt dies für Mütter, während für Väter hier zuletzt keine überdurchschnittliche finanzielle Belastung zu erkennen ist. Die höheren finanziellen Belastungen, die Mütter benennen, sind vermutlich zum einen dadurch zu erklären, dass ihnen die Preissteigerungen für den alltäglichen Bedarf präsenter sind als Vätern, da sie häufiger als Väter den Alltag organisieren und beispielsweise Einkäufe tätigen – so zumindest ein bekanntes Merkmal heterosexueller Paarbeziehungen. Zum anderen sind unter Alleinerziehenden, einer Untergruppe, die besonders häufig von Armut betroffen ist (vgl. Brülle und Spannagel in diesem Band), deutlich häufiger Mütter als Väter zu finden.

Welche problematischen politischen Auswirkungen die besonders hohen Belastungen aufseiten der Mütter mit sich bringen, zeigen Bastin und Unzicker (2022: 11) für das Jahr 2020. Anhand ihrer Panel-Daten wurde deutlich, dass insbesondere Mütter bereits in dieser eher frühen Pandemiephase besonders häufig Vertrauen in die Politik verloren. Auch anhand des WSI-Erwerbspersonenpanels konnten detailliert und für einen längeren Zeitraum die problematischen politischen Begleiterscheinungen der Situation von Müttern nachgezeichnet werden (Hövermann/Kohlrausch 2022: 9). Unter Müttern zeigten sich nicht nur besonders hohe Belastungswerte, vielmehr fiel auch auf, dass vielfach ihr Vertrauen in die Politik erodierte. Dazu lässt sich die Zufriedenheit mit dem Pandemie-Krisenmanagement der damaligen Bundesregierung heranziehen (Abbildung 3). In den ersten zweieinhalb Pandemiejahren, in denen dies erhoben wurde, fielen Mütter zu allen Erhebungszeitpunkten mit einer signifikant höheren Unzufriedenheit im Vergleich zu allen Erwerbspersonen auf. Somit war die diesbezügliche Unzufriedenheit der Mütter absolut auch zu allen Zeitpunkten höher als die der Väter, deren diesbezüglicher Unmut meist auf durchschnittlichem Niveau liegt.

Die Verbreitung und das Ausmaß der von den Müttern genannten Unzufriedenheitswerte sind erheblich: Waren es zu Beginn der Pandemie knapp 40 Prozent der Mütter, die angegeben haben, entweder »weniger zufrieden« oder »gar nicht zufrieden« mit dem Krisenmanagement der Bundesregierung zu sein, stieg dieser Wert in den folgenden anderthalb Jahren auf knapp 74 Prozent im Januar 2022. Zu diesem Zeitpunkt zeigten sich unter den befragten Erwerbspersonen drei von vier Müttern mit dem Pandemiemanagement der Bundesregierung unzufrieden – 41 Prozent von ihnen gaben sogar an, »gar nicht zufrieden« zu sein. In Längsschnittbetrachtungen der vorliegenden Daten deuteten sich zu diesem Zeitpunkt für Mütter auch besonders häufig *Rückgänge* der Zufriedenheit mit der Bundesregierung an – und zwar weitgehend einkommensunabhängig (Hövermann/Kohlrausch 2022: 10 f.).

Ein Grund für diese weit verbreitete Unzufriedenheit auch zum Jahresende 2022 könnte auch der bereits im dritten Winter in Folge erlebten fehlenden Verlässlichkeit der institutionellen Kinderbetreuung geschuldet sein (Kohlrausch u.a. 2023). Anhand des WSI-Erwerbspersonenpanels zeigt sich, dass eine Mehrheit der Eltern in dem besagten Winter mit Betreuungszeitverkürzungen und/oder zeitweiligen Einrichtungsschließungen konfrontiert war, was sehr viele Eltern vor große und belastende Probleme im Alltag stellte. Und auch in diesen Analysen ist eine charakteristische geschlechtsspezifische Differenz of-

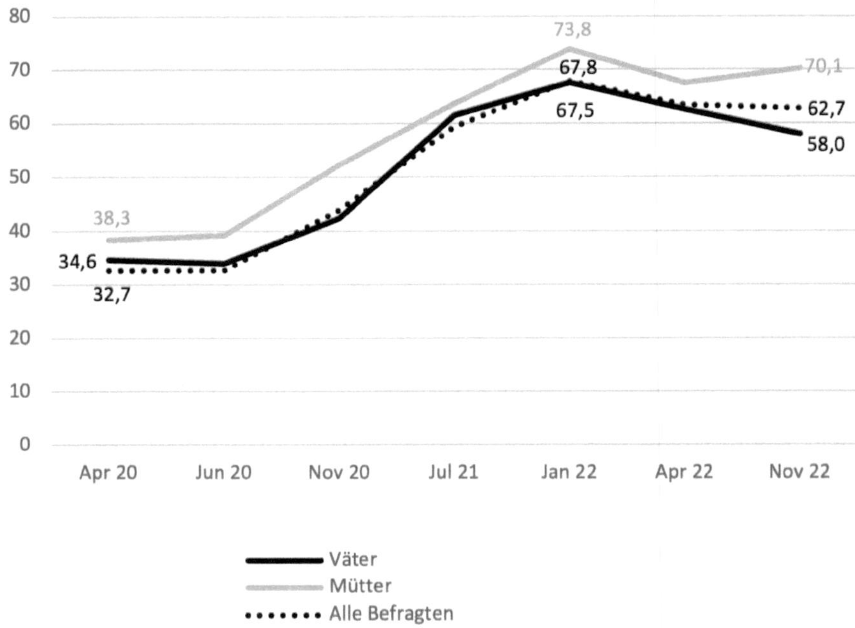

Abbildung 3: Anteil der Mütter und Väter mit geringer Zufriedenheit mit dem Pandemie-Krisenmanagement der Bundesregierung; Angaben in Prozent
Anmerkung: N = 4.952–6.079
Quelle: WSI-Erwerbspersonenpanel, Wellen 1–9, gewichtete Werte, eigene Berechnung

fensichtlich, da laut Angaben der Eltern meist die Mütter einsprangen, um auch diesen Betreuungsengpass zu kompensieren (ebd.).

Allerdings gab es für die Unzufriedenheit der Mütter zwei prinzipiell unterschiedliche Ursachen. Die einen fühlten sich (und ihre Kinder) von den Entscheidungsträger*innen nicht ausreichend vor dem Virus geschützt; andere sahen in den Pandemie-Einschränkungen eine deutlich größere Bedrohung als in dem Virus selbst, was zu einer verhärteten Skepsis gegenüber politischen Entscheidungsträger*innen führte (ebd.). Kurzum: In dem extremen Belastungsempfinden und der Unzufriedenheit waren sich viele zwar einig, allerdings divergierten die Überzeugungen erheblich, wie mit der Pandemie umgegangen werden sollte. Mit dem Abklingen der Pandemie ebbte dann auch die Unzufriedenheit der Mütter mit dem Krisenmanagement der Bundesregierung ab – jedoch insgesamt nur leicht. Selbst im November 2022 äußerten noch 70 Prozent von ihnen Unzufriedenheit (Abbildung 3).

Vorab wurde mit Verweis auf die Untersuchungen von Bastin/Unzicker (2022) und Hövermann/Kohlrausch (2022) schon benannt, dass gesellschaftliche Konstellationen, die zu individuellen Belastungen führen, sich schließlich auch als Vertrauensverlust in die Politik niederschlagen können. Diesem Zusammenhang sind wir im WSI-Erwerbspersonenpanel ab Oktober 2021 – mit dem Start der »Ampel«-Bundesregierung – nachgegangen. Und es sind wiederum die Mütter, deren Vertrauen in die Bundesregierung deutlich niedriger ist als das der befragten Väter und der Befragten insgesamt. Lediglich am aktuellen Rand der Erhebung sank das Vertrauen in die Bundesregierung unter Vätern nochmals schneller als unter Müttern, sodass im November 2023 das Vertrauen in die Bundesregierung unter Vätern und Müttern ähnlich gering ist – rund 63 bzw. 64 Prozent äußern »nur wenig« oder »überhaupt kein« Vertrauen (Abbildung 4). Bemerkenswert ist auch hier der hohe Anteil der Mütter, die »überhaupt kein Vertrauen« angegeben haben (40 Prozent; unter Vätern: 38 Prozent, unter allen Befragten: 35 Prozent).

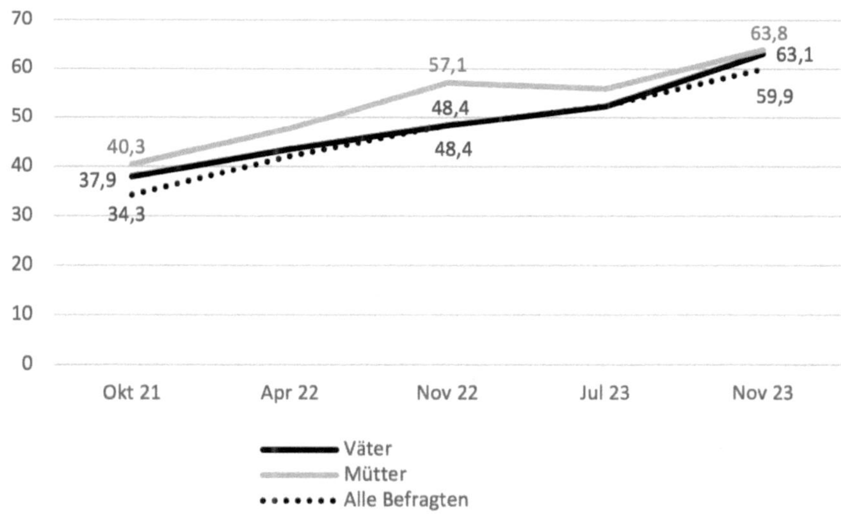

Abbildung 4: Anteil der Mütter und Väter mit geringem Vertrauen in die Bundesregierung; Angaben in Prozent

Anmerkung: N = 4.151–5.326

Quelle: WSI-Erwerbspersonenpanel, Wellen 6–12, gewichtete Werte, eigene Berechnung

Zusammengenommen lässt sich also zum einen eine hohe Belastung unter Eltern, und hier vor allem unter Müttern, erkennen, die sich während der Hochphasen der Pandemie vor allem auf den familiären Bereich bezog und seit Frühjahr 2022 zunehmend den finanziellen Bereich betrifft. Zum anderen entwickelte sich im Laufe der Pandemie eine enorme Unzufriedenheit mit dem Krisenmanagement der Politik unter Eltern – aber auch hier besonders unter Müttern. Seit Amtsantritt der Ampel-Regierung kann zudem ein erhebliches und ansteigendes Ausmaß an fehlendem Vertrauen in die Bundesregierung beobachtet werden.

4. Die Belastungen der Geringverdienenden

Ein zweites Schlaglicht wird auf die finanziellen Belastungen geworfen, die, noch bevor die Pandemie abgeklungen war, infolge der Hochinflationsphase einen neuen Schub erhielten. Wie anhand der eingangs präsentierten Abbildung 1 zur Entwicklung der Belastungen ersichtlich wurde, ist der finanzielle Bereich der einzige, in dem Ende 2023 die Belastungen verbreiteter waren als zu Beginn der Pandemie. Anfang 2022, also mit Beginn der Hochinflationsphase, stieg der Anteil derer, die von großen finanziellen Belastungen berichteten, um 50 Prozent von zuvor 18 auf zuletzt 27 Prozent.

Betrachtet man nun detaillierter, wie sich finanzielle Belastungen auf Haushalte mit unterschiedlichen Einkommen verteilen, verwundert es zunächst einmal nicht, dass Haushalte mit geringeren Einkommen häufiger von großen finanziellen Belastungen berichteten. Die Differenzen sind jedoch erheblich, wie in Abbildung 5 ersichtlich wird: Waren es am aktuellen Rand 14 Prozent der Befragten in Haushalten mit hohen Einkommen (über 3.000 Euro monatliches Haushaltsnettoäquivalenzeinkommen), die große finanzielle Belastungen benannt haben, so waren es unter Befragten in Haushalten mit mittleren Einkommen (2.000 bis 2.499 Euro) schon mehr als jede und jeder Vierte. Und unter den Befragten in Haushalten mit den geringsten Einkommen (unter 1.500 Euro) waren es 57 Prozent und damit vier Mal so viele wie unter den einkommensreichsten Befragten.

Aus Abbildung 5 wird zudem ersichtlich, dass Befragte in Haushalten mit geringeren Einkommen über alle Zeitpunkte hinweg deutlich häufiger finanzielle Belastungen angaben als Befragte in Haushalten mit höheren Einkommen. Deutlich wird auch, dass es unter den einkommensärmsten Befragten zu einem erheblichen Anstieg auf bereits hohem Niveau kam: Während zu Pandemiebeginn 36 Prozent große finanzielle Belastungen angaben, waren es zuletzt 57 Prozent.

Anhand des Zeitverlaufs wird außerdem deutlich, dass nicht nur unter den Einkommensärmsten die finanziellen Belastungen zunahmen, sondern auch in allen anderen Einkommensgruppen. Unter Befragten aus Gruppen geringen und mittleren Einkommens macht sich der erhebliche Anstieg der Inflation im Jahr 2022 auch in der weiteren Verbreitung finanzieller Belastungen deutlich bemerkbar: In diesen Einkommensgruppen stieg der Anteil mit hohen Belastungen um mindestens 50 Prozent. Am geringsten ist der Anstieg in der Gruppe der Einkommensreichsten zu beobachten: Hier äußerten mit 14 Prozent nur geringfügig mehr Befragte als zu Pandemiebeginn (12 Prozent) große finanzielle Belastungen.

Eines ist hier zusätzlich bemerkenswert: Während unter den Befragten aus den beiden höchsten Einkommensgruppen die Verbreitung finanzieller Belastungen zuletzt seit November 2022 nicht weiter stieg bzw. im Fall der höheren mittleren Einkommen (2.500 bis 2.999 Euro) sogar wieder zurückging, gilt dies für die mittleren und ärmeren Einkommensgruppen nicht. Unter ihnen kommt es auch noch zuletzt zu einem kontinuierlichen Anstieg derer, die von großen finanziellen Belastungen berichten.

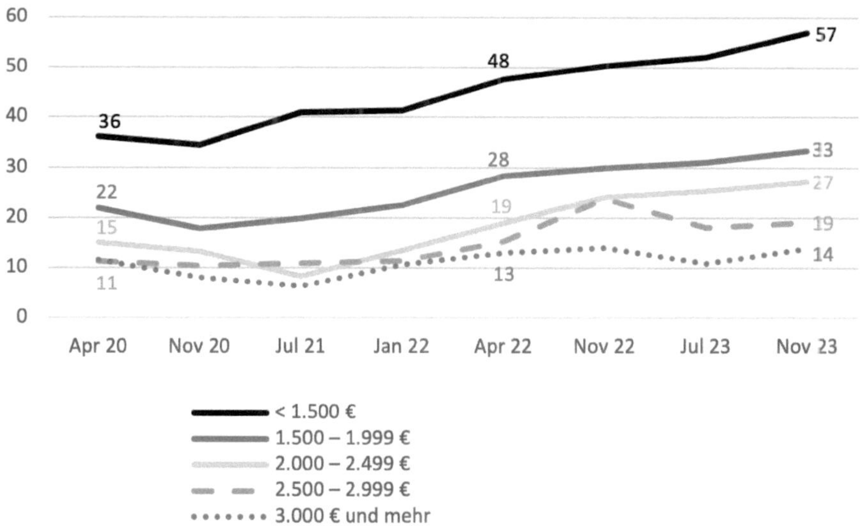

Abbildung 5: Entwicklung des Anteils der Befragten mit starken/äußersten finanziellen Belastungen nach Nettohaushaltsäquivalenzeinkommen; Angaben in Prozent
Anmerkung: N = 3.594–5.156
Quelle: WSI-Erwerbspersonenpanel, Wellen 1–12, gewichtete Werte, eigene Berechnung

Dass sich geringere Einkommen und Armut auch in größerer politischer Entfremdung niederschlagen, konnte zuletzt auch in den WSI-Verteilungsberichten gezeigt werden, wonach Arme deutlich seltener Vertrauen in politische Institutionen äußerten (Brülle/Spannagel 2023) und häufiger populistische Einstellungen teilten (Spannagel/Zucco 2022). Auch anhand der vorliegenden Daten lässt sich ein Zusammenhang zwischen finanziellen Belastungen und dem Vertrauen in die Bundesregierung aufzeigen: Befragte mit starken finanziellen Belastungen äußern häufiger niedriges Vertrauen in die Bundesregierung als Befragte mit geringen oder keinen finanziellen Belastungen (vgl. Abbildung 6). Dies zeigt sich für alle vier Zeitpunkte, an denen diese beiden Indikatoren gleichzeitig erhoben wurden. Waren es im April 2022 unter Befragten, die sich kaum finanziell belastet fühlten, 36 Prozent, die geringes Vertrauen in die Bundesregierung äußerten, hatten unter Erwerbspersonen mit hohen finanziellen Belastungen 61 Prozent kaum noch Vertrauen in die Bundesregierung. Anschließend stieg der Anteil derjenigen mit geringem Vertrauen in beiden Gruppen noch weiter an. Dennoch ist unter den finanziell Hochbelasteten weiterhin das fehlende Vertrauen in die Bundesregierung deutlich verbreiteter als unter Befragten ohne finanzielle Belastungen: Drei von vier finanziell Hochbelasteten äußerten auch geringes Vertrauen in die Bundesregierung (unter Befragten mit geringeren finanziellen Belastungen: 54 Prozent).

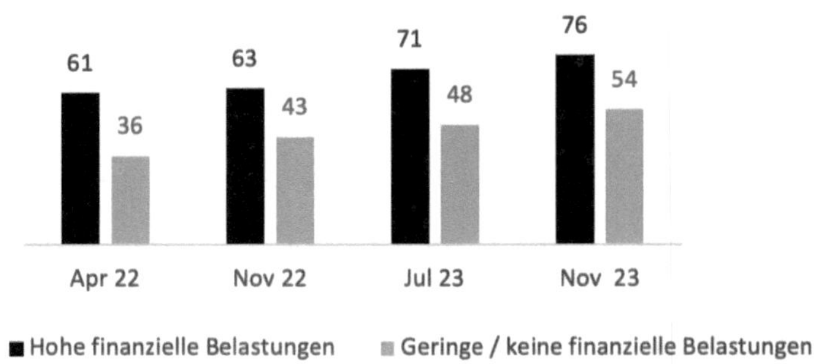

Abbildung 6: Anteil der Befragten mit geringem Vertrauen in die Bundesregierung, differenziert nach finanziellen Belastungen; Angaben in Prozent
Anmerkung: N = 4.423–5.320
Quelle: WSI-Erwerbspersonenpanel, Wellen 8–12, gewichtete Werte, eigene Berechnung

5. Kumulierte und anhaltende Belastungen

In einem abschließenden empirischen Schritt wird betrachtet, wie stark Belastungen in bestimmten Gruppen gehäuft auftreten, also kumulieren. Dabei wird einerseits analysiert, wer wie häufig von Belastungen in verschiedenen Bereichen *gleichzeitig* berichtet – wo sich also Befragte sowohl im Arbeits- und Familienbereich als auch im finanziellen Bereich gleichzeitig stark belastet fühlen. Andererseits wird geschaut, für wen es zu *anhaltenden* Belastungen kam – wie häufig also dieselben Gruppen in den verschiedenen Krisenphasen von hohen Belastungen betroffen sind. Hierbei werden besonders die Gruppen der Eltern sowie der Geringverdienenden fokussiert und betrachtet, inwieweit sie hier besonders häufig vertreten sind.

Wie bereits in den vorherigen Abschnitten ersichtlich, wurden die Belastungen in den Erhebungswellen regelmäßig und differenziert nach drei verschiedenen Bereichen (Familie, Arbeit, Finanzen) sowie zusätzlich auch mit Blick auf die Gesamtbelastung erfragt. In einem ersten Schritt wird nun die kumulierte Belastung berechnet, also betrachtet, ob Befragte häufig in verschiedenen Bereichen Belastungen wahrnehmen. Da die Belastungen zu zahlreichen Zeitpunkten erhoben wurden, wird hierfür zunächst das durchschnittliche Belastungsausmaß der Befragten für jeden Bereich berechnet – also geschaut, wie hoch beispielsweise die angegebene durchschnittliche finanzielle Belastung der Befragten über alle Befragungswellen hinweg war. Anschließend wird mit diesen durchschnittlichen Belastungswerten der vier Belastungsbereiche eine Clusteranalyse[3] durchgeführt. Anhand dieser Clusteranalyse lassen sich Kombinationen und Muster von Belastungen unter den Befragten aufzeigen. Ziel ist es, hier nun Cluster zu identifizieren, die jene Befragte bündeln, die in allen Bereichen hohe Belastungen äußerten.

Aus den Berechnungen ergeben sich vier Cluster (vgl. auch Balken »alle Befragten« in Abbildung 7): Eine Gruppe von 31 Prozent der Befragten bildet das Cluster der »Geringbelasteten«, da sie in allen Bereichen die durchschnittlich niedrigsten Belastungswerte aufweisen. Ein weiteres – im Folgenden am wenigsten relevantes – Cluster, dem knapp 40 Prozent der Befragten zugeteilt werden, setzt sich zusammen aus Befragten, die mittlere durchschnittliche Belastungen angegeben haben. Cluster 3 und 4 sind nun für den hier angestrebten inhaltlichen Fokus am relevantesten, da sie Befragte umfassen, die überdurchschnittliche Belastungen genannt haben. Zum einen ergibt sich hier ein Cluster der »Starkbelasteten«, dem 22 Prozent der Befragten zugeordnet werden. Dies sind Befragte, die in allen Bereichen hohe durchschnittliche Belastungen angaben – höher als alle Werte der bisher vorgestellten beiden Cluster. Schließlich dann das vierte Cluster, dem 8 Prozent der Befragten zugeordnet werden, die im Durchschnitt über den gesamten Zeitraum hinweg und in allen vier abgefragten Dimensionen

3 Die statistische Methode der Clusteranalysen erstellt Gruppen/Cluster von Befragten, für die die Unterschiede innerhalb einer Gruppe möglichst minimal und zwischen den Gruppen möglichst maximal sind. Befragte, die demselben Cluster zugeordnet werden, ähneln sich also in ihrem Belastungsmuster – also ihrer durchschnittlichen Belastung in den vier Bereichen über alle Erhebungszeitpunkte hinweg. Berechnet wurde eine hierarchische Clusteranalyse mit der Ward-Clustermethode und dem Intervall der quadrierten euklidischen Distanz.

außergewöhnlich hohe Belastungen angegeben haben – entsprechend erhalten sie das Label der »Extrembelasteten«.

Wo sind die besonders belasteten Befragten nun gesellschaftlich zu verorten – also welche soziodemografischen Gruppen sind unter den Stark- und Extrembelasteten besonders vertreten? Bei Befragten in West- und Ostdeutschland zeigen sich nahezu identische Verteilungen der Belastungscluster; hier unterscheidet sich der Anteil der Stark- und Extrembelasteten nicht voneinander. Frauen werden häufiger den Stark- wie auch den Extrembelasteten zugeordnet als Männer und sind auch seltener im Cluster der Geringbelasteten zu finden (vgl. hier wie im Folgenden Abbildung 7). Einige Differenzen bei den Clustern der hohen Belastungen zeigen sich zudem zwischen den Altersgruppen. Hier gilt in der Tendenz, dass mit zunehmendem Alter die Befragten häufiger dem Cluster der Geringbelasteten angehören: In der Altersgruppe der ältesten Erwerbspersonen (über 49 Jahre) ist der Anteil der Geringbelasteten mit 38 Prozent deutlich höher als bei den Jüngsten (24 Prozent). Auch ist unter den jüngsten Befragten der Anteil der Stark- oder Extrembelasteten signifikant höher als in älteren Altersgruppen. Als nochmals ausgeprägter erweisen sich jedoch die Differenzen bezüglich des höchsten erreichten Schulabschlusses: Erwerbspersonen mit Abitur gehören mit 24 Prozent signifikant seltener zu den Stark- oder Extrembelasteten als Befragte mit geringeren Schulabschlüssen (35 bzw. 36 Prozent). Zwischen Befragten mit mittlerer Reife und Befragten mit Volks- oder Hauptschulabschluss ergeben sich keine nennenswerten Differenzen.

Abschließend werden nun die bereits annoncierten Gruppen betrachtet – also Eltern und Geringverdienende. Die Werte der Eltern bestätigen die vorherigen Analysen, die sie als besonders belastete Gruppe zeigten. Auch bei der Clusteranalyse (Abbildung 7) ergeben sich signifikante Differenzen zwischen Erwerbspersonen mit Kindern im Haushalt (Eltern) und Erwerbspersonen ohne Kinder im Haushalt: Der Anteil der Stark- oder Extrembelasteten unter den Eltern ist signifikant höher als unter Befragten ohne Kinder im Haushalt (39 vs. 28 Prozent). Die vorherigen Analysen zeigten, dass Eltern in allen Bereichen häufiger hohe Belastungen äußerten als Befragte ohne Kinder im Haushalt. Hier wird nun zusätzlich deutlich, dass Eltern auch besonders häufig zu denjenigen mit hohen *kumulierten* Belastungen gehören – also von hohen Belastungen in verschiedenen Bereichen gleichzeitig berichten. Dies gilt nicht nur für die Starkbelasteten (27 vs. 21 Prozent), sondern auch für die besonders betroffenen Extrembelasteten (12 vs. 7 Prozent). Hier ist nun wichtig zu betonen, dass diese Differenzen zwischen Eltern und Befragten ohne Kinder im Haushalt auch dann noch bestehen bleiben, wenn für Einkommens- und Altersunterschiede der Befragten kontrolliert wird. Das heißt, die hohen Belastungswerte der Eltern sind nicht auf ihre soziodemografischen Merkmale zurückzuführen, also etwa darauf, dass sie im Durchschnitt

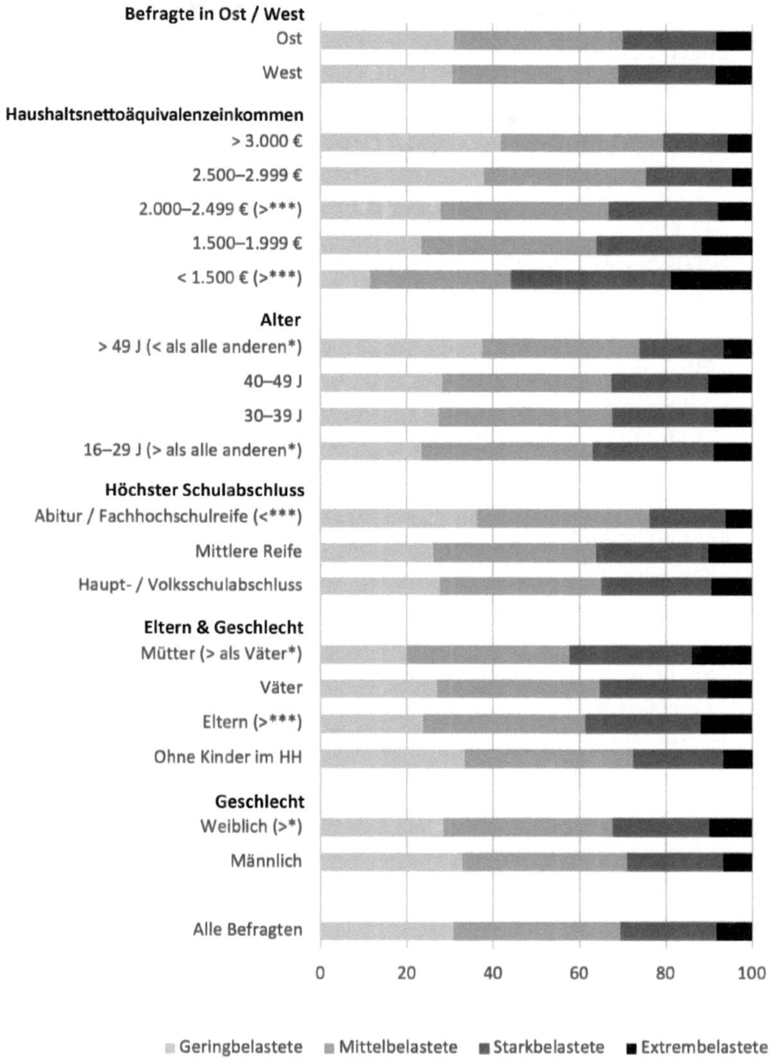

Abbildung 7: Anteil der vier Cluster bezüglich der durchschnittlichen Belastungen je soziodemografischer Gruppe; Angaben in Prozent

Anmerkung: N = 5.266. Dargestellt ist zudem, ob sich Gruppen in ihrem aufaddierten Anteil an Stark- und Extrembelasteten signifikant voneinander unterscheiden (getestet anhand von einfaktoriellen Varianzanalysen mit Duncan-Post-Hoc-Tests). Irrtumswahrscheinlichkeiten unter 5 Prozent werden mit einem * markiert, unter 1 Prozent mit ** und unter 0,1 Prozent mit ***. So bedeutet bspw. im Fall des Vergleichs des Schulabschlusses die Angabe <*** hinter Abitur/Fachhochschulreife, dass Befragte mit Abitur/Fachhochschulreife signifikant seltener unter den Stark- und Extrembelasteten zu finden sind als Befragte mit niedrigeren Schulabschlüssen.

Quelle: WSI-Erwerbspersonenpanel, Wellen 1–12, gewichtete Werte, eigene Berechnung

jünger sind oder geringere Einkommen haben. Schaut man hier auf Geschlechterdifferenzen bestätigt sich auch für die kumulierten Belastungen das Bild der höheren Belastung der Mütter: Sie sind sowohl häufiger unter den Extrembelasteten (14 vs. 10 Prozent) und Starkbelasteten (28 vs. 25 Prozent) als auch deutlich seltener unter den Geringbelasteten (20 vs. 27 Prozent) zu finden als Väter.[4]

Wendet man sich nun den Geringverdienenden und ihren Clusterzuordnungen der kumulierten Belastungen zu, unterstreicht dies ebenfalls das Bild einer besonders stark belasteten Gruppe. Bezüglich der Einkommenssituation der Befragten zeigt die Clusteranalyse: Je höher das Haushaltseinkommen ist, desto eher zählen sie zu den Geringbelasteten. Das heißt im Umkehrschluss: Befragte mit einem guten Haushaltseinkommen sind eher seltener den Clustern derjenigen zuzuordnen, die sich insgesamt hohen Belastungen ausgesetzt fühlen. In den beiden einkommensstärksten Gruppen sind lediglich 21 bzw. 25 Prozent unter den Stark- oder Extrembelasteten zu finden. Deutlich größer sind hier jedoch die Werte für Erwerbspersonen mit geringeren Einkommen. In der Gruppe der Befragten mit den zweitniedrigsten Einkommen wird mit 36 Prozent mehr als jede und jeder Dritte den Stark- oder Extrembelasteten zugeordnet – 12 Prozent sogar als Extrembelastete. Nochmals deutlich größer sind die Werte derjenigen mit den geringsten Einkommen: Hier werden mehr als die Hälfte (56 Prozent) den beiden Clustern der hohen Belastung zugeordnet – 19 Prozent sogar den Extrembelasteten. In keiner anderen hier betrachteten soziodemografischen Gruppe ist der Anteil derart hoch. Während die bisherigen Ergebnisse zu den Geringverdienenden vor allem auf ihre sehr hohen finanziellen Belastungen hindeuteten, zeigt dieser Befund nun, dass unter Geringverdienenden auch besonders häufig und vielfach längerfristig Belastungen aus den verschiedenen erfragten Bereichen miteinander kumulieren, was insgesamt zu einem hohen Belastungslevel führt.

Wie schwer es für viele war – insbesondere für Familien und finanziell Belastete – eine Krise nach der nächsten verkraften zu müssen und verschiedene, direkt aufeinanderfolgende Herausforderungen zu bewältigen, zeigen auch die folgenden, abschließenden Berechnungen, die den wiederkehrenden oder gar anhaltenden Charakter der erlebten Belastungen betonen. Hierbei wird nicht, wie bei der eben vorgestellten Clusteranalyse, auf die durchschnittliche Belastung in verschiedenen Bereichen über den gesamtem Beobachtungszeitraum abgezielt. Vielmehr geht es darum, die Hochphase der Pandemie wie auch die Zeit ab dem

4 Aufgrund der zu niedrigen Fallzahlen lässt sich die Untergruppe der Alleinerziehenden hier nicht gesondert betrachten. Es ist jedoch basierend auf den Befunden aus vorherigen Erhebungswellen davon auszugehen, dass sie überdurchschnittlich häufig den Clustern der Stark- und Extrembelasteten zuzuordnen wären (vgl. Hövermann 2021).

russischen Angriffskrieg auf die Ukraine zunächst jeweils gesondert zu betrachten und sodann bestimmen zu können, wie groß der Anteil der Befragten war, der sowohl während der ersten als auch der zweiten Phase des Beobachtungszeitraums hohe Belastungen zu bewältigen hatte.[5]

Unter den Eltern, die während der Hochphase der Pandemie bis Januar 2022 von im Durchschnitt hohen familiären Belastungen berichteten, gaben 46 Prozent seit der Hochinflationsphase ab Frühling 2022 auch hohe durchschnittliche finanzielle Belastungen an. Das bedeutet, dass sich knapp die Hälfte der Eltern mit großen pandemiebedingten Belastungen direkt danach auch mit großen finanziellen Herausforderungen konfrontiert sah. Zum Vergleich: Unter allen Befragten berichten nur 20 Prozent im Durchschnitt von hohen finanziellen Belastungen seit Beginn der Hochinflationsphase im Frühling 2022. Schon während der Pandemie stark belastete Eltern sind also deutlich überdurchschnittlich unter denjenigen zu finden, die seit Frühjahr 2022 auch von besonders hohen finanziellen Belastungen berichten.

Ein ähnliches Bild andauernder hoher Belastungen ergibt sich für die Gruppe, die sich bereits zur Hochphase der Pandemie mit durchschnittlich hohen finanziellen Belastungen konfrontiert sah. Fast 70 Prozent von ihnen waren von der sich anschließenden Hochinflationsphase im Frühling 2022 mit hohen durchschnittlichen finanziellen Belastungen betroffen. Es zeigt sich also eine große Konstanz der finanziellen Belastungen. Anders formuliert: Wer während der Pandemie bereits finanziell stark belastet war, war dies mit großer Wahrscheinlichkeit auch noch zwischen 2022 und 2023, als die Inflation auf Rekordwerte anstieg.

6. Fazit

Die vorliegenden empirischen Analysen, basierend auf dem WSI-Erwerbspersonenpanel, zeichnen die Belastungen unter Erwerbspersonen seit Pandemiebeginn nach. Diese erscheinen bereits insgesamt als hoch, sind aber für zwei bestimmte – hier fokussierte – Gruppen nochmals besonders ausgeprägt. Eltern – und insbesondere Mütter – sind in der Hochphase der Pandemie besonders ho-

5 Berechnet wurden dafür die durchschnittlichen Belastungswerte für die »familiäre Situation« sowie die »finanzielle Situation« während der Hochphase der Pandemie (Wellen 1, 2, 3, 4, 5 und 7; April 2020–Januar 2022) sowie der durchschnittliche Belastungswert »finanzielle Situation« seit Beginn des russischen Angriffskriegs auf die Ukraine (Wellen 8, 9, 10 und 12; April 2022–November 2023). Befragten, die hier Durchschnittswerte größer als 2,5 auf der fünfstufigen Skala aufweisen, wird eine hohe Belastung in dem Bereich zugeschrieben, da sie im Durchschnitt »starke« oder »äußerste« Belastungen angegeben haben.

hen Belastungen ausgesetzt, was einer hohen Inanspruchnahme in der Arbeits- und Familiensituation geschuldet ist. Zwar reduzieren sich diese spezifischen Belastungssituationen im Verlauf der abklingenden Pandemie, jedoch steigen dann mit Beginn der Hochinflationsphase die finanziellen Belastungen von Eltern auf überdurchschnittliche Werte an. Neben hoch relevanten Aspekten wie der Aufteilung der Kinderbetreuung oder der Erwerbsarbeitszeitentwicklung stellen die hier dargestellten besonders hohen Belastungen von Müttern somit eine weitere wichtige Dimension von geschlechtsspezifischer Ungleichheit dar. Diese kann für die Betroffenen stark gesundheitsgefährdende Konsequenzen haben und in Erschöpfung, Burnout oder anderen depressiven Symptomen und Angstzuständen münden, wie der Anstieg im Verlauf der Pandemie in der Verbreitung ebenjener Symptome in der deutschen Bevölkerung – vor allem aber unter Frauen – bestätigt (Mauz u.a. 2023). Entsprechend sollten auch die wahrgenommenen subjektiven Belastungen als wichtige Dimension geschlechtsspezifischer Ungleichheit Berücksichtigung finden.

Als besonders ausgeprägt erweisen sich auch die Belastungswerte der Geringverdienenden. Sie berichten bereits seit Pandemiebeginn in großer Anzahl von hohen finanziellen Belastungen. Anfang 2022 – also mit Beginn der Hochinflationsphase – stieg die Verbreitung großer finanzieller Belastungen erneut stark an: auf zuletzt deutlich über 50 Prozent. Sowohl in der Gruppe der Eltern als auch der Geringverdienenden machten viele die Erfahrung, von einer Phase der Hochbelastung in die nächste zu geraten. Beide Gruppen hatten sowohl mit sich verstetigenden als auch kumulierenden Belastungen zu kämpfen, sodass das Belastungsausmaß eine besondere Qualität annimmt.

Als beunruhigend erscheint zudem, dass es – wie dargestellt – einen engen Zusammenhang zwischen dem hohen Belastungsempfinden dieser beiden Gruppen und ihrer Unzufriedenheit mit dem Krisenmanagement der damaligen Bundesregierung bis hin zu schwindendem Vertrauen in die politisch Verantwortlichen gibt. Besorgniserregend sollte vor allem stimmen, wenn es nicht bei einer Politik-Unzufriedenheit bleibt, sondern die sukzessive Abwendung von demokratischen Parteien zur Folge hat, wie eine Analyse zur Erforschung des Umfragehochs der AfD anhand des WSI-Erwerbspersonenpanels ergab (Hövermann 2023: 11): Für beide Gruppen zeigte sich im Sommer 2023 eine statistisch signifikant erhöhte AfD-Wahlintention.[6] Die hier berichteten Ergebnisse basieren zwar vor al-

6 Auch ein halbes Jahr später, im November 2023, sind die Werte der beiden Gruppen überdurchschnittlich hoch (AfD-Wahlintention unter allen Erwerbspersonen: 23,8 Prozent; unter Geringverdienenden: 30,9 Prozent; unter Eltern: 26,2 Prozent). Während der erhöhte Wert der Eltern im Juli 2023 noch sowohl auf Mütter und Väter zurückging (Hövermann 2023: 11), geht er ein halbes Jahr später stärker auf Väter zurück, unter denen 30 Prozent angeben, AfD zu wählen, während es unter Müttern 20 Prozent sind.

lem auf Analysen statistischer Zusammenhänge, die nicht zwangsläufig Kausalitäten ausdrücken, jedoch deutet das Gesamtbild der Befunde daraufhin, dass die hohen Belastungen der letzten Jahre und die damit einhergehende Unzufriedenheit mit politischen Entscheidungsträger*innen auch politisch hoch problematische Spuren hinterlassen und somit auch zur aktuellen Vertrauenskrise in die Bundesregierung im Speziellen und die Demokratie im Allgemeinen beigetragen haben.

Welche Lehren lassen sich nun aus diesen Befunden ziehen? Bezüglich der Eltern lässt sich sagen, dass die weitgehende Privatisierung und Individualisierung der Sorgeverantwortung durch die langanhaltenden Schließphasen von Schulen und Kindergärten während der Pandemie bei vielen Eltern zu erheblichen Überlastungen geführt und dem Gefühl, mit der Situation alleingelassen zu werden, Vorschub geleistet haben. Hinzu kamen die oft unklaren und sich häufig auch kurzfristig ändernden Regeln (beispielsweise bei den Corona-Testvorgaben oder Quarantäneregeln in Schulen und Kitas), die jedweder und für die Alltagsorganisation so relevanten Planungssicherheit den Boden entzogen haben, die Vereinbarkeit von Beruf und Kinderbetreuung erschwerten und dadurch von Eltern eine enorme Flexibilität erforderten. Dies hat nicht nur zu situativer Unzufriedenheit bis hin zu Wut geführt, sondern vielfach auch zu Enttäuschung und schwindendem Vertrauen in demokratische Parteien und deren Entscheidungsträger*innen. Hier lässt sich aus der Pandemie die Lehre ziehen, dass in zukünftigen ähnlichen Krisen Eltern nicht in gleicher Weise mit ihrer Sorgeverantwortung im Stich gelassen werden sollten.

Für viele Geringverdienende bedeutete der massive und anhaltende Anstieg der Inflation seit 2022 (vgl. dazu Dullien/Tober 2023) eine äußerst belastende und kritische Situation, da sich Nahrungsmittel und Haushaltsenergie als Güter des Grundbedarfs besonders stark verteuerten, wovon Geringverdienende wiederum überproportional betroffen waren. Zwar schnürte die Bundesregierung relativ zügig nach Beginn des Inflationsanstiegs milliardenschwere Entlastungspakete, denen Studien durchaus eine »soziale Ausgewogenheit« attestierten, da geringverdienende Erwerbspersonen stärker entlastet wurden als Besserverdienende (Dullien/Tober 2022, S. 8). Auch die deutliche Anhebung des gesetzlichen Mindestlohns auf 12 Euro im Oktober 2022 war ein wichtiger Schritt, um untere Einkommensgruppen zu entlasten. Dessen erneute Anhebung Anfang Januar 2024 war jedoch zu gering, um einen Ausgleich der Inflation zu gewährleisten (Lübker/Schulten 2024). Und wie die hier vorgestellten Befunde der subjektiv eingeschätzten Belastungen Geringverdienender bestätigten, konnte ganz offenbar durch diese Maßnahmen keineswegs der große Bedarf nach kurzfristigen Entlastungen angesichts der enormen Preissteigerungen gedeckt werden. Zudem deuten die Befunde hinsichtlich der enormen verstetigten finanziellen

Belastungen auf ein großes strukturelles Problem sozialer Ungleichheit hin, dass durch einmalige »Entlastungspakete« ohnehin nicht geheilt werden kann (vgl. dazu auch Brülle/Spannagel 2023). Notwendig ist vielmehr, den Mindestlohn wie auch die Grundsicherung und das Bürgergeld auf ein armutsfestes Niveau anzuheben. Dies könnte die enormen finanziellen Belastungen am unteren Ende der Einkommensverteilung für viele zumindest abfedern. Ob dadurch auch wieder das Gefühl vermittelt werden kann, dass auch sie von demokratischen Parteien gesehen, berücksichtigt und vertreten werden, ist jedoch keineswegs gewiss.

Literatur

Allmendinger, Jutta (2021), *Es geht nur gemeinsam. Wie wir endlich Geschlechtergerechtigkeit erreichen*, Berlin.

Alon, Titan/Doepke, Matthias/Olmstead-Rumsey, Jane/Tertilt, Michèle (2020), »The Impact of Covid-19 on gender Equality«, in: *NBER Working Paper Series, Working Paper* 26947, letzter Zugriff: 15.05.2024, https://www.nber.org/system/files/working_papers/w26947/w26947.pdf

Bastin, Sonja/Unzicker, Kai (2022), »Verlieren die Eltern ihr Vertrauen? Belastungen und Politikvertrauen während der Corona-Pandemie nach Familienkontext«, in: *EREV-Fachzeitschrift Evangelische Jugendhilfe*, 1/22, letzter Zugriff: 15.05.2024, https://www.uni-bremen.de/fileadmin/user_upload/sites/chancengleichheit/projekte/carat_-_caring_all_together/2021_Politikvertrauen_Eltern_Corona_Bastin_Unzicker_final.pdf

Boll, Christina/Müller, Dana/Schüller, Simone (2023), »Neither backlash nor convergence: dynamics of intra-couple childcare division during the Covid-19 pandemic in Germany«, in: *Journal for Labour Market Research*, Jg. 57, H. 1, S. 1–17, letzter Zugriff: 15.05.2024, https://doi.org/10.1186/s12651-023-00353-8

Brülle, Jan/Spannagel, Dorothee (2023), *Einkommensungleichheit als Gefahr für die Demokratie. WSI-Verteilungsbericht 2023*, Wirtschafts- und Sozialwissenschaftliches Institut der Hans-Böckler-Stiftung: WSI Report Nr. 90, Düsseldorf.

Czymara, Christian S./Langenkamp, Alexander/Cano, Tomás (2021), »Cause for concerns: gender inequality in experiencing the COVID-19 lockdown in Germany«, in: *European Societies*, 23: sup1, S. 68–81, https://doi.org/10.1080/14616696.2020.1808692

Dullien, Sebastian/Herzog-Stein, Alexander/Rietzler, Katja/Tober, Silke/Watzka, Sebastian (2021), *Wirtschaftspolitische Herausforderungen 2021 – Die Erholung nachhaltig gestalten*, Institut für Makroökonomie und Konjunkturforschung der Hans-Böckler-Stiftung: IMK Report Nr. 164, Düsseldorf.

Dullien, Sebastian/Kohlrausch, Bettina (2021), *Dissecting the COVID19 supply shock: which role did school closures play?*, Institut für Makroökonomie und Konjunkturforschung der Hans-Böckler-Stiftung: IMK Working Paper Nr. 207, Düsseldorf.

Dullien, Sebastian/Tober, Silke (2023), *IMK Inflationsmonitor*, Institut für Makroökonomie und Konjunkturforschung der Hans-Böckler-Stiftung: IMK Policy Brief Nr. 150, Düsseldorf.

Dullien, Sebastian/Tober, Silke (2022), *IMK Inflationsmonitor,* Institut für Makroökonomie und Konjunkturforschung der Hans-Böckler-Stiftung: IMK Policy Brief Nr. 128, Düsseldorf.

Globisch, Claudia/Osiander, Christopher (2020), »Sind Frauen die Verliererinnen der Covid-19-Pandemie?«, in: *IAB-Forum*, 12. November 2020, letzter Zugriff: 15.05.2024, https://www.iab-forum.de/sind-frauen-die-verliererinnen-der-Covid-19-pandemie/

Hövermann, Andreas (2023), *Das Umfragehoch der AfD. Aktuelle Erkenntnisse über die AfD-Wahlbereitschaft aus dem WSI-Erwerbspersonenpanel,* Wirtschafts- und Sozialwissenschaftliches Institut der Hans-Böckler-Stiftung: WSI Report Nr. 92, Düsseldorf.

Hövermann, Andreas (2021), *Belastungswahrnehmung in der Corona-Pandemie. Erkenntnisse aus vier Wellen der HBS-Erwerbspersonenbefragung 2020/21,* Wirtschafts- und Sozialwissenschaftliches Institut der Hans-Böckler-Stiftung: WSI Policy Brief Nr. 50, Düsseldorf.

Hövermann, Andreas/Kohlrausch, Bettina (2022), *Der Vertrauensverlust der Mütter in der Pandemie. Befunde eines repräsentativen Bevölkerungspanels,* Wirtschafts- und Sozialwissenschaftliches Institut der Hans-Böckler-Stiftung: WSI Report Nr. 73, Düsseldorf.

Interministerielle Arbeitsgruppe der Bundesregierung (2023), *Gesundheitliche Auswirkungen auf Kinder und Jugendliche durch Corona – Abschlussbericht,* Berlin/Bonn, 8.2.2023, letzter Zugriff: 15.05.2024, https://www.bmfsfj.de/resource/blob/214866/fbb00bcf0395b4450d1037616450cfb5/ima-abschlussbericht-gesundheitliche-auswirkungen-auf-kinder-und-jugendliche-durch-corona-data.pdf

Jessen, Jonas/Kinne, Lavinia/Wrohlich, Katharina (2024), »Gender Care Gap in Deutschland: Kein anhaltender Anstieg infolge der Corona-Pandemie«, in: *DIW Wochenbericht* 9/2024, S. 123–130, https://doi.org/10.18723/diw_wb:2024-9-1

Jessen, Jonas/Spieß, Katharina C./Wrohlich, Katharina (2021), »Sorgearbeit während der Corona-Pandemie: Mütter übernehmen größeren Anteil – vor allem bei schon zuvor ungleicher Aufteilung«, in: *DIW Wochenbericht* 9/2021, S. 131–139, letzter Zugriff: 15.05.2024, http://hdl.handle.net/10419/232998

Kohlrausch, Bettina/Hövermann, Andreas/Emmler, Helge (2023), *Kinderbetreuung: 57 Prozent der erwerbstätigen Eltern mit Schließungen oder verkürzten Betreuungszeiten konfrontiert, HBS-Pressemitteilung vom 4.8.2023,* Düsseldorf.

Kohlrausch, Bettina/Zucco, Aline (2020), *Die Corona-Krise trifft Frauen doppelt,* Wirtschafts- und Sozialwissenschaftliches Institut der Hans-Böckler-Stiftung: WSI Policy Brief Nr. 40, Düsseldorf.

Kunzler, Angela M./Röthke, Nikolaus/Günthner, Lukas/Stoffers-Winterling, Jutta/Tüscher, Oliver/Coenen, Michaela/Rehfuess, Eva/Schwarzer, Guido/Binder, Harald/Schmucker, Christine/Meerpohl, Jörg J./Lieb, Klaus (2021), »Mental burden and its risk and protective factors during the early phase of the SARS-CoV-2 pandemic: systematic review and meta-analyses«, in: *Global Health*, 17, S. 1–29, letzter Zugriff: 15.05.2024, https://doi.org/10.1186/s12992-021-00670-y

Lübker, Malte/Schulten, Thorsten (2024), *WSI Mindestlohnbericht 2024: Reale Zugewinne durch die Umsetzung der Europäischen Mindestlohnrichtlinie,* Wirtschafts- und Sozialwissenschaftliches Institut der Hans-Böckler-Stiftung: WSI Report Nr. 93, Düsseldorf.

Mauz, Elvira/Walther, Lena/Junker, Stephan/Kersjes, Christina/Damerow, Stefan/Eicher, Sophie/Hölling, Heike/Müters Stephan/Peitz, Diana/Schnitzer, Susanne/Thom, Julia (2023), »Time trends in mental health indicators in Germany's adult population before and during the COVID-19 pandemic«, in: *Frontiers Public Health*, 11:1065938, letzter Zugriff: 15.05.2024, https://doi.org/10.3389/fpubh.2023.1065938

Spannagel, Dorothee/Zucco, Aline (2022), *Armut grenzt aus. WSI-Verteilungsbericht 2022*, Wirtschafts- und Sozialwissenschaftliches Institut der Hans-Böckler-Stiftung: WSI Report Nr. 79, Düsseldorf.

Sorgen als Ursache für die Entfremdung von demokratischen Parteien

Andreas Hövermann

1. Einleitung

Die Corona-Pandemie war zweifelsfrei für viele Menschen eine mit großen Sorgen belastete Zeit. Und nicht zufällig ist die Aufarbeitung der Pandemieerfahrungen bis heute ein in der Bevölkerung und Politik virulentes Thema. Dazu zählt unter anderem die Beobachtung, dass seit Beginn der Pandemie in der hiesigen Bevölkerung eine ebenso auffällige wie zunehmende Entfremdung von demokratischen Parteien zu beobachten ist, die mit einem erheblichen Anstieg der Wahlpräferenz für die in Teilen rechtsextreme AfD einhergeht. Vor diesem Hintergrund widmet sich dieser Beitrag der Frage, inwieweit es seit Beginn der Pandemie einen Zusammenhang zwischen Sorgen – verstanden als Ausdruck von Verunsicherungen und Kontrollverlusten – und der Krise etablierter demokratischer Parteien, die zum Umfragehoch der AfD beigetragen haben, gibt.

In der WSI-Erwerbspersonenbefragung (siehe dazu auch den Beitrag von Brehmer und Emmler in diesem Band) haben wir seit 2020 zum einen erfragt, wie verbreitet Belastungen und Sorgen sind. Zum anderen wurde die Zufriedenheit der Befragten mit dem Krisenmanagement der Bundesregierung erhoben – sowohl in der Hochphase der Pandemie als auch in der darauffolgenden Zeit. Die in diesen Befragungen gewonnenen Daten sind Grundlage der folgenden Analyse.

Sorgen sind – das sei vorangestellt – ebenso wie Belastungen (siehe dazu auch Hövermann in diesem Band) zwar subjektiv, sie können jedoch problematische gesundheitliche Folgen für die Betroffenen haben (vgl. zum Beispiel Vîslă u.a. 2022). Auch zeigen die Daten des WSI-Erwerbspersonenpanels teilweise erhebliche Überschneidungen des Personenkreises, der in den Befragungen Belastungen benennt und derjenigen, die sich Sorgen machen. So hat zum Beispiel ein Großteil der Befragten, die sich mit großen finanziellen Belastungen konfrontiert sehen, auch große finanzielle Sorgen. Im Umkehrschluss gilt allerdings nicht, dass die Mehrheit der Befragten, die finanzielle Sorgen äußern, auch unbedingt große finanzielle Belastungen haben. Mit anderen Worten: Man kann sich auch (bereits) über etwas Sorgen machen, wenn die Situation, welche Anlass der Besorgnis ist, gar nicht vorhanden oder zumindest (noch) nicht eingetreten ist. Hier liegt auch eine entscheidende Differenz zu Belastungen: Sorgen sind zukunftsbezogen und die Situation, vor der man sich sorgt, muss weder zwangsläufig bereits eingetreten sein – noch zukünftig überhaupt zum Tragen kommen.

Der im Folgenden betrachtete Zusammenhang zwischen Sorgen und einer Entfremdung von etablierten demokratischen Parteien wäre in zweierlei Richtungen denkbar. Einerseits ist möglich, dass Sorgen zur Entfremdung führen. Hier ließe sich anführen, dass Menschen, die besorgt und die vor allem der Auffassung sind, dass ihre Sorgen politisch nicht adressiert werden, unzufrieden werden und schließlich auch Vertrauen in etablierte politische Akteure verlieren. Wenn lediglich die Unzufriedenheit mit etablierten Parteien die Wahlmotivation prägt – und nicht etwa eine Übereinstimmung mit den Inhalten einer Partei – wird häufig von der Protestwahl gesprochen. Ebenso kann das unzufriedene und enttäuschte Abwenden von demokratischen Parteien aber auch dazu führen, dass man sich inhaltlich näher mit (rechts-)populistischen Parteien auseinandersetzt, die diese Unzufriedenheit bedienen, und man sich so auch inhaltlich stärker mit ihnen identifiziert. Sorgen können so als negative Emotion in Form von Ängsten und Verunsicherungen in Ressentiments gegenüber Minderheiten münden und bis zu rechtspopulistischen Einstellungen und letztlich auch einer Entfremdung von politischen Institutionen führen (vgl. Salmela/von Scheve 2017). Studien zeigen zudem, wie aus den Sorgen entstehende Verunsicherungen und Kontrollverluste oftmals zu der Sehnsucht führen, die vorherige, und vor allem vertraute, Ordnung wiederherzustellen und mittels einfacher Antworten oder alternativer Deutungen (bis hin zu Verschwörungsmythen) versucht wird, die verloren gegangene Kontrolle zurückzugewinnen (zum Beispiel Douglas u.a. 2017; Bost/Prunier 2013). Oesterreich (1996) beschrieb dies als eine autoritäre Reaktion, als »Flucht in die Sicherheit« (so auch der Titel seines Buches) infolge von Verunsicherung. Gleichzeitig wird häufig die Solidarität mit marginalisierten Gruppen aufgekündigt und Etabliertenvorrechte (»Wir zuerst«) werden eingefordert (Heitmeyer 2018: 106). Für solche Reaktionsmuster bietet die AfD ein naheliegendes politisches Angebot.

Andererseits ist jedoch auch ein umgekehrter Wirkmechanismus denkbar, nämlich dass Sorgen, selbst wenn sie nur latent vorhanden sind, durch die Einflüsse politischer Akteure verstärkt werden können. Dies gilt sowohl für die Frage, worum man sich sorgt, als auch für das Ausmaß der Sorge. Parteien wie die AfD, die explizit die Legitimität des bisherigen politischen Systems und seiner demokratischen Institutionen untergraben, zeichnen sich dadurch aus, ein düsteres und sorgenvolles Bild über die Zukunft Deutschlands zu malen.

Gewissermaßen brauchen Parteien wie die AfD besorgte Bürger*innen für ihren Erfolg (vgl. zum Beispiel Hinterleitner u.a. 2023). Sie benötigen Krisen, um Verunsicherung, Misstrauen und Enttäuschung zu schüren und dies für ihre Zwecke auszubeuten (ebd.). Hinzu kommt, dass die Echokammern und Filterblasen – also Umfelder, in denen man nur noch Informationen angeboten bekommt, die den eigenen Ansichten entsprechen – diesen Effekt strudelartig verstärken: Wer sich von demokratischen Parteien ab- und der AfD zuwendet, wird ihren verbreiteten Untergangsszenarien bezüglich der Zukunft Deutschlands vermutlich eher Glauben schenken und dadurch weiter verunsichert und besorgt werden. In der Tat deuten Studien darauf, dass Befragte, die rechtsextremen Parteien zugeneigt sind, im Zeitverlauf Vertrauen in demokratische Institutionen verlieren (Söderlund/Kestilä-Kekkonen 2009; Arzheimer 2024).

Um den möglichen Zusammenhang von Sorgen und der AfD-Wahlpräferenz bzw. der Entfremdung von demokratischen Parteien zu untersuchen, geht der Beitrag wie folgt vor: Abschnitt 2 gibt einen Überblick, wie sich verschiedene Sorgen seit Beginn der Corona-Pandemie verbreitet haben und sich auf verschiedene soziodemografische Gruppen verteilen. Für dieselbe Zeitspanne skizziert Abschnitt 3, zunächst gleichfalls überblicksartig, die Entfremdung von etablierten politischen Institutionen. Das Zentrum der empirischen Analyse bilden die Abschnitte 4 und 5: Hier wird auf Basis der Daten des WSI-Erwerbspersonenpanels zum einen beleuchtet, wie eng gesundheitsbezogene, finanzielle, berufliche und gesellschaftsbezogene Sorgen mit Entfremdungsprozessen von etablierten demokratischen Parteien assoziiert sind. Zum anderen werden darauf aufbauend die finanziellen Sorgen der AfD-Wählenden fokussiert und genauer analysiert. Abschließend werden die Befunde diskutiert und Schlussfolgerungen gezogen (6).

2. Sorgen und die Entwicklung ihrer Verbreitung

Versucht man, das Konzept der Sorgen wissenschaftlich zu verorten, stößt man unweigerlich auf den gesundheitswissenschaftlichen Forschungsbereich zum subjektiven Wohlbefinden (*subjective well-being*). Dort versteht man Sorgen als wiederkehrende negative Gedanken über potenzielle Bedrohungen. Die Well-Being-Forschung differenziert zwischen affektiven – also emotionalen – und kognitiven Komponenten, die erklären, wie Menschen ihr Leben einschätzen. Zusammen mit Traurigkeit werden Sorgen hier meist als negativer Affekt in Form eines unangenehmen emotionalen Zustands kategorisiert (Diener u.a. 2009). Gleichzeitig können Sorgen aber auch kognitive Elemente beinhalten, wenn es sich um bewusste Einschätzungen bestimmter eigener Lebenssituationen handelt (siehe auch Rohrer u.a. 2021). Die negativen gesundheitlichen Auswirkungen von Sorgen sind dabei vielfältig und gut belegt (siehe zum Beispiel Vîslă u.a. 2022): Sie können zu anhaltenden Ängsten und einem permanenten Zustand innerer Anspannung und zu körperlichen Symptomen und sogar Depressionen führen. Sie sind häufig verbunden mit negativen Beeinträchtigungen der Lebensqualität und der allgemeinen Zufriedenheit (Glatzer 2014). Sorgen sind zudem eng verknüpft mit Weltereignissen und haben Konjunkturen (Rohrer u.a. 2021). Finanzielle Sorgen gehen zudem einher mit ökonomischen Zyklen: In Jahren ökonomischer Krisen (2003–2006, 2009–2010) waren sie analog zum Anstieg der Arbeitslosenzahlen besonders verbreitet (ebd.). Gesundheitliche Sorgen erwiesen sich hingegen in den Jahren vor der Corona-Pandemie als weitgehend stabil (ebd.).

Blickt man auf weitere Studien, welche die Sorgen in Deutschland während der Pandemie untersucht haben, kommt die repräsentative Langzeitstudie »Die Ängste der Deutschen«, die sich seit 31 Jahren mit den Sorgen der Bevölkerung befasst, zum Fazit, dass die Deutschen in den Anfangsjahren der Pandemie 2020/21 eher gelassen geblieben sind und »keineswegs panisch« auf die Pandemie reagierten, da ihr »Angstindex« in der Zeit auf einem Rekordtief war (R+V 2020: 1). Als Gründe werden hier das zu der damaligen Zeit noch hohe Vertrauen in die Bundesregierung und ihr Krisenmanagement angeführt sowie die als nur gering empfundene Hilflosigkeit, da die Menschen wüssten, wie sie sich gut vor einer Corona-Ansteckung schützen könnten (ebd.). Seit 2022 stieg der »Angstindex« jedoch wieder stark an, was den Autor*innen dieser Studie zufolge der verbreiteten Sorgen vor einem Wohlstandsverlust aufgrund des Ukrainekriegs und der Rekordinflation geschuldet war. Auch die Sorge vor einer »Spaltung der Gesellschaft« erwies sich in ihrer letzten Befragung des Sommers 2023 als weitverbreitet (R+V 2023).

Mit Beginn der Pandemie hat auch das Wirtschafts- und Sozialwissenschaftliche Institut (WSI) der Hans-Böckler-Stiftung damit begonnen, im Rahmen seines WSI-Erwerbspersonenpanels, das die Datenbasis des vorliegenden Beitrags ist, die Sorgen der Erwerbspersonen systematisch zu erheben. Gleich zu Pandemiebeginn zeigte sich, dass Personen aus benachteiligten Schichten sowie Frauen und Personen mit Migrationshintergrund besonders häufig von finanziellen Sorgen berichteten (Hövermann 2020). Waren es zum ersten Erhebungstermin nur vier Bereiche (Gesundheit, allgemeine und eigene wirtschaftliche Situation, gesellschaftlicher Zusammenhalt), für die das Sorgenausmaß erfasst wurde, so erhöhte das WSI die Anzahl der berücksichtigten Sorge-Themen in der Studie schrittweise im Laufe der Zeit. In der achten Welle im Frühjahr 2022 wurde entsprechend der geänderten weltpolitischen Lage auch die thematische Auswahl der erfragten Sorgen angepasst. So wurden Aspekte der Folgen des russischen

Angriffskriegs auf die Ukraine miteinbezogen, während pandemiebezogene Sorgen nicht mehr erfasst wurden.[1] Generell waren die erhobenen Themen der Erhebungen vielfältig und umfassten gesundheitliche, finanzielle, berufliche sowie gesellschaftsbezogene Aspekte.

2.1 Gesundheitsbezogene Sorgen

Betrachtet man zunächst die gesundheitsbezogenen Sorgen (Abbildung 1), so fällt auf, dass sie letztlich den Verlauf der Pandemie widergespiegelt haben: In den während der Sommermonate – also bei geringeren Corona-Inzidenzwerten – durchgeführten Erhebungen äußerten deutlich weniger Befragte gesundheitliche Sorgen, als dies während der Herbst- oder Wintererhebungen der Fall war. Ab 2021, als sich immer mehr Menschen gegen das Coronavirus impfen lassen konnten, wurden die hohen Ansteckungssorgen des Jahres 2020 nicht mehr erreicht. Im November 2022 war dann der Anteil derer, die sich vor einer Ansteckung sorgten, nur noch ein Drittel so hoch wie zwei Jahre zuvor im November 2020 – ein deutliches Anzeichen dafür, dass die Pandemie zu dem Zeitpunkt bei vielen nicht mehr im Fokus der Aufmerksamkeit und ihrer persönlichen Sorgen stand. Anders als vor der Pandemie (vgl. Rohrer u.a. 2021), als gesundheitliche Sorgen über lange Zeiträume hinweg sehr stabil und wenig schwankungsintensiv verteilt waren, führte die Ausnahmesituation der Pandemie somit – vor allem in ihren intensivsten Phasen – auch zu deutlich präsenteren gesundheitlichen Sorgen in der Bevölkerung.

Versucht man die gesundheitlichen Sorgen unter den Erwerbspersonen genauer zu verorten, so ist auffällig, dass diese häufiger von Frauen als von Männern genannt werden. Zudem werden sie eher von Personen mit geringeren Einkommen und niedrigen Schulabschlüssen geäußert – dies gilt insbesondere für die generelle Sorge um die »eigene Gesundheit«, etwas weniger für die während der Corona-Pandemie sehr konkrete Ansteckungssorge. Bezüglich letzterer zeigen sich auch kaum Altersdifferenzen, sodass die Sorge, sich mit dem Virus zu infizieren, bei Jung und Alt in etwa ähnlich verbreitet war. Dies ist angesichts dessen, dass Ältere eine besonders gefährdete Risikogruppe darstellten, eher überraschend. Gleichzeitig ist jedoch wenig überraschend, dass ältere Erwerbspersonen häufiger die generelle Sorge um die eigene Gesundheit umtrieb als jüngere Erwerbspersonen.

---

1 Für alle Sorgen wurden in allen Erhebungswellen dieselben drei Antwortausprägungen angeboten: »große Sorgen«, »einige Sorgen« und »keine Sorgen«.

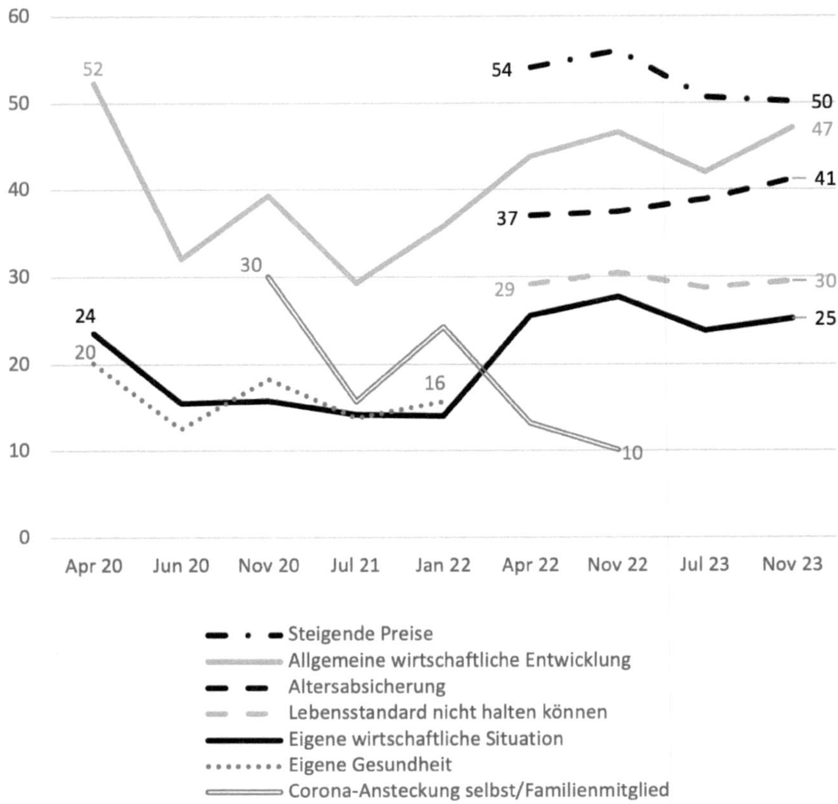

Abbildung 1: Entwicklung des Anteils an Befragten mit »großen Sorgen« bezüglich gesundheitlicher und finanzieller Aspekte; Angaben in Prozent
Anmerkung: N = 5.136–7.677
Quelle: WSI-Erwerbspersonenpanel, Wellen 1–12, gewichtete Werte, eigene Berechnung

2.2 Finanzielle Sorgen

Um die finanziellen Sorgen der Befragten zu erfassen, wurden über den gesamten Beobachtungszeitraum hinweg sowohl Sorgen um die allgemeine wirtschaftliche Entwicklung als auch um die eigene wirtschaftliche Situation erfragt. Die beiden Kurven verlaufen nahezu identisch, jedoch auf unterschiedlichem Niveau: Große Sorgen um die allgemeine wirtschaftliche Entwicklung sind rund doppelt so häufig zu konstatieren wie große Sorgen um die eigene wirtschaftliche Situation (Abbildung 1). Zu Pandemiebeginn sind finanzielle Sorgen stark verbreitet: Rund ein Viertel der Befragten äußert große Sorgen um die eigene und die Hälfte äußert große Sorgen um die allgemeine wirtschaftliche Situation – bezüglich letzterer Sorgen wird im Zeitverlauf ein derart hohes Sorgenausmaß nicht erneut erreicht. Nur zwei Monate später, im Sommer 2020, sind die wirtschaftlichen Sorgen jedoch bereits deutlich seltener und bleiben auf diesem – relativ betrachtet – eher niedrigem Niveau für die nächsten anderthalb Jahre. Hier liegt der Schluss nahe, dass die frühzeitig nach Ausbruch der Pandemie beschlossenen Entlastungspakete ihre Wirkung entfaltet haben und bei einigen Menschen finanzielle Sorgen und Unsicherheiten lindern konnten (siehe dazu auch Brülle und Spannagel in diesem Band).

Erst ab Frühling 2022, also kurz nach Beginn des russischen Angriffskriegs auf die Ukraine und den damit einhergehenden wirtschaftlichen Verwerfungen, kommt es wieder zu einem deutlichen Anstieg der finanziellen Sorgen – und zwar sowohl mit Blick auf die eigene als auch die generelle wirtschaftliche Situation Deutschlands: Nahezu die Hälfte der Befragten berichtet seitdem von großen Sorgen um die allgemeine wirtschaftliche Entwicklung. Gleichzeitig steigen die großen Sorgen um die eigene wirtschaftliche Situation auf über 25 Prozent und sind damit weiter verbreitet als zu allen vorherigen Zeitpunkten während der Pandemie. Im Laufe der darauffolgenden anderthalb Jahre, die durch eine Inflationsrate auf Rekordniveau gekennzeichnet waren, verblieben die wirtschaftlichen Sorgen relativ konstant auf einem derart hohen Niveau.

Mit der geänderten weltpolitischen Lage und ihrem erheblichen Einfluss auf die wirtschaftliche Situation in Deutschland wurden im WSI-Erwerbspersonenpanel ab Frühling 2022 vor allem mit Blick auf die finanziellen Sorgen deren Umfang und Anlässe noch genauer erfragt, um vertiefende Einblicke in deren Ursachen zu ermöglichen. So gab im April 2022 über die Hälfte der Befragten »große Sorgen« wegen der steigenden Preise an. Mehr als jede und jeder Dritte sorgte sich sehr um die Altersabsicherung und knapp 30 Prozent berichteten von Abstiegsängsten, das heißt, sie befürchteten, ihren Lebensstandard nicht halten zu können. Auch diese finanziellen Sorgen verblieben in den folgenden anderthalb Jahren der Hochinflationsphase auf derart hohem Niveau, wobei jedoch die Inflationsangst in den Erhebungen im November 2022 und Juli 2023 von allen erfragten Sorgen die am häufigsten genannte war.

Betrachtet man die soziodemografische Verteilung finanzieller Sorgen, so werden diese häufiger von Frauen als von Männern und häufiger von Befragten zwischen 30 und 49 Jahren geäußert. Wenig überraschend, werden finanzielle Sorgen umso öfter genannt, je niedriger das Haushaltseinkommen und je niedriger der Schulabschluss der Befragten ist. Die subjektiv empfundenen Sorgen haben also – wenn man so will – vielfach eine objektive Entsprechung in der jeweiligen sozioökonomischen Situation. Dennoch ist es hier wichtig zu betonen, dass sich das Sorgenausmaß bei gleicher objektiver Einkommenslage sehr unterscheidet; das heißt, dass eine benachteiligte Einkommenslage keineswegs zwangsläufig zu finanziellen Sorgen führt. So zeigt sich in der jüngsten Befragungswelle (November 2023) für die Gruppe mit den geringsten Haushaltseinkommen, dass zwar knapp die Hälfte der Befragten »große Sorgen« um die eigene wirtschaftliche Situation äußerte; die anderen 50 Prozent mit sehr niedrigen Haushaltseinkommen jedoch sorgten sich nicht besonders stark um ihre finanzielle Situation. Analog gilt für Befragte der einkommensreichsten Haushalte, dass hier zwar finanzielle Sorgen erwartungsgemäß deutlich seltener geteilt werden als unter Einkommensärmeren; dennoch finden sich selbst hier zuletzt 15 Prozent, die sich trotz ihrer privilegierten finanziellen Verhältnisse »große Sorgen« um die eigene wirtschaftliche Situation machten.

2.3 Berufliche Sorgen

Auch berufliche Sorgen wurden in den Befragungen des WSI-Erwerbspersonenpanels erfasst. Bereits ab Juni 2020 wurden Aussagen zu den Sorgen um die eigene berufliche Zukunft erhoben – also etwa wegen fehlender Aufstiegs- und Entwicklungsmöglichkeiten – und ab April 2022 dann auch Sorgen um die Arbeitsplatzsicherheit (Abbildung 2). Bezüglich beider Aspekte äußerten nur relativ wenige Befragte »große Sorgen« – im Vergleich zur Verbreitung der Sorgen in anderen Bereichen. Zudem erweisen sich die Werte der beruflichen Sorgen im Zeitverlauf als stabil: Zwischen elf und 14 Prozent blicken mit großen Sorgen auf die eigene berufliche Zukunft und zwischen neun und 11 Prozent sorgen sich in gleicher Weise um die Sicherheit ihres Arbeitsplatzes. Während also finanzielle und wirtschaftliche Sorgen weite Teile der Erwerbspersonen beschäftigten, blickt nur ein kleiner Teil von ihnen beunruhigt auf die eigene berufliche Situation. Trotz der zuletzt schrumpfenden wirtschaftlichen Entwicklung spiegelt sich hier die relativ stabile Arbeitsmarktsituation seit Beginn der Pandemie wider.

Analog zu den finanziellen Sorgen werden auch die beruflichen Sorgen häufiger von Befragten mit einem geringen Haushaltseinkommens geäußert. Doch auch diejenigen, die sich in atypischen Beschäftigungsverhältnissen befinden, also etwa geringfügig, nicht sozialversicherungspflichtig oder befristet beschäftigt sind, zeigen sich bezüglich ihrer beruflichen Situation häufiger beunruhigt. Und nicht zuletzt findet die Sorge dieses Typs mehr Verbreitung unter Frauen, Jüngeren und Befragten mit eher niedrigeren Schulabschlüssen.

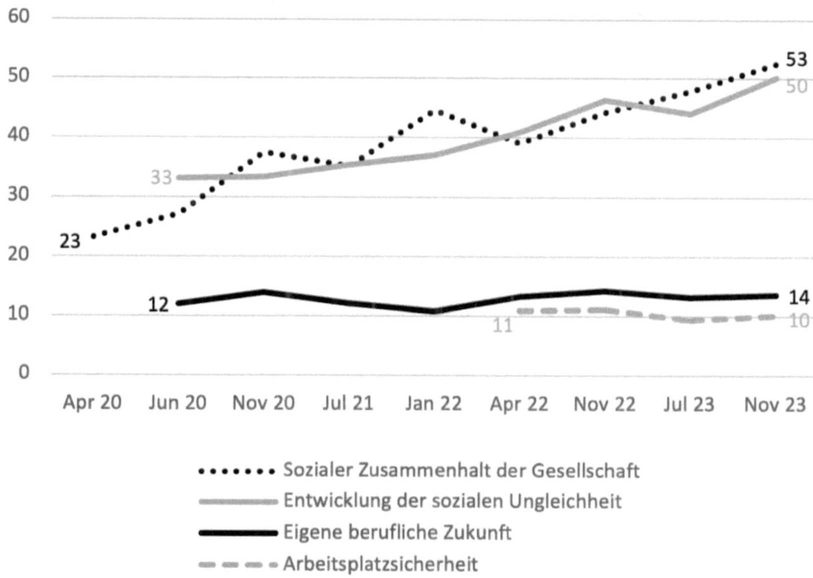

Abbildung 2: Anteile der Befragten mit »großen Sorgen« bezüglich beruflicher und gesellschaftsbezogener Aspekte; Angaben in Prozent
Anmerkung: N = 5.136–7.677
Quelle: WSI-Erwerbspersonenpanel, Wellen 1–12, gewichtete Werte, eigene Berechnung

2.4 Gesellschaftsbezogene Sorgen

Ganz anders stellt sich das Bild bezüglich der Entwicklung gesellschaftsbezogener Sorgen dar. Hier wurden zwei Aspekte über nahezu den gesamten Beobachtungszeitraum erfasst: die Sorge um die Entwicklung der sozialen Ungleichheit wie auch die Sorge um den sozialen Zusammenhalt der Gesellschaft (Abbildung 2). Beide Sorgen-Themen sind weitverbreitet und zeigen im Zeitverlauf eine ähnliche, fast kontinuierlich ansteigende Entwicklung. Waren es zu Pandemiebeginn 23 Prozent, die »große Sorgen« um den gesellschaftlichen Zusammenhalt äußerten und 33 Prozent, die ebenso beunruhigt auf die zunehmende soziale Ungleichheit blickten, so sind es gegen Jahresende 2023 53 Prozent (Zusammenhalt) sowie 50 Prozent (Ungleichheit). Weiterhin sticht hervor, dass gesellschaftsbezogene Sorgen – im Vergleich aller erfragten Sorgen – am weitesten verbreitet sind und damit einen noch größeren Stellenwert haben als die Sorge vor einer (anhaltend) hohen Inflation.

Wie schon vorab bei den anderen Sorgen-Themen berichtet, werden auch gesellschaftsbezogene Sorgen häufiger von Frauen als von Männern geteilt und finden stärkere Verbreitung unter Befragten mit niedrigerer Schulbildung und geringeren Haushaltseinkommen. Uneinheitlicher sind die Alters-Zusammenhänge: Waren es zur Hochphase der Pandemie eher die Jüngeren, die Sorge um den gesellschaftlichen Zusammenhalt äußerten, und eher die 30- bis 49-Jährigen, die sich über eine wachsende gesellschaftliche Ungleichheit beunruhigt zeigten, sind es bei beiden Themen zuletzt eher die Älteren, die mit größerer Besorgnis auf die gesellschaftlichen Entwicklungen blicken.

3. Die Entfremdung von demokratischen Parteien im Zeitverlauf

Die letzten Jahre, in denen die Menschen zahlreiche Krisen zu bewältigen hatten, waren auch davon geprägt, dass sich eine zunehmende Anzahl unter ihnen von etablierten demokratischen Parteien ab- und sich der in Teilen rechtsextremen AfD zuwandten (Hövermann 2023: 6). Auch andere Studien zeigen, dass das Vertrauen in die Demokratie oder in Parteien im Zeitverlauf ebenso rückläufig war wie die Zufriedenheit mit der Demokratie (zum Beispiel Küpper u.a. 2023: 107). Und selbst wenn das politische Vertrauen in Deutschland im internationalen Vergleich relativ hoch ist und eine große Mehrheit der hiesigen Bevölkerung weiterhin generell von der Demokratie als Regierungsform überzeugt ist (ebd.; infratest dimap 2022: 14), so kann dies nicht darüber hinwegtäuschen, dass in den vergangenen Jahren das Vertrauen in diverse Institutionen recht rapide gesunken ist (Küpper u.a. 2023: 112; Best u.a. 2023: 31). Das Gefühl, dass die eigenen Interessen vonseiten der etablierten Parteien nicht hinreichend vertreten werden, wird in diesem Zusammenhang (neben anderen Aspekten) oftmals als Grund für den Vertrauensverlust genannt (Küpper u.a. 2023: 106 f.).

Auch im WSI-Erwerbspersonenpanel lassen sich anhand verschiedener Indikatoren besorgniserregende Prozesse der Entfremdung nachzeichnen (Abbildung 3). Gefragt nach der Zufriedenheit mit dem Pandemie-Krisenmanagement der Bundesregierung äußerte sich zu Pandemiebeginn noch eine Mehrheit positiv.[2] Erst mit dem ersten Pandemie-Winter stieg die Zahl der Unzufriedenen deutlich an. Im Sommer 2021 artikulierten dann bereits knapp 60 Prozent Unzufriedenheit. Ein weiteres halbes Jahr später stieg dieser Wert dann nochmals, auf 68 Prozent – und das, obwohl die Pandemie zu diesem Zeitpunkt im Januar 2022 schon deutlich eingedämmt war. Diese Unzufriedenheit war unter AfD-Wählenden nochmals weiter verbreitet (Hövermann 2023). Andere Studien zeigen ähnli-

2 Die Zufriedenheit mit dem Krisenmanagement der Bundesregierung wurde anhand einer vierstufigen Antwortskala mit den Antwortausprägungen »sehr zufrieden«, »zufrieden«, »weniger zufrieden« und »gar nicht zufrieden« erhoben.

che zeitliche Entwicklungen: Für den Beginn der Pandemie zeigt sich häufig sogar ein Anstieg im Institutionenvertrauen, was auch als *Rally-around-the-Flag*-Effekt bezeichnet wird – also dem sprunghaften, aber nur kurzfristigen Vertrauensanstieg in politische Institutionen im Angesicht großer Angst in einer Bedrohungssituation, wie sich die Pandemie für viele darstellte (zum Beispiel Mazza/Sciponi 2022). Mit zunehmender Dauer der Krise verflüchtigt sich dieser Effekt jedoch. Zudem stiegen ab 2021 mit der Priorisierung der Impfberechtigung, den je nach Impfstatus abgestuften Freiheitsrechten (Stichworte 2 G, 3 G) und später dann auch im Zuge der Debatte um eine etwaige Impfplicht sowohl die Unzufriedenheit mit den politischen Entscheidungsträger*innen als auch die innergesellschaftlichen Spannungen.

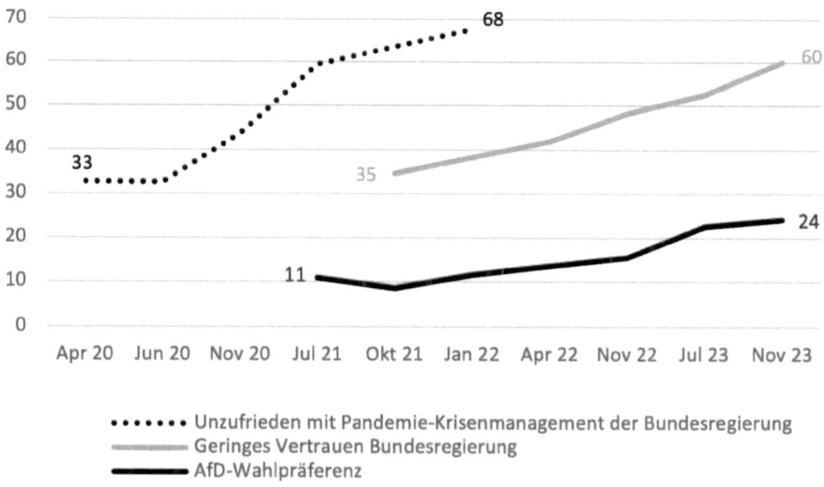

Abbildung 3: Unzufriedenheit mit der Bundesregierung, Vertrauen in die Bundesregierung sowie AfD-Wahlpräferenz; Angaben in Prozent
Anmerkung: N = 5.136–7.561. Die Zufriedenheit mit dem Pandemiemanagement wurde letztmalig im Januar 2022 abgefragt. Im Januar 2022 wurden keine Werte zum Vertrauen in die Bundesregierung erhoben. Im April 2022 wurden keine Werte zur AfD-Wahlpräferenz erhoben.
Quelle: WSI-Erwerbspersonenpanel, Wellen 1–12, gewichtete Werte, eigene Berechnung

Im WSI-Erwerbspersonenpanel wurde seit Oktober 2021, und damit seit Amtsantritt der Ampel-Regierung, das Vertrauen in die Bundesregierung regelmäßig erfragt.[3] Zu Beginn der Legislaturperiode berichteten noch 21 Prozent der

3 Das Vertrauen in die Bundesregierung wurde gleichzeitig in einer Batterie mit Fragen zum Vertrauen in acht weitere Institutionen erfragt, und zwar anhand einer fünfstufigen Antwortskala mit den Ant-

Befragten, »großes« oder »sehr großes« Vertrauen in die Arbeit der Regierung zu haben, während etwas mehr als jede und jeder Dritte geringes Vertrauen kundtat. Seitdem ging der Anteil derjenigen mit großem Vertrauen jedoch deutlich zurück; zugleich stieg der Anteil derjenigen mit geringem oder gar keinem Vertrauen auffällig an (Abbildung 3). Zuletzt waren es mehr als die Hälfte – im November 2023 sogar 60 Prozent der Befragten –, die ein nur geringes Vertrauen in die Bundesregierung zum Ausdruck brachten. Diese Befunde stimmen mit den Werten überein, die große Meinungsforschungsinstitute in regelmäßigen Umfragen ermittelt haben: Auch deren Ergebnisse zeigen, wie deutlich die Unzufriedenheit mit der Bundesregierung angestiegen ist (zum Beispiel infratest dimap 2023).

Parallel zu dieser Entwicklung lässt sich auch ein erheblicher Anstieg in der Wahlpräferenz für die AfD in den Daten des WSI-Erwerbspersonenpanels beobachten (Hövermann 2023: 6). Waren es rund um die Bundestagswahl 2021 grob 10 Prozent der Befragten, die angegeben haben, die AfD wählen zu wollen, so stieg dieser Anteil zunächst auf 16 Prozent im November 2022 und dann im Laufe des Jahres 2023 auf 23 Prozent bzw. zuletzt sogar auf 24 Prozent an (Abbildung 3).

Als eine weitere Ausdrucksform der Entfremdung von etablierten demokratischen Institutionen lässt sich auch die beträchtliche Zustimmung zu Corona-Zweifeln und pandemiebezogenen Verschwörungsmythen interpretieren (Hövermann 2021: 9). So gaben zwischen 27 und 36 Prozent bis Januar 2022 an, sie bezweifelten, dass das Corona-Virus »so gefährlich ist, wie es häufig behauptet wird«. Knapp 20 Prozent stimmten zwischen November 2020 und Januar 2022 gar der konspirativen Aussage zu, dass sie sich vorstellen können, »dass hinter der Pandemie eine Elite steht, die eine neue Weltordnung schaffen will«. Auch bezogen auf den Krieg in der Ukraine äußerten rund 20 Prozent der Befragten alternative Deutungen und Verschwörungsmythen (Hövermann 2022: 8). Verschwörungserzählungen erweisen sich in verschiedenen Studien als besonders verbreitet unter AfD-Wählenden und stellen nicht zuletzt aufgrund ihrer Abkopplung vom demokratischen Diskurs und ihrer Nähe zur Gewaltbilligung und zu rechtsextremen Einstellungen eine Gefahr für den gesellschaftlichen Zusammenhalt und die Demokratie im Allgemeinen dar (Lamberty/Rees 2021: 299).

wortausprägungen »sehr großes«, »großes«, »mittelmäßiges«, »nur wenig« und »überhaupt kein« Vertrauen.

4. Welche Rolle spielen Sorgen für die Entfremdung von etablierten demokratischen Parteien?

Dass es einen Zusammenhang zwischen individuellen Sorgen und der Abwendung von etablierten demokratischen Parteien zu geben scheint, legen die vorab berichteten Befunde zu den gleichzeitig stattfindenden Entwicklungen nahe. Empirisch wird dies nun aber im Folgenden zunächst anhand mehrerer Regressionsmodelle überprüft. Dafür werden die Unzufriedenheit mit dem Pandemie-Krisenmanagement der Bundesregierung sowie das Institutionenvertrauen in die Bundesregierung als zu erklärende Variablen und die verschiedenen Sorgen als unabhängige Variablen herangezogen.[4] Hierbei gilt es zu bedenken, dass die jeweiligen Analysen unterschiedliche Zeiträume abdecken. Die Daten zur Zufriedenheit mit dem Krisenmanagement der Bundesregierung wurden von Pandemiebeginn bis Anfang 2022 erhoben, während das Institutionenvertrauen in der direkt daran anschließenden Zeit seit Frühling 2022 erfragt wurde.

In einem ersten Schritt wird analysiert, wie groß der Einfluss der Sorgen auf die Unzufriedenheit mit dem Pandemie-Krisenmanagement der Bundesregierung in den ersten anderthalb Jahren der Pandemie war. Zu den fünf Zeitpunkten zwischen April 2020 und Januar 2022, zu denen die Unzufriedenheit mit dem Pandemie-Krisenmanagement der Bundesregierung sowie die jeweiligen individuellen Sorgen erfragt wurden, wurden jeweils Regressionsmodelle berechnet (Tabelle 1). In alle Modelle wurden soziodemografische Variablen einbezogen – also statistisch kontrolliert. Damit ist intendiert, den eigenständigen Effekt der Sorgen herauszufinden, der unabhängig von soziodemografischen Faktoren wie etwa einem geringen Einkommen vorliegt.[5]

Die Modelle bestätigen, dass Sorgen zu einem nicht unbeträchtlichen Teil zur Erklärung der Unzufriedenheit beitragen können. Dabei ergeben sich größere Effektstärken in den Winterbefragungen als in den Sommerbefragungen, sodass Sorgen in den Wintererhebungen eine größere Rolle für die Entfremdungsindi-

---

4 Bei der verwendeten Methode der linearen Regression wird von einem linearen Zusammenhang ausgegangen und betrachtet, inwieweit die unabhängigen Variablen – hier die Sorgen – erklären, warum die Werte in den abhängigen Variablen – hier die Indikatoren der Entfremdung von etablierten demokratischen Parteien – variieren.

5 Wenn etwa ein Effekt von finanziellen Sorgen auf die Entfremdung vorliegt, gleichzeitig aber Geringverdienende besonders häufig finanzielle Sorgen äußern, könnte es sein, dass der erwähnte Effekt der finanziellen Sorgen darauf zurückzuführen ist, dass unter den finanziell Besorgten besonders viele Geringverdienende zu finden sind. Indem in den Modellen sowohl die finanziellen Sorgen als auch das Einkommen separat berücksichtigt werden, kann zwischen dem Effekt der Sorgen und dem des Einkommens unterschieden werden.

Sorgen	Unzufriedenheit mit dem Pandemie-Krisenmanagement der Bundesregierung					Geringes Vertrauen in die Bundesregierung			
	Apr 20	**Jun 20**	**Nov 20**	**Jul 21**	**Jan 22**	**Apr 22**	**Nov 22**	**Jul 23**	**Nov 23**
Gesundheitsbezogen									
...um eigene Gesundheit	**-,044**	**-,065**	**-,057**	,002	**-,035**	-	-	-	-
... um Corona-Ansteckung selbst / Familienmitglied	-	-	**-,219**	**-,188**	**-,181**	**-,152**	**-,149**	-	-
Finanziell									
... um die allgemeine wirtsch. Entwicklung	**,034**	**,114**	**,173**	**,162**	**,167**	**,117**	**,152**	**,187**	**,21**
... um die eigene wirtschaftliche Situation	**,177**	**,158**	**,149**	**,142**	**,111**	**,067**	,033	,011	-,026
... um Altersabsicherung	-	-	-	-	-	**,067**	**,059**	**,102**	**,088**
... steigende Preise	-	-	-	-	-	**,073**	**,104**	**,101**	**,174**
... Lebensstandard nicht halten können	-	-	-	-	-	,051	,043	,061	,034
Beruflich									
... um die eigene berufliche Zukunft	-	**,069**	,027	**,037**	,032	,036	**,047**	-,032	-,019
... um Arbeitsplatzsicherheit	-	-	-	-	-	,028	,019	,028	**,042**
Gesellschaftsbezogen									
... um den sozialen Zusammenhalt der Gesellschaft	**,119**	,01	,008	**,07**	**,095**	**,055**	-,027	,013	,022
... um die Entwicklung sozialer Ungleichheit	-	**,056**	**,106**	**,089**	**,104**	,025	-,015	**-,059**	**-,045**
N	6.274	5.118	4.953	5.005	5.186	5.058	4.218	4.164	4.314
Korr. R^2	,076	,09	,157	,135	,168	,145	,126	,14	,162

Tabelle 1: Einfluss der Sorgen auf die Unzufriedenheit mit der Bundesregierung und auf das geringe Vertrauen in die Regierung.

Anmerkungen: Dargestellt sind Regressionskoeffizienten verschiedener OLS-Regressionsmodelle. Positive Werte zeigen positive, negative Werte negative Effekte an; Effekte nahe null bedeuten, dass kein Effekt vorliegt. In allen Modellen sind zusätzlich Alter, Geschlecht, Schulabschluss und Haushaltsnettoäquivalenzeinkommen enthalten, sodass um soziodemografische Variablen kontrolliert wird. Signifikante Koeffizienten (mit $p < 0.05$) sind fett markiert. Der korrigierte R^2-Wert bezieht sich auf Modelle nur mit Sorgen (und ohne soziodemografische Kontrollvariablen) und gibt den Anteil der Varianz von Unzufriedenheit bzw. geringes Vertrauen an, der durch Sorgen erklärt werden kann; je höher er ist, desto besser können die Sorgen die Indikatoren erklären.

Quelle: WSI-Erwerbspersonenpanel, Wellen 1–12, gewichtete Werte, eigene Berechnungen

katoren spielten.[6] Als besonders erklärungskräftig erweisen sich hier drei Sorgenbereiche: erstens die finanziellen Sorgen, die mit größerer Unzufriedenheit zu allen Zeitpunkten einhergehen. Im Detail ist hier interessant, dass im Zeitverlauf der Einfluss der Sorgen um die *allgemeine* wirtschaftliche Entwicklung größer und der Einfluss der Sorgen um die *eigene* wirtschaftliche Situation kleiner wurde. Während die Unzufriedenheit zu Pandemiebeginn also stärker mit Sorgen um die eigene wirtschaftliche Situation einherging, spielten im Pandemieverlauf immer stärker Sorgen um die allgemeine wirtschaftliche Entwicklung eine Rolle. Ersteres mag darauf zurückzuführen sein, dass sich für viele die zu Beginn der Pandemie weit verbreiteten Sorgen um die eigene finanzielle Situation nicht bewahrheitet und sich, anders als erwartet, auch die pandemiebedingten wirtschaftlichen Verwerfungen als weniger dramatisch erwiesen haben. Jedoch gewannen im Zuge der sich Anfang 2022 deutlich eintrübenden allgemeinen wirtschaftlichen Lage wirtschaftliche Besorgnisse wieder an Relevanz.

Zweitens erweisen sich gesundheitliche Sorgen als besonders relevant. Jedoch gehen hier geringere Sorgen nicht mit geringerer Unzufriedenheit einher, sondern sind vielmehr im Gegenteil mit stärkeren Entfremdungsprozessen assoziiert.[7] Dies deutet darauf hin, dass sich Menschen, die keine große Gefahr im Coronavirus gesehen haben, häufiger von der Bundesregierung abgewendet haben – mutmaßlich, weil sie unzufrieden mit deren Krisenmanagement waren. Gleichzeitig zeichneten sich andersherum eben diejenigen mit hoher Zufriedenheit mit dem Krisenmanagement aus, die sich wegen des Coronavirus um ihre Gesundheit sorgten.

Schließlich sind auch, drittens, die gesellschaftsbezogenen Sorgen mit größerer Unzufriedenheit assoziiert: Wer sich um den sozialen Zusammenhalt der Gesellschaft oder um die Entwicklung der sozialen Ungleichheit sorgt, äußerte auch eher größere Unzufriedenheit mit dem Pandemie-Krisenmanagement der Bundesregierung – auch wenn einschränkend zu erwähnen ist, dass die Effekte hier insgesamt kleiner ausfallen als zum Beispiel die Effekte der finanziellen Sorgen. Sorgen um die eigene berufliche Zukunft weisen hingegen nur geringe zusätzliche Effekte in den Modellen auf.

In einem zweiten Schritt wird das Vertrauen in die Bundesregierung betrachtet. Gemeinsam mit den Sorgen wurde dieses in den jüngsten vier Erhebungswel-

6 Der direkte Vergleich der erklärten Varianz (korrigiertes R^2) verbietet sich zwar, da die Modelle nicht identisch sind und zu einigen Zeitpunkten mehr Sorgen-Indikatoren als unabhängige Variablen aufgenommen wurden. Die hier getätigte Aussage trifft jedoch dennoch zu, da sich in zusätzlichen Analysen, in denen lediglich die ursprünglich erfassten vier Sorge-Variablen zu allen Zeitpunkten berücksichtigt wurden, ebenfalls höhere R^2-Werte während der Wintererhebungen ergeben.

7 Hier ist es nochmals wichtig, daran zu erinnern, dass sich diese Effekte unabhängig vom Alter der Befragten zeigen, also nicht etwa lediglich auf ältere Befragte zurückgehen.

len zwischen April 2022 und November 2023 erfragt (Tabelle 1). Somit wird in den folgenden Analysen ein späterer Zeitabschnitt betrachtet, der jedoch direkt an den Zeitabschnitt der gerade berichteten Regressionsmodelle zur Unzufriedenheit mit dem Pandemie-Krisenmanagement anschließt. Daher konnten hier auch mehr und detailliertere Sorgenindikatoren in die Modelle aufgenommen werden, die insbesondere auf die finanziellen und beruflichen Sorgen abzielen.

Insgesamt ergibt sich für das Vertrauen in die Bundesregierung ein ähnliches Bild wie bei der gerade dargestellten Unzufriedenheit mit dem Krisenmanagement der Bundesregierung. Analog zeigt sich, dass mittels der Sorgen, die die Befragten umtreiben, relativ konstant ein nicht unbeträchtlicher Anteil des geringen Regierungsvertrauens erklärt werden kann. Es sind insbesondere die finanziellen Sorgen, die mit dem geringeren Vertrauen in das Regierungshandeln eng verknüpft sind: Die Sorge um die Altersabsicherung und vor allem die Sorge wegen der steigenden Preise gewinnen im Befragungszeitraum an Bedeutung – ein Indiz dafür, welch problematischen Folgen die im Laufe der Zeit stärker wirkende Inflation hatte. Auch die eher generellere Sorge um die allgemeine wirtschaftliche Entwicklung zeigt durchweg einen relevanten Einfluss auf das geringe Vertrauen in die Bundesregierung, der im Zeitverlauf noch deutlich zunimmt.

Analog zu den ersten Regressionsmodellen erweist sich auch für das Institutionenvertrauen die Sorge, sich mit dem Corona-Virus anzustecken, als ein relevanter Erklärungsfaktor, und zwar erneut in der Richtung, dass *mehr* gesundheitsbezogene Sorgen mit *weniger* Entfremdung einhergehen: je geringer die Ansteckungssorge, desto geringer das Vertrauen in die Bundesregierung. Allerdings wurde diese Sorge aufgrund des zurückgehenden Infektionsgeschehens ab dem Jahr 2023 nicht mehr erfragt.

Eine geringere Rolle zur Erklärung des Vertrauens spielen die gesellschaftsbezogenen Sorgen: Lediglich ab dem Jahr 2023 zeigt die Sorge um die Entwicklung der sozialen Ungleichheit einen kleinen Effekt, insofern, als Befragte, die sich wenig um Ungleichheit sorgen, auch ein geringeres Vertrauen in die Bundesregierung äußern. Erneut spielen zudem berufliche Sorgen eine geringe Rolle in den Modellen.

5. Finanzielle Sorgen der AfD-Wähler*innen

Die bisher dargestellten Befunde verdeutlichen, dass Sorgen eng mit Indikatoren der Entfremdung einhergehen – insbesondere solche Sorgen, die sich auf finanzielle Themen und Bereiche beziehen. Bereits im Frühjahr 2022 erwiesen sich diese als bedeutende Erklärungsfaktoren für ein geringes Institutionenvertrauen, welches wiederum eng mit Verschwörungsdenken und abwertenden Einstellungen gegenüber Geflüchteten verbunden ist (Hövermann 2022: 32). Im Folgenden werden daher die finanziellen Sorgen besonders fokussiert, um deren hervorstechenden Einfluss auf die Entfremdung von demokratischen Institutionen besser auszuleuchten und zu verstehen. Hierzu wird vor dem Hintergrund der bereits erwähnten starken Zunahme der AfD in der Gunst der Wähler*innen in Wahlumfragen in den Jahren 2022 und 2023 die AfD-Wahlpräferenz herangezogen.

Der Vergleich der finanziellen Sorgen zwischen denjenigen, die die AfD wählen, und den Wähler*innen anderer Parteien zeigte im Juli 2023, dass AfD-Wählende bei nahezu allen erfragten Sorgen signifikant häufiger »große Sorgen« angaben als die Wähler*innen anderer Parteien (vgl. Hövermann 2023: 23). Besonders auffällig sind hier die Unterschiede bei finanziellen Sorgen. So äußerten AfD-Wähler*innen rund doppelt so häufig wie Wählende anderer Parteien Sorgen um die eigene wirtschaftliche Situation, Abstiegssorgen oder Sorgen wegen steigender Preise (ebd.). Zudem beschränkt sich der Befund der besonders verbreiteten Sorgen unter AfD-Wähler*innen keineswegs auf diese Erhebungsphase. Sie gaben zu allen Erhebungszeitpunkten deutlich häufiger Sorgen an als die Wähler*innen anderer Parteien (Hövermann 2023: 25).

Nun ließe sich einschränkend heranführen, dass AfD-Wählende auch häufiger in einkommensschwächeren Schichten zu finden (Hövermann 2023: 11) und eben deshalb stärker von finanziellen Sorgen betroffen sind. Dann würde es sich um einen Kompositionseffekt handeln; die hier anzutreffende Häufung finanzieller Sorgen wäre folglich der nachteiligen schichtbezogenen Zusammensetzung der AfD-Wählerschaft geschuldet. Dass dies jedoch nicht der Fall ist, zeigen die folgenden Analysen, bei denen das finanzielle Sorgeausmaß von AfD-Wählenden und Wählenden anderer Parteien in ähnlichen Einkommenssituationen verglichen wird (Abbildung 4). Es wird deutlich, dass in allen Einkommensgruppen AfD-Wähler*innen sehr viel häufiger finanzielle Sorgen äußern als Wähler*innen anderer Parteien. Dies gilt für Inflationssorgen, Sorgen um die allgemeine und um die eigene wirtschaftliche Situation. Die Unterschiede zwischen AfD-Wählenden und Wählenden anderer Parteien sind immens und teilweise derart ausgeprägt, dass selbst AfD-Wähler*innen aus der höchsten Einkommensgruppe häufiger angeben, große finanzielle Sorgen zu haben, als Wähler*innen anderer Parteien, die der einkommensärmsten Gruppe zuzuordnen sind.

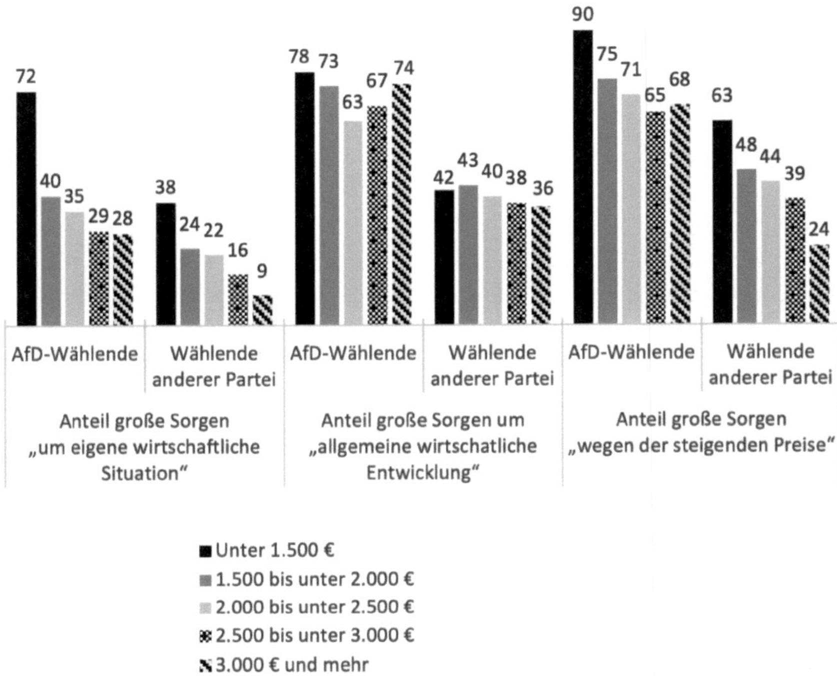

Abbildung 4: Finanzielle Sorgen nach aktueller Wahlpräferenz und Einkommensgruppe; Angaben in Prozent

Anmerkung: N = 5.217. Die Einkommensgruppen beziehen sich auf das Haushaltsnettoäquivalenzeinkommen. Lesehilfe: Unter AfD-Wählenden mit den niedrigsten Einkommen geben rund 70 Prozent große Sorgen um die eigene wirtschaftliche Situation an; unter Wählenden anderer Parteien mit den ebenfalls niedrigsten Einkommen liegt der Wert bei 38 Prozent.

Quelle: WSI-Erwerbspersonenpanel, Welle 12 (November 2023), gewichtete Werte, eigene Berechnung

6. Fazit und Diskussion

Der vorliegende Beitrag hat in einem ersten Teil die Entwicklung unterschiedlicher Sorgen unter Erwerbspersonen in Deutschland seit Beginn der Pandemie nachgezeichnet. Während die allgemeine Verunsicherung zu Beginn der Pandemie zu vielfach verbreiteten Sorgen geführt hat, fällt für ihre Hochphase auf, dass die befragten Erwerbspersonen nicht von einem besonders hohen Sorgenlevel berichten. Dieser Befund deckt sich auch mit anderen Studien (bspw. R+V 2020). Gleichzeitig wird ersichtlich, dass Gesundheitssorgen im Allgemeinen und die Sorge, sich mit dem Corona-Virus zu infizieren im Speziellen, während der Pandemie verständlicherweise besonders präsent waren. Damit schob sich vorübergehend ein Thema in den Vordergrund, das zwar auch schon vor der Pandemie mit stabiler Konstanz als sorgenbehaftet bekannt war (Rohrer u.a. 2021), während der Pandemie aber einen gesteigerten Stellenwert erlangte. Die Verlaufskurven während der Pandemie zeigen jedoch, dass auch die Sorge um die Gesundheit analog zum Infektionsgeschehen Schwankungen unterworfen war: Sie stieg während der Herbst- und Wintermonate deutlich an, als die Pandemie besonders präsent war. Dennoch berichteten selbst in den Hochphasen der Pandemie nicht mehr als 30 Prozent der Befragten von großen gesundheitlichen Sorgen. Dies sind zwar im Zeitverlauf überdurchschnittlich hohe Werte, jedoch erweisen sich unter den befragten Erwerbspersonen Sorgen um andere Themen – auch während der Hochphase der Pandemie – als deutlich weiter verbreitet.

Besonders stechen hier zum einen finanzielle Sorgen hervor. Dieses Thema, das schon zu Beginn der Pandemie erstmals aufgeflackert war, wird ab dem Frühjahr 2022, und damit mit Beginn der Hochinflationsphase, für große Teile der Erwerbspersonen virulent. Zum anderen sind es auch auf den Zustand der Gesellschaft bezogene Sorgen, die viele umtreiben. Für beide Bereiche zeigt sich, dass die hiermit verbundenen Sorgen über den Befragungszeitraum von dreieinhalb Jahren hinweg kontinuierlich angestiegen sind, also von zunehmend mehr Befragten artikuliert wurden.

Die Befunde zeigen ferner, dass auch die Sorgenthemen gewisse Konjunkturen hatten: So konnten die zu Pandemiebeginn zunächst verbreiteten finanziellen Sorgen unter Erwerbspersonen unter anderem durch die von der Bundesregierung beschlossenen Hilfsmaßnahmen zunächst relativ gut aufgefangen werden (siehe Abbildung 1 wie auch den Beitrag von Brülle und Spannagel in diesem Band). Gleichwohl kamen die finanziellen Sorgen mit den sich an die Pandemie anschließenden Krisen zurück. Das könnte den Anschein erwecken, dass die Krisen der Jahre 2022 und 2023 – also der russische Angriffskrieg auf die Ukraine und die darauffolgenden wirtschaftlichen Verwerfungen – in dieser Hinsicht die sorgenreicheren Krisen waren. Hier gilt es allerdings, drei wichtige Punkte zu berücksichtigen: Erstens ist dieser Eindruck auch durch die Sorgethemen geprägt, die in den jeweiligen Befragungen thematisiert bzw. erfasst werden. Hier liegt ein besonderer Schwerpunkt des WSI-Erwerbspersonenpanels auf der Erfassung des Aspekts der wirtschaftlichen – also finanziellen und beruflichen – Sorgen. Zweitens geben die hier berichteten Sorge-Werte auch nur bedingt Aufschluss darüber, welche Qualität eine Sorge für die Befragten hatte. Die Pandemie mit ihrer existenziellen gesundheitlichen Bedrohungslage erscheint vor diesem Hintergrund als besonders, angesichts von mittlerweile weltweit mehr als sieben Millionen Todesopfern im Zusammenhang mit dem Virus und über 180.000 Todesopfern in Deutschland. Drittens ist zu berücksichtigen, dass die Krisen 2022 und 2023 eintraten, bevor die Pandemie beendet und bewältigt war; die Befragten waren folglich mit sich auftürmenden, ineinander verschachtelten und sich gegenseitig verstärkenden Krisen konfrontiert (zum Stichwort »Polykrisen« siehe auch den weiteren Beitrag von Hövermann in diesem Band). Entsprechend wäre der Versuch, die einzelnen Krisen miteinander zu vergleichen bzw. das jeweilige durch sie ausgelöste »Sorgenlevel« vergleichend zu betrachten, wenig sinnvoll.

Der Beitrag zeigt in einem zweiten Schritt, wie die beschriebene Entwicklung der Sorgen mit einer fortschreitenden und mittlerweile weit verbreiteten Entfremdung vieler Menschen von etablierten politischen Parteien einherging. War es während der Pandemie die Unzufriedenheit mit dem Krisenmanagement der Bundesregierung, sind es zuletzt auch das geringe Vertrauen in die Bundesregierung wie auch die in den Befragungen artikulierte Präferenz, bei der nächsten Bundestagswahl AfD wählen zu wollen, die anhand der Daten des WSI-Erwerbspersonenpanels einen kontinuierlichen Anstieg verzeichnen. Die Interpretation ist naheliegend, dass mit dem fehlenden Vertrauen in das Krisenmanagement der Bundesregierung und dem dargestellten Aufkommen von Verschwörungsmythen und/oder Konflikten um Impfpflichten eine gesellschaftliche Spaltung befördert wurde, die dem Erstarken der AfD in die Hände spielte. Dass sich diese Spaltung mit Abflauen der Pandemie nicht abschwächte, hat möglicherweise mit dem Aufkommen weiterer Krisen zu tun, die bestimmte Sorgen erneut aufgerufen, verstärkt oder Anlass für weitere, anders gelagerte Sorgen gegeben haben.

Die Analysen zum Zusammenhang zwischen Sorgen und politischer Entfremdung zeigen zudem, dass Sorgen eine nicht unerhebliche Rolle für Unzufriedenheit und fehlendes Vertrauen spielen. Die meisten Sorgen sind zwar mit einer erhöhten Entfremdung assoziiert, jedoch gilt dies nicht ausnahmslos. Interessanterweise zeigen sich gegenteilige Effekt für die gesundheitsbezogenen Sorgen: Sowohl für die Unzufriedenheit als auch für das Misstrauen gilt, dass diejenigen, die stärker Gesundheits- oder Ansteckungssorgen äußerten, eben nicht von *mehr*, sondern im Gegenteil von *weniger* Entfremdung von etablierten politischen Parteien berichteten. Es erscheint naheliegend, dies so zu interpretieren, dass sich gerade die Menschen, die keine große Gefahr im Coronavirus gesehen haben, während der Pandemie eher von der Bundesregierung abgewendet und entfernt haben – mutmaßlich, weil sie mit deren Krisenmanagement und den damit verbundenen Einschränkungen nicht einverstanden waren. Umgekehrt genoss die Bundesregierung bei denjenigen hohes Vertrauen, die sich auch wegen des Coronavirus um ihre Gesundheit sorgten und deswegen die ergriffenen Maßnahmen inklusive der partiellen Freiheitsbeschränkungen als schützend empfunden haben. Allein schon dies verweist auf ein erhebliches gesellschaftliches Konfliktpotenzial.

Allen voran sind es jedoch die finanziellen und wirtschaftlichen Sorgen, die sich als relevante Faktoren dafür erweisen, ob Menschen unzufrieden mit dem Krisenmanagement waren oder ein geringes Regierungsvertrauen äußerten. Finanzielle Sorgen treten nicht nur besonders häufig in Verbindung mit einem geringen Vertrauen in die Bundesregierung auf, sie sind darüber hinaus auch mit einer erhöhten AfD-Wahlpräferenz assoziiert. Da sich zudem zeigt, dass finanzielle Sorgen bei vielen – wenn auch keineswegs bei allen – Befragten auch objektive Entsprechungen in benachteiligten sozialen Lagen haben, könnten finanzielle Hilfen eine naheliegende politische Handlungsempfehlung sein. Dies könnte eine bessere finanzielle Absicherung in Zeiten hoher Reallohnverluste bewirken, sodass finanzielle Sorgen gelindert würden – etwa durch armutsfeste Regelbedarfe bei der Grundsicherung oder einen gesteigerten Mindestlohn. Zudem könnten so aber auch die erheblichen finanziellen Sorgen politisch adressiert werden und damit dem Gefühl, dass die eigenen Interessen durch politische Institutionen nicht repräsentiert werden, entgegengewirkt und bestenfalls Vertrauen ein Stück weit zurückgewonnen werden.

Mit Blick auf politische Handlungsempfehlungen sollte ein Befund jedoch besondere Beachtung erhalten: Bei einigen werden mehr staatliche Hilfen weder etwas am Sorgenlevel noch an der Abwendung von etablierten politischen Parteien ändern. Finanzielle Sorgen haben eben bei vielen *nicht* ihre objektiven Entsprechungen – sie sorgen sich finanziell trotz hoher Einkommen. Besonders ersichtlich wird dies anhand der AfD-Wähler*innen, die in besonders starkem Ausmaß finanziell besorgt sind, und zwar unabhängig von ihrer objektiven sozialen Lage. Ob arm oder reich, AfD-Wählende sind deutlich besorgter als ähnlich verdienende Wählende anderer Parteien.

Die dargestellten empirischen Befunde sagen noch nichts über die Richtung des Zusammenhangs zwischen Sorgen und AfD-Wahlpräferenz aus. Prinzipiell sind zwei Wirkmechanismen denkbar, die sich keineswegs gegenseitig ausschließen, sondern auch ineinandergreifen können: Einerseits erscheint es naheliegend, dass finanzielle Sorgen eine Wahlpräferenz zugunsten der AfD befördern können: Vor allem politisch nicht adressiert gesehene finanzielle

Sorgen können zu Unzufriedenheit, in der Folge zur sogenannten Protestwahl, aber auch zu Verunsicherungen und Ängsten führen, die darin einmünden, die Solidarität mit marginalisierten Gruppen aufzukündigen, auf nationalistischem Denken fußende »Etabliertenvorrechte« einzufordern und schließlich der AfD die eigene Wahlstimme zu geben. Wenn man bedenkt, dass Menschen bezüglich ihrer Sorgen beeinflusst werden können, ist jedoch auch ein umgekehrter Wirkmechanismus denkbar. Dieser wurde bezogen auf ein sinkendes Vertrauen in demokratische Institutionen in anderen Studien bereits nachgewiesen (siehe Söderlund/Kestilä-Kekkonen 2009; Arzheimer 2024): Die AfD-Wahlpräferenz und die damit einhergehende Hinwendung zu ihren Deutungen und Sichtweisen könnte das bereits vorhandene Sorgenausmaß nochmals verstärken. Dies erscheint plausibel, wenn man bedenkt, wie stark die AfD das Bild eines chaotischen und versagenden Systems, also letztlich Untergangsszenarien für Deutschland zeichnet und sich selbst als einzigen Heilsbringer positioniert. Hinzu kommen die strudelartig und verstärkend wirkenden Echokammern und Filterblasen zum Beispiel der sozialen Medien, die das eigene, in dem Fall antidemokratische Weltbild bestärken.

Dass AfD-Wähler*innen von politisch demokratischen Parteien erreicht oder gar wieder zurückgewonnen werden können, ist zweifellos nicht bei allen der Fall. Das Thema der Sorgen scheint unter ihnen jedoch eine bedeutende Rolle zu spielen. Damit lassen sich drei mögliche gesellschaftspolitische Ansatzpunkte und Handlungsempfehlungen aus den Befunden abschließend ableiten:

Erstens gilt generell, dass die derzeitigen komplexen und krisenbehafteten Zeiten, die viele Menschen verunsichern, eine transparente und nachvollziehbare Kommunikation seitens der politisch Verantwortlichen erfordern. Vorliegende Studien verweisen auf außerordentlich hohe Werte der Orientierungslosigkeit bei Menschen, die antidemokratische Einstellungen teilen (zum Beispiel Hövermann u.a. 2021), was wiederum eng mit der AfD-Wahlpräferenz verknüpft ist. Das heißt: Politische Maßnahmen, Abwägungs- und Entscheidungsprozesse müssen transparent erklärt werden. Das beinhaltet auch, potenzielle Handlungsalternativen zu kommunizieren: Was passiert, wenn man nicht oder anders handelt? Aus der Medizinsoziologie ist seit Langem bekannt, dass Menschen Belastungen besser aushalten können und resilienter sind, wenn sie deren Ursache kennen. Wissen hat somit eine wichtige psychologische Funktion (Antonovsky 1979). Dieser Aspekt sollte in der politischen Kommunikation stärker als bisher berücksichtigt werden.

Zweitens muss der Befund alarmierend stimmen, welch große Schubwirkung die sich selbst verstärkenden Echokammern und Filterblasen auf das unter AfD-Wähler*innen ohnehin große »Sorgenportfolio« haben. Eine Studie zeigte beispielsweise für AfD-Sympathisant*innen sehr homogene Netzwerke und eine hohe Segregation (Teichler u.a. 2023). So berichtete unter ihnen rund die Hälfte davon, dass sich ihre Bekanntenkreise überwiegend aus AfD-Sympathisant*innen zusammensetzen (ebd.). Hier gilt es Maßnahmen zu entwickeln, die das Potenzial haben, diese Netzwerksegregation, aber auch die Filterblasen und Echokammern, so gut es geht, zu durchbrechen, um weiteren lebensweltlichen Entkopplungen vorzubeugen. Besonders dringlich erscheinen entsprechende Interventionen mit Blick auf einige Social-Media-Plattformen, auf denen die AfD als Akteur klar dominiert, wie beispielsweise auf der bei jungen Menschen sehr beliebten Plattform »TikTok« (Intermate 2024). Hier darf der digitale Raum nicht der AfD überlassen werden, die versucht, dort eine rechtsorientierte Gegenöffentlichkeit herzustellen (vgl. Hillje 2024). Es gilt vielmehr, dass demokratische Kräfte auch hier mit angepassten Social-Media-Strategien mehr Präsenz zeigen, um den AfD-Botschaften etwas zu entgegnen.

Und schließlich braucht es – drittens –Zukunftsbilder oder auch Visionen, die für Deutschland eine positive und lebenswerte Zukunft zeichnen. Dies ist angesichts der enormen Herausforderungen und Krisen, denen sich Deutschland gegenübersieht, wahrlich keine einfache Aufgabe. Dennoch gilt: Positive und optimistische Gegenentwürfe könnten einige zukunftsbezogene Sorgen lindern, Vertrauen schaffen und den von der AfD verbreiteten Untergangsszenarien entgegenwirken.

Literatur

Antonovsky, Aaron (1979), *Health, stress, and coping: New perspectives on mental and physical well-being*, San Francisco.

Arzheimer, Kai (2024), »Identification with an anti-system party undermines diffuse political support: The case of Alternative for Germany and trust in the Federal Constitutional Court«, in: *Party Politics*, Online First, letzter Zugriff: 12.04.2024, https://doi.org/10.1177/13540688241237493

Best, Volker/Decker, Frank/Fischer, Sandra/Küppers, Anne (2023), *Demokratievertrauen in Krisenzeiten. Wie blicken die Menschen in Deutschland auf Politik, Institutionen und Gesellschaft?* Bonn, letzter Zugriff: 12.04.2024, https://library.fes.de/pdf-files/pbud/20287-20230505.pdf

Bost, Preston R./Prunier, Stephen G. (2013), »Rationality in conspiracy beliefs: the role of perceived motive«, in: *Psychological Reports*, Jg. 113, H. 1, S. 118–128, letzter Zugriff: 12.04.2024, https://doi.org/10.2466/17.04.PR0.113x17z0

Diener, Ed/Napa Scollon, Christie/Lucas, Richard E. (2009), »The Evolving Concept of Subjective Well-Being: The Multifaceted Nature of Happiness«, in: Ed Diener (Hg.), *Assessing Well-Being. Social Indicators Research Series*, Jg. 39, Dordrecht, S. 67–100.

Douglas, Karen M./Sutton, Robbie M./Cichocka, Aleksandra (2017), »The Psychology of Conspiracy Theories«, in: *Current Directions in Psychological Science*, Jg. 26, H. 6, S. 538–542, letzter Zugriff: 12.04.2024, https://doi.org/10.1177%2F0963721417718261

Glatzer, Wolfgang (2014), »Worries and Pain – The Dark Side of Quality of Life«, in: Wolfgang Glatzer/Laura Camfield/Valerie Møller/Mariano Rojas (Hg.), *Global Handbook of Quality of Life*. International Handbooks of Quality-of-Life, Dordrecht, S. 855–868.

Heitmeyer, Wilhelm (2018), *Autoritäre Versuchungen. Signaturen der Bedrohung 1*, Berlin.

Hillje, Johannes (2024), »Social Media: Die digitale Dominanz der AfD brechen!«, in: *Blätter für deutsche und internationale Politik*, H. 2/2024, S. 13–16.

Hinterleitner, Markus/Kammermeier, Valentina/Moffitt, Benjamin (2023), »How the Populist Radical Right Exploits Crisis: Comparing the Role of Proximity in the COVID-19 and Refugee Crises in Germany«, in: *West European Politics*, 1–26, letzter Zugriff: 12.04.2024, https://doi.org/10.1080/01402382.2023.2275892

Hövermann, Andreas (2023), *Das Umfragehoch der AfD. Aktuelle Erkenntnisse über die AfD-Wahlbereitschaft aus dem WSI-Erwerbspersonenpanel*, Wirtschafts- und Sozialwissenschaftliches Institut der Hans-Böckler-Stiftung: WSI Report Nr. 92, Düsseldorf.

Hövermann, Andreas (2022), *Verschwörungsdenken und die Abwertung Ukraine-Geflüchteter in der sich zuspitzenden Energiekriese. Analysen anhand des Erwerbspersonenpanels der Hans-Böckler-Stiftung*, Wirtschafts- und Sozialwissenschaftliches Institut der Hans-Böckler-Stiftung: WSI Report Nr. 78, Düsseldorf.

Hövermann, Andreas (2021), *Sommer 2021: Inzidenzen sinken, Corona-Zweifel und Verschwörungsmythen bleiben. Aktuelle Befunde der 5. Welle der HBS-Panel-Erwerbspersonenbefragung 2020/21*, Wirtschafts- und Sozialwissenschaftliches Institut der Hans-Böckler-Stiftung: WSI Policy Brief Nr. 61, Düsseldorf.

Hövermann, Andreas (2020), *Soziale Lebenslagen, soziale Ungleichheit und Corona-Auswirkungen für Erwerbstätige*, Wirtschafts- und Sozialwissenschaftliches Institut der Hans-Böckler-Stiftung: WSI Policy Brief Nr. 44, Düsseldorf.

Hövermann, Andreas/Kohlrausch, Bettina/Voss, Dorothea (2021), *Anti-demokratische Einstellungen – Der Einfluss von Arbeit, Digitalisierung und Klimawandel*, Forschungsförderung der Hans-Böckler-Stiftung: Forschungsförderung Policy Brief, Nr. 007, Düsseldorf.

Infratest dimap (2023), »ARD-DeutschlandTREND – Dezember 2023: Eine repräsentative Studie zur politischen Stimmung im Auftrag der ARD-Tagesthemen und der Tageszeitung DIE WELT«, letzter Zugriff: 12.04.2024, https://www.infratest-dimap.de/fileadmin/user_upload/DT2312_Report.pdf

Infratest dimap (2022), »ARD-DeutschlandTREND – Oktober 2022: Eine repräsentative Studie zur politischen Stimmung im Auftrag der ARD-Tagesthemen und der Tageszeitung DIE WELT«, letzter Zugriff: 12.04.2024, https://www.infratest-dimap.de/fileadmin/user_upload/DT_2210_Report.pdf

Intermate (2024), *Rechtsruck im Feed: Wie funktioniert die TikTok Strategie der AfD?* Letzter Zugriff: 12.04.2024, http://www.intermate.de/magazine/rechtsruck-im-feed-wie-funktioniert-die-tiktok-strategie-der-afd

Küpper, Beate/Sandal-Önal, Elif/Zick, Andreas (2023), »Demokratiegefährdende Radikalisierung in der Mitte«, in: Andreas Zick/Beate Küpper/Nico Mokros (Hg.), *Die distanzierte Mitte. Rechtsextreme und demokratiegefährdende Einstellungen in Deutschland 2022/23*, Dietz, S. 91–136.

Lamberty, Pia/Rees, Jonas (2021), »Gefährliche Mythen: Verschwörungserzählungen als Bedrohung für die Gesellschaft«, in: Andreas Zick/Beate Küpper (Hg.), *Die geforderte Mitte. Rechtsextreme und demokratiegefährdende Einstellungen in Deutschland 2020/21*, Dietz, S. 283–300.

Mazza, Jacopo/Sciponi, Marco (2022), *The Brief Rally Around the Flag Effect of COVID-19 in Europe*, Publications Office of the European Union Luxembourg, JRC Technical Report, letzter Zugriff: 12.04.2024, https://data.europa.eu/doi/10.2760/657577

Oesterreich, Detlef (1996), *Flucht in die Sicherheit. Zur Theorie des Autoritarismus und der autoritären Reaktion*, Opladen.

Rohrer, Julia M./Brümmer, Martin/Schupp, Jürgen/Wagner, Gert G. (2021), »Worries across time and age in the German Socio-Economic Panel study«, in: *Journal of Economic Behavior & Organization*, Jg. 181, S. 332–343, letzter Zugriff: 12.04.2024, https://doi.org/10.1016/j.jebo.2018.02.012

R+V (2020), »Die Deutschen haben mehr Angst vor Trump als vor Corona«, in: *R+V Pressemitteilung*, 10.9.2020, letzter Zugriff: 12.04.2024, https://www.ruv.de/dam/jcr:6d26a5d8-e286-41f9-b124-6a87a5499050/ruv-aengste-corona2021.pdf

R+V (2023), »Deutsche fürchten Wohlstandverlust«, in: *R+V Pressemitteilung*, 12.10.2023, letzter Zugriff: 12.04.2024, https://www.ruv.de/dam/jcr:407538b9-1897-4922-8570-820922403c37/ruv-aengste23-pi-bundesweit.pdf

Salmela, Mikko/von Scheve, Christian (2017), »Emotional roots of right-wing political populism«, in: *Social Science Information*, Jg. 56, H. 4, S. 567–595, letzter Zugriff: 12.04.2024, https://doi.org/10.1177/0539018417734419

Söderlund, Peter/Kestilä-Kekkonen, Elina (2009), »Dark Side of Party Identification? An Empirical Study of Political Trust among Radical Right-Wing Voters«, in: *Journal of Elections, Public Opinion and Parties*, Jg. 19, H. 2, S. 159–181, letzter Zugriff: 12.04.2024, https://doi.org/10.1080/17457280902799014

Teichler, Nils/Gerlitz, Jean-Yves/Cornesse, Carina/Dilger, Clara/Groh-Samberg, Olaf/Lengfeld, Holger/Nissen, Eric/Reinecke, Jost/Skolarski, Stephan/Traunmüller, Richard/Verneuer-Emre, Lena (2023), *Entkoppelte Lebenswelten? Soziale Beziehungen und gesellschaftlicher Zusammenhalt in Deutschland. Erster Zusammenhaltsbericht des FGZ*, Bremen, letzter Zugriff: 12.04.2024, https://doi.org/10.26092/elib/2517

Vîslă, Andreea/Stadelmann, Céline/Watkins, Edward/Zinbarg, Richard E./Flückiger, Christoph (2022), »The Relation between Worry and Mental Health in Nonclinical Population and Individuals with Anxiety and Depressive Disorders: A Meta-Analysis«, in: *Cognitive Therapy and Research*, Jg. 46, H. 3, S. 480–501, letzter Zugriff: 12.04.2024, https://link.springer.com/article/10.1007/s10608-021-10288-4

WSI-Erhebungen zur Arbeitswelt in der Pandemie

Wolfram Brehmer, Helge Emmler

1. Einleitung

Dieser Sammelband enthält mehrere Beiträge, die originäre Daten des Wirtschafts- und Sozialwissenschaftlichen Instituts der Hans-Böckler-Stiftung (WSI) auswerten, namentlich die WSI-Betriebs- und Personalrätebefragungen (siehe Abschnitt 2 dieses Beitrags) und die WSI-Erwerbspersonenbefragung – auch WSI-Erwerbspersonenpanel genannt (siehe Abschnitt 3). Zwar enthalten die jeweiligen Beiträge methodische Kurzbeschreibungen der genutzten Datensätze – hier jedoch sollen die geneigten Leser*innen weiterführende Informationen finden, die einen detaillierten Einblick in die Geschichte und konzeptionelle Anlage dieser Befragungen bieten und somit ein vertieftes Verständnis der Datengrundlagen ermöglichen.

Die WSI-Betriebs- und Personalrätebefragungen sind die älteste und aufwendigste Primärerhebung des WSI. Seit 1998 werden regelmäßig mehrere tausend Gremien der betrieblichen Interessenvertretung zu diversen Themen befragt. Diese Befragungen haben sich als ein Instrument etabliert, um Daten über die betriebs- bzw. personalrätliche Mitbestimmung in Deutschland bereitzustellen. Aufgrund ihrer kontinuierlichen Erhebungen ermöglichen sie nicht nur die Untersuchung aktueller Themen und Herausforderungen, sondern auch die Analyse von Veränderungen und Trends über lange Zeitreihen hinweg. Die Ergebnisse dieser Befragungen sollen dabei nicht nur Erkenntnisse für die Forschung bieten, sondern auch als eine praktische Orientierungshilfe für politische Entscheidungen, gewerkschaftliche Aktivitäten und betriebliche Maßnahmen zur Gestaltung der Arbeitswelt dienen. Da es sich um eine telefonische Befragung handelt und die Stichprobe aus einem vollständigen Register gezogen wird, kann – das gilt zumindest für die Bruttostichprobe – die Befragung nach den gängigen Maßstäben als »repräsentativ« betrachtet werden.

Das WSI-Erwerbspersonenpanel ist erst 2020 entstanden und damit deutlich jünger. Es schließt eine Lücke in den für die Arbeit des Instituts relevanten

Datenquellen, weil das WSI zuvor keine Individualdaten auf Personen- sowie Haushaltsebene erhoben hatte. Da es sich um eine Online-Befragung handelt, ist sie nicht per se »repräsentativ«, jedoch wird durch zahlreiche Maßnahmen dafür Sorge getragen, dass die hier gewonnenen Daten so verallgemeinerbar sind, wie es auf Grundlage einer Online-Befragung gewährleistet werden kann.

2. Die WSI-Betriebs- und Personalrätebefragungen[1]

Die WSI-Betriebs- und Personalrätebefragungen sind die größte fortlaufende Erhebung des Instituts. Im Folgenden wird das aktuell laufende Befragungspanel (beginnend 2015) als Ganzes vorgestellt, wobei der Fokus auf dem Erhebungsjahr 2021 liegt, weil diese Welle sich inhaltlich intensiv der in diesem Sammelband diskutierten Corona-Pandemie widmete. Für eine ausführlichere Darstellung anderer Befragungsjahre sei auf die entsprechenden Methodenberichte verwiesen (Häring u.a. 2015, 2016, 2017, 2018; Mayerböck/Krüger 2021, 2023).[2]

Zunächst wird die Geschichte der Befragung beschrieben (Abschnitt 2.1). Anschließend wird das aktuelle Befragungspanel mit Beginn 2015 im Detail behandelt (2.2). Hierbei werden verschiedene Aspekte beleuchtet, darunter die Grundgesamtheit der Befragung (2.2.1), die Stichprobenziehung und Teilnahmebereitschaft (2.2.2), die Entwicklung des Fragebogens (2.2.3), die operative Durchführung der Befragung (2.2.4) sowie die Befragungsinhalte, einschließlich des Schwerpunktthemas »Corona-Pandemie« (2.2.5). Schließlich wird kurz auf die Gewichtung der Daten (2.2.6) eingegangen.

2.1 Geschichte

Die WSI-Betriebs- und Personalrätebefragung sammelt seit dem Jahr 1998 regelmäßig Informationen über die betriebliche Mitbestimmung in Deutschland. Sie ist die einzige hiesige wie auch dauerhafte Betriebsbefragung, die nicht die Perspektive der Arbeitgeber, sondern die der Interessenvertretungen abbildet. Dabei behandelt die Befragung nicht nur den Themenkomplex »Mitbestimmung«, sondern sie ist eine Mehrthemenbefragung, in der die Betriebs- und Personalräte zu verschiedenen Fragen der Arbeitsorganisation bzw. zu Problemstellungen in ihren Betrieben Auskunft geben. Dazu gehören unter anderem Beschäftigungs-

1 Abschnitt 2 dieses Beitrags ist eine überarbeitete und gekürzte Fassung von Brehmer 2024.

2 Alle Methodenberichte finden sich auf der Webseite der Befragung: https://www.wsi.de/de/betriebsraetebefragung-14622.htm (letzter Zugriff: 16.04.2024).

strukturen und -entwicklung, Arbeitszeiten, Tarifbindung, Mindestlohn, Alterssicherung, Arbeitsniederlegungen, Arbeitsbedingungen und Gesundheit. Neben den regelmäßig behandelten Themen gibt es auch wechselnde Schwerpunktthemen, die in einzelnen Befragungswellen einmalig vertieft behandelt werden – so wie das Thema »Umgang mit Corona in den Betrieben«, welches das Schwerpunktthema der Befragung im Jahr 2021 war.

Die Methodik der Befragung hat sich im Laufe der Jahre weiterentwickelt. Anfangs wurden Einzelbefragungen durchgeführt, die schriftlich erfolgten (Schäfer 2003: 139). Ab dem Jahr 2005 wurde auf telefonische Befragungen umgestellt. Von 2007 bis 2011 wurde erstmals ein in sich abgeschlossenes Panel mit fünf Wellen durchgeführt. Dabei wurden jedoch – anders als in den früheren Wellen – nur Betriebsräte befragt, während Personalräte des Öffentlichen Dienstes nicht einbezogen waren. Seit 2015 läuft ein neues Panel, das noch immer fortgesetzt wird. Auch dieses Panel befragte in seinen ersten vier Wellen ausschließlich Betriebsräte. Im Jahr 2021 wurde es jedoch im Rahmen einer Nachziehung um Personalräte des Öffentlichen Dienstes erweitert und auf Dauer gestellt (das heißt es soll auch künftig weitere Wellen geben). Die Methoden dieses Panels sollen im Folgenden genauer geschildert werden.

2.2 Methodik: Das Befragungspanel seit 2015

2.2.1 Grundgesamtheit

Die Grundgesamtheit der Befragung sind Betriebe und Dienststellen mit mindestens 20[3] sozialversicherungspflichtig Beschäftigten[4] und Betriebs- oder Personalrat. Dabei umfassten die Panelwellen von 2015 bis 2018 (vier Wellen) nur Betriebsräte. Seit dem Erhebungsjahr 2021 (bislang zwei Wellen) wurden auch Personalräte einbezogen, wodurch die Grundgesamtheit erweitert wurde. Personalräte machen etwa ein Viertel aller Betriebs- und Personalratsgremien in Deutschland aus.

Es ist zu beachten, dass die Grundgesamtheit der Betriebe (einschließlich Dienststellen) *mit Betriebs- oder Personalrat* ebenso erheblich wie auch systematisch

3 Die Beschäftigtenzahl bezieht sich auf den Ziehungszeitpunkt. Sinken Panelbetriebe zu einem späteren Zeitpunkt unter die Beschäftigtengrenze, werden sie dennoch für Längsschnittauswertungen weiter befragt. Gegebenenfalls erhalten sie jedoch ein verkürztes Interview und werden bei Querschnittauswertungen ausgeschlossen.

4 Beamte gelten nicht als sozialversicherungspflichtig Beschäftigte. Dennoch muss wegen der Auswahlgrundlage für die Stichprobe diese Definition bestehen bleiben, da die Betriebsdatei der Bundesagentur für Arbeit (BA) keine Informationen über Beamte beinhaltet.

von einer Grundgesamtheit *aller* Betriebe abweicht, da nicht in allen Betrieben Betriebs- oder Personalräte vorhanden sind. Ob Betriebs- oder Personalräte gebildet sind, ist abhängig vom Wirtschaftsbereich, vor allem aber von der Anzahl der Beschäftigten: Je größer ein Betrieb ist, desto wahrscheinlicher wird eine Interessenvertretung installiert.

Tabelle 1 zeigt die Anzahl der Betriebe in der Betriebsdatei 2019 der Bundesagentur für Arbeit (BA) sowie die geschätzte Wahrscheinlichkeit, auf einen Betriebs- oder Personalrat zu stoßen, basierend auf Daten des IAB-Betriebspanels 2019 (Ellguth u.a. 2014). Die Wahrscheinlichkeiten wurden durch eine Regression[5] ermittelt; die abhängige Variable konnte drei Ausprägungen annehmen.[6]

Das Ergebnis zeigt die Verteilung von Betriebs- und Personalräten nach Branchen und Betriebsgrößen. Insgesamt wies die BA-Betriebsdatei 2019 im vierten Quartal rund 280.000 Betriebe aus. Die Wahrscheinlichkeit, bei zufälliger Auswahl eines Betriebes einen Betriebsrat zu finden, liegt bei 22 Prozent, die für einen Personalrat bei 8 Prozent. Anders formuliert: 70 Prozent der Betriebe (ab 20 Beschäftigten) haben weder einen Betriebs- noch einen Personalrat. In der Tabelle ist ersichtlich, wie stark sich Betriebsgrößen und Wirtschaftsbereiche sowie deren Kreuzung diesbezüglich unterscheiden. Diese Information ist einerseits relevant, um zu verdeutlichen, dass Befunde aus der Betriebs- und Personalrätebefragung in der Regel nicht auf Betriebe ohne Betriebs- oder Personalräte übertragen werden können. Andererseits ist diese Verteilung die Grundlage für das Verständnis der Stichprobenziehung der Befragung, die im folgenden Abschnitt behandelt wird, aber auch für die Gewichtung (Abschnitt 2.2.6).

5 Die Wahrscheinlichkeiten wurden mittels einer multinomialen logistischen Regression ermittelt (Pseudo-R^2 0,292). Daten IAB-BP 2019; N = 10.742. Alle Angaben sind Hochrechnungen auf die BA-Betriebsdatei 2019. Fälle ohne vollständige Angaben wurden ausgeschlossen, auch wenn keine eindeutige Zuteilung zum Betriebs- oder Personalrat vorgenommen werden konnte. Betriebsgröße logarithmiert, Branche wie angegeben, keine weiteren erklärenden Variablen.

6 Die Ausprägungen sind: a) weder Betriebs- noch Personalrat (in Tabelle 1 nicht ausgewiesen), b) Betriebsrat oder c) Personalrat. Die Information über das Vorhandensein eines Betriebs- oder Personalrats wird im IAB-BP dichotom erfasst, das heißt, es erfolgt keine explizite Unterscheidung zwischen den beiden Gremien. Die Zuordnung zum Betriebs- oder Personalrat erfolgte durch die Kreuzung der Rechtsform (öffentlich-rechtlich vs. privatrechtlich) mit dieser dichotomen Angabe.

Branche (WZ 2008*)	Betriebsgröße (sozialversicherungspflichtig Beschäftigte) 20 bis 49	50 bis 99	100 bis 199	200 bis 499	500 und mehr	Total
Land- und Forstwirtschaft, Fischerei (01 bis 03)	1.680	161	294	97	0	2.232
Betriebsrat	0,02	0,04	0,08	0,14		0,03
Personalrat	0,07	0,14	0,21	0,31		0,10
Produzierendes Gewerbe ohne Baugewerbe (05 bis 39)	25.478	11.752	8.142	5.233	1.877	52.482
Betriebsrat	0,21	0,40	0,59	0,77	0,91	0,38
Personalrat	0,01	0,02	0,02	0,02	0,02	0,02
Baugewerbe (41 bis 43)	13.182	3.985	1.721	224	118	19.230
Betriebsrat	0,08	0,19	0,34	0,60	0,81	0,13
Personalrat	0,00	0,00	0,00	0,00	0,00	0,00
Handel, Verkehr und Lagerei, Gastgewerbe (45 bis 56)	43.287	20.038	8.280	2.943	657	75.205
Betriebsrat	0,11	0,24	0,41	0,62	0,85	0,18
Personalrat	0,00	0,00	0,01	0,01	0,01	0,00
Information und Kommunikation (58 bis 63)	4.347	3.023	1.225	395	164	9.154
Betriebsrat	0,08	0,19	0,34	0,52	0,72	0,15
Personalrat	0,03	0,05	0,07	0,09	0,10	0,04
Finanz- und Versicherungsdienstleister (64 bis 66)	2.969	966	539	1.087	236	5.797
Betriebsrat	0,31	0,43	0,55	0,63	0,74	0,45
Personalrat	0,32	0,36	0,35	0,32	0,25	0,33
Unternehmensnahe Dienstleistungen (68 bis 82)	21.934	10.864	5.886	2.654	831	42.169
Betriebsrat	0,09	0,19	0,34	0,57	0,81	0,17
Personalrat	0,00	0,00	0,01	0,01	0,01	0,00
Öffentliche Dienstleister, Erziehung, Gesundheit (85 bis 88)	23.982	14.567	7.200	2.918	1.839	50.506
Betriebsrat	0,17	0,33	0,47	0,63	0,76	0,28
Personalrat	0,10	0,15	0,18	0,18	0,16	0,13
Kunst, Unterhaltung und Erholung; Sonstige Dienstleister (90 bis 96)	4.517	2.141	1.326	424	225	8.633
Betriebsrat	0,09	0,18	0,28	0,39	0,52	0,16
Personalrat	0,18	0,28	0,35	0,39	0,38	0,24
Öffentliche Verwaltung (84)	4.491	3.906	2.789	2.007	908	14.101
Betriebsrat	0,01	0,01	0,02	0,02	0,03	0,01
Personalrat	0,72	0,84	0,90	0,93	0,95	0,82
Total (01 bis 96)	145.867	71.403	37.402	17.982	6.855	279.509
Betriebsrat	0,12	0,26	0,41	0,58	0,71	0,22
Personalrat	0,05	0,10	0,13	0,18	0,20	0,08

Tabelle 1: Wahrscheinlichkeit der Ziehung von Betriebs- und Personalräten unter allen Betrieben in der Betriebsdatei der Bundesagentur für Arbeit

* Siehe Klassifikation der Wirtschaftszweige des Statistischen Bundesamts, Ausgabe 2008 (Statistisches Bundesamt 2008), ohne Branchen »Haushalte mit Haushaltshilfen« sowie ohne »exterritoriale Organisationen«.

Quelle: Eigene Berechnung mit Daten des IAB-Betriebspanels 2019

2.2.2 Stichprobenziehung und -realisierung

Da es kein vollständiges Register[7] von Betriebs- und Personalratsgremien in Deutschland gibt, muss auf eine Bruttostichprobe von Betrieben ausgewichen werden, die nach Betrieben mit Betriebs- oder Personalrat durchsucht wird. Die Betriebe für das Befragungspanel ab 2015 wurden durch eine Zufallsauswahl aus der Betriebsdatei der Bundesagentur für Arbeit (BA) ausgewählt. Die BA-Betriebsdatei enthält alle Betriebe in Deutschland mit mindestens einem sozialversicherungspflichtig Beschäftigten und stellt somit die beste verfügbare Grundlage für Betriebsstichproben dar.[8] Die Stichprobe wurde nach Betriebsgröße und Wirtschaftsbereich stratifiziert, um sicherzustellen, dass auch weniger häufig vertretene Betriebsgrößen und -branchen angemessen berücksichtigt werden. Die Schichtungszellen entsprechen der bereits in Tabelle 1 eingeführten Gliederung in fünf Betriebsgrößenklassen und zehn Wirtschaftsbereiche, wobei der Wirtschaftszweig »Öffentliche Verwaltung« in der 2015er-Ziehung noch nicht enthalten war. Dieser kam erst 2021 hinzu.

Die BA-Betriebsdatei enthält weder Telefonnummern noch Informationen über das Vorhandensein von Betriebs- bzw. Personalräten in den Betrieben. Daher mussten diese Angaben vor Beginn der 2015er- und 2021er-Befragungen aufwendig ermittelt werden. Eine Rufnummernrecherche wurde für die gesamte Betriebsstichprobe durchgeführt, gefolgt von telefonischen Abfragen, um das Vorhandensein von Betriebsräten festzustellen. Dabei wurde auch der Name des oder der Betriebsratsvorsitzenden ermittelt. Da nicht jeder Betrieb einen Betriebsrat hat und Zielpersonen zum Teil nicht zu erreichen oder nicht befragungsbereit sind, wurden etwa 15 Adressen in der Betriebsstichprobe benötigt, um letztlich ein erfolgreiches Telefoninterview mit einem Betriebsrat zu führen (Abbildung 1). Die Bruttostichprobe 2015 umfasste insgesamt 63.534 Betriebsadressen, aus denen in der ersten Welle 4.125 Interviews realisiert wurden (52 Prozent Teilnahmebereitschaft bezogen auf die um neutrale Ausfälle[9] bereinigte

---

7 Die WSI-Betriebs- und Personalrätebefragungen 1997 bis 2001 rekrutierten ihre Teilnehmer aus Adressverteilern von Verlagen, die Literatur für Betriebs- und Personalräte publizieren, sowie Adressverteilern von Gewerkschaften. Doch auch die Summe dieser Verteiler bildet nur einen Ausschnitt aller Betriebs- und Personalräte in Deutschland ab, was bei Befragungen zu Verzerrungen führen kann.

8 Die BA-Betriebsdatei eignet sich unter methodischen Erwägungen gut zur Stichprobenziehung von Betrieben: Sie beinhaltet Betriebe/Dienststellen (statt Unternehmen), ist komplett und wird stetig aktualisiert, was auch für spätere Adressaktualisierungen genutzt werden kann. Nachteilig ist der erhebliche administrative Aufwand wegen des (Sozial-)Datenschutzes. Die BA-Betriebsdatei wird aus Sozialdaten (Arbeitgebermeldung an Krankenkassen) generiert. Es gelten deswegen dieselben strikten Datenschutzbestimmungen auch für die Befragung.

9 Neutrale Ausfälle: überwiegend Betriebe ohne Betriebsrat, aber auch Betriebe, die im Screening aus anderen Gründen als nicht zur Grundgesamtheit gehörig identifiziert wurden (vgl. Häring u.a. 2015).

Bruttostichprobe). Nach den Telefoninterviews erklärten sich 3.886 der befragten Betriebsräte (94 Prozent) bereit, auch an Folgebefragungen teilzunehmen (»Panelbereitschaft«, siehe Baumann 2015).

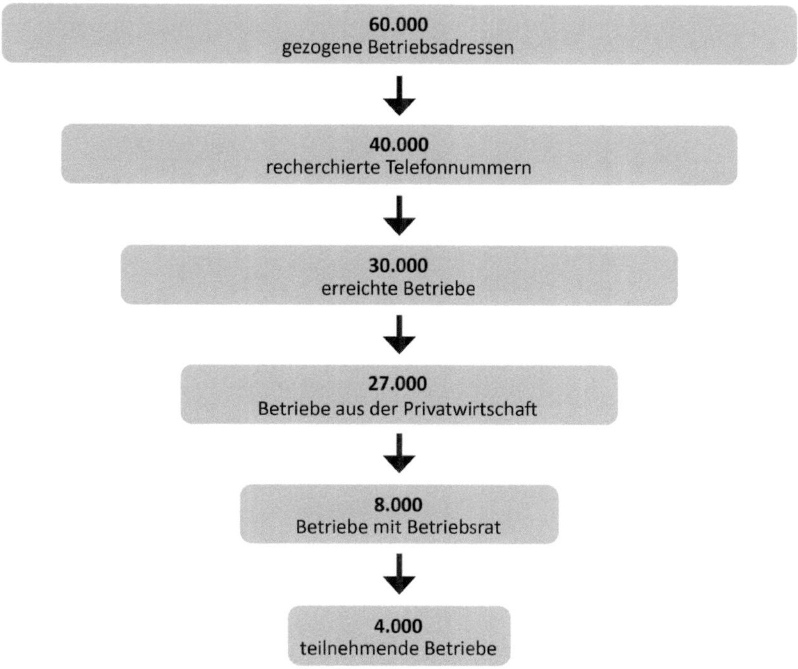

Abbildung 1: WSI-Betriebsrätebefragung 2015: Fallzahlen von der Stichprobe bis zur Befragung
Quelle: Baumann 2015: 633

Die weiteren Befragungen in den Jahren 2016, 2017 und 2018 wurden ausschließlich unter den 2015 rekrutierten Betriebsräten durchgeführt. Nachziehungen fanden in diesen Wellen nicht statt. Um Änderungen bei Betriebs-, Namens- oder Adressdaten zu berücksichtigen, wurde jedoch vor jeder Befragung ein Adressabgleich mit der BA-Betriebsdatei durchgeführt.

In jeder Panelwelle gibt es Ausfälle von Befragungseinheiten, sowohl vorübergehend als auch dauerhaft. Letzteres wird als »Panelmortalität« bezeichnet. Die Panelmortalität bestimmt, wie oft Betriebsräte befragt werden können und in welchen Zeitintervallen neue Befragungseinheiten hinzugezogen werden müssen, um die Größe der Stichprobe aufrechtzuerhalten. Generell zeigt die hohe allgemeine Akzeptanz der Befragung bei den Betriebsräten sich sowohl in der guten Teilnahmebereitschaft als auch im seltenen Widerruf der Panelbereitschaft (Tabelle 2). Panelausfälle entstehen aber nicht nur durch eine Rücknahme der Befragungsbereitschaft, sondern auch durch Betriebsschließungen, Auflösung des Betriebsrats und anderes. Bei der Betriebsrätebefragung kommt noch ein gesonderter Anlass hinzu, der periodisch zu Änderungen im Panel führt: Alle vier Jahre gibt es Betriebsratswahlen, so eben auch im Jahr 2018. Daher entschied man sich, nach der 2018er-Befragung eine Aufstockungsstichprobe zu ziehen: einerseits, um die Teilnehmerzahl wieder zu erhöhen, andererseits, um Veränderungen in der Grundgesamtheit Rechnung zu tragen und neu gebildete Gremien ins Panel zu holen.

Befragungsjahr	**2015**	**2016**	**2017**	**2018**	**2021**	**2023**
Gesamtstichprobe von Betriebsadressen aus BA-Betriebsdatei	63.534				42.752	
Erfolgreiche Telefonnummernrecherche	49.448				42.028	
Eingesetzte (Sub-)Stichprobe (neue und erneut eingesetzte Adressen)	46.872	3.884	3.767	3.612	24.926	22.991
Bereinigt Brutto: Betriebe (mutmaßlich) mit Betriebsrat (ab 2021 auch Personalrat)	8.014	3.803	3.658	3.526	11.288	12.723
Antwortausfall						
Verweigert vor Erstinterview (keine Aufnahme ins Panel)	3.216				2.851	2.133
Nicht erreicht, temporärer Termin, Status zum Feldende noch offen, Sonstiges	627	812	890	886	3.673	6.189
Verweigert temporär: nicht diese Welle (nur Panelteilnehmer)		373	366	336	724	516
Interviews						
Auswertbare Interviews	4.125	2.606	2.391	2.288	3.887	3.713
Teilnahmequote (bezogen auf die bereinigte Bruttostichprobe)	51,5 %	68,5 %	65,4 %	64,9 %	34,4 %	29,0 %
Teilnahmequote (bezogen auf die eingesetzte Gesamtstichprobe)	8,8 %	67,1 %	63,5 %	63,3 %	15,6 %	16,1 %
Abgebrochene Interviews	46	12	11	16	153	172
nach Interview: verweigert grundsätzlich, Adresse löschen (Panelausfall)	241	36	46	46	66	46
Erneut befragungsbereit (nur bezogen auf Teilnehmer)	3.884	2.582	2.356	2.258	3.821	3.667

Tabelle 2: WSI-Betriebsrätebefragung 2015 bis 2023: Stichprobenziehungen, Screening und Feldergebnisse im Überblick; Angaben in absoluten Zahlen und Prozent
Quelle: WSI-Betriebs- und Personalrätebefragung 2015 bis 2023, eigene Berechnung

Die notwendige Aufstockungsstichprobe wurde auch genutzt, um das Panel um Personalräte[10] zu erweitern. Weiterhin wurde der Befragungsrhythmus auf

10 Gemäß Betriebsverfassungsgesetz und Personalvertretungsrecht von Bund und Ländern hängt es von der Rechtsform eines Betriebs (privatrechtlich vs. öffentlich-rechtlich) ab, ob Beschäftigte Betriebs- oder alternativ Personalräte bilden können.

zweijährlich umgestellt, wobei die Befragung in ungeraden Jahren stattfinden soll, um Jahre mit Betriebsratswahlen zu umgehen.[11] Auffrischungsstichproben sollen ab diesem Zeitpunkt regelmäßig gezogen werden, abhängig von der weiteren Panelmortalität zwei- oder vierjährlich, auf jeden Fall aber immer nach Betriebsratswahlen. Gleichzeitig gab es zwischen 2018 und 2021 einen Wechsel des Befragungsinstituts[12], was bedeutet, dass die Panelbereitschaft aller Teilnehmer 2021 neu erfasst werden musste.

Die 2021 eingesetzten Adressen beinhalteten neben den noch verbliebenen Panelbetrieben (3.476) eine neue Stichprobe von Betrieben aus der BA-Betriebsdatei (34.259), aber auch Betriebe einer gemeinsamen Studie des Instituts für Arbeitsmarkt- und Berufsforschung (IAB) und des WSI aus dem Jahr 2019, aus der noch Adressen von Betrieben (5.017) – teilweise bereits mit recherchierter Betriebsratsangabe – vorlagen, die aus Gründen der Datensparsamkeit erneut eingesetzt wurden. Nachgezogen wurde wieder in allen Stichprobenteilen innerhalb derselben Ziehungszellen wie in der 2015er-Stichprobe.

Innerhalb der Stichprobenzellen wurde per Zufallsauswahl gewählt, sowohl bei der ersten Auswahl aus der BA-Betriebsdatei als auch bei späteren Teilstichproben (»Tranchen«) zur Feldsteuerung.[13] Dafür wurden die Stichproben für die Betriebsräte von den Stichproben für die Personalräte getrennt. Die Verteilung der 2021 realisierten Interviews ist Tabelle 3 zu entnehmen. Dabei sind Betriebs- und Personalräte separat dargestellt, um den Vergleich mit der (mutmaßlichen) Grundgesamtheit zu ermöglichen, wie sie zum Beispiel aus dem IAB-Betriebspanel geschätzt werden kann (vgl. Tabelle 1). Im Falle der Panelbetriebe sind die Zellzuteilungen vor der Stichprobenziehung aktualisiert worden (hier: Quartal vier, 2020). Nicht alle Panelbetriebe lassen sich der BA-Betriebsdatei noch zuordnen; diese sind mit »keine Angabe« markiert. Diese Betriebe werden für die Gewichtung gemäß der Eigenangabe der Befragten zur Branche/Betriebsgröße in den Schichtungsplan einsortiert.

---

11 Die Befragungen fanden in folgenden Zeiträumen statt: Welle 1 vom 21.01 bis 30.04.2015, Welle 2 vom 02.02. bis 29.04.2016, Welle 3 vom 01.02. bis 13.04.2017, Welle 4 vom 30.01. bis 27.04.2018, Welle 5 vom 26.05. bis zum 14.12.2021 und Welle 6 vom 15.03. bis zum 15.09.2023.

12 Vom infas Institut für angewandte Sozialwissenschaft mit Sitz in Bonn (infas) zum uzbonn, Umfragezentrum Bonn – Prof. Rudinger GmbH (uzbonn GmbH), Gesellschaft für empirische Sozialforschung und Evaluation.

13 In der Regel werden nicht immer alle Adressen gleichzeitig kontaktiert, sondern nur Teilstichproben, während andere Teilstichproben zurückgelegt werden. So kann gesteuert werden, welche Gesamtfallzahl (ungefähr) erreicht wird.

Branche (WZ 2008)	Betriebsgröße						Total
	Kleiner 50	50 bis 99	100 bis 199	200 bis 499	500 und mehr	Keine Angabe	
Keine Angabe							
Betriebsräte	0	0	0	0	0	24	24
Personalräte	0	0	0	0	0	1	1
Land- und Forstwirtschaft, Fischerei (01 bis 03)							
Betriebsräte	7	5	0	3	0	1	16
Personalräte						0	5
Produzierendes Gewerbe ohne Baugewerbe (05 bis 39)							
Betriebsräte	107	156	204	285	100	32	884
Personalräte						0	10
Baugewerbe (41 bis 43)							
Betriebsräte	22	25	16	13	10	2	88
Personalräte						0	2
Handel, Verkehr und Lagerei, Gastgewerbe (45 bis 56)							
Betriebsräte	169	105	96	70	19	39	498
Personalräte						0	1
Information und Kommunikation (58 bis 63)							
Betriebsräte	22	26	25	15	16	2	106
Personalräte						0	6
Finanz- und Versicherungsdienstleister (64 bis 66)							
Betriebsräte	35	25	28	27	12	2	129
Personalräte						0	37
Unternehmensnahe Dienstleistungen (68 bis 82)							
Betriebsräte	82	67	71	59	15	17	311
Personalräte						0	9
Öffentliche Dienstleister, Erziehung, Gesundheit (85 bis 88)							
Betriebsräte	142	172	138	103	56	20	631
Personalräte	39	26	21	10	19	0	115
Kunst, Unterhaltung und Erholung; Sonstige Dienstleister (90 bis 96)							
Betriebsräte	55	48	30	36	11	1	181
Personalräte	15	17	14	4	4	0	54
Öffentliche Verwaltung (84)							
Betriebsräte	18	17	4	13	4	0	56
Personalräte	194	195	129	132	73	0	723

Branche (WZ 2008)	Betriebsgröße Kleiner 50	50 bis 99	100 bis 199	200 bis 499	500 und mehr	Keine Angabe	Total
Total							
Betriebsräte	659	646	612	624	243	140	2.924
Personalräte	268	248	179	163	104	1	963

Tabelle 3: Befragte Betriebsräte (BR) und Personalräte (PR) nach Stichprobenplan in Welle 2021; Angaben in absoluten Zahlen

Anmerkung: Verteilung der Personalräte in den WZ 01 bis 82 auf Betriebsgrößenklassen aus Datenschutzgründen nicht ausgewiesen

Quelle: WSI-Betriebs- und Personalrätebefragung 2021, eigene Berechnung

2.2.3 Eingesetzter Fragebogen

Der Fragebogen wurde im WSI entwickelt. Vor dem Start des Befragungspanels 2015–2023 wurde ein kognitiver Pretest durchgeführt, um die Validität und Reliabilität der Panelfragen sicherzustellen. Der Zweck dieses Pretests bestand darin, das Verständnis der Befragten für die Fragen, Aussagen und Begriffe zu überprüfen, die im Fragebogen enthalten waren. Der kognitive Pretest wurde im Sommer 2013 durchgeführt und umfasste Interviews mit zehn Betriebsräten unterschiedlicher Betriebsgrößen und Branchen. Dabei wurden verschiedene Fragetechniken angewendet, darunter *Special Comprehension Probing*, *Category Selection Probing*, *General Probing* und *Paraphrasing* siehe (Häring u.a. 2015: 22 f.).

Auch die Fragebögen für die einmaligen Schwerpunktthemen wurden im WSI entwickelt, vereinzelt in Kooperation mit Dritten. In der Regel wurden diese Fragebögen auch an Praktiker*innen in Betrieben oder in den Gewerkschaften weitergegeben, ebenso wie an Forscher*innen aus den betreffenden Fachdisziplinen, um auch deren Feedback einzuarbeiten.

Vor jeder Welle wurde das gesamte Befragungsinstrument einem telefonischen Pretest mit 100 bis 150 Betriebs- und Personalräten unter realen Feldbedingungen unterzogen. Das Instrument wurde dabei hinsichtlich seiner Eignung für eine valide Datenerhebung geprüft. Die Pretests fanden jeweils mehrere Monate vor der eigentlichen Befragung statt, um gegebenenfalls auch umfangreiche Überarbeitungen im Anschluss zu ermöglichen. So wurden auf Basis der Pretest-Erfahrungen weitere Anpassungen am Fragebogen vorgenommen, insbesondere zur Reduzierung der Befragungsdauer und zur Behebung von Filterungsfehlern. Auch sprachliche Vereinfachungen wurden zum Teil noch vorgenommen.

2.2.4 Operative Durchführung

Pro Betrieb bzw. Dienstelle wird nur eine Person befragt.[14] Im Screening wird versucht, immer zuerst mit dem oder der Vorsitzenden des Betriebs- oder Personalrats in Kontakt zu kommen und das Interview zu führen. Wenn der bzw. die Vorsitzende keine Zeit hat, wird das Interview mit einem anderen Mitglied durchgeführt. Die deutliche Mehrheit der Interviews findet jedoch mit den Vorsitzenden statt. In jedem Fall steht jedes Interview für ein Gremium und einen Betrieb respektive eine Dienststelle.

Die Befragungsinhalte und einige ausgewählte Fragen werden im Anschreiben angekündigt. Dort wird darauf hingewiesen, dass auch aktuelle Beschäftigtenangaben der Betriebe gegliedert nach Beschäftigtengruppen und differenziert nach Geschlecht erfragt werden, damit die Betriebs- und Personalräte die Gelegenheit haben, diese Angaben für die Interviews bereitzuhalten. Der Fragebogen als solcher wird jedoch nicht in schriftlicher Form an die Befragten weitergegeben und auch erst veröffentlicht, nachdem die Befragung abgeschlossen ist.

Die Befragung wird telefonisch durchgeführt (*Computer Assisted Telephone Interview*). In CATI-Erhebungen wird den Interviewer*innen der Fragebogen über einen Computerbildschirm angezeigt. Sämtliche Fragentexte und Antwortmöglichkeiten werden dort dargestellt und müssen den Befragten vorgelesen werden. Die Filteranweisungen sind im Befragungsprogramm hinterlegt, wodurch das CATI-Programm je nach den zuvor gegebenen Antworten automatisch die passenden Folgefragen oder Antwortmöglichkeiten auswählt. Die durchschnittliche Befragungsdauer liegt in den meisten Wellen um die 50 Minuten; sie variiert gelegentlich, abhängig von der Länge der Schwerpunktthemen. Einzelne Subgruppen (vor allem Großbetriebe) erhalten regelmäßig längere Interviews, da viele Nachfragen für sie zutreffen. Die Personalratsinterviews fallen im Schnitt kürzer aus.

Die Fragebögen beinhalten systematisch randomisierte Aspekte: Haben Fragen viele Antwortoptionen, die nicht wegen des Inhalts in bestimmter Reihenfolge vorgelesen werden müssen, wird die Reihenfolge zufällig eingespielt. Das ist besonders wichtig, wenn längere Listen abgefragt werden (wie die Themen der Betriebsratsarbeit oder gültige Betriebsvereinbarungen), um Reihenfolgeeffekte zu vermeiden. Ebenso wird die Reihenfolge ganzer Themenblöcke, aber auch einzelner Fragen innerhalb von Themenblöcken in verschiedenen Wellen an zufällig

14 Gibt es in einem Betrieb bzw. in einer Dienststelle mehrere Betriebs- oder Personalratsgremien (Eurobetriebsrat, Gesamtbetriebsrat, Stufenpersonalrat etc.), wird jeweils der örtliche Betriebs- oder Personalrat gewählt, der für den Betrieb respektive die Dienststelle zuständig ist.

gewählte Substichproben unterschiedlich eingespielt, um Reihenfolgeeffekte zu prüfen oder zu vermeiden.

In jeder Welle werden Interviewer*innen eingesetzt, die zuvor entsprechend geschult wurden (vom Befragungsinstitut, aber mitunter auch zusätzlich seitens des WSI, um den Kontext der Befragung zu erläutern). Die durchschnittliche Anzahl der Interviews pro Interviewer*in variiert je Welle und kann den Methodenberichten entnommen werden. In jeder Welle werden die Interviewer*innen via Supervision begleitet. Das soll sicherstellen, dass die Befragung ordnungsgemäß durchgeführt wird. Die Interviewer*innen werden instruiert, die Fragen und Antworten genau wie vorgegeben vorzulesen und keine eigenen Interpretationen einzubringen, es sei denn, dies ist explizit im Fragebogen vorgesehen (was in der Regel jedoch nur im Rahmen des Screenings vorkommt). Auch auf Rückfragen seitens der Befragten sollen nach Möglichkeit lediglich mit erneutem Vorlesen der Frage reagiert werden. Panelfragen haben zusätzlich zur eigentlichen Frage nur auf Nachfrage vorzulesende Erläuterungen, wenn im Laufe der Pretests oder der Befragungen festgestellt wurde, dass bestimmte Nachfragen häufiger auftreten.

2.2.5 *Befragungsinhalte: Panelfragen und Schwerpunktthema »Corona-Pandemie«*

Die Befragung des Jahres 2021 war eine Mehrthemenbefragung und umfasste eine Vielzahl zentraler Aspekte der Arbeitswelt in Betrieben. Etwa die Hälfte des Fragebogens bestand aus unveränderlichen Panelfragen, um zeitliche Veränderungen nachverfolgen zu können. Diese Fragen deckten eine breite Palette von Themen ab, darunter Mitbestimmung, Betriebsvereinbarungen, Tarifsystem, Lohn und Gehalt, Betriebsklima, Gewerkschaften, Strukturmerkmale des Betriebs und der Belegschaft, Gesundheitsschutz, Arbeitsbedingungen und Arbeitszeit (vgl. Tabelle 4). Für den Teil der Befragung, der sich speziell an Personalräte richtete, wurde der Fragebogen so gestaltet, dass er die Themen des Betriebsrätefragebogens spiegelte, soweit dies sinnvoll möglich war. Dabei wurden jedoch jeweils die Besonderheiten des Öffentlichen Dienstes berücksichtigt.

Thema	**Inhalt**
Mindestlohn	– BR-Einschätzung zur Höhe des Mindestlohns – Wie viele Beschäftigte erhalten ihn bzw. sind durch eine Erhöhung betroffen
Tarifsystem	– Form der Tarifbindung, gültiger Tarifvertrag – OT-Mitgliedschaft Betrieb – Bestrebungen zu/Vorgang des Tarifaustritts – Nutzung von Öffnungsklauseln
Betriebliche Regelungen	– Betriebsvereinbarungen (Themen, wann abgeschlossen, Art der Vereinbarungen, Tarifbezug)
Mitbestimmung (Themen, Strukturen)	– Themen der BR/PR-Tätigkeit – Strukturdaten von BR/PR-Gremien – Arbeitsorganisation im BR/PR – Ressourcen des BR/PR – Wirtschaftsausschuss – GBR, KBR, EBR, § 3 BR – Informationsverhalten AG – Klima Mitbestimmung / Behinderung BR/PR-Tätigkeit – Einigungsstelle / Gerichtsverfahren / sonst. Konflikte
Betriebsklima	– Allgemeine Einschätzung – Verhältnis BR/PR zu Belegschaft/AG/Gewerkschaft
Gewerkschaft	– Gewerkschaftsmitgliedschaft von BR/PR und von Beschäftigten – Betreuung des BR/PR durch Gewerkschaft
Strukturdaten Betrieb und Unternehmen	– Anzahl Beschäftigte im Unternehmen – Aufsichtsrat
Arbeitsbedingungen und Arbeitszeit	– Leistungsanforderungen, Termindruck, Arbeitsverdichtung – Formen der Arbeitszeit – Form der AZ-Dokumentation

Thema	Inhalt
Betriebliche Sozialpolitik und Arbeits- und Gesundheitsschutz	– Betriebliche Sozialleistungen, insbesondere betriebliche Altersvorsorge – Vereinbarkeit von Familie und Beruf – Behinderung/Schwerbehindertenvertretung – Betrieblicher Arbeits- und Gesundheitsschutz (inkl. Gefährdungsbeurteilungen)

Tabelle 4: Wiederholungsfragen in der WSI-Betriebs- und Personalrätebefragung (Auszug)
Anmerkungen: AG = Arbeitgeber; AZ = Arbeitszeit; BR = Betriebsrat; EBR = Europäischer Betriebsrat; GBR = Gesamtbetriebsrat; KBR = Konzernbetriebsrat; OT = ohne Tarifbindung; PR = Personalrat
Quelle: eigene Zusammenstellung

Zusätzlich zu den wiederkehrenden Fragen umfasste die Befragung auch wechselnde Themen, die aktuelle Entwicklungen und temporäre Forschungsschwerpunkte des WSI oder in Forschungskooperationen gewonnene Themen widerspiegelten. Im Jahr 2021 gab es zum Beispiel neben dem Thema »Corona« noch zwei weitere Schwerpunktthemen: erstens Fort- und Weiterbildung von Beschäftigten, zweitens Wahloptionen bei Arbeitszeit und deren Folgen. Die Schwerpunktthemen der anderen Befragungswellen können den Fragebögen entnommen werden.[15]

Der größte Teil der Befragung 2021 beschäftigte sich mit der Corona-Pandemie und ihren Folgen. Dabei wurden verschiedene Fragen zu den Auswirkungen der Corona-Krise auf Betriebe bzw. Dienststellen gestellt. Folgende Themenbereiche wurden behandelt:

- Auswirkungen auf Betriebe und Dienststellen, einschließlich Fragen zur Kurzarbeit, Aufstockung des Kurzarbeitergeldes, Arbeitszeitreduktionen und Gehaltseinbußen.
- Maßnahmen zum Schutz vor Ansteckung, Einführung von Homeoffice und Auswirkungen auf die Digitalisierung.
- Auswirkungen der Corona-Pandemie auf die Ausbildungssituation, einschließlich Fragen zur Ausbildung von Auszubildenden, Einstellung neuer Auszubildender im Jahr 2020 und Nutzung öffentlicher Fördermittel für die Ausbildung.
- Wirtschaftslage, Beschäftigungsabbau, Sicherung von Beschäftigung.
- Maßnahmen zur Entlastung von Eltern während der Schul- und Kita-Schließungen.
- Durchführung der Betriebs- oder Personalratsarbeit während der Pandemie.

15 Die Fragebögen finden sich auf der Webseite der Befragung (www.betriebsraetebefragung.de).

2.2.6 *Gewichtung*

Aufgrund der disproportionalen Schichtung der Stichprobe wurde bei Auswertungen für Aussagen, die auf die Gesamtheit aller Betriebs- und Personalräte abzielen, eine Gewichtung genutzt. Die Korrektur der disproportionalen Stichprobe geschah mit einer Designgewichtung (für sogenannte Horvitz-Thompson-Schätzer). Die Grundgesamtheit kann alternativ aus dem Screening (siehe Abschnitt 2.2.2) oder aus dem IAB-Betriebspanel (siehe Abschnitt 2.2.1) abgeleitet werden. Für beide Varianten lagen Gewichte vor. Ergänzend wurden Gewichte zum Ausfall von Panelbetrieben ab »Welle 2« angeboten, die multiplikativ mit den Designgewichten verknüpft werden konnten.

3. Das WSI-Erwerbspersonenpanel

Ergänzend zur WSI-Betriebs- und Personalrätebefragung wird im Folgenden die WSI-Erwerbspersonenbefragung (auch WSI-Erwerbspersonenpanel genannt) vorgestellt. Für weitere Informationen zu dieser Befragung sei auf Emmler (2023a) sowie die einschlägigen Methodenberichte[16] verwiesen.

Zunächst werden die Hintergründe von der ersten Befragung – aus dem ersten »Corona-Lockdown« im Frühjahr 2020 – bis zur jüngsten, zwölften Welle dargestellt (Abschnitt 3.1). Es folgt die methodische Anlage des Erwerbspersonenpanels, von der Stichprobe (*Wer* wird befragt?) über die Fragebogengestaltung (*Wie* wird gefragt?) bis zur finalen Datenaufbereitung (3.2). Schließlich wird erörtert, wie das WSI-Erwerbspersonenpanel künftig ausgestaltet werden könnte (3.3).

3.1 Geschichte

3.1.1 *Die »Großwetterlage« vor den Erhebungswellen*

Die WSI-Erwerbspersonenbefragung startete als »Corona-Befragung«. Nachdem sich das Coronavirus SARS-CoV-2 Anfang des Jahres 2020 in rasantem Tempo ausbreitete, wurden binnen Tagen Schulen, Kindergärten, kulturelle Einrichtungen, Gaststätten, Einkaufsläden und vieles mehr geschlossen. Um die Folgen dieses sogenannten Lockdowns zu erfassen, befragte das Befragungsinstitut »Kantar Public« (heute Verian) im Auftrag der Hans-Böckler-Stiftung online 7.677 Erwerbspersonen ab 16 Jahren zu verschiedenen Themen, darun-

16 https://www.wsi.de/de/datenzentrum-informationen-zur-erwerbspersonenbefragung-32066.htm

ter zur Situation im Homeoffice sowie zu diversen Einstellungen und Sorgen (Sartorius 2020).

Das Virus breitete sich in der Folge regional unterschiedlich und »wellenartig«[17] aus, sodass unterschiedliche Themen die (mediale) Aufmerksamkeit dominierten. Die wissenschaftliche Begleitung dieser Themen setzte jeweils schnell einsetzbare Instrumente voraus, für die sich die 7.677 Erwerbspersonen aus der ersten Erwerbspersonenbefragung als idealer »Stamm« für ein Panel mit mehreren Befragungswellen erwiesen.

Nachdem die Infektionszahlen zum Sommer des Jahres 2020 deutlich gesunken waren und zuvor geschlossene Einrichtungen schrittweise wieder öffneten, wurde eine zweite Erhebungswelle durchgeführt. Auf die dritte Welle Anfang November 2020 folgte eine lange Phase mit relativ hohen Infektionszahlen (Zucco/Lott 2021). Eine in diese Phase fallende Debatte über eine Homeoffice-Pflicht zur Eindämmung des Virus wurde durch eine Sonderbefragung des Erwerbspersonenpanels im Januar 2021 begleitet (vierte Welle, siehe Emmler/Kohlrausch 2021). Im Sommer 2021 wurde wieder eine reguläre Befragungswelle durchgeführt, mit einer breiten Palette an Themen von der Arbeitszeiterfassung (Lott/Ahlers 2021) bis hin zu Verschwörungsmythen (Hövermann 2021). In diese Welle fiel auch eine »Aufstockung« des Anteils der Selbstständigen im Panel, welche bisher unterrepräsentiert waren (Schulze Buschoff/Emmler 2021). Während die sechste Welle lediglich eine Nachwahlbefragung im Anschluss an die Bundestagswahl 2021 darstellte, schloss sich die ausführliche siebte Welle vom Januar 2022 wieder stärker an die ursprünglichen Fragen zur Corona-Pandemie an (Hövermann/Kohlrausch 2022).

Von der achten Welle an (April/Mai 2022) lösten sich die Themen dann stärker von der Corona-Krise. Diese achte Welle stand bereits im Zeichen der Ukraine- und Energiepreiskrisen (u.a. Behringer/Dullien 2022), und spätestens die neunte Befragungswelle vom November 2022 stellte den Auftakt für ein »verstetigtes«, das heißt auf Dauer gestelltes Erwerbspersonenpanel dar, dessen Themen sich nicht nur aus (tages)aktuellen Krisen, sondern aus den wissenschaftlichen Diskursen rund um die Arbeitswelt speisen. Die zehnte und elfte Welle waren Ad-hoc-Befragungen zu den Themen Streiks und Selbstständigkeit (Juni/Juli sowie Oktober 2023) und die zwölfte Welle (November/Dezember 2023) stellt die zu diesem Zeitpunkt (April 2024) aktuellste Befragung mit diversen Themen dar.

17 Für einen Übersichtsverlauf sogenannter Sieben-Tages-Inzidenzen sowie weiterer Kennzahlen siehe https://corona-pandemieradar.de/de/inzidenz (letzter Zugriff: 29.01.2024).

3.1.2 Fallzahlen und Rücklauf

Tabelle 5 zeigt die Entwicklung der Fallzahlen des WSI-Erwerbspersonenpanels von der ersten bis zur zwölften Welle. Dabei werden – jeweils für die Basis- (erste Welle) sowie Aufstockungsstichprobe (Welle 5) – die absoluten Fallzahlen (»N«) sowie die Rücklaufquoten (*Response Rates, RR*) abgetragen. Die Rücklaufquoten werden jeweils am Maßstab der ursprünglichen Nettostichprobe gemessen.

		Basis			Aufstockung		
Welle	**Zeitraum**	**N**	**RR quer (%)**	**RR längs (%)**	**N**	**RR quer (%)**	**RR längs (%)**
1	03. bis 14. April 2020	7.677	100	100			
2	18. bis 29. Juni 2020	6.309	82	82			
3	05. bis 23. November 2020	6.102	79	72			
4	26. Januar bis 08. Februar 2021	6.235	81	67			
5	29. Juni bis 13. Juli 2021	5.047	66	55	1.142	100	100
6	30. September bis 11. Oktober 2021	5.454	71	51			
7	13. bis 24. Januar 2022	5.476	71	48	943	83	83
8	25. April bis 09. Mai 2022	5.322	69	46	912	80	73
9	23. November bis 02. Dezember 2022	4.324	56	39	812	71	61
10	29. Juni bis 20. Juli 2023	4.171	54	32	858	75	56
11	02. bis 16. Oktober 2023	226	3	1	838	73	50
12	28. November bis 12. Dezember 2023	4.405	57	30	812	71	47

Tabelle 5: Fallzahlen und Response Rates (RR) des WSI-Erwerbspersonenpanels; Angaben in absoluten Zahlen und in Prozent

Anmerkung: RR quer: Teilnehmer an der jeweiligen Welle als Anteil an ursprünglicher Stichprobe; RR längs = Teilnehmer an bis dahin allen Wellen als Anteil an ursprünglicher Stichprobe.

Welle 11: Die elfte Welle war eine Sonderbefragung unter Selbstständigen. An dieser Welle nahmen entsprechend nur wenige Personen aus der ersten Welle teil.

RR längs, Welle 12: Für die Rücklaufquote im Längsschnitt der zwölften Welle wurde die elfte Welle ausgeklammert. Die dargestellten 30 Prozent (Spalte 5) sind also Teilnehmer*innen, die an den Wellen 1–10 und 12 teilgenommen haben.

Quelle: WSI-Erwerbspersonenpanel, Wellen 1–12, eigene Berechnungen

Es werden in der Regel hohe Fallzahlen realisiert, die mit telefonischen Stichproben in dieser Fülle und Geschwindigkeit nicht erzielt werden könnten.[18] Diese Zahlen erlauben auch kleinteilige Analysen, differenziert nach Merkmalen wie Geschlecht, Bildung oder Einkommen. Dabei beobachten wir im Vergleich von Basis- und Aufstockungsstichprobe (die nach wie vor überwiegend aus Selbstständigen besteht) sehr ähnliche Trends im Rücklauf. So werden etwa zwei Jahre nach der ursprünglichen Ziehung noch etwa 70 Prozent der Teilnehmer*innen pro Welle erreicht. Ebenso hat nach zwei Jahren knapp die *Hälfte* aller ursprünglichen Teilnehmer*innen an *allen* bis dahin durchgeführten Befragungswellen teilgenommen. Diese hohe Konstanz ist eine Besonderheit der WSI-Erwerbspersonenbefragung, denn sie ermöglicht die Analyse vieler Zeitpunkte für dieselben Personen. Selbst in Welle zwölf liegen für rund 30 Prozent der ursprünglichen Stichprobe Messpunkte für alle Wellen vor. Das sind folglich 2.342 Befragte, bei denen nachvollzogen werden kann, wie sich ihre Sorgen, Belastungen, Einstellungen und Verhaltensweisen im Zeitraum von April 2020 bis Dezember 2023 entwickelt haben

3.2 Methodik

Das WSI-Erwerbspersonenpanel ist eine Online-Erhebung.[19] Mit diesem Befragungsmodus geht zunächst eine Reihe von Möglichkeiten einher, aber er birgt auch einige Schwierigkeiten. Diese sollen im Folgenden kurz diskutiert und reflektiert werden.

3.2.1 Stichprobe und Gewichtung

Als Grundgesamtheit sind die deutschsprachigen Erwerbspersonen in Deutschland ab 16 Jahren definiert,[20] die über einen Online-Zugang verfügen. Es kann davon ausgegangen werden, dass dies für 85 bis 90 Prozent der Personen in dieser Zielgruppe zutrifft (Sartorius/Scholz 2021: 5).

Die Stichprobe wurde aus dem Online-Access-Panel der Payback GmbH gezogen, welches auf circa 31 Millionen aktiven Payback-Kunden basiert. Es umfasst rund 160.000 aktive »Panelisten« (Stand Herbst 2023), welche offline rekrutiert

18 Zur Datenqualität in telefonischen Befragungen siehe Baumann (2018).

19 Genauer: Online-Ad hoc-Erhebung bzw. *Computer Assisted Web Interviewing* = CAWI (Sartorius/Scholz 2021: 5).

20 Streng genommen handelt es sich – solange die Stichprobe nicht erneuert bzw. »aufgefrischt« wird – um Erwerbspersonen, die *zum Zeitpunkt der Ersterhebung* (April 2020) 16 Jahre und älter waren.

wurden. Nur die eingeladenen Zielpersonen können an der Studie teilnehmen – das heißt, es besteht keine Möglichkeit der Selbstanmeldung bzw. -rekrutierung – und eine Mehrfachteilnahme wird ausgeschlossen (ebd.).[21] Die Panelisten-Identität wird regelmäßig offline validiert, zudem wird sichergestellt, dass es sich um einzigartige Accounts handelt, sodass eine mehrfache Beantwortung durch einzelne Personen nicht möglich ist. Die Rekrutierung erfolgte nach Vorselektion über aktuelle Informationen der amtlichen Statistik (zum Beispiel nach Alter, Geschlecht, Region). Aufgrund der Offlinerekrutierung und der daraus resultierenden sehr guten Abdeckung zentraler Bevölkerungsstrukturen auf Haushaltsebene lassen sich auch detaillierte Quotierungen realisieren.

Für die Stichprobe der ersten Welle – aus der nach wie vor ein Großteil des Erwerbspersonenpanels besteht – wurde das zuvor beschriebene Access-Panel zunächst nach den Merkmalen Alter, Geschlecht, Bildung und Bundesland stratifiziert. Aus diesen Schichtungszellen wurde jeweils eine Zufallsstichprobe gezogen und es wurden entsprechend Teilnehmer*innen eingeladen, bis die entsprechende Sollvorgabe erfüllt war (»stratifizierte Quotenstichprobe«). Seit der zweiten Welle wird stets eine Vollerhebung der in der ersten Welle realisierten Teilnehmer*innen angestrebt. Die Sollvorgaben basieren auf der Bevölkerungsfortschreibung und dem Mikrozensus des Statistischen Bundesamtes (Sartorius/Spengler 2022: 5). Abweichungen zwischen den vorgegebenen und den schließlich realisierten Quoten werden per faktorieller Gewichtung in Bezug auf die soziodemografischen Merkmale Alter, Geschlecht, Bildung, Bundesland und Branchen an die Strukturen der Grundgesamtheit angepasst (ebd.: 7). Durch diese Gewichtung wird – mit Ausnahme der Branchen – eine gute »Passung« der oben genannten Merkmale an die Grundgesamtheit erreicht (Pfister 2021: 2).

3.2.2 Ist die Befragung »repräsentativ«?

Auf die Frage, ob die Befragung »repräsentativ«[22] sei, wird gemeinhin ein simples »Ja« oder »Nein« erwartet. Leider gestaltet sich die Beantwortung schwieriger, denn der Begriff ist zwar gebräuchlich, aber dennoch nicht präzise (»slippery«, vgl. Chasalow/Levy 2021: 1). Streng genommen existiert das Konzept der Repräsentativität in der Statistik gar nicht. Da es jedoch in wissenschaftlichen und journalistischen Veröffentlichungen (u.a. Spiewak 2023; Burger 2024) als Gütekriterium verwendet wird, muss sich ihm jede Befragung stellen.

21 Weitere Details zum »Payback-Panel« können dem Anhang des Methodenberichts der neunten Welle entnommen werden (Sartorius/Spengler 2022: 18 f.).

22 Für eine Zusammenfassung und Einordnung der »Repräsentativitätsdebatte« vgl. Kohler/Post 2023.

Häufig vermengt der Begriff zwei unterschiedliche Bedeutungen (Rudolph u.a. 2023: 1):

1. *Wie* wurde die Stichprobe gezogen? Nach dieser Definition wird die Repräsentativität nicht an eine Eigenschaft der Stichprobe, sondern an die Methode ihrer Ziehung geknüpft.
2. Können die Ergebnisse der Stichprobe *verallgemeinert* werden? Diese Definition kommt dem wörtlichen Verständnis des Begriffs näher. Dabei muss unterschieden werden zwischen reinen Schätzwerten (zum Beispiel Anteilen) und Interpretationen der Daten; so können auch bei Abweichungen in Strukturdaten Kausalschlüsse möglich sein (ebd.; Kohler/Post 2023: 81).

Je nachdem, von welchem dieser definitorischen Ansätze ausgegangen wird, muss die Frage der Repräsentativität anders beantwortet werden. Ausgehend von der Methode der Stichprobenziehung ist festzustellen: Bei der WSI-Erwerbspersonenbefragung liegt keine einfache Zufallsauswahl vor. Nicht jedes Mitglied der Grundgesamtheit erhält die Chance, in die Stichprobe zu gelangen, weil nicht jedes Mitglied der Grundgesamtheit Payback-Kunde ist. Nach dieser Maßgabe können Online-Befragungen auch in der Regel nicht »repräsentativ« sein, weil es für die meisten Grundgesamtheiten keine vollständigen Auswahlrahmen gibt.

Legt man jedoch den Maßstab der »Verallgemeinerbarkeit« der Ergebnisse an, muss die Antwort lauten: Es kommt darauf an. In jedem Fall ist die Stichprobe im Hinblick auf die quotierten Merkmale Alter, Geschlecht, Bildung und Bundesland ein proportionales Abbild der Grundgesamtheit; bei anderen Merkmalen hängt die Verallgemeinerbarkeit davon ab, wie sehr sie durch den Auswahlrahmen beeinflusst sind (das heißt, ob bestimmte Gruppen tendenziell Payback-Kunden sind) und ob die Methode der Online-Befragung die Ergebnisse beeinflusst; so kann plausibel angenommen werden, dass in einer Online-Befragung eher computeraffine Berufe erreicht werden – was eine mögliche Verzerrung bewirken kann (siehe dazu auch den Beitrag von Emmler in diesem Band). In Bezug auf andere Merkmale der Population wurde in der Corona-Pandemie in der Regel eine gute »Treffsicherheit« erzielt – als Beispiele seien dafür Homeoffice- und Impfquoten oder auch Anteile von Kurzarbeitenden zu verschiedenen Zeitpunkten genannt.

Sinnvoll erscheint es jedoch, die Frage der Repräsentativität im Sinne der Verallgemeinerbarkeit der Ergebnisse nicht als binäres Qualitätskriterium zu verstehen: Keine Stichprobe steht nur für sich, und keine Stichprobe steht eins zu eins für die Grundgesamtheit. Entsprechend sollte die Stichprobenqualität als Kontinuum verstanden werden. Um damit auf die Erwerbspersonenbefragung zurückzukommen: Die Art der Auswahlgesamtheit (Payback) stellt zwar eine Einschränkung der Verallgemeinerbarkeit dar, jedoch ist diese Auswahlgesamtheit sehr groß und deckt wesentliche Teile der Erwerbspersonen ab. In Verbindung mit den Qualitätskontrollen bei der Datenerhebung und -aufbereitung (siehe 3.2.5) darf deshalb postuliert werden, dass die WSI-Erwerbspersonenbefragung so »repräsentativ« ist, wie eine Online-Erhebung sein kann.

Dennoch muss eingeräumt werden, dass Wahrscheinlichkeitsauswahlen bzw. Zufallsstichproben selbst bei geringeren Ausschöpfungsquoten weniger verzerrte, das heißt bessere Schätzwerte liefern als Nicht-Wahrscheinlichkeitsauswahlen aus zum Beispiel Quotenstichproben (Schnell u.a. 2011: 297; Kohler/Post 2023: 84). Für die WSI-Erwerbspersonenbefragung bedeutet dies, dass sie sich zwar gut für die Analyse von Kausalzusammenhängen eignet, bei Schätzwerten jedoch stets erörtert und transparent gemacht werden muss, inwieweit die Stichprobe unter Umständen durch die Art der Erhebung bzw. durch die Stichprobenziehung verzerrt sein könnte.

3.2.3 *Selektivität im Zeitverlauf*

Die in Abschnitt 3.2.1 dargestellten Fallzahlen sagen für sich genommen wenig über die *Selektivität* der Stichprobe aus. Bei den Merkmalen der Befragten aus Welle neun lässt sich beobachten, dass im Wesentlichen geringe Abweichungen zwischen Soll- und Ist-Vorgaben vorliegen. Überrepräsentiert sind vor allem Männer im Alter von 35 bis 64 Jahren. Zudem liegt eine geringe Überrepräsentanz höherer Bildungsgruppen vor sowie eine Unterrepräsentanz in den Branchen »Produzierendes/Verarbeitendes Gewerbe«, »Erziehung und Unterricht«, »Handel/Kfz-Gewerbe« sowie im »Baugewerbe« (Sartorius/Spengler 2022: 13 ff.). Eigene Auswertungen zeigen, dass sich diese Selektivitäten tendenziell verstärken, wenn die spezielle Gruppe der Teilnehmer*innen an allen Wellen betrachtet wird.

Eine Möglichkeit, der selektiven Panelmortalität entgegenzusteuern, bestünde in einer Auffrischungsstichprobe. Dabei würden Personengruppen, die im Laufe des Erwerbspersonenpanels tendenziell häufiger ausfallen, gezielt eingeladen. Eine Nachsteuerung bei Branchen ist jedoch nur bedingt möglich (ebd.: 15), da im Payback-Access-Panel keine Brancheninformationen hinterlegt sind. Bisher wird das Erwerbspersonenpanel ausschließlich aus der ursprünglichen Stichprobe und aus der Aufstockungsstichprobe der fünften Welle rekrutiert.

3.2.4 *Fragebogen*

Der Fragebogen der ersten Erhebungswelle wurde vom Befragungsinstitut Kantar Public entwickelt. Seitdem wird dieser vom WSI in enger Abstimmung mit Kantar Public (jetzt Verian) weiterentwickelt. Die Fragebögen der WSI-Erwerbspersonenbefragung werden als interaktive Dokumente[23] auf den Webseiten des WSI bereitgestellt (siehe u.a. Emmler 2023b).

Der Fragebogen wird im *adaptive design* programmiert, das heißt, es erfolgt eine automatische Anpassung der Darstellung auf verschiedenen Browsern und mobilen Endgeräten. Das Fragebogenskript wird anhand von Testlinks vor dem Feldstart intensiv getestet, um Schwächen hinsichtlich Logik, Verständlichkeit und Filterführung auszuschließen. In der Regel startet die Befragung mit einem *soft launch*, zu dem nur wenige Teilnehmer*innen eingeladen werden, sodass Auffälligkeiten bemerkt und etwaige Fehler ohne weitreichende Konsequenzen korrigiert werden können (Sartorius/Spengler 2022).

Tabelle 6 demonstriert den Panelcharakter der Erwerbspersonenstudie. Für jede Befragungswelle wird dargestellt, wie viele Items in der jeweiligen Welle erhoben wurden (zweite Spalte) und welcher Anteil dieser Items in den jeweils vorherigen Wellen ihren Ursprung hat bzw. welcher Anteil in der jeweiligen Welle erstmals gestellt wurde (Hauptdiagonale). In der ersten Welle wurden naturgemäß alle Fragen erstmals gestellt (100 Prozent). In den Wellen zwei, fünf, sechs sowie acht bis zehn wurden vergleichsweise viele neue Fragen entwickelt, also mehr als die Hälfte. Die elfte Welle stellt eine Sonderbefragung unter Selbstständigen war, die weitgehend für sich steht und für die nur wenige Strukturitems aus den Wellen eins und neun eingesetzt wurden.

Die aktuelle zwölfte Welle demonstriert wieder deutlich den Panelcharakter der Studie: Mehr als die Hälfte aller Items wurden aus vorherigen Befragungen übernommen. Immerhin stammt noch etwa jedes fünfte Item aus der ersten Welle – für diese Fragen können also Zeitreihen über fast vier Jahre gebildet werden. Und auch die neunte Welle bildet einen größeren Teil des Fundaments der Welle – dies war auch so beabsichtigt, denn die neunte Welle bildete den Start für eine regelmäßige kontinuierliche Befragung (siehe Abschnitt 2).

23 Die Dokumente werden als PDF bereitgestellt und enthalten die Codebücher sowie Fragebögen. Dabei ist jede Frage mit den zugehörigen Variablen im Datensatz verlinkt, sodass von jeder Frage zu den darauf generierten Variablen »gesprungen« werden kann. Dies kann ebenso in umgekehrter Richtung erfolgen.

Welle	Items gesamt	Ursprung aus Welle ... (in %) 1	2	3	4	5	6	7	8	9	10	11	12
1	112	100											
2	143	38	62										
3	206	32	29	39									
4	53	57	15	6	23								
5	275	19	12	7	1	61							
6	63	17	5	0	0	0	78						
7	97	36	24	9	2	16	0	12					
8	152	16	5	7	1	9	5	1	57				
9	187	19	3	3	1	7	3	0	10	55			
10	186	18	3	1	1	6	3	0	4	9	55		
11	447	5	1	0	0	1	0	0	0	0	0	92	
12	194	18	3	2	1	8	3	0	7	11	4	0	45

Tabelle 6: Anzahl der Items und deren Ursprünge im WSI-Erwerbspersonenpanel; Angaben in absoluten Zahlen und in Prozent
Quelle: WSI-Erwerbspersonenpanel, Wellen 1–12; eigene Berechnungen

3.2.5 Datenaufbereitung und Qualitätskontrolle

Eine erste Datenbereinigung erfolgte durch Kantar Public. Dabei wurden die Daten auf Auffälligkeiten geprüft, zum Beispiel zu schnelles Ausfüllen des Fragebogens (*Speeder*), keine bzw. kaum Varianz bei langen Statement-Batterien (*Straightliner*) – gemessen anhand der summierten Standard-Abweichung bei ausgewählten Statement-Batterien – oder inhaltlich inkonsistentes Antwortverhalten in Bezug auf spezifische Fragestellungen. Dabei wurden in der ersten Welle 395 Fälle ausgeschlossen (Sartorius/Scholz 2021: 6 ff.).

In den folgenden Wellen wurden seitens Kantar Public ebenfalls Auffälligkeiten notiert und dem WSI berichtet, jedoch fand kein weiterer Ausschluss von befragten Teilnehmer*innen statt. Zuvor wurde jedoch geprüft, ob Merkmale wie Alter, Geschlecht und Bildung mit den ursprünglichen Angaben übereinstimmen bzw. plausibel sind.

Die anschließende Datenaufbereitung und -bereitstellung erfolgt standardmäßig im WSI. Dies betrifft zum einen die Transformation der Daten in diverse Formate (Stata, R), zum anderen die Verknüpfung der Erhebungswellen Längsschnittdatensätze im *Wide-*[24] und *Longformat*[25]. Zudem wird im WSI-Datenzentrum eine Reihe von Variablen generiert, die sich aus der Kombination verschie-

24 Ein *Wide*format im Längsschnitt bedeutet, dass jede befragte Person eine Zeile bildet und jede Variable – unabhängig davon, ob sie in verschiedenen Wellen wiederholt gestellt wurde – eine Spalte.

25 In einem *Long*format bildet jede Befragungswelle einer Person eine eigene Zeile; identisch erhobene Variablen werden zu einer Spalte zusammengefasst.

dener Angaben ergeben. So wird zum Beispiel aus den Haushalts- und Einkommensinformationen das Haushaltsnettoäquivalenzeinkommen erzeugt.

4. Ausblick

Die WSI-Erwerbspersonenbefragung war als einmalige »Corona-Befragung« gestartet und ist inzwischen ein Panelinstrument mit zwölf Wellen, welches sich unter anderem für die Analyse der Corona-Pandemie in diesem Band eignet. Dabei zeichnet sie sich insbesondere durch Möglichkeiten der Verlaufsbetrachtung aus, denn es liegen zahlreiche Messpunkte mit vielen wiederholt befragten Erwerbspersonen vor – von denen ein großer Teil sogar an allen Wellen teilnahm.

Zum gegenwärtigen Zeitpunkt ist geplant, die Befragung regelmäßig gegen Jahresende durchzuführen und bei Bedarf durch themenspezifische Ad-hoc-Wellen zu ergänzen. Um eine solche Panelbefragung auf Dauer gewährleisten zu können, wird jedoch in regelmäßigen Abständen eine »Auffrischungsstichprobe« gezogen werden müssen, um einerseits die Fallzahlen aufrechtzuerhalten und andererseits die selektiven Ausfälle zu korrigieren (siehe 3.2.3). Damit verbunden ist eine regelmäßige Aktualisierung der Gewichtung – auch rückwirkend –, um die Verteilungen an eine sich verändernde Grundgesamtheit anzupassen.

Literatur

Baumann, Helge (2018), *Datenqualität in CATI-Befragungen. Nonresponse, Nonresponse Bias und Befragtenverhalten im WSI-Betriebsrätepanel 2015–2016 und im DGB-Index Gute Arbeit 2013*, Dissertation, Bochum.

Baumann, Helge (2015), »Die WSI-Befragungsrätebefragung 2015«, in: *WSI-Mitteilungen*, Jg. 68, H. 8, S. 630–638.

Behringer, Jan/Dullien, Sebastian (2022), *Energiepreisschock: Besonders Geringverdiener wollen Konsum deutlich einschränken. Ergebnisse aus der HBS-Erwerbspersonenbefragung*, Institut für Makroökonomie und Konjunkturforschung der Hans-Böckler-Stiftung: IMK Policy Brief Nr. 125, Düsseldorf, letzter Zugriff: 16.04.2024, https://www.boeckler.de/fpdf/HBS-008342/p_imk_pb_125_2022.pdf

Brehmer, Wolfram (2024), »Methodik der WSI-Betriebs- und Personalrätebefragung«, in: *WSI-Mitteilungen*, Jg. 77, H. 6, S. 458–466.

Burger, Reiner (2024), »Haste mal 'ne Umfrage?«, in: Frankfurter Allgemeine Zeitung (FAZ) 69/2024 vom 21.03.2024, S. 15.

Chasalow, Kyla/Levy, Karen (2021), »Representativeness in Statistics, Politics, and Machine Learning«, in: *Conference on Fairness, Accountability and Transparency*, Onlinekonferenz, 3.–10. März 2021, letzter Zugriff: 16.04.2024, https://arxiv.org/pdf/2101.03827.pdf

Ellguth, Peter/Kohaut, Susanne/Möller, Iris (2014), »The IAB-Establishment Panel – methodological essentials and data quality«, in: *Journal for Labour Market Research*, Jg. 47, H. 1–2, S. 27–41.

Emmler, Helge (2023a), »Das WSI-Erwerbspersonenpanel. Hintergründe, Befunde, Ausblick«, in: *WSI-Mitteilungen*, Jg. 76, H. 6, S. 452–459.

Emmler, Helge (2023b), *HBS-Erwerbspersonenbefragung, Welle X: Fragebogen und Codebuch*, Wirtschafts- und Sozialwissenschaftliches Institut der Hans-Böckler-Stiftung: WSI-Datenreport 02/2023, Düsseldorf, letzter Zugriff: 16.04.2024, https://www.wsi.de/data/wsi_datenreport_2_2023_epb_welle_10.pdf

Emmler, Helge/Bettina Kohlrausch (2021), *Homeoffice: Potenziale und Nutzung. Aktuelle Zahlen aus der HBS-Erwerbspersonenbefragung, Welle 1 bis 4*, Wirtschafts- und Sozialwissenschaftliches Institut der Hans-Böckler-Stiftung: WSI Policy Brief Nr. 52, Düsseldorf, letzter Zugriff: 16.04.2024, https://www.boeckler.de/fpdf/HBS-007979/p_wsi_pb_52_2021.pdf

Häring, Armando/Schiel, Stefan/Kleudgen, Martin (2018), *Methodenbericht WSI-Betriebsrätebefragung 2018 – 4. Erhebungswelle des Panels*, Bonn, letzter Zugriff: 16.04.2024, https://www.boeckler.de/pdf/wsi_brs_methodenbericht_2018.pdf

Häring, Armando/Schiel, Stefan/Kleudgen, Martin (2017), *Methodenbericht WSI-Betriebsrätebefragung 2017*, Bonn, letzter Zugriff: 16.04.2024, https://www.boeckler.de/pdf/wsi_brs_methodenbericht_2017.pdf

Häring, Armando/Schiel, Stefan/Kleudgen, Martin (2016), *Methodenbericht WSI-Betriebsrätebefragung 2016*, Bonn, letzter Zugriff: 16.04.2024, https://www.boeckler.de/pdf/wsi_brs_methodenbericht_2016.pdf

Häring, Armando/Schiel, Stefan/Kleudgen, Martin/Sklorz, Johanna/Aust, Folkert (2015), *Methodenbericht WSI-Betriebsrätebefragung 2015*, Bonn, letzter Zugriff: 16.04.2024, https://www.boeckler.de/pdf/wsi_brs_methodenbericht_2015.pdf

Hövermann, Andreas (2021), *Sommer 2021: Inzidenzen sinken, Corona-Zweifel und Verschwörungsmythen bleiben. Aktuelle Befunde der 5. Welle der HBS-Panel Erwerbspersonenbefragung 2020/21*, Wirtschafts- und Sozialwissenschaftliches Institut der Hans-Böckler-Stiftung: WSI Policy Brief Nr. 61, Düsseldorf, letzter Zugriff: 16.04.2024, https://www.boeckler.de/fpdf/HBS-008114/p_wsi_pb_61_2021.pdf

Hövermann, Andreas/Kohlrausch, Bettina (2022), *Der Vertrauensverlust der Mütter in der Pandemie. Befunde eines repräsentativen Bevölkerungspanels*, Wirtschafts- und Sozialwissenschaftliches Institut der Hans-Böckler-Stiftung: WSI Report Nr. 73, Düsseldorf, letzter Zugriff: 16.04.2024, https://www.wsi.de/fpdf/HBS-008274/p_wsi_report_73_2022.pdf

Kohler, Ulrich/Post, Julia (2023), »Welcher Zweck heiligt die Mittel? Bemerkungen zur Repräsentativitätsdebatte in der Meinungsforschung«, in: *Zeitschrift für Soziologie*, Jg. 52, H. 1, S. 67–88.

Lott, Yvonne/Ahlers, Elke (2021), *Flexibilisierung der Arbeitszeit. Warum das bestehende Arbeitszeitgesetz und eine gesetzliche Arbeitszeiterfassung wichtig sind*, Wirtschafts- und Sozialwissenschaftliches Institut der Hans-Böckler-Stiftung: WSI Report Nr. 68, Düsseldorf, letzter Zugriff: 16.04.2024, https://www.boeckler.de/fpdf/HBS-008176/p_wsi_report_68_2021.pdf

Mayerböck, Astrid/Krüger, Thomas (2023), *WSI-Betriebs- und Personalrätebefragung 2023 Methodenbericht*, Bonn.

Mayerböck, Astrid/Krüger, Thomas (2021), *WSI-Betriebs- und Personalrätebefragung 2021 Methodenbericht*, Bonn, letzter Zugriff: 16.04.2024, https://www.boeckler.de/pdf/wsi_brs_methodenbericht_2021.pdf

Pfister, Martin (2021), *Gewichtungsreport Böckler Stiftung Erwerbssituation Corona*, Berlin (unveröffentlicht).

Rudolph, Jacqueline E./Zhong, Yongqi/Duggal, Priya/Mehtha, Shruti H./Lau, Bryan (2023), »Defining representativeness of study samples in medical and population health research«, in: *BMJ Medicine*, Jg. 2, H. 1, S. 1–7.

Sartorius, Oliver (2020), *Die Situation von Erwerbspersonen in Zeiten von Corona. Durchführung einer Online-Erhebung*, Berlin (unveröffentlicht).

Sartorius, Oliver/Spengler, Thorsten (2022), *WSI-Erwerbspersonenbefragung, Welle 9, Methodenbericht*, Berlin, letzter Zugriff: 16.04.2024, https://www.wsi.de/data/wsi_methodenbericht_1_2022_epb_welle_9.pdf

Sartorius, Oliver/Scholz, Christiane (2021), *Corona und Erwerbssituation, Welle 5, Methodenbericht*, Berlin, letzter Zugriff: 16.04.2024, https://www.wsi.de/data/wsi_methodenbericht_1_2021_epb_welle_5.pdf

Schäfer, Claus (2003), »Die WSI-Befragung von Betriebs- und Personalräten 2002 – ein Überblick«, in: *WSI-Mitteilungen*, Jg. 56, H. 3, S. 139–148.

Schnell, Rainer/Hill, Paul/Esser, Elke (2011), *Methoden der empirischen Sozialforschung*, 9. Auflage, München.

Schulze Buschoff, Karin/Emmler, Helge (2021), *Selbstständige in der Corona-Krise. Ergebnisse aus der HBS-Erwerbspersonenbefragung, Wellen 1 bis 5*, Wirtschafts- und Sozialwissenschaftliches Institut der Hans-Böckler-Stiftung: WSI Policy Brief Nr. 60, Düsseldorf, letzter Zugriff: 16.04.2024, https://www.wsi.de/fpdf/HBS-008112/p_wsi_pb_60_2021.pdf

Spiewak, Martin (2023), »Wie man sich eine Studie backt«, in: DIE *ZEIT*, H. 34 vom 10. August 2023, S. 32.

Statistisches Bundesamt (Hg.) (2008), *Klassifikation der Wirtschaftszweige, Ausgabe 2008 (WZ 2008)*, Wiesbaden, letzter Zugriff: 16.04.2024, https://www.destatis.de/DE/Methoden/Klassifikationen/Gueter-Wirtschaftsklassifikationen/Downloads/klassifikation-wz-2008-3100100089004-aktuell.pdf?__blob=publicationFile

Zucco, Aline/Lott, Yvonne (2021), *Stand der Gleichstellung. Ein Jahr mit Corona*, Wirtschafts- und Sozialwissenschaftliches Institut der Hans-Böckler-Stiftung: WSI Report Nr. 64, Düsseldorf, letzter Zugriff: 16.04.2024, https://www.wsi.de/fpdf/HBS-007964/p_wsi_report_64_2021.pdf

Autor*innen

Ahlers, Elke, Dr., Leiterin des Referats »Qualität der Arbeit« im Wirtschafts- und Sozialwissenschaftlichen Institut (WSI) der Hans-Böckler-Stiftung. Forschungsschwerpunkte: Wandel der Arbeit, Flexibilisierung und Leistung, Arbeitszeit, betrieblicher Gesundheitsschutz, psychische Arbeitsbelastungen und die Rolle der betrieblichen Interessenvertretung.
elke-ahlers@boeckler.de

Behrens, Martin, PD Dr., Leiter des Referats »Europäische Arbeitsbeziehungen« im Wirtschafts- und Sozialwissenschaftlichen Institut (WSI) der Hans-Böckler-Stiftung. Forschungsschwerpunkte: vergleichende industrielle Beziehungen, Arbeitgeberverbände, betriebliche Mitbestimmung.
martin-behrens@boeckler.de

Brehmer, Wolfram, Dr., Leiter des Referats »Empirische Strukturanalysen« im Wirtschafts- und Sozialwissenschaftlichen Institut (WSI) der Hans-Böckler-Stiftung. Forschungsschwerpunkte: Betriebs- und Personalräteforschung, Datenerhebung.
wolfram-brehmer@boeckler.de

Brülle, Jan, Dr., wissenschaftlicher Mitarbeiter am Referat für Verteilungsanalyse und Verteilungspolitik im Wirtschafts- und Sozialwissenschaftlichen Institut (WSI) der Hans-Böckler-Stiftung. Forschungsschwerpunkte: Dynamiken sozialer Ungleichheit, internationaler Vergleich von Wohlfahrtsstaaten.
jan-bruelle@boeckler.de

Emmler, Helge, Dr., Referatsleiter des Datenzentrums im Wirtschafts- und Sozialwissenschaftlichen Institut (WSI) der Hans-Böckler-Stiftung. Arbeitsschwerpunkte: Datenerhebung, -aufbereitung und -management.
helge-emmler@boeckler.de

Hövermann, Andreas, Dr., Referent im Projekt »Soziale Lebenslagen, Arbeitsbedingungen und demokratische Integration« im Wirtschafts- und Sozialwissenschaftlichen Institut (WSI) der Hans-Böckler-Stiftung. Forschungsschwerpunkte: Gruppenbezogene Menschenfeindlichkeit und Vorurteile, Anomie und Industrial Citizenship.
andreas-hoevermann@boeckler.de

Kohlrausch, Bettina, Prof. Dr., Wissenschaftliche Direktorin des Wirtschafts- und Sozialwissenschaftlichen Instituts (WSI) der Hans-Böckler-Stiftung. Forschungsschwerpunkte: Bildungsungleichheit, soziale Ungleichheit, Effekte der Digitalisierung auf Arbeit und Qualifizierung, Wandel politischer Einstellungen, Rechtspopulismus.
bettina-kohlrausch@boeckler.de

Peters, Eileen, Dr., Wissenschaftliche Referentin im Wirtschafts- und Sozialwissenschaftlichen Institut (WSI) der Hans-Böckler-Stiftung. Forschungsschwerpunkte: Geschlechterungleichheiten auf dem Arbeitsmarkt, Familiendynamiken sowie die geschlechtsspezifische Arbeitsteilung bezahlter und unbezahlter Arbeit.
eileen-peters@boeckler.de

Polloczek, Magdalena, Leiterin des Referats »Aus- und Weiterbildung in der Transformation« im Wirtschafts- und Sozialwissenschaftlichen Institut (WSI) der Hans-Böckler-Stiftung. Forschungsschwerpunkte: Digitalisierung, sozialökologische Transformation sowie deren Bezüge zur beruflichen Bildung und Bildung im Lebensverlauf.
magdalena-polloczek@boeckler.de

Schulze Buschoff, Karin, PD Dr., Leiterin des Referats »Arbeitsmarktpolitik« im Wirtschafts- und Sozialwissenschaftlichen Institut (WSI) der Hans-Böckler-Stiftung. Forschungsschwerpunkte: Arbeitsmarkt- und Sozialpolitik im deutschen und europäischen Kontext, vergleichende Wohlfahrtsstaatsanalyse.
karin-schulze-buschoff@boeckler.de

Spannagel, Dorothee, Dr., Leiterin des Referats »Verteilungsanalyse und Verteilungspolitik« im Wirtschafts- und Sozialwissenschaftlichen Institut (WSI) der Hans-Böckler-Stiftung. Forschungsschwerpunkte: Armuts- und Reichtumsforschung, soziale Ungleichheit und Sozialpolitik.
dorothee-spannagel@boeckler.de

Abstracts

Arbeiten im Homeoffice vor und nach Corona – Wer es kann, wer es möchte und wer es darf

Helge Emmler

Der Beitrag untersucht die Verbreitung des Homeoffice vor, während und nach der Corona-Pandemie. Die Option, die Erwerbstätigkeit zu Hause zu leisten, hat während der Pandemie rasant zu- und seitdem keineswegs wieder gänzlich abgenommen. Deshalb wird zunächst anhand deskriptiver Merkmale betrachtet, welche Beschäftigtengruppen – und in welchem Umfang – ihre Erwerbstätigkeit in den »eigenen vier Wänden« ausüben und was die Ursachen für die unterschiedliche Nutzung dieser Form mobiler Arbeit sind. Als Datengrundlage dient das WSI-Erwerbspersonenpanel, eine Online-Erhebung, die sich seit Frühjahr 2020 an ursprünglich 7.677 Erwerbstätige und Arbeitsuchende richtet, von denen nach nunmehr zwölf Erhebungsrunden im November 2023 noch rund 5.200 Personen erreicht werden konnten. Es zeigt sich, dass sich die Verbreitung des Homeoffice entlang soziodemografischer Merkmale, aber auch betrieblicher Eigenschaften unterscheidet: Zum einen arbeiten Geringqualifizierte und Beschäftigte in kleinen bis mittleren Betrieben seltener im Homeoffice, selbst wenn sich ihre Tätigkeit dafür eignet und sie mehr Homeoffice wünschen. Im Sinne einer besseren Work-Life-Balance der Beschäftigten und als Maßnahme zur Eindämmung des Fachkräftemangels sollten ihnen entsprechende Angebote unterbreitet werden. Zum anderen ist es keineswegs so, dass jede*r Beschäftigte*r *mehr* Homeoffice wünscht. Umso wichtiger ist es, dass Beschäftigte, die im Homeoffice arbeiten *müssen*, entsprechend ausgestattet werden und den sozialen Anschluss nicht verlieren. Und schließlich kann, allen Anstrengungen zum Trotz, nicht jeder mobil arbeiten: Gerade Beschäftigte mit geringen Qualifikationen und Einkommen haben seltener hierfür geeignete Jobs. Dies kann aus individueller Perspektive als ungerecht empfunden werden und somit Belegschaften spalten. Die Abwägung aller Interessen bleibt in jedem Fall ein Balanceakt.

Homeoffice: Gekommen, um zu bleiben – Der Trend zum orts- und zeitflexiblen Arbeiten und das Potenzial für eine gute Gestaltung

Elke Ahlers

Homeoffice hat sich seit der Corona-Pandemie über unterschiedliche Konzepte wie mobiles, hybrides oder auch orts- und zeitflexibles Arbeiten etabliert. Dieser Artikel beschreibt die Entwicklungslinien des Homeoffice wie auch die damit verbundenen arbeitspolitischen Herausforderungen vor dem Hintergrund der digitalen Transformation und veränderter Formen der Arbeitsorganisation. Basierend auf Befunden der WSI-Betriebsrätebefragungen werden Gestaltungspotenziale für orts- und zeitflexible Arbeitsformen aus dem Blickwinkel der betrieblichen Interessenvertretungen und des betrieblichen Gesundheitsmanagements aufgezeigt. Die Befunde zeigen, dass die betrieblichen Interessenvertretungen mittlerweile vielfältige Betriebsvereinbarungen abgeschlossen haben, um flexible Arbeitsarrangements zu gestalten und den betrieblichen Gesundheitsschutz zu optimieren. Auch ganzheitliche Gefährdungsbeurteilungen werden als Folge der während der Corona-Pandemie gewonnenen Erfahrungen häufiger umgesetzt. In der Gesamtschau wird deutlich, dass die Arbeitswelt in vielen Bereichen flexibler wird, aber trotzdem gestaltbar bleibt. Das zeigen zumindest die hier für den Teilbereich der mitbestimmten Betriebe gewonnenen Befunde. Angesichts der sich dynamisch wandelnden Arbeitswelt sind Forschung und Politikberatung gleichwohl gefordert, betriebliche Akteure auch künftig in ihrem Anliegen zu unterstützen, betriebliche Rahmenbedingungen zu setzen, die individuelle Beschäftigteninteressen mit den Anforderungen einer flexiblen Arbeitswelt in Einklang bringen.

Krise ohne Ende? – Die Folgen der Corona-Pandemie für die Selbstständigen

Eileen Peters, Karin Schulze Buschoff

Im Mittelpunkt des Beitrags stehen die Folgen der Corona-Pandemie für die Selbstständigen. Deren risikobehaftete wirtschaftliche Situation und mangelnde soziale Absicherung sind im Zuge der Pandemie stärker in den Fokus öffentlicher Debatten gerückt. Es wird beleuchtet, wie sich die Situation der Selbstständigen während und nach der Pandemie entwickelt hat und was dies insbesondere für ihre soziale Absicherung bedeutet. Die Datengrundlage für die Analysen bildet die WSI-Erwerbspersonenbefragung. In einem ersten Schritt geht es um die Frage, welche Folgen die Pandemie in Bezug auf das persönliche Einkommen hatte, aber auch, welche Belastungen und Sorgen sie ausgelöst hat. Verglichen wird die Situation der Selbstständigen mit jener der abhängig Beschäftigten, um mögliche Besonderheiten identifizieren zu können. Der zweite Analyseschritt fokussiert auf den Vergleich zwischen Solo-Selbstständigen und Selbstständigen mit Mitarbeiter*innen hinsichtlich wirtschaftlicher Auswirkungen der Pandemie und Belastungen sowie Einstellungen zu sozialen Sicherungssystemen. Die Befunde bestätigen, dass die Selbstständigen im Vergleich zu abhängig Beschäftigten besonders stark von den negativen Folgen der Corona-Krise betroffen waren – und es vielfach auch noch sind. Vor allem in der ersten Phase der Pandemie gab es für sie gravierende Einschnitte. Doch auch im Oktober 2023 ist noch der Großteil der Selbstständigen der Ansicht, dass die Pandemie andauernde negative Auswirkungen auf ihre wirtschaftliche Situation hatte. Die Erfahrung mit der Pandemie verdeutlicht, dass der Mangel an sozialer Absicherung für Selbstständige eine schwerwiegende und folgenreiche Lücke in den Sozialversicherungssystemen darstellt. Darüber hinaus zeigen die Befragungsergebnisse, dass deutlich mehr als die Hälfte der Selbstständigen einer Erwerbstätigenrente zustimmen würde, also einer reformierten gesetzlichen Rentenversicherung, die neben abhängig Beschäftigten auch Selbstständige und Beamte als Beitragszahler erfasst.

Ausbildung während der Corona-Pandemie – Betriebliche Qualifizierungsstrategien, staatliche Unterstützungsangebote und die Rolle der Mitbestimmung

Wolfram Brehmer, Magdalena Polloczek

Während der Corona-Pandemie hatten viele Betriebe Schwierigkeiten, ihr Ausbildungsengagement aufrechtzuerhalten. Insbesondere im ersten Corona-Ausbildungsjahr 2020 kam es zu einem starken Rückgang bei neu abgeschlossenen Ausbildungsverträgen. Das staatliche Unterstützungsprogramm »Ausbildungsplätze sichern« wurde eingeführt, um das Ausbildungsangebot zu stärken und ausbildungsaktive Betriebe zu fördern. Vor diesem Hintergrund untersucht der Beitrag den Einfluss der Corona-Pandemie auf das Ausbildungsengagement von Betrieben und die Wirksamkeit des staatlichen Unterstützungsprogramms »Ausbildungsplätze sichern«. Datengrundlage ist die WSI-Betriebs- und Personalrätebefragung 2021. Die Analyse zeigt, welche Betriebe sich während der Pandemie aus der betrieblichen Ausbildung zurückgezogen haben, wie Betriebs- und Personalräte in diese Entscheidung einbezogen waren und ob das staatliche Unterstützungsprogramm einen Rückgang bei den neu abgeschlossenen Ausbildungsverträgen verhindern konnte. Die Ergebnisse verdeutlichen, dass die überwiegende Mehrheit der Betriebe auch während der Pandemie an ihren Ausbildungsaktivitäten festhielt. Dies spricht dafür, dass Betriebe ihr Engagement und ihre Investitionen in die betriebliche Erstausbildung auch in Krisenzeiten als langfristige Fachkräftestrategie betrachten. Dennoch war eine Reduktion an Ausbildungsplätzen in bestimmten Segmenten zu beobachten, vor allem dort, wo Betriebe einer hohen wirtschaftlichen Unsicherheit aufgrund der Pandemie ausgesetzt waren. Obwohl in mitbestimmten Betrieben eine hohe Ausbildungsbeteiligung vorherrscht, liefern die Ergebnisse weiterhin Hinweise darauf, dass Betriebs- und Personalräte ihre Mitbestimmungsmöglichkeiten während der Corona-Pandemie bei Fragen der beruflichen Bildung und des zukünftigen Personalbedarfs nicht immer ausschöpfen konnten. In Bezug auf das Förderprogramm »Ausbildungsplätze sichern« zeigen die Befunde schließlich, dass diese Maßnahme nach Einschätzung der Betriebs- und Personalräte keinen entscheidenden Einfluss auf das Ausbildungsplatzangebot der Betriebe hatte.

Mitbestimmung im Lockdown – Auswirkungen der Corona-Pandemie auf die Betriebs- und Personalratsarbeit

Martin Behrens, Wolfram Brehmer

Die Corona-Pandemie veränderte nicht nur die Arbeitsbedingungen der Beschäftigten, sondern auch die Arbeitsweisen der Betriebs- und Personalräte deutlich. Dieser Beitrag zeigt, welche Auswirkungen die Pandemie auf die Mitbestimmung in den Betrieben hatte. Dafür werden Daten der WSI-Betriebs- und Personalrätebefragung 2021 und 2023 analysiert.

Es zeigt sich, dass neben dem Infektionsschutz an sich auch Themen wie Arbeitszeitflexibilität und Erreichbarkeit deutlich in den Fokus der Betriebs- und Personalräte rückten. Die vermehrte Nutzung mobiler Arbeit schärfte auch das Bewusstsein für die Entgrenzung von Arbeit und Privatleben. Aber nicht nur die Themen der Mitbestimmung änderten sich, auch die Kommunikationsweisen und -wege der Interessenvertretungen passten sich an. So kam es während der Pandemie zu einem signifikanten Rückgang von Betriebs- und Personalversammlungen. In Fällen von unzureichendem Infektionsschutz im Betrieb verschlechterte sich das Verhältnis der Interessenvertretungen zu den Arbeitgebern. In den meisten Betrieben und Dienststellen blieb das Verhältnis der Betriebsparteien jedoch unverändert, da der Infektionsschutz aus Perspektive der Interessenvertretungen gut gewährleistet werden konnte.

Insgesamt diente die Pandemie als Katalysator für Digitalisierungsprozesse in der Mitbestimmung. Langfristig könnte sie somit die Mitbestimmung in Betrieben und Dienststellen nachhaltig beeinflusst haben. Die Studie zeigt jedoch auch, dass Betriebs- und Personalräte unter extremen Bedingungen handlungsfähig blieben und einen wesentlichen Beitrag zur Bewältigung der krisenbedingten Herausforderungen leisteten.

Einkommensungleichheit und Armut seit der Corona-Pandemie

Jan Brülle, Dorothee Spannagel

Dass die Corona-Pandemie zahlreiche soziale Ungleichheiten verschärft hat, ist inzwischen vielfach belegt. Weitgehend unklar ist aber immer noch, welchen Einfluss die Pandemie auf Einkommensungleichheit und Armut hatte. Diese Erkenntnislücke zu füllen, ist Ziel des Beitrags. Er geht der Frage nach, wie sich die Verteilung der verfügbaren Haushaltseinkommen seit dem Ausbruch der Pandemie verändert hat und welche typischen Einkommensverläufe sich zeigen. Die Daten des Sozio-oekonomischen Panels (SOEP) belegen, dass sowohl Armut als auch Einkommensungleichheit im ersten Jahr der Pandemie gestiegen sind. Daten der Erwerbspersonenbefragung der Hans-Böckler-Stiftung zeigen vertiefend, dass gerade Personen mit niedrigen Einkommen in den ersten Monaten der Pandemie Einkommensverluste hatten, die für einige in Armut mündeten. Das Einkommensniveau vor der Pandemie hatte dabei einen großen Einfluss auf die Entwicklung der Einkommen während der Krise. Multinomiale Regressionsanalysen belegen, dass Personen in vulnerablen Lebensphasen – junge Erwachsene und Paare mit Kindern – hohe Risiken hatten, zumindest temporär in Armut zu geraten. Aber auch die berufliche Position und (situative) Arbeitslosigkeit erwiesen sich als zentrale Bestimmungsfaktoren für Armutserfahrungen während der Pandemie. Frauen, Alleinerziehende, Personen mit niedrigen Bildungsabschlüssen und solche in unteren beruflichen Positionen waren besonders häufig von dauerhafter Armut betroffen. Die Ergebnisse zeigen insgesamt, dass die Pandemie bereits bestehende Ungleichheiten zwischen Gruppen vergrößert hat. Gleichzeitig waren Haushalte, die Armut ausgesetzt waren, auch am stärksten von den stark steigenden Preisen seit 2022 betroffen. In dieser Bevölkerungsgruppe haben sich ökonomische Probleme im Verlauf der multiplen Krisen geradezu akkumuliert.

Geschlechtsspezifische Arbeitszeiten während der Corona-Pandemie – Alles wie üblich oder Abbau von Geschlechterungleichheiten?

Eileen Peters, Bettina Kohlrausch

Die mit der Corona-Pandemie verbundenen Schließungen von Kitas, Kindergärten und Schulen sowie die lang anhaltende instabile Betreuungssituation haben die Debatte darüber entfacht, ob die Pandemie die Geschlechtergleichstellung zurückgeworfen (»Retraditionaliserungsthese«) oder aber eine gleichberechtigte Arbeitsteilung (»Egalisierungsthese«) forciert hat. Um hierauf eine Antwort zu finden, untersucht dieser Beitrag die geschlechtsspezifischen Muster der Erwerbsarbeitszeitentwicklung während und nach der Pandemie. Ein besonderer Fokus liegt auf der Frage, wie sich die familiären Arrangements der Kinderbetreuung auf die Arbeitsmarktbeteiligung von Müttern ausgewirkt haben. Die der Analyse zugrunde liegende These lautet: Falls geschlechtsspezifische Muster einer (dauerhaften) Erwerbsarbeitszeitreduktion vorzufinden sind, kann dies bestehende Geschlechterungleichheiten am Arbeitsmarkt reproduzieren und verstärken. Um die Entwicklungen der Erwerbsarbeitszeiten von Frauen und Männern – mit und ohne Kinder – in der Zeitspanne von April 2020 bis Juli 2023 nachzuzeichnen, werden auf Basis der Daten der WSI-Erwerbspersonenbefragung deskriptive Auswertungen sowie Fixed-Effekt-Regressionsmodelle verwendet. Hierfür wird zunächst die durchschnittliche Erwerbsarbeitszeit der jeweiligen Untersuchungsgruppe betrachtet. Sodann wird untersucht, wie stark die Erwerbsarbeitszeitreduktionen oder -aufstockungen in Wochenstunden gemessen ausfallen. Dieser Analyseschritt zeigt, wie eindeutig Kinderbetreuung und Erwerbstätigkeit zusammenhängen: Mütter in Partnerschaften mit egalitärer Verteilung der Kinderbetreuung reduzieren ihre durchschnittliche Erwerbsarbeitszeit nicht, wohingegen Mütter, die für die Kinderbetreuung hauptverantwortlich sind, ihr Arbeitszeitpensum verkürzen. Die nach Anzahl der reduzierten oder erhöhten Wochenstunden differenzierte Betrachtung zeigt zudem, dass es mit Blick auf die erwerbstätigen Frauen, und insbesondere Mütter – anders als bei den Männern und Vätern –, zwei gegensätzliche Tendenzen gibt: Ein Teil der Mütter reduziert ihre Erwerbsarbeitszeit stark; ein anderer Teil erhöht sie in gleicher Weise deutlich. Künftige Forschung muss diese parallelen, aber hinsichtlich ihrer Wirkung unterschiedlichen Dynamiken berücksichtigen, um die geschlechtsspezifischen Konsequenzen der Corona-Pandemie in ihrer Komplexität abbilden zu können.

Von einer Krise in die nächste – Eltern und Geringverdienende als besonders belastete Gruppen in den Polykrisen

Andreas Hövermann

Um die Bedeutung hoher Belastungen im Rahmen der zahlreichen Krisen für die vielfach diskutierte Entfremdung von etablierten politischen Parteien auszuleuchten, untersucht der Beitrag, welchen besonderen Belastungen Erwerbspersonen seit Beginn der Corona Pandemie und bis Ende des Jahres 2023 ausgesetzt waren und wie diese mit der in dieser Zeitspanne stark angestiegenen politischen Unzufriedenheit einhergehen. Im Zentrum der Analyse stehen Eltern und Geringverdienende, da sie sowohl während der Pandemie als auch in der sich anschließenden Hochinflationsphase mit großen und multiplen Belastungen konfrontiert waren. Basierend auf zwölf Wellen des WSI-Erwerbspersonenpanels, für das zwischen April 2020 und November 2023 zwischen 4.905 und 7.677 Erwerbspersonen befragt wurden, werden sowohl Verläufe und Gruppenvergleiche gezeigt als auch Cluster der besonders hohen kumulativen Belastungen berechnet. Ein besonders hohes Belastungsausmaß von Eltern und Geringverdienenden bestätigt sich in den Analysen, da sie nicht nur über lange Zeiträume hinweg überdurchschnittliche und anhaltende Belastungen erfuhren, sondern auch besonders stark von kumulierenden – also in vielen Bereichen gleichzeitig auftretenden – Belastungen betroffen waren. Gleichzeitig wiesen Eltern und Geringverdienende, die von einer Krise in die nächste gerieten, eine zunehmende und überdurchschnittliche politische Unzufriedenheit auf, die mit einem Vertrauensverlust in etablierte demokratische Parteien korrespondiert. Die Befunde deuten darauf hin, dass die hier entstandenen außergewöhnlichen Belastungen nicht nur zu kurzfristiger Unzufriedenheit und Wut auf politische Entscheidungsträger*innen führten, sondern auch zur aktuellen Vertrauenskrise in die Bundesregierung im Speziellen und in die Demokratie im Allgemeinen beigetragen haben.

Sorgen als Ursache für die Entfremdung von demokratischen Parteien

Andreas Hövermann

Vor dem Hintergrund der zunehmenden Entfremdung vieler Menschen von etablierten demokratischen Parteien und dem Umfragehoch der AfD untersucht der Beitrag, inwieweit Sorgen, welche die Menschen umtreiben, auch ihre politischen Orientierungen beeinflussen. Dazu wird anhand aller verfügbaren Erhebungswellen des WSI-Erwerbspersonenpanels das Ausmaß der gesundheitsbezogenen, finanziellen, beruflichen und gesellschaftsbezogenen Sorgen seit Pandemiebeginn nachgezeichnet und herausgearbeitet, in welchen soziodemografischen Gruppen sie jeweils eine besondere Verbreitung fanden. Anschließend wird anhand linearer Regressionsmodelle der Einfluss der Sorgen auf die Unzufriedenheit mit dem Pandemie-Krisenmanagement der Bundesregierung sowie auf das fehlende Vertrauen in die Bundesregierung zu verschiedenen Zeitpunkten berechnet, um zu betrachten, wie eng Sorgen mit Entfremdungsprozessen von etablierten demokratischen Parteien assoziiert sind. In einem letzten empirischen Schritt werden die besonders ausgeprägten finanziellen Sorgen von AfD-Wählenden detailliert analysiert. Abschließend werden die Befunde sowie verschiedene Wirkmechanismen der Beziehung zwischen Sorgen und der AfD-Wahlpräferenz diskutiert und Handlungsempfehlungen abgeleitet, die möglicherweise das Potenzial haben, in der Bevölkerung weit verbreitete Sorgen wirksam zu lindern und weiteren Entfremdungsprozessen entgegenzuwirken.

WSI-Erhebungen zur Arbeitswelt in der Pandemie

Wolfram Brehmer, Helge Emmler

Dieser Beitrag gibt einen detaillierten Einblick in die Methodik der Befragungen des Wirtschafts- und Sozialwissenschaftlichen Instituts (WSI) der Hans-Böckler-Stiftung, deren Daten den Analysen dieses Sammelbands zugrunde liegen: die WSI-Betriebs- und Personalrätebefragungen und die WSI-Erwerbspersonenbefragungen – auch als WSI-Erwerbspersonenpanel benannt. Die WSI-Betriebs- und Personalrätebefragungen sind die älteste und aufwändigste Primärerhebung des WSI. Seit 1998 werden regelmäßig mehrere tausend Gremien der betrieblichen Interessenvertretung zu diversen Themen befragt. Diese Befragungen stellen Daten über die betriebs- bzw. personalrätliche Mitbestimmung in Deutschland bereit. Aufgrund ihrer kontinuierlichen Durchführung ermöglichen die gewonnenen Daten nicht nur die Untersuchung aktueller Themen und Herausforderungen, sondern auch die Analyse von Veränderungen und Trends über lange Zeitreihen hinweg. Da es sich um eine telefonische Befragung handelt und die Stichprobe aus einem vollständigen Register gezogen wird, kann – das gilt zumindest für die Bruttostichprobe – die Befragung nach den gängigen Maßstäben als »repräsentativ« betrachtet werden. Das WSI-Erwerbspersonenpanel wiederum ist erst 2020 entstanden und damit deutlich jünger. Es schließt eine Lücke in den für die Arbeit des Instituts relevanten Datenquellen, weil das WSI zuvor keine Individualdaten auf Personen- sowie Haushaltsebene erhoben hatte. Da es sich um eine Online-Befragung handelt, ist sie nicht per se »repräsentativ«, jedoch wird durch zahlreiche Maßnahmen dafür Sorge getragen, dass die hier gewonnenen Daten so verallgemeinerbar sind, wie es auf Grundlage einer Online-Befragung gewährleistet werden kann. Beide Befragungen sind mittlerweile etablierte Instrumente der wissenschaftlichen Landschaft in Deutschland und ihr Panelcharakter soll auch in Zukunft erhalten bleiben.